海外中国研究文库

HANKOW:
CONFLICT AND
COMMUNITY IN
A CHINESE CITY, 1796-1895

[美] 罗威廉 著
鲁西奇 罗杜芳 译
马 钊 萧致治 审校

汉口

一个中国城市的冲突和社区
(1796—1895)

中国人民大学出版社
·北京·

序　言

本书是我开始于《汉口：一个中国城市的商业和社会，1796—1889》（斯坦福：1984）的、关于19世纪汉口社会历史综合性研究的第二部分。撰写多卷本著述肯定会引发许多具体问题，尤其不可避免的是重复问题。本书总的原则是，尽可能避开在上部著作中已做过的描述与讨论——即使没有大段重复，两书篇幅也已经很长了。虽然大多数中国史研究者在一定程度上已经熟知我们的城市（指西方城市——译者）及其特点，但写作本书的目的之一，乃是试图与研究西方早期现代中的城市化与社会的历史学家开展对话。因此，为了读者的方便，在此简要概括一下我此前研究的结论，也许是必要的。

汉口是长江的一个港口，其位置接近中国内地的地理中心，处在许多贯穿全国的主要长途运输线的交叉点上。这使它成为大清帝国国内区域间贸易中独一无二的、最重要的贸易中心——我已经证明此种贸易的规模远比通常所想象的要大得多，这些因素在汉口城市社会的形成过程中都发挥了重要作用。汉口的人口，在19世纪的大部分时间里都超过100万；其来源非常庞杂，其中绝大多数来自非常遥远的异地他乡。数以百计的、依照籍贯和行业原则建立起来的行会公所将这些人口进一步组织起来。在行政上，汉口没有在清帝国体制下取得任何省、府和县级治所的地位；作为一个商业市镇，它隶于汉阳县的管辖之下——中等规模的汉阳县县城位于不易渡过的汉江的另一侧。在一定程度上，由于官僚统治薄弱，虽然汉口一地人口流动频繁，籍贯复杂，并带有狭隘的乡土意识，但在19世纪，汉口将事实上的城市自治发展到相当高的程度。这种城市自治在日益正式化的、遍及整个城市的主要商业行会的联合过程中，逐步找到了制度化的表现方式。

与上部著作相比，本书较少关注汉口的商业贸易及其管理机制。本书在承认行会具有重要社会政治功能的基础上，进一步考察它在地方社会生活中的另一些正式与非正式的作用。更重要的是，上部著作考察的焦点是商业精英的世界，本书则拓展了视野，具体分析城市劳动阶级的所思所想及其行为。最为重要的是，本书尝试着去理解社会冲突的结构与进程，以及作为一个自发的、内聚性的社会单元的城市，是如何维持其自身并不断发展的。

在撰写两卷本著作的过程中，另一个值得注意的问题是如何保持研究的连贯性。在两本书的撰写之间，新的原始材料不断发现，学术论文阅读面也逐渐扩大，必然会引导某些观点发生一些细微或不那么细微的变化。本书关注的焦点和研究重点与上部著作都有很大不同，但我认为至少在两个方面我的观点发生了重要的变化。

首先，在上部著作中，我把研究的下限定在意义深远的地方工业化开始之时，可是现在，我认为地方工业化开始的时间不是在张之洞就任湖广总督并着手"自强运动"的1889年至1890年，而应是1895年《马关条约》签订之时。这看上去是一个很小的分期上的差别，但在本书的研究中却允许我们去分析许多发生在19世纪90年代前期的汉口社会历史上的重要事件，这些事件在本质上与其说是工业化进程的副产品，毋宁说是此前数十年间发展趋势的延续。

其次，在本书的讨论中，与我上部著作中强调汉口与本地区域社会的联系程度不高的观点不同，本书事实上更注意讨论汉口与其紧邻腹地之间的社会、经济关系。当然，这仅仅是程度上而不是类别上的差异。我仍然坚持认为，与大多数中国城市相比，汉口与其周围乡村的联系明显地要弱得多（它的主要功能之一就是面向全国范围内的贸易），可是比之于19世纪前半期，这种联系在本世纪后半期有所加强；就整个19世纪而言，这种联系都没有随后而至的工业化时期密切——那时，汉口开始系统地从它的腹地攫取工业原材料、工厂工人和技术精英。

本书编入了以前发表的两篇论文的材料，当然在新获证据的基础上对这些论文做了重要修订。第八章关于"保甲"的部分是在我呈给《转变的中国》（科罗拉多州，博尔德：1979。由傅佛果［Joshua A. Fogel］和我主编的韦慕庭［C. Martin Wilbur］教授的退休纪念论文集）的一篇论文的基础上改写的。我非常感谢西景出版社（Westview Press）允许我在这里重新使用这些材料。本书第九章是对我的另一篇论文《晚清城市中的叛乱及其敌人：1883

年汉口的叛乱阴谋》作了重要改写而成的，该文发表于邹谠主编的《芝加哥大学远东研究中心论文集》第 4 辑（1979—1980）。我非常感谢在此之前国家人文科学基金和芝加哥大学现代中国研究项目基金给予的资助，使我能够开始关于 1883 年事件的研究。

这里，我不再重复在上部著作中已经谈过的有关汉口研究的个人认识，尽管两本书起源于相同的早期研究工作，并且这些认识仍然在起作用。我必须再一次对几位朋友、老师和长期合作研究的同事表达我的感激之情——黎安友（Andy Nathan）、傅佛果、苏云峰、斯波义信（Shiba Yoshinobu）、萧致治和施坚雅（G. William Skinner），以及我在上部著作中不慎遗漏的斯坦福大学出版社的海伦·塔特（Helen Tartar）。这项基础研究和以前一样，得到了美国学术团体联合会—社会科学研究会和美中学术交流委员会的资助。

我满怀敬意地对许多学者允许我在本书中使用他们尚未公开发表（迄今为止）的研究成果而表示感谢。他们的名字在本书注释中均一一注明了。这里，我想特别感谢玛丽·兰金（Mary Backus Rankin）和戴维·斯特兰德（David Strand），每一个熟悉他们主要著作的读者都会在我的观点中发现他们对我的明显影响。在霍普金斯大学，我非常感激给予我支持的连续三任历史系主任——马克·沃克（Mack Walker）、奥瑞斯特·兰姆（Orest Ranum）、约翰·鲁塞尔伍德（John Russell-Wood），以及贝蒂·威尔汀（Betty Whildin）和她优秀的职员们。以下几位阅读了全部或部分原稿并提出了有价值的评论意见：周锡瑞（Joseph Esherick）、理查德·戈德史沃特（Richard Goldthwaite）、康无为（Harold Kahn）、林恩·霍伦·利斯（Lynn Hollen Lees）、韩书瑞（Susan Naquin）、玛丽·兰金、戴维·斯特兰德和马克·沃克。当然，我并不是总能正确地认识到这些忠告是最好的。

最后，与上部著作一样，我将最深厚的感激留给我的妻子，J. A. 弗里德曼（Jill A. Friedman），感谢她专业的帮助和长期以来矢志不渝的鼓励与支持。在本书旷日持久的写作过程中，她和我的两个可爱的孩子自始至终都给了我很大的鼓舞，谨以此书献给他们。

罗威廉（William T. Rowe）

中译本序

本书英文本出版于1989年，是我有关长江港口城市汉口研究的第二部著作。这一研究始于20世纪70年代后期，我在哥伦比亚大学攻读博士学位期间。那时，有关19世纪中国城市史研究的英文著作十分罕见，而且很多人认为现存资料远不足以对这一论题进行有意义的研究。当然，事实并非如此。如今，我非常高兴地看到，大量有关其他城市的研究著作纷至沓来。

这一具体实证的著作之所以引起非议，是因为它讨论了城市中的“公共领域”（public sphere）。我使用这一概念，是受到哈贝马斯（Jürgen Habermas）关于现代早期欧洲的研究以及玛丽·兰金、戴维·斯特兰德、肖邦齐（Keith Schoppa）等美国学者有关中国研究的影响。“公共领域”或“市民社会”（civil society）之类的概念是否适用于清代或民国时期的问题，已成为美国中国学界的一个热门话题；一定程度上，在中国也是如此。时任美国历史学会主席的学术泰斗魏斐德（Frederic Wakeman Jr.）对玛丽·兰金、戴维·斯特兰德，特别是我本人将这些概念运用于有关他所认定的独裁专制王朝的研究中，提出了尖锐的批评。我想，魏斐德以及其他批评我的学者，对“市民社会”作出的解释，比我自己的理解，要更宽广、全面一些；在本书中，我使用“公共领域”，只是为了阐释“公”这一范畴——实际上，在19世纪的史料中，这一语汇的使用越来越频繁。在某种意义上，我试图由此再从根本上向前迈进一步，即如果不是出现了引发辛亥革命的适当条件，很难想象，像魏斐德所假设的那样典型的美国式民主会在中国取得最后胜利：实际上，地方社区可以依靠自己的力量做许多事情，他们以地方“公共领域”的名义，创设了帝国政府认为没有必要或者只是负担并可以轻易减省的诸多设施。直到今天，我虽然对自己的意图受到误解而感到遗憾，但依然认为自己对汉口“公共领域”的描述在本质上是正确的，并对此感到满意。

然而，以今天的眼光看，本书有两个方面，我可能会进行不同处理。首先，我会更注意讨论19世纪汉口社会的性别，或者妇女的经历。本书出版后的一段时间里，我会安慰自己说：有关材料太过简略，不足以讨论这个问题；可是现在，我想问题也许并不仅仅在于我不知道何处有系统叙述汉口妇女的材料。其次，我会更密切地关注汉口日常生活中暴力的存在。当然，本书对暴力冲突已作了大量探讨，但最主要的侧重点放在如何抑制或解决暴力冲突方面。考虑到已有的阐释模式均认为19世纪的中国城市是混乱的、难以管理的，我认为有必要着重强调城市居民是如何通过社区（community），以集体的力量去控制暴力的。现在，我仍然认为这样做是重要的，只是我想我会花费更多的精力，试图去理解暴力活动产生的根源，以及司空见惯的暴力对城市居民生活的影响。

在本课题的研究过程中，我曾有机会于1981年在武汉度过了约半年时间。我永远不会忘怀那些日月。如今，中国已经没有那样的城市。1981年，“文化大革命”刚结束几年，集体化强制和计划经济的束缚虽已开始松动（对于汉口这种在很大程度上以商业为其存在基础的城市来说，关闭私营市场产生了非常严重的后果），但今日中国城市特有的狂热商业化尚未发端。社会已发生了巨大变化。近年来，我又有机会几次重返武汉，对它的发展与繁荣留下了深刻的印象。我知道，武汉居民的总体生活状况较之1981年已有了极大改善。实际上，虽然拥有“现代”新面貌，而商业经济繁荣的今日武汉，也许与19世纪作为中国最繁华河港城市的汉口更为相似。可是，我却情不自禁地更怀念我所熟悉的1981年那个静谧的城市。

2006年3月，于巴尔的摩

目　录

第三部分　冲　突

第四部分　控　制

绪论：

现代化早期的中国城市

1883年5月初发生的一件事打破了汉口这个清帝国最重要的内地商业城市表面上的平静。一群躲藏在城市角落里的反叛者，在极端暴力理念的驱使下，准备发动一场不仅要推翻清王朝统治，而且要建立一种新的社会制度的叛乱。这是一群有着佛教千年信仰的男女。他们在试图举事的前夜被政府发现，随之而来的是旷日持久的审讯，以及城市社会内部权力结构的重大调整。在此之前，有关叛乱屠城的警告与市井谣言就已经使这个生机勃勃的、繁荣的港口城市骤然紧张起来，居民纷纷逃离。突然之间，汉口成为备受关注的异端力量的中心，呈现出严重的社会紧张局面。

汉口既有茶肆、诗社、龙舟赛，也有街头充满火药味的争吵；在夜晚，灯市与街角的打斗并存；街头有舒适的轿子，到处分布着“水龙”（一种手拖的消防机械）；散兵游勇和更夫走来走去，盐商、挑粪苦力、街头艺人和来自乡下的难民穿梭来往。这里一点都不平静。这个城市内部存在着巨大的差异，社会关系极度紧张，人们的怨愤日积月累，逐渐增加，暴力成了家常便饭。暴力倾向几乎是出自每个人的天性，个人间的冲突甚至影响了直系亲属之间关系的和谐。尽管如此，在19世纪，汉口内部却引人注目地并没有发生大规模的公开对抗与冲突，直到1883年，最严重的社会破坏的威胁基本上都来自外部。在这个城市内部，普遍的印象正如旅行家胡克（Abbé Huc）神父所说的那样，“秩序与宁静就在熙熙攘攘的人群当中”①。对于那个时代的大部分人来说，汉口是非常典型的运转正常的社会单元。

对于1883年事件所包含的意义，有些解释可能在根本上是错误的。我们想起研究现代化早期巴黎的历史学家路易斯·夏维里尔（Louis Chevalier）的

---

① 胡克：《中华帝国旅行记》（纽约：1859），第2卷，142页。

一段措辞谨慎的描述：

> 可以说，这一时期的城市是繁荣而平静的，人们专心工作，生活节俭，一心想发财致富（而且相当成功）……人们喜欢遵照秩序办事、处理公务，生活习惯也都循规蹈矩，人人都遵守法律和规章？当然可以这样说，但如果我们的眼光不仅仅局限于政治史与经济史的层面，就会发现事实并非如此。透过政府档案、警察每天的报告，甚至是报纸的小新闻，我们可以看到城市更深的另一些层面——街道、作坊，以及每天都在发生的生活琐事……这个城市似乎生了病，它的社会结构和关系网络长期挣扎在生死线上。①

汉口的情形是否也是如此？它平静与繁荣的背后是否也掩盖着病态的社会问题？它在多大程度上可以得到官府和掩饰着普遍的冷淡甚至是反抗情绪的城市精英的一致支持？有效的“社区”界线是什么？什么时候、在什么样的背景下社会冲突会对城市社会甚至（如 1883 年那样）整个晚期帝国社会形成威胁？凡此，都是需要在本项研究中探讨的基本问题。

* * *

上文引用路易斯·夏维里尔的描述并不仅仅是一种巧合，它实际上显示出本书赖以建基的一个假设。尽管施坚雅及其同事们的不朽名作《中华帝国晚期的城市》将研究步伐向前推进了一大步，但有关中国城市化历史的研究仍相对落后，因此，当我在寻找有益的研究线索时，就自然而然地开始关注有关西方城市的研究成果。在里格利（E. A. Wrigley）、汤普森（E. P. Thompson）、乔治·路德（George Rudé）、德弗里斯（Jan de Vries）、夏维里尔以及其他学者的研究成果中，我发现了许多我所需要借鉴的一些睿智和阐述清晰的观点，也有一些我不曾留意的问题。我时常惊异地发现工业化时期或者此前的某些欧洲城市在许多方面与我所研究的 19 世纪的汉口很相似。一方面，我强烈地意识到试图将某一时代的中国社会简单地与另一时代（通常要早一些）的西方欧洲社会对应起来是危险的，也是不公正的。另一方面，我更相信那种认为中国历史发展属于“特例”的观点并无助于认识其历

① 夏维里尔：《19 世纪上半叶巴黎的劳工阶层与危险阶层》（新泽西州，普林斯顿：1973），19 页。

史的真实。我希望读者在审读了本书所提供的证据之后，能和我一样相信：考察19世纪的汉口与大约早一个世纪的西方城市之间的异同，是理解中华帝国晚期社会的一种有效途径，探讨其共同之处对于接近历史真实有着十分重要的意义。

实际上，我认为在上述时期内的城市已经到达可以进行比较研究的发展阶段，问题是这一阶段最典型的特征是什么？对许多西方城市（不仅是指欧洲，还包括更大范围的西方世界）在前工业革命的数百年里所发生的根本性变化的认识，使我们越来越怀疑“前工业化城市”存在着某种共同模式的非历史主义观点。① 引起这些变化的根本动因是急剧增加的大众日常消费品的长途贸易，特别是大宗商品如粮食、木材及纺织原料交易量的增加。在西方，这一进程开始于中世纪晚期，在16世纪的海外扩张中变得更加显著。在中国，同样的进程大约开始于11世纪的宋代，而且在16世纪之后，明末清初，获得了更加迅猛的发展。② 许多学者相信：在欧洲，在商业活动日益增强的后期，生产领域所发生的变化是工业革命的直接前提，并且近来提出了一个“原初工业化”的概念，专门用来描述这一阶段及其城市社会的特征。③ 熟悉原初工业化讨论的读者将会注意到他们所描述原初工业化的情况与我所研究的汉口之间，有许多基本的相似之处。尽管如此，由于我无法确定这些情况与随后发生的技术革命之间是否存在着因果关系（至少是在中国），我在这里选择

① 有关这一观点，最著名的阐释是斯杰伯格（Gideon Sjoberg）的《前工业化城市》（纽约：1960）。斯杰伯格的观点当然也受到众多学者从不同角度的批评，特别切中要害的批评之一是指出其存在着偶然性：“殖民时代的拉美城市：是前工业化，还是资本主义？”

② 中国与欧洲一样，16世纪经济变迁步伐的加速与美洲白银的输入有着密切的关系。参见全汉昇：《中国经济史论丛》（香港：1972），435～450、457～508页；阿特韦尔（William Atwell）：《金银的国际流动和中国经济，以1530—1650年为中心》，载《过去与现在》第95期（1982年5月），68～90页。

③ 参见德弗里斯（Jan de Vries）：《欧洲的城市化，1500—1800》（马萨诸塞州，坎布里奇：1984）；霍亨伯格（Paul Hohenberg）、利斯（Lynn Hollen Lees）：《都市化欧洲的形成，1000—1950》（坎布里奇：1985），第二部分。早期有关原初工业化的研究倾向于关注乡村地区生产关系的变化，而比较忽视城市。请参阅上揭著作，以及曼德斯（Franklin Mendels）：《原初工业化：工业化进程的第一阶段》，载《经济史研究》第32卷第1期（1972年3月），241～261页。

了较少争议而含义大致相同的另一个概念“现代早期”来指代这一时期。①

那么，汉口与早期现代的欧洲城市有哪些共同点？它们的“现代性”存在于哪些方面？最根本的共同特点，如上所论，是在长途贸易的经营中充当“中心”的角色。更明确地说，这种新型城市的出现与作为文明社会之一部分的经济结构的根本变化密切相关。无论是在欧洲，还是在中国，长途贸易的发展导致地方生产专业化以便供应远方市场的需求——低地国家和江南的手工纺织品是最著名的但并不是唯一的例子。由于这些新的、地方性的、面向外销的产品实际上是在乡村或郊区生产的，诸如运输协调、估价和最后加工等许多职能，都势必在主要城市进行。② 这不仅改变了城乡关系的性质，也改变了城市自身的内部结构。伴随着大规模的机械化工厂企业集中出现在城市郊区，城市外貌发生了重大的、引人注目的变化（在欧洲始于1780年前后，在中国始于1895年前后），它又进一步引发了一些根本性的变化，“现代早期”阶段也即随之结束了。

在早期工业化过程中，尽管很多不同类型、不同层级的中心地都受到生产与长途贸易扩展的影响，但统计结果表明，受影响最显著的是政治中心和商业都市，亦即首府城市和高层级的港口城市。③ 一些中心城市（其中包括欧洲的伦敦、巴黎和中国的汉口）尽管此时人口的增长尚无后期工业化引发的人口激增那样剧烈，但毫无疑问，此时人口增长的速度与幅度都是空前的。其结果是城市人口在族群与行业两方面都更加复杂，新来者与“过客”

---

① 罗溥洛（Paul Stanley Ropp）在《现代早期中国的异见言论：〈儒林外史〉与清朝讽刺文学早期现代》（安阿伯：1981）一书中最早试图用“现代早期”来描述清代的中国。最近，韩书瑞（Susan Naquin）与罗友枝（Evelyn Sakakida Rawski）在《18世纪的中国社会》（康涅狄格州，纽黑文：1987）一书中（232～236页）也运用了这一概念。这两部论著都没有认真地试图界定“现代早期”的内涵，尽管韩书瑞与罗友枝暗示其前提是在扩展中的长距离贸易（特别是洲际贸易）中发挥作用。

② 参见德弗里斯：《欧洲的城市化，1500—1800》，8页；霍亨伯格、利斯：《都市化欧洲的形成，1000—1950》，103、125页。

③ 对我的研究很不利的是：有关欧洲港口城市的研究论著比有关政治中心城市的研究少得多。下述两部著作在研究工业化时期欧洲最大的港口时，涉及现代早期时期的情况，可以参阅维吉尔（Frankcois Vigier）：《变化与冷漠：工业革命时期的利物浦与曼彻斯特》（马萨诸塞州，坎布里奇：1970）；瑟维尔（William H. Sewell）：《结构与流动：马塞的男人与女人们，1820—1870》（英国，剑桥：1985）。

（理查德·塞尼特［Richard Sennett］称之为“陌生人”）不断增加，人口构成普遍年轻化，定居者更少，而穷人所占的比重则空前提高。①

这些由统计学得出的结论说明现代早期城市的阶级结构较之其前后均远为复杂而且不稳定。具体地说，在生产关系与劳动组织方面，重要的改变是以下列方式进行的：纯粹的货币关系不仅控制着市场，而且开始进入生产领域。尽管不同城市之间存在差异，但在所有地方，家庭生产体系都在一定程度上逐步被使用丧失财产的雇佣工人（亦即前工业化时期的城市无产者）的大规模企业所取代。② 当然，这一时期阶级意识的程度一般说来比在工业资本主义下要低一些（当然，也比在封建制度下要低），行业与族群的垂直关系较之经济阶层更受到人们的重视。族群—行业团体仍然是划分城市居民的主要方法，而且建立在这一原则基础之上的社会公共组织（行会、同乡会与劳工帮会）也仍然是城市最重要的组织性构件。③

如果这些统计学与经济学上的特点可以用来界定现代早期城市特征的话，那么，汉口与欧洲城市在其可以比较的发展阶段也具有许多稍为次要但也密切相关的共同特点。例如：在空间方面，这些城市主要是依靠增加其居住密度（自身内部扩容）来容纳它日益增长的人口，而不是依靠向新郊区的扩展（在随后的工业化过程中则主要是这样）。邻里组织是强有力的，但还没

① 参见里格利（E. A. Wrigley）：《伦敦在变动的英国社会经济中的重要性，1670—1750》，载《过去与现在》第 37 期（1967 年 7 月），46 ~ 70 页；夏维里尔：《19 世纪上半叶巴黎的劳工阶层与危险阶层》；塞尼特（Richard Sennett）：《酒店老板之死》（纽约：1977），49 ~ 51 页；德弗里斯：《欧洲的城市化，1500—1800》，71 ~ 76、141 ~ 148 页；霍亨伯格、利斯：《都市化欧洲的形成，1000—1950》，102、127 ~ 128 页。

② 在一些学者看来，许多现代早期城市所发生的这种“向资本主义转变”的过程，已足以在本质上将它们界定为“资本主义城市”。尽管作为一种经济组织制度的商业资本主义在 19 世纪的汉口已获得广泛的发展，而且我们将证明它在城市社会生活的各方面都有广泛的影响，但我仍然认为用内涵模糊而且复杂的“资本主义”这个概念去描述这个城市的特征，显得太大了。希尔顿（Rodney H. Hilton）《资本主义——它是什么?》一文（载《过去与现在》第 1 期，1952 年 2 月，32 ~ 43 页）对这一概念的适用范围有着严肃冷静而简明扼要的讨论，请参阅。

③ 关于现代早期时期欧洲的公共团体，请参阅瑟维尔：《法国的劳动与革命：从旧制度到 1848 年间劳动语言的变化》（英国，剑桥：1980），第 2 章；索利戴（Gerald Lyman Soliday）：《冲突中的社区：17 世纪与 18 世纪早期的法兰克福社会》（新罕布什尔州，汉诺威：1974）。

有集聚成为内部整合一致的社区或与更大范围的城市社会相对应的“亚社区”。许多人的住宅与工作场所仍然是连在一起的，比如形成典型的“家庭作坊”布局，尽管这种生产组织在经历了长时间的变化之后已经显露出衰败的迹象。

城市的公共生活非常活跃：汉口是一个条件优越的天然市场（许多城市的商业活动仍然都是在露天进行），也是形形色色的人物娱乐的场所。行会、邻里和市政当局举办的不同级别的节庆活动都组织得很好，而且吸引了大批人群。伴随着口头传播和在公众意识的形成过程中扮演着巨大的、日益重要角色的印刷媒介（包括已经发端的近代新闻业）的产生与发展，较为实用的读写能力日益普及并达到相当高的程度。

作为一个整体，城市实际上相对独立于封建统治，它只要对自己和中央政府的管理部门负责。无论是在中国，还是在西欧，人们都不是那么明显地能感受到中央政府的存在，此时的政府宁愿采用一种谨慎的家长式的态度来对待城市社会问题，而不是采取完全漠不关心的态度，或者是那种经常伴随着工业化的足迹而来的、更为积极的干涉政策。另一方面，在这一时期，有组织的市民团体活动得到持续的发展，大范围的慈善机构，以及为应对那些前所未有的、现代早期城市又必须面对的具体城市社会问题而组织起来的公共服务机构，也不断孕育生长。

* * *

可是，即使汉口具备每一项西方现代早期城市所具有的基本的经济与社会特征，它的社会历史仍然至少在一个引人注意的方面显示出与西方城市的不同。现代早期化阶段的欧洲城市被普遍描述为暴乱与反抗活动的中心，理查德·考伯（Richard Cobb）、纳塔利·泽蒙·戴维斯（Natalie Zemon Davis）、埃利克·霍布斯鲍姆（Eric Hobsbawm）、伊曼纽尔·勒罗伊·拉杜里（Emmanuel LeRoy Ladurie）、乔治·路德（George Rudé）、E. P. 汤普森（E. P. Thompson）、查尔斯·泰利（Chareles Tilly）等历史学家（这只是一些最著名的名字）曾从不同方面描绘了日常生活中的暴力活动以及民众叛乱的详情。① 以我的能力无

① 我仅仅建议阅读这些学者的著作。尽管有着完全不同的政治体系背景，但工业化前一段时期美洲大城市的骚乱也并不比与之相对应的西欧城市要少。请参阅费尔德贝格（Michael Felberg）：《动乱岁月：杰克逊时代美国人的骚动与混乱》（纽约：1980）；吉尔（Paul Gilje）：《走向群众专政之路》（北卡罗来纳州，查珀尔希尔：1987）。

以判断这样的描述是否正确，或者简单地将它看做一种历史编撰的方式。无论如何，这些描述都不适用于19世纪的汉口。在汉口，有证据表明：像伦敦的威克斯和戈登暴动（Wilkes and Gordon Riots）、巴士底风暴（Storming of the Bastille）那样的城市民众的反抗运动确实没有发生过，而且具有广泛基础的骚乱，如因粮食或征税而引起的骚乱，也比西方城市少。即使不与西方比较，汉口所发生的反抗事件相对于它本身所具有的崇尚暴力、争强好胜的社会环境，以及我们想象中的在现代早期的社会转型中可能发生的情况而言，都要少得多。何以会如此？在这里，我将探讨其根本原因——与很多汉学研究论著的假设截然相反，我认为其根本原因在于中国城市社区具有引人注目的力量。

* * *

在阐释19世纪汉口社会关系的变化过程中，我所运用的社区与冲突的概念和传统研究有所不同。虽然亨利·皮雷纳（Henri Pirenne）和马克斯·韦伯（Max Weber）的理论影响持久——他们明确指出：在西方，正是中世纪城市民众的激情点燃了向"理性的"资本主义社会转变的火把（我在上部著作中已讨论了这一理论）。① 但是至少从托尼斯（Tönnies）的研究开始，西方社会思想就一直认为是"后中世纪城市"在根本上破坏了所谓的"社区情感（community sentiment）"。② 早在19世纪90年代，涂尔干（Durkheim）就已提出了一个所谓人群组织的"规模—密度模型（size-density model）"，指出个人之间的联系强度正与居民的人口密度成反比。③ 美国社会学的奠基

① 参见皮雷纳（Henri Pirenne）：《中世纪城市》（新泽西州，普林斯顿：1969）；马克斯·韦伯（Max Weber）：《城市》（纽约：1958）。另请参阅罗威廉：《汉口：一个中国城市的商业和社会，1796—1889》（加利福尼亚州，斯坦福：1984），1~3页。

② 参见托尼斯（Ferdinand Tönnies）：《社区与社会》（密歇根州，东兰辛：1957；德文初版于1887年）。

③ 参见涂尔干（Emile Durkheim）：《论社会劳动分工》（纽约：1933），特别是其中的256~262、345~350页。另请参阅霍斯（Philip M. Hauser）在《城市化概论》中的有关讨论，收入霍斯、施耐利（Leo F. Schnore）主编：《城市化研究》（纽约：1965），11~12页；乔治·辛梅尔（Georg Simmel）在《大城市与精神生活》中也持同样的观点，收入索罗金（Pitirim A. Sorokin）、齐默曼（Carl C. Zimmerman）及高尔宾（Charles J. Galpin）主编：《乡村社会学资料汇编》第1卷（纽约：1930），245~247页。

人之一罗伯特·麦基弗（Robert MacIver）强调指出："毫无疑问，在大都市的中心，社区情感已经在很大程度上被隶属于某一更小集团的意识所取代。"① 与著名的"芝加哥学派"有联系的几代城市理论家（路易斯·沃斯［Louis Wirth］、罗伯特·雷德菲尔德［Robert Redfield］、菲力普·霍斯［Philip M. Hauser］）普及了这样的观点：现代都市生活意味着解放、失去个性、理性认同的产生，以及道德评价的毁灭。② 在芝加哥学派看来，由于大城市中社区情感的丧失而导致的激烈的竞争与互相剥削，只能依靠新的、正式的控制体制（特别是大为扩展的法律机构和官僚等级制的社会管理部门）进行控制，而所有这一切又势必使国家权力越来越广泛地渗入到城市居民日常生活的各个方面。③ 另一种研究思路，一向为马克思以来的左翼学者所偏爱，近年来更因为 E. P. 汤普森的研究工作而逐渐闻名，则强调"向资本主义的转变"最终必然会导致城乡区域共同体的瓦解（在工业化之前）。按照这种观点，地方居民之间的实质性联系，无论是受到新的生产组织方式的影响而发生的转变、还是受到共同文化束缚而未能随之改变的东西，都无益于资本主义社会中地方社区之内部团结的持续维持。④

这两种研究思路，都有助于我逐步构建"社区（community）"的概念，并提出存在着一种在现今的研究中尚未被揭示的、另一种社区与冲突类型的设想。在绝大多数西方社会思想以及社会科学和历史学著作中，占据主导地位的社区理论一直是 19 世纪 80 年代著名的托尼斯率先提出的、在 20 世纪得

---

① 罗伯特·麦基弗（Robert MacIver）有关这一课题的著名论著是《社区：一项社会学考察》（伦敦：1920）。此处的引文引自他后期的论著《社会：一项初步分析》（与佩基［Charles H. Page］合著，纽约：1949），292 ~ 294 页。

② 参见沃斯（Louis Wirth）：《作为一种生活方式的都市生活》，载《美国社会学研究》44 卷（1938），1 ~ 24 页；雷德菲尔德（Robert Redfield）：《城市的文化作用》，收入《罗伯特·雷德菲尔德论文集》（芝加哥：1962）；霍斯（Hauser）：《城市化概论》。

③ 参见沃斯：《作为一种生活方式的都市生活》，15 页；霍斯：《城市化概论》，25 ~ 26 页。

④ 参见 E. P. 汤普森：《英国工人阶级的形成》（伦敦：1963。译者注：钱乘旦中译，译林出版社，2001），第 12 章。另请参阅道雷（Alan Dawley）：《阶级与社区：工业革命在里昂》（马萨诸塞州，坎布里奇：1976）。

到马克斯·韦伯和其他一些学者进一步发展的理论。这种理论认为地方社区本质上是一个“封闭体系（closed system）”①，并且强调社区成员的同质性（homogeneity）——他们中间存在着紧密的情感联系，在利益的协调方面也近乎完美。② 毫无疑问，几乎没有学者在他们周围的世界里发现过这种高度理想化的情况，因而大多数人都将它的存在限定在当时的原始社会，以及思古式想象中的他们自己文化的过去。最近，由于注意到将围绕社区的全部理论运用到实证研究中是一种不合适的方法，许多社会学家和历史学者已经对“地方社区”概念是否有用，提出了强烈质疑。③

本书所采用的社区与冲突理论，源于最初由乔治·辛梅尔（Georg Simmel）在20世纪首个10年中提出的新思路。④ 辛梅尔在研究中将“社区”定义为他所说的“群团联系网络”，换言之，也就是一种人际关系密切的“开放式的网络”。与托尼斯所描述的（社区成员间）完美的利益一致性恰恰相反的是，辛梅尔强调社区共同体与其说是具有共性，不如说是（社区成员之间）相互依赖。在此基础上，他进而认识到：在现实生活的社会单元中，有规律的相互冲突，也许与相互协调、彼此认同起着同样重要的黏合作用。当然，辛梅尔对那种有利于社区的冲突和破坏社区的冲突作了区分，本书的研究将表明这种区分是非常重要的。

如果采用辛梅尔以异质性和彼此依赖为基础的社区概念，那么就没有必要否认在全市范围内的社区正在形成的过程中，存在着强有力的次一级社区

---

① 比如，麦基弗就曾经指出：“可以在一个人的社会关系中发现所有的社区基本准则。”见麦基弗、佩基主编：《社会：一项初步分析》，9页。

② 参见马克斯·韦伯的有关论著，如格思（H. H. Gerth）与米尔斯（C. Wright Mills）编：《马克斯·韦伯社会学论文选》（纽约：1958），183页；以及帕克（Robert Park）：《人类生态学》，载《美国社会学研究》42卷第1期（1936年7月），1~15页。

③ 参见斯塔西（Margaret Stacey）：《社区研究的神话》，载《英国社会学研究》20卷（1969），134~147页；麦克法兰（Alan MacFarlane）：《重建历史社区》（英国，剑桥：1977），第1章。至于在实际研究过程中发现的问题日益增加的情况下，仍试图挽救此种理论的，则可参阅萨顿（Willis A. Sutton）、考加拉（Jiri Kojala）：《社区的概念》，载《乡村社会学》第25期（1960），197~203页。

④ 参见辛梅尔（Georg Simmel）：《冲突与群团联系网络》（纽约：1955。德文初版：1908）。

的联系了。事实上，正如我们将要看到的，这种联系甚至促进了较大社区的孕育。而且，借助辛梅尔关于社会冲突具有潜在的融合作用的理论，有可能解释像汉口这样的大城市，作为一个没有强有力政府势力的社会实体，是怎样运作的。斯坦福·莱曼（Stanford Lyman）已经表明可以将辛梅尔的理论用于分析旧金山唐人街这样一个较大的、内部分裂的、实际上在某些方面独立于严密的政府控制之外的城市社区是如何运转的；而研究军阀时期中国本土城市的学者则一再惊异于在陷入无政府状态、国家政治关系受到蓄意破坏甚至几乎没有正式政府机构的情况下，城市社区却仍然得以继续运转。① 从根本上说，19 世纪的中国城市也缺乏芝加哥学派所认定的那种强有力的、有效率的政府权力，取而代之的则是我们即将看到的、在某种程度上建立在精神认同之上的社区自治体系，但可以肯定，起更大作用的是在竞争、合作、冲突和调解中所表现出来的次一级社区之间的相互影响。

19 世纪汉口的发展历程表明：至少在某些中国城市里，城市社区的联系程度在现代早期实际上是不断加强的。毫无疑问，在 1895 年之后的数十年里，最可能导致分裂的社会冲突事件逐年增加，各种各样的社会集团都不得不行动起来，以应对正在快速工业化的现实和不断膨胀的现代政府。这一变化历程可以追溯到 19 世纪 70 年代。然而，这里还有一个问题，即为什么中国城市社区的解体与欧洲相比要晚？——在中国，城市社区的解体基本上是与工业化同时，而不是先于工业化。对此，可以提出各种各样较为一般性的解释，诸如国家政治制度的特征、工业化进程的步伐不同，以及文化传统的根本差异，等等。而在本书的研究中，我们将集中讨论那些更直接的、更直观的原因，那就是社区成员、城市精英和官府的所作所为。

---

① 参见莱曼（Stanford Lyman）：《旧金山唐人街的冲突和群团联系网络，1850—1910》，载《太平洋历史评论》第 43 期（1973），473 ~ 499 页；卡帕（Robert A Kapp）：《作为军阀权力中心的重庆》，收入伊懋可（Mark Elvin）、施坚雅（G. William Skinner）主编：《两个世界之间的中国城市》（加利福尼亚州，斯坦福：1974），143 ~ 170 页；斯特兰德（David G. Strand）：《世仇、争斗与内讧：20 世纪 20 年代北京的政治集团》，载《现代中国》第 2 卷第 4 期（1985 年 10 月），411 ~ 435 页。斯特兰德指出：“没有政府的城市并不一定会陷入无政府状态，至少中国的情形是如此，市民习惯性地围绕在实际上发挥着准政府功能的地方精英周围。”（414 页）

* * *

我们在这里的结论与关于中国城市并进而与中华帝国晚期历史有关的流行观点有怎样的关系？本书主要关注城市社区日益增长的力量，而这一增长正是在诸方协同的体制建构过程中得以显露出来。当然，还有一种重要的假设，即迄今影响犹存的马克斯·韦伯、费孝通等人的观点，他们认为：在中国从未出现过真正发挥作用的城市社区，建立城市体系的尝试也是失败的。① 尽管如此，两项有关中国社会的著名研究，他们虽然根源于不同的意识形态观念，但都非常了解韦伯的思想，他们所提供的关于公共机构的证据，却已经尝试着从源头上转变韦伯的观念。

日本马克思主义者今堀诚二，按照德国城市社会史专家乔治·路德维格·冯·莫拉（Georg Ludwig von Maurer，1790—1872）所设计的分析模式，论证了社区（共同体）的情感及其制度性机构是乡村生活在城市环境下慢慢地演变而来的。其最初的媒介就是同乡会，它对其成员行使一种准政府的权力，并且一步步地与城市里的其他行会联合起来，逐渐成为控制城市整体的、由精英占支配地位的社区自治机构。今堀诚二并不认为这种城市社区是一种值得肯定的发展，但他发现这些社区毫无疑问地普遍存在。② 另一种与此有关的研究思路是由功能主义人类学者杨庆堃率先提出的。杨庆堃首先接受韦伯的论断，即中国"城市生态的分散结构、贸易往来在空间上分离疏远，以及在地方社会的'制度边缘'存在着的高度自治机制"导致城市次一级社区的出现。不过，与韦伯不同的是，杨庆堃进而强调城市居民有能力组织目标明确的活动。在次级社区层面上，组织这些活动的机构被谨慎地称作"街坊会"和由士绅主持的善堂。他进一步描述了这些权力分散的邻里组织

① 参见韦伯：《城市》，特别是77～78页；费孝通：《乡土中国》（上海：1948），特别是其中的第四部分。最近，1985年，令人尊敬的政治学家艾森斯塔德（S. N. Eisenstadt）评论韦伯有关中国城市的观点时仍然说："总的说来，是非常正确的。"他进一步指出："在这些差异（中国城市与西方城市之间的）中有一个共同的特征，即在社区、市民与集体组织等方面都缺乏一致性。"见《世俗先验论与世界结构：韦伯的〈中国宗教〉与中国历史、文明的结构》，收入布斯（Andreas E. Buss）主编：《马克斯·韦伯与亚洲研究》（莱登：1985），55～56页。这是一种不了解情况的一般性认识，我们希望通过我们的研究将证明它已经过时。

② 参见今堀诚二：《中国的社会结构》（东京：1953），特别是295～301页。

如何建立起一个地方自治层面的社区行动组织的方式。①

在有关汉口的上部著作中，我也曾试图反驳中国城市缺乏共同特征的观点。在这里，我希望像今堀诚二那样，尝试着在商业行会的行为方面找到证据。在本书中，我们将看到社区机构（包括杨庆堃所强调的街坊会和善堂）在运作方面，怎样呈现出相同的趋势。

在整个19世纪，各种类型的社区机构的数量、功能范围及其制度性联系，都得到了显著的发展。这似乎与最近已被许多学者指出过的、中国历史的两大趋势有着密切关系，其中的一个趋势周期性出现，而另一个趋势则仅是在晚清时期出现的。一方面，在满族统治的最后100年里，像明朝末年一样，在应对实际社会问题的过程中，地方精英的影响逐步增长。地方精英影响的一个表现就是建立其明确的活动中心——地方社区。而在这些积极运动的背后，无论是在明末，还是在晚清，都可以察觉到部分帝国管理部门的失败，以及官僚政府在能力与动力两方面都逐渐丧失了信心。② 另一方面，正如玛丽·兰金所指出的那样，太平天国运动后的几代人都曾目睹了“公”的领域的空前扩张，尤其是在城市中。③ 如果这些讨论和近来的一些学术观点是正确的话（我本人倾向于这样看），那么，必然会向目前的研究工作进一步提出一些有待验证的问题。比如：怎样正确评估在19世纪城市社区活动不断增强的背景下清政府的统治？在同一时期，正式的政府之外的、不断扩张的“自治的”或“公共的”领域到底发展到怎样的程度？与精英和地方社区面对王朝衰亡时的固有反应模式相比，19世纪中国城市出现了哪些新的因素？

* * *

本书的结构相当简单。第一部分将考察汉口的基本人口和空间特征，着重于汉口与现代早期欧洲城市的对比。第二部分将探讨公共机构体制的演

---

① 参见杨庆堃：《中国城市社区研究的一些思考》，提交给“中国社会细胞组织问题研讨会”的论文，1963年1月。

② 比如：韩德玲（Joanna Handlin Smith）：《从戚继光、吕坤看社区的定义》，收入孔宝荣（Paul A. Cohen）、石约翰（John Schrecker）主编：《19世纪中国的改良》（马萨诸塞州，坎布里奇：1976），18～25页；曼素恩（Susan Mann Jones）：《宁波地区的商业投资、商业化与社会变迁》，收入《19世纪中国的改良》，41～48页。

③ 参见玛丽·兰金：《中国浙江省社会精英的能动主义与政治变革，1865—1911》（加利福尼亚州，斯坦福：1986）。

变，主要从19世纪20年代城市社区出现开始。第三部分将分析汉口地方性社会冲突的详情，以及几个具体的社会问题——它们在过去的一个世纪里越来越严重，既推进了社区机构建设的步伐，同时又在不断地削弱这一进程的基础。第四部分将研究一种特殊的公共机构——公共治安组织，详细描述在19世纪七八十年代所显露出来的日益加剧的地方社会的紧张状态，解剖我们在开头曾提及的、1883年有着千年信仰的佛教信徒们发动的未遂叛乱事件的详情，分析这一事件所显露出的城市社区的力量及其局限。在结语中，我们将集中讨论在汉口城市社区一直存在的下一个时期，当社区持续、缓慢地发展达到顶点时，人们的观念与行为将会发生哪些变化。

第一部分

城　市

第1章
市　民

有关中华帝国晚期历史的热烈讨论之一涉及明清时期城市中“城市文化”的发展程度。比如，牟复礼（F. W. Mote）曾坚持认为，在中国，没有我们习见的西方中世纪以后所发生的独特的城市化：

> 在中国，城市文明与乡村文明间清楚的分野很早就消失了，尽管这种分野在世界上许多别的地方曾长久地存留下来，直到近代才消失，而在其他文明中，这又产生了一种独特的城市心态。在中国，这种心态得以存在的社会条件，在帝国时代开始时似乎就已经消失了，它消失得如此之早，以至于那种城市优越感荡然无存了。①

罗友枝（Evelyn Rawski）则要谨慎一些，她最近总结说：在文化方面，清代中国城市与乡村的分离可能远不及近代早期的法国那样明显。②

然而，其他一些西方学者却指出：早在宋代，中国就已出现了富于生机的“城市文化”，并对此作了描述；而中华人民共和国的历史学家们则就晚明时期出现的“市民”类型作了长期的考察，认为这种“市民”超越了经济阶层，作为一个整体，摆脱了土地的桎梏，并起而反抗

---

① 牟复礼（F. W. Mote）：《南京的变迁，1350—1400》，收入施坚雅主编：《中华帝国晚期的城市》（加利福尼亚州，斯坦福：1977），103页（译者注：叶光庭等中译，北京，中华书局，2000：114页）。

② 参见罗友枝：《问题和展望》，见姜士彬（David Johnson）、黎安友（Andrew J. Nathan）、罗友枝主编：《中华帝国晚期的大众文化》（加利福尼亚州，伯克利：1985），403页。另请参阅巴巴拉·沃德（Barbara Ward）《地方戏及其听众：来自香港的证据》与詹姆斯·沃森（James L. Watson）《神的普及化：中国南部沿海地区“天后”的演进，960～1960》两部著作中有关“大众文化”的部分，分别见《中华帝国晚期的大众文化》，173～175、292～293页。

封建政府的压迫。[1] 最近，姜士彬（David Johnson）系统地阐述了对牟复礼观点的反驳意见。概言之，他认为市民的出现可以前推至唐代：

> 由于城市社会和经济生活变得日益复杂，真正的城市文化开始出现……人们开始对城市和乡村的差别习以为常；“城市”的概念（相对于长期以来为人们所熟悉的“帝国”不同层次的行政首府而言）被纳入了公众语汇之中……就城市自身而言，“城市”这个概念，首先是远离人们熟知的乡村村庄世界的一种表现形式；与此密切相联系而且同样重要的是：它意味着城市居民不同于农民。[2]

有关这一问题的争论还远未结束。实际上，这样一个涉及根本性认识且关涉面广泛的问题，很难得出特别肯定的答案。但是，通过对汉口（一个在人口来源和职业方面都无比复杂的城市）的实例研究，势必将得出这样的结论：至少在一些中国城市里，存在着一种作为“市民”的共同身份的强烈意识和独特的城市心态。本章的目的之一便是探讨此种“市民意识”与“城市心态”的内涵。

向“市民”这一共同身份的过渡，并不意味着原先建立在同乡、信仰与生意基础之上的、更为狭窄的身份和内聚力不再具有关键性的重要意义。更令人困惑的则是如何看待社会阶级的重要性。在这里，我将采用一种历史主义的、实事求是的阶级观点，以探讨19世纪汉口的阶级意识和阶级凝聚的历史真实。一般说来，阶级认同感看起来是微弱的，可并不是完全缺乏，而且在我们的研究时段里，有许多因素（比如生产结构的变化和贯穿于迅速城市化过程的、城市贫民的增加）都为伴随着工业化的阶级凝聚力的萌芽作了准备。

---

① 最细致的研究是谢和耐（Jacques Gernet）所著《蒙元入侵前夜的中国日常生活》（加利福尼亚州，斯坦福：1962。译者注：中文本为刘东译，南京，江苏人民出版社，1998）。关于清代城市文化的分析，请参阅韩书瑞、罗友枝：《18世纪的中国社会》（康涅狄格州，纽黑文：1987）。中国学者有关这一问题的研究，最重要的成果则可举邓拓：《论〈红楼梦〉的社会背景和历史意义》，收入氏著《论中国历史几个问题》（2版，北京：1979）；傅衣凌：《明代江南市民经济试探》（上海：1957）。

② 姜士彬：《中国唐宋时期的城隍崇拜》，载《哈佛亚洲研究杂志》第45卷第2期（1985年12月），本段引自416页。

最后，我们将集中注意力于精英方面，考察汉口最成功的商人在生活方式、态度、爱好等方面，与全体市民、更传统的老式士绅之间的关系。他们已经习惯于按照儒家的理想行事，行为儒雅，彼此间的关系融洽，以及热心于家长式的公共服务系统的建立。因此，这些商人对于城市社团的孕育满怀热忱，在以下各章，我们将看到，他们中间的许多人为慈善机构捐资和出力。

一、城市心态和文化

在我们研究的时段里，尽管汉口是个形形色色、鱼龙混杂的城市，但本地居民和往来客商在谈起所谓“汉口特性”时有着惊人的一致。汉口最引人注目的第一个特征就是极度的世俗化，其最典型的表现则是穷奢极欲，相互攀比以夸豪斗富。① 可以想见，这通常会遭到儒家文人们的谴责，他们指出：汉口的生活方式与儒家所倡导的“俭朴”精神背道而驰。例如，1747 年《汉阳府志》的作者写道：

> 汉镇水陆珍奇莫不备，每一会宴，穷极丰腆。不但侨宦富商为然，中产之家勉强徇俗。惟务外饰，内鲜积藏，甚有典春衣而为之者。②

寓居汉口的湖州人范锴也发表了类似的批评。范锴当然崇尚美好的生活，但他对所见到的汉口人在衣、食、住等方面的奢华淫糜，特别是“恣意杀生”表示憎恶。③ 与 1747 年《汉阳府志》的作者一样，范锴强调指出：这些风气不仅局限于富商巨贾，“中人之产亦相效尤”④。此外，一位 19 世纪

---

① 对于汉口部分商人们引人注目的夸豪斗富式的消费，也有一些人表示赞扬。参见《汉口紫阳书院志略》卷八，15 页；《汉口山陕西会馆志》，4 页。

② 1747 年《汉阳府志》，转引自 1920 年《夏口县志》卷四，2 页。

③ 参见范锴：《汉口丛谈》卷四，31 页。

④ 这种情形令人联想起里格利曾经考察过的、18 世纪伦敦所广泛传播的、在奢侈消费方面“模仿胜于己者”的消费模式。此种消费为诸如茶叶、烟草、糖等商品提供了一个新的巨大的市场，从而对工业革命的经济起飞起到了某种推动作用。参见里格利：《伦敦在变动的英国社会经济中的重要性，1670—1750》，载《过去与现在》第 37 期（1967 年 7 月），50 页。

后期的本地作者也描述了弥漫于汉口的追求物质财富的奢华，以及炫耀、贪婪的风气。①

这种生活方式虽然并不是中国大多数城市所必备，单被当时人认为是城市所特有的特征。例如，在1867年《汉阳县志》的《风俗志》里，编者描绘了一幅老式的传统家庭的理想图画（丈夫耕作打鱼，或者在本地做点小生意，妻子则纺纱织布），并指出：尽管这个县丰富的自然资源条件长期以来都带给人们以诱惑，但大多数汉阳人实际上都是这样生活的，不仅是在农村，在城市也是如此。唯一的例外出现在汉口，那里的人们将浪费、奢侈看做正常的。之所以出现这样的例外，看来应该是由于长距离贸易所带来的不良的社会影响所致。②

以下这些反复提到的评论，比部分儒家士绅简单的反城市偏见（尽管他们也起到了一定的作用）更具有广泛的代表性。一方面，早期的西方观察者对汉口生活的评论几乎持同一论调。如传教士罗伯特·威尔逊（Robert Wilson）在1862年写道："随着太平天国之后物质财富的恢复，人们浪费、世俗、邪恶的习气在社会上越来越泛滥。可以说，他们太贪婪和过于沉溺享乐了。"③ 另一方面，中国人自己的评论也并非全是谴责。1914年《汉口小志》的《艺文志》所收录的有清一代的诗词，就都以无比激动和丰富的感性辞藻，来盛赞汉口的富有、物欲横流和快节奏的大都市生活。④

除了个人的奢华，这个商业中心独特的心态在商业行为上暴露无遗。牟复礼所说到的"占单纯的乡下人便宜的、狡猾的城市人"⑤ 形象，在中国和在西方一样，都已是老一套的描述了：在汉口，除了极个别的例外，这一点表现得特别突出。在外国商业专家于报告中说他们遇到的竞争远超出他们的预料和以往在中国所遭遇到的所有竞争的同时，当地的文人和官员们却在不

---

① 参见《汉口小志·风俗志》，2页。

② 参见1867年《汉阳县志》卷九，1~3页。

③ 威尔逊（R. Wilson）1862年9月2日的信，见伦敦布道会档案，Box3. 1. B。

④ 参见《汉口小志·艺文志》，是书67页所收陆飞《汉皋夜市》就是一个最为典型的例子。

⑤ 牟复礼：《元末明初时期南京的变迁》，收入施坚雅主编：《中华帝国晚期的城市》，106页。

断地谈论汉口商人的狡猾和目光短浅的“势利”。① 确实，中外评论者从未忘记赞扬汉口那具有吸引力的工业和坚忍顽强的各阶层地方商人。17 世纪的诗人查慎行，对汉口商业社会中的经商准则作了最好的概括：

一气十万家，焉能辨庐井?②

较儒雅的观察者，甚至是那些对经商抱有某种赞同态度的人，在每一代都尝试着去回忆那些更美好的过去——那时，贸易行为并不是明显的唯利是图。范锴在 1822 年写道：“汉口市井，俗渐浇漓，生计劳劳，反衰于昔。”③ 三十年后，来自浙江的叶调元伤感地写道：“现在”的市场已越来越被那些急功近利的年轻人所控制了，这些人唯一有价值的东西是英俊的外表，所以被当地人称为“刮器”；似乎做生意不再需要精明的头脑和敏锐的商业直觉，而只要善于察言观色、对商行里的上司阿谀奉承就可以了。④

对于汉口商人之冒险倾向的分析也许更应该放在商业史的研究中，而不应当放在这里。然而，很显然，从一个地方的小买卖人转入更有发展前途的新贸易行业的速度之快，他们对于开辟新市场的渴望，对于新出现的与国外开展贸易之可能性的强烈反应，以及为此而不顾后果地使用投机信贷，所有这一切商业心理，都与西方学者经常批评的行动迂缓、守旧的风格迥异。确实，偶尔也会有一些看法与此相矛盾。1879 年，海关税务司弗朗西斯·怀特（Francis White）报告说：“在信息灵通、富有的本地人中，对未来（普遍）抱有一种强烈的怀疑态度，而且坦率地承认不愿意投资于那些依靠国外的需求而获得成功的企业。”⑤ 然而，这种对于市场的细微、敏感的预见，不应混

---

① 参见佚名：《武昌兵陷事略》，收入向达主编：《太平天国》第 4 册（北京：1952），370 页；官文咸丰八年十一月九日奏，出台北“故宫”博物院：“清宫档案”；海关总税务司：《中国通商口岸对外贸易报告，1872—1873》（上海），53 页。

② 查慎行：《汉口》，收入《敬业堂诗集》卷一，9 页。

③ 范锴：《汉口丛谈·凡例》，1 页。

④ 参见叶调元：《汉口竹枝词》卷五，4 页。（译者注：原诗句为：“算盘眼色不须精，拉得豪商便出名。高底镶鞋尖顶帽，如今刮器是官人。”叶调元原注称：“近日学生意者不过如此。俗呼体面曰‘刮器’，或取刮垢磨光之意也。”）

⑤ 海关总税务司：《中国通商口岸对外贸易报告，1874》，40 页。关于 19 世纪中国商人的企业精神和冒险意识的进一步讨论，参见郝延平：《19 世纪中国的商业革命：中西贸易资本主义的兴起》（加利福尼亚州，伯克利：1986）。

作为汉口人普遍地逃避风险。

一般认为，坚忍不拔和实用主义是汉口人的又一个特性。与商业冒险这一倾向紧密相连的是，当面对生活中的不幸以及生命与财富面临危险时，汉口人相当平静地接受之。例如，传教士杨格非（Griffith John）描述了1869年夏天一场灾难性的洪水："这是十分惊奇的……中国人如此耐心和幽默地承受着一切。他半裸着，谈笑风生、赌博、抽烟、喝茶、行乐，对于他来说，好像什么事情也没有发生似的。在英国，这样一场自然灾害将会产生遍地哀嚎；而在这里，却只有一些轻微的忧伤。"① 杨格非在卫斯理公会的同事威廉·斯卡伯勒（William Scarborough）则这样描写在同一场洪水中的汉口难民："这些人陷入了窘境：他们的房屋被冲毁，生计被切断；他们拥挤在一起，面临着瘟疫的威胁，处于饥饿的门槛，却都表现出一种平和、安宁甚至是满足的心态。"② 毫无疑问，这种（面对不幸）恬然接受的态度，对于19世纪的汉口相对而言较少巨大的社会动荡这一特征，有着至关重要的意义。

同时，有两个观点需要强调。首先，西方学者经常将这种坚忍不拔的行为方式看做浸淫于儒、道文化传统之中的消极与逆来顺受。但实际上，至少在汉口，并非如此。也有人将它归之于宿命论。但是，我们在汉口所看到的，当人们面对恶劣的自然环境时，并不是一味地消极与顺从；相反，每一个都以某种方式表现出一种乐于去迎接这些灾难的决心，并心甘情愿地去承受有时无法避免的灾难。最好的例证，实际上也是每一个到过汉口的外国人都会提到的，是那些住在河岸边房子里的贫苦人民的行为，这些人的生计或多或少与汉口港联系在一起。年复一年，这些房子被夏末的洪水所冲垮，经常有人丧生；年复一年，生存者在原地重建房屋，等待着下一年洪水的再次到来。③ 其次，对于无法避免的死亡和不幸的接受，并没有妨碍人们采取积极的措施以减少危险和缓减痛苦，不仅为他们自己，也是为了大范围内的城市社团。在汉口的外国人进一步发现："令人非常惊异的"是，他们通常认

---

① 杨格非（Griffith John）1869年4月4日的信，伦敦布道会档案，Box 3. 3. C。

② 斯卡伯勒（William Scarborough）1869年7月24日的信，圣公会档案，Box488。

③ 参见柏西文（William Spencer Percival）：《龙的土地：轻舟过三峡》（伦敦：1889），57页。

为的中国人“对死亡的冷漠”，实际上是与同样确凿无疑的、对死亡的积极预防，同时并存的。①

汉口的环境对于人类居住是极端危险的。洪水、火灾和传染病的威胁，即使以当代中国的标准来看，通常也是十分严重的。高死亡的总体环境，再加上因生意失败和市场萎缩而引发的危机，曾经导致了数量惊人的自杀。②在此种环境下，一个人可能希望拥有一种热情的宗教信念。但实际情况却恰恰相反。如果我们相信早期在汉口的基督教传教士的报告，“虔诚”在当地的意识形态中几乎未起任何作用。例如，卫斯理会的波特·史密斯（Porter Smith）在他为伦敦总会编写了几则当地居民重实用的生活方式的有趣的典型事例（诸如街头小贩很快发现了一个伪造史密斯教会医院门票的市场）之后，描述了他试图依靠此种“极端世俗的天堂”来吸引皈依者的打算。③ 他的同事、来自圣公会的罗伯特·威尔逊对此补充说：除了在每个月的初一和十五以及一些偶尔的宴会之日燃放烟花爆竹，烧冥钱，从而消耗了大量的火药和纸以外，当地人民从未因为过于虔诚而受到指责。④

汉口人诚挚地遵守中国各种仪式活动的基本规则。他们一丝不苟地坚持对死者的丧葬准则。他们非常相信占卜和星相⑤，在每年的贸易季节开始之前，同业行会都要祭祀他们的行业神。地方性的节日相当多。无须惊奇，最为热闹的庆祝活动是农历的新年——店主专门迎接财神的日子和清除老账与借贷的时间。⑥ 我们将看到，汉口有各种各样的寺庙，是什么人供奉它们呢？更有意义的是，佛寺只占其中很小的一部分，虽然随着时间的推移略有增加，但信奉它们的主要是富商的女眷。⑦ 大多数汉口寺庙供奉的主要是更为

---

① 参见沃尔西里（Garnet J. Wolseley）：《1860年与中国的战争纪事》（伦敦：1862；特拉华州，威尔明顿：1972年重印），384页。

② 参见《北华捷报》1887年6月3日。

③ 参见圣公会档案：《汉口圣公会医院的五次年度报告》，报告之二（1865—1866），16页。

④ 参见罗伯特·威尔逊1862年9月2日的信，见伦敦布道会档案，Box 3. 1. B。

⑤ 参见《汉阳府志》卷四七，83~84页。

⑥ 参见叶调元：《汉口竹枝词》卷五，18页；斯卡伯勒1869年2月8日的信，圣公会档案，Box487。

⑦ 参见1884年《汉阳县识》卷二，3页。

实用的神祇，比如财神、水神（水府、龙王、禹公）、火神和天后。最为普遍的崇拜是关羽，这位三国时代的英雄已经演变成商业信用保障的化身；还有雷祖，他被看做雷神和节俭之神。① 换言之，深入汉口人心中的神祇为实用的神灵——这些神灵为各种群体（按照行业或同乡原则）的凝聚起到了一种联结作用，或者给城市生活和商业事务等世俗活动提供庇护。人们对这些神的信仰是诚挚的，但同时这些信仰受到人们为实现某种期望的结局而进行的具体行为所支配。正如我们将要看到的，作为一种潜流，救世主义的价值观念曾出现在汉口的生活中，特别是在19世纪七八十年代，随着秘密宗教思潮的不断高涨而逐渐传播开来；但它从未成为主流。

反正统文化的秘密宗教的流行和与之相伴而生的一些相关现象，诸如素食主义的流行，是这个城市在经受了太平天国运动之后数十年中，对文化迷失的一种委靡不振的回应。在我有关汉口的上部著作中，我将这种现象描述为社会“失范”的一种类型，并指出：地方社会（精英和下层民众）通过积极谋求建立组织和更大范围的集体自治作出了部分回应。② 一些汉阳的文人倾向于把这种颓废风气归咎于外国影响所带来的社会腐化；但是大多数汉口人承认，这种现象根源于原有社会领导者的更替，以及太平天国运动后汉口商业和社会新的、摇摆不定的开放。③ 也许，这种现象可以更直接地追溯到太平天国运动本身所带来的冲击。我们已经看到，怀旧情绪弥漫于整个时代，在谈到太平天国以后的汉口时，咸丰以前（也就是1851年以前）的时代，被作为一种逝去的黄金岁月而赋予了许多公式化的美好特征。

伴随这种文化的“失范”而来的是本已相当世俗化了的城市人的信仰危机。1866年，一位接受威廉·斯卡伯勒洗礼的汉口工匠解释了他皈依的原因是：“大约八年前，他看到这座城市被起义军破坏，寺庙被拆毁，僧

---

① 作为降雨之神，因而也作为丰收之神，“雷祖”根据粮商在运输过程中浪费的数量给予他们奖惩。

② 参见罗威廉：《汉口：一个中国城市的商业和社会，1796—1889》，287、343页；《汉口山陕西会馆志》卷二，9页。

③ 参见1884年《汉阳县识》卷一，19页；王葆心：《续汉口丛谈》卷一，17页；藤井宏：《新安商人研究》，载《东洋学报》第36卷第4期，132~133页。

侣被驱散，他开始认识到所有的偶像神都是无助的。他对于它们的信仰已经被击得粉碎。”① 1863 年，另一个传教士写道：

> 起义扫除了整个地区的偶像神。我们关于起义对汉口影响的观察主要是了解它在怎样程度上动摇了大众对偶像神力的信仰。使他们困惑的是，如果这些偶像神祇拥有此种力量，为什么他们无法阻止他们粗鲁的敌人所造成的一系列破坏和亵渎？古老的迷信仍然存在，僧道也恢复了活动。这种情形，在我看来，有如矿藏已经被发现，并且已开辟了一个孔道，我们必须时刻准备着以最快的速度和饱满的精力去（填补这一信仰的空缺）。②

毫无疑问，这不过是传教士的脑海中的如意算盘而已，但固有的价值观念（无论是宗教方面，还是在世俗方面的）已经受到程度不同的侵蚀，一般性史实也证实了这一感觉。而这一切，给当地人民带来了很大的困扰。

同时，我们也不能过分强调这种思潮，或者是将这一时期的汉口看做夏维里尔所描述的19 世纪早期的巴黎那样存在着巨大的“社会堕落”的“病变”之类的观点。③ 汉口各阶层的社会管理者很快从因混乱（商业、犯罪、道德方面的）而产生的恐惧中挣脱开来，把精力转移到新的或重新恢复的社会组织和控制体系方面。并且，所有证据都表明，在太平天国运动之后，就如同之前一样，商业活力和城市生命力使汉口社会持续处于普遍上升的气氛中。

二、传媒与政治生活

广泛而且范围仍在逐步扩展的传媒，包括口头和书写两方面的传媒，使这种充满活力的城市文化更加丰富。口头传媒是指在城市的露天市场或酒店、茶馆等场所活动的、形形色色的流行娱乐节目表演者：街头卖唱的、娈童、演艺者、吟夫、说书人以及汉口最负盛名的快板演唱者。汉口独有的最

---

① 斯卡伯勒 1866 年 6 月 30 日信，圣公会档案，Box487。

② 考克斯（Cox）1863 年 3 月 18 日信，圣公会档案，Box487。

③ 参见夏维里尔：《19 世纪上半叶巴黎的劳工阶层与危险阶层》（新泽西州，普林斯顿：1973），394 页。

显眼的是一种“唱婆子”，她们是职业的民间艺人，常常穿着黑色的衣服，涂着白脸，挎着竹篮子，打扮得像是走街串巷的女裁缝。① 口头传媒不仅充当通俗文化和时事新闻的传播工具，也可能被谨慎地用于价值观念和信息的传播。19世纪60年代，在由地方士绅发起的一场反鸦片的运动中，就曾使用歌曲来描述鸦片的罪恶，并且把印有歌曲的小册子分发给城市大多数唱流行小曲的艺人。② 城市街道上各种各样的戏院都有小商贩，他们带着无数的职业性的手摇鼓、喇叭，并伴之以大声吆喝，如同庙会的游行队伍和嘈杂、令人敬畏又激动的大官们通过时一样。——这些场景，乡间的人们在一生中可能只见到一次，而城市人则早已习以为常了。③ 人们经常观看在城市大行会和寺庙中举行的戏剧表演。街坊们也习惯于通过在大街上或茶馆里演戏以表达他们的兴旺发达，或者是从一场大火中幸免于难的感激之情。一位从江南来的寓居者曾描述汉口戏院中的听众是多么有知识和通达人情世故，并肯定地指出：其部分原因应当是由于他们时常听经典戏剧节目，而且这些节目有许多形形色色的地方剧种。④ 传媒的另一参与形式是举办节日庆典。除了每年供奉本地神灵的节日外，很多主要的节日都是在全城范围内进行，至少在几个最重要的节日里——春节、清明、端午和中秋节，按惯例，雇工们会有几天假，整个城里会放鞭炮、挂灯笼、装饰店面，有各种各样的赛会、跳舞及高跷戏。⑤

谈到书面媒体，我们会遇到极为复杂的大众读写能力问题。最近，罗友

---

① 参见范锴：《汉口丛谈》卷二，25页；卷三，15页；叶调元：《汉口竹枝词》卷五，10页；《申报》光绪五年一月八日。

② 参见圣公会档案：《汉口圣公会医院的五次年度报告》，报告之三（1867年），7页。

③ “不止一次，当传教士向全神贯注的听众热心地传播令人欢欣鼓舞的福音时，有衙门的小吏敲着锣，大声叫唤着，宣布总督及其随员的到来，于是整个人群都跑出去看游行队伍经过。”见南丁格尔（Nightingale）1878年4月6日信，圣公会档案，Box491。

④ 参见叶调元：《汉口竹枝词》卷五，12~14页；卷一，6页；《申报》光绪五年一月九日及七年九月二十五日；另见海关总税务司：《十年报告，1882—1891》，191页。

⑤ 参见范锴：《汉口丛谈》卷二，25页。蔡乙青（蔡辅卿）在《闲话汉口》一文（系列文章，共12篇，载《新生月刊》卷五第5期至卷六第6期）中对汉口的节日作了总结性的介绍（参见《新生月刊》卷六第6期，34页）。有关于汉口节日活动的记叙，可见《申报》光绪二年四月二十二日，三年八月二十五日，四年八月二十一日，八年五月七日和八年七月十八日的有关纪事。

枝解答了一个令许多学者困惑了很长时间的问题，她认为清代日常实用的识字水平远高于长期以来人们的设想。然而，识字率到底有多高？像汉口这样的重要城市，识字率比全国范围内的平均水平要高出多少？罗友枝估计：19世纪“基本识字”（定为能够认识大约2 000个字）的成年男子的比例为45%，女子为10%；但是，在大城市中，识字男子的比例有时可达80%。① 最后这个数字看起来相当高；我们在汉口发现了许多文盲的实例，甚至包括一些店主。② 可是，这些实例之所以被提及，本身就可能表明这些人具有某种不同寻常的特质。记录表明，甚至在19世纪60年代反鸦片运动中所列出的街头卖唱者，也能够阅读他们拿到的印制的唱词。

商人习惯于用基本的读写技巧记账，解释他们公布的行会规章制度，起草各种各样的常用商业合同（财产证明书、租赁合同、销售单、提货单、期票），以及准备名片。③ 除此之外，在生活中，坚持不懈地大量使用书面形式，本身就是城市文明的一种表现。1871年，作为英国领事在汉口住过几年的麦华陀（Walter Medhurst）以感性的笔调写道：

> 每一个善于观察的人沿着中国小镇的街道闲逛，一定会注意到中国书面文字使用之广泛……书面文字不仅用于商店标志和广告（与我们一样），并且随处可见，几乎每一事物上也都能看到，它被用来装饰建筑、船、家具、工具、衣服，以及不计其数的东西。确实，正如我们已注意到的，书面形式的使用如此之广泛，以至于一个人只要在街头散步时用心学习，就可以正确地掌握部分书面语言了。实际上，中国拥有纯粹的“街头文化”。④

在汉口，包括莫德豪斯特所提及的招牌（见图1—1）在内的有关街头文化的大量证据表明：人们不仅用颜色和形状来表示交易的性质，而且经常用大段的文字摘要详细地介绍商店内商品的性质、质量和价格。⑤ 全城到处都

---

① 参见罗友枝：《清代中国的教育和大众识字率》（安阿伯：1979），11、23页。

② 参见斯卡伯勒1881年6月27日信；《申报》光绪五年一月八日。

③ 参见麦华陀（Walter Medhurst）：《中国街头文学轶事》（上海：1871），26页。

④ 麦华陀：《中国街头文学轶事》（上海，1871），7~8页。

⑤ 参见沃尔西里：《1860年与中国的战争纪事》，386页；J. F. 毕晓普夫人（Mrs. J. F. Bishop）：《长江河谷及其远方》（伦敦：1899），67页。

图 1—1　一条中国城市的商业街，1890

采自毕晓普：《长江河谷及其远方》，109 页。毕晓普把这条街道定位于汉口，然而施坚雅主编《中华帝国晚期的城市》534 页中收录了一张同样街道的照片，仅与这张照片略有不同，却指明是在广东。无论何者为确，当时人对任一城市此类街道的描述均与这幅照片相符。（译者注：此图见于 Isabella L. Bird：*The Yangtze Valley and Beyond* 一书，原图下有说明文“汉口的街道”。）

张贴着海报，以及公布当时十分流行的每周彩票抽签的结果。① 官员们经常张贴希望人们去读的各种告示，宣布一些事情，诸如第一个外国人的到达，政府对待传教士的政策，在短期信贷危机之后的银行停业，等等。正如我们将见到的，非政府的煽动者偶尔也会张贴一些海报。②

但是，有着持久影响、使19世纪后半叶的城市文化从太平天国运动之前的文化形态中转变过来的，则是报纸。根据戈公振的研究，完全由中国人创办的第一份中文报纸《昭文新报》于1873年在汉口出版，英国领事认为它是一块“完全本土化的和非官方的阵地”。《昭文新报》刊登地方消息、市场行情和广告，并转载《京报》的文章。显然，报纸以商人作为主要读者，但它最后却失败了。几个月以后，它由日报压缩为半周报，在一年内即停办了。后来，又有外国人分别于1874年和1880年两次尝试在汉口创办中文报纸，但同样都失败了。③ 第一份在汉口持久发行的报纸是《汉报》，由汉口茶业行会印刷出版。它从1893年一开始发行就获得成功，直至1900年才因被怀疑与唐才常密谋反叛一案有关，遭到张之洞查封。④

然而，这些在汉口兴办报刊的早期努力的失败，绝不表明缺少读者群。汉口显然有广泛的读者群，但是这一市场自1872年后就被上海著名的《申报》有效地占领了。⑤ 最初，《申报》偶尔刊载来自汉口的消息；到19世纪70年代末，这已经成为每期必有的内容；1881年《申报》采用电报发送消

① 参见《申报》同治十三年十一月九日；《北华捷报》1872年1月25日。

② 参见《申报》光绪三年六月二日；奥利芬特（Laurence Oliphant）：《1857—1859年额尔金伯爵出使中国、日本纪行》（纽约：1860），560页；拜瑞特（Bryant）1871年10月5日的信，伦敦布道会档案，B. 3. E；圣公会档案：《汉口圣公会医院的五次年度报告》，报告之五（1870），78页。

③ 参见《申报》同治十二年六月二十一日、八月十一日；金（King）1873年8月25日的信，英国外交部档案，228/525；戈公振：《中国报学史》（台北：1963），153页；布瑞顿（Roswell S. Britton）：《中国的期刊杂志，1800—1912》（台北：1966），76页。

④ 我曾阅读过现存的几期《汉报》，藏于武汉市图书馆。另请参阅海关税务总司：《十年报告，1892—1901》（上海：1902），320页。

⑤ 我对于《申报》的讨论基于广泛阅读了19世纪70—80年代有关汉口的报道，同时参阅了戈公振《中国报业史》106~109页，林培瑞（E. Perry Link）《鸳鸯蝴蝶派：20世纪初中国城市的通俗小说》（加利福尼亚州，伯克利：1981）96~98页，以及兰金：《中国浙江省社会精英的能动主义与政治变革，1865—1911》（加利福尼亚州，斯坦福：1986）。

息之后，汉口的消息变得更为及时。尽管无法估计出汉口人口中经常阅读报纸的人所占的比例，但对于城市火灾、犯罪和逸闻趣事的日常报道，清楚地表明报纸拥有一批重要的当地读者。

尽管《申报》是由英国人欧内斯特·美查（Ernest Majors）创办的，但总是有一名中国编辑代表中国人的观点。《申报》经常支持外国贸易和夸赞外国人办事的方式，但至少早在19世纪70年代末的中俄战争以及1883年的中法战争期间，《申报》就摆出后来非常著名的民族主义的姿态。尽管美查最初希望《申报》不要办成一份局限于通商口岸的报纸，但它终究还是一份独特的“城市”报纸。商业消息占绝对优势使商人成为它稳定的读者群。在最初的十年里，《申报》并没有形成自己独特而清晰的编辑方针。后来，经过审慎思考，《申报》被定位为立足于商业企业的报道，有时，它所作的充满激情的报道使它在这方面获得成功。很多报道（至少来自汉口的报道）来源于志愿通讯员，这保证了有一定不同意见的发表。虽然如此，《申报》每一期都有头版评论，主要是当时人们很感兴趣的时兴话题，例如“保甲”组织、城市犯罪、粮食流通和外交政策。更重要的是，《申报》关于地方社会活动模式与策略的讨论，时常被遥远的地方所学习和效仿，从而使它在那些地方成为先驱。早在19世纪70年代晚期，《申报》在长江流域和中国沿海城市中，就成为周锡瑞所谓“城市改革派精英”的论坛。①

这一新形式的书面传媒所带来的冲击是相当大的。在这里，没有必要去援引那些越来越多的“现代化”或“发展”理论，以论证城市化、日益增长的识字率、不断发展的大众媒体以及逐渐增强的政治参与意识之间，存在着密切联系这一基本事实。② 林培瑞已经以另一种方式，对早期工业化时期社会动荡不安、变幻莫测的中国城市，与相似的、更文学化的、狄更斯笔下的伦敦以及雨果笔下的巴黎之间，做了令人信服的比较，他指出：二者都如饥似渴地热衷于办报并不断地连载小说。③ 19世纪后半叶汉口的历史表明，我

---

① 参见周锡瑞（Joseph Wharton Esherick）：《中国的维新与革命：辛亥革命在两湖》（加利福尼亚，伯克利：1976）。

② 这一方面的早期论著之一，勒纳（Daniel Lerner）的《传统社会的消逝：中东的现代化》（伊利诺伊州，格伦科：1958）最值得信服，特别是其中的46、60～61页。

③ 参见林培瑞：《鸳鸯蝴蝶派：20世纪初中国城市的通俗小说》，8～12页。

们可以将这种相似点前推到“现代早期”时代，也就是当新文学形式开始寻求读者并对社会产生影响之时。

许多西方报道者经常指出：异乎寻常的中介地位，造就了汉口人的另一特征，即“都会性”。当然，在汉口的历史进程中，曾荟萃了来自中国各地的人们。事实上，外人常用中国俗语“五方杂处”来形容汉口。① 一般说来，方言、风俗和亚文化的混合融汇，以及频繁地进出城市，有利于在部分城市人口中产生高水平的文化宽容（当然，这绝不是说就没有族群之间的冲突了，特别是在具体的群体利益上）。正是这种不同寻常的文化宽容，使汉口人在开埠后头十年就接受了欧洲人。这种认同也可以扩展到与西方文化交往的过程中。在汉口，像其他地方一样，尽管中国文化的“自满”倾向使它不可能完全向西方社会模式转变，但西方物质文化特殊的和明显优越的成分却以一种惊人的速度被人们接受下来。西药的引进就是一个很好的例子。1864 年，即“伦敦圣公会医院”开业的第一年，教会医生波特·史密斯医治了20 000多个病人，其中“很大一部分”是在医院开张以前就申请治疗的。1879 年，史密斯的同伴，约翰·福德汉姆（John Fordham）在汉口建立了一家赢利性的诊所，在前四个月中看了2 000多个病人。史密斯报道说：“病人来自各个生活阶层，各个省份……督抚大员、满人官吏、文人雅士、科举士绅、商人、市民、村民、兵勇和乞丐，都来尝试西药的作用。”②

文化的宽容和“口味”的广泛性（当然，这也是因为在这个商业都会里，完全可以品尝到中华文化中可以消费的所有著名食物）③，是与对知识的广泛好奇和对外来事物的新鲜感密切联系在一起的。最早的西方来访者经常遇到礼貌却爱管闲事的旁观者，传教士们习惯于大张声势地宣称：在他们的传道会上，有许多“满怀渴望”和“专心”的群众，当然大多数人是对洋教

---

① 这有许多例证，如：章学诚《章氏遗书》卷二四，26 页；范锴《汉口丛谈》卷六，1 页；1867 年《汉阳县志》卷九，2 页。关于西方人对汉口人之“世界性”的认识，可参见希尔（David Hill）：《中国湖北：它的需要和要求》（约克：1881），1 页。

② 圣公会档案：《汉口圣公会医院的五次年度报告》，报告之一（1863），2～3 页；福德汉姆（John Fordham）1879 年12 月29 日的信，圣公会档案，Box491。

③ 不止一个例子涉及汉口消费观念的广泛范围。参见日本通产省编：《汉口通商汇纂》（东京：1887）。

充满好奇，而非关心精神救赎。1861 年，平常略显冷淡的杨格非写道：“听众所问的问题和由问题而引出的答案所反映的思想状况，与我在中国其他地方所遇到的情况相比，更属于好奇。”①

有趣的是，对外国人的这种接受所产生的后果，与西方人在 1872 年为觐见同治皇帝而进行的外交努力之成功，有着密切关系。当时《字林西报》驻汉口的记者在这年 9 月报道说：“街谈巷议都在谈论外国人觐见皇帝的问题……人们都说，虽然清廷官员强烈反对外国人觐见‘天子’，但百姓却更为明智、更实事求是地看待自古以来的惯例，他们相信皇帝会接见外国使者。”② 显然，这种议论的背后隐含着至少一部分汉口人的政治要求。尽管普通大众，正如杨格非指出的那样，事实上“已经被灌输了这样的思想，即只有统治者才有权力去思考公众事业”，但汉口人却总是坚持他们自己的观点，而且在太平天国运动之后这种倾向与日俱增。从事国内和国外贸易的商人，对我们今天所谓的“政治冒险”明显地表现出一种很强烈的投资兴趣。随着政治发展，这种兴趣越来越强烈地反映在面向商人集团的报刊如《申报》上。然而，谈论政治显然并不仅仅局限于商业精英，而是更广泛地深入到城市社会之中。事实上，《申报》本身就从汉口的各种“谣传”和“街谈巷议”中选取了很多本地区和本市的消息。③

是何种契机促使对于较大政治事件的关心，逐渐转变成直接建基于当地商业环境的、更为活跃的政治参与意识？我们将看到，诉讼和向地方官府请愿等，是参与地方政治的习惯形式，即便是对于水夫和粪夫来说，也是如此。随着交纳商税的不断增加，商业精英们也越来越迫切地期望参与政治生活，特别是参与本地和本地区财政政策制定。然而总的说来，汉口的历史为玛丽·兰金的有关研究提供了进一步的证据支持，她认为：促使政治意识之觉醒的契机，是光绪初年一些超出地方范围的重大事件——比如由政府主持

① 杨格非 1861 年 11 月 5 日的信，伦敦布道会档案，Box 2. 3. E。另请参阅英国议会下院：《英国议会公报》，1864 年，第 63 卷，第 3294 号，134 页；《北华捷报》1859 年 6 月 8 日；希尔：《在华中的二十五年，1865—1890》（伦敦：1891），10 页；杨格非：《来自中国的声音》（伦敦：1907），194 页。

② 《字林西报》1872 年 9 月 18 日。

③ 例如《申报》光绪九年八月十九日。另参见杨格非 1869 年 11 月 31 日的信，伦敦布道会档案，Box 3. 3. C。

的援助华北地区的救灾运动，和为对抗外国入侵而进行的大规模移民运动。1878 年，汉口民众在地方社团的领导下，组织了救助陕西灾民的活动；1880 年，他们参与了征募义勇军以准备对俄战争的活动；1883 年，他们对清政府在中法战争中的软弱表现公开表达了自己的愤怒。① 到 1900 年，当张之洞试图以同情革命为名强行关闭在汉口处于主流的中文报纸时，汉口人民成功地阻止了他。

三、职业结构

19 世纪汉口的劳动者以何为生？这些劳动者分布在哪些职业部门？没有单一的资料可供我们解决这两个显然十分关键的问题。对这个城市的第一次现代调查是在 1912 年进行的，一共抽样调查了近 100 000 个家庭的职业情况；几年以后，汉口商会调查了城内 171 个主要贸易行业的商店数量。② 这些调查分析都是有用的，但是，其可利用性因调查覆盖的行业不完整以及调查时间较迟（相对于 1895—1911 年间汉口的工业革命而言）而受到限制。传教士医生 A. G. 里德（Reid）对 1873 年、1874 年在他的诊所里就诊的 4 000 名中国病人的职业进行的调查则提供了更直接的证据（见表 1—1）。可里德的分类不是很精确。因此，除了这三份主要调查资料，我还依据更广泛的零星记载，最终得出了表 1—2 所提供的汉口职业结构。显然，这只是个粗略的估计，而且忽略了这段时间里劳动者构成的变化。尽管如此，我仍然认为这是我们可能获得的对于汉口职业结构较为理想的估计。以下就让我们依次考察一下每一个主要的职业类别。

1. 专业人员。除了任何时候都存在的文职和武职官员，汉口城里还有大量的隐退官员，有像叶谭青那样的从帝国其他地方官任上致仕回乡的本地人，也有像黄赤城（承煜）那样原任汉口官员、卸任后留在汉口的外乡人。③ 数量

---

① 参见《申报》光绪四年十月八日；英国外交部档案，《1881 年贸易报告》，30 页；威尔逊 1886 年 7 月 3 日的信，伦敦布道会档案，Box 5. 6；兰金：《中国浙江省社会精英的能动主义与政治变革，1865—1911》。

② 参见《汉口小志 · 户口志》，3 ~ 4 页；1920 年《夏口县志》卷二十，9 页。

③ 参见范锴：《汉口丛谈》卷五，2 页；王葆心：《续汉口丛谈》卷二，11 页。

更多的是职业性的但未列入正式官僚体系的上层行政人员——士绅通过应试或捐资，成为正式官员的私人幕僚（幕友），他们主要是充当“文员”，或者在准官方的行政部门“局”中负责收税、管理港口、维护内部安全等。“胥吏”的社会地位较低，但数量最多。根据1912年的统计，汉口有将近1 000名胥吏。我们注意到，职业性的安全保卫人员（绿营兵、乡勇和保甲长）的数量在19世纪不断地增长，因而它在里德医生抽样调查中占3%的比例并非夸张。

表1—1　　汉口伦敦教会医院4 000名病人的职业分析，1873—1874

职业	数量（人）	职业	数量（人）
店主	785	船夫	294
农民	751	教师	242
苦力	575	小贩	215
商人	508	士兵	130
仆人	405	其他	95

资料来源：A. G. 里德于1874年9月30日完成的《半年以来汉口卫生报告》，见《海关公报》（1874年4～9月），44页。

说明：“农民”所占的比例较高，根据其他可信资料，这反映出病人来自附近的农村。

表1—2　　汉口的职业结构，1860—1895

大类	占全部职业人口%	细类	
专业人员	约5%	政府部门	官员、编外的上层行政人员、胥吏、职业性的安全保卫人员
		社会部门	职业文人（老师、生员、艺术家、作家）、上层管理者（绅董）、医生、牧师、僧人、占卜者
商业人员	30%	个体批发商	商品经纪人、代理人与批发商、钱庄主、批发坐商、批发行商、代理人、买办
		个体零售商	零售店老板、放小额高利贷者、饭店老板、摊贩、游动小商贩
		雇员	账房先生和学徒、商业劳动者
运输人员	30%	运输代理人、船主与水手、长途挑夫、从事当地运输的驮夫	
制造业人员	10%	工匠、手工作坊的学徒和雇工	
建筑人员	10%	技工、建筑学徒和工匠	

续前表

大类	占全部职业人口%	细类
农业人员	5%	土地耕作者、牲畜饲养人、渔民
边缘群体	10%	保镖、门房、家仆、奴隶、艺人（演员、街头卖唱的、妓女、说书人）、乞丐、罪犯与地方无赖、无业者

除了政府部门之外，我们还注意到：在商业活动占据主导地位的汉口，仍然养活了一大批职业文人。其中一大部分是教师。尽管像胡桂生、江凯威和胡牧亭那样的老师受到普遍尊敬，但教师并不富有（叶调元讽刺地评论那些在门上挂着"学堂"小招牌有着吸引学生和赶走乞丐的双重作用，乞丐们知道居住者十分贫困）。① 汉口大部分的职业文人是"生员"。那些来自富有家庭或依靠政府薪水生活的人之所以能一直过着这样的生活（如罗成黄，就在汉口度过 40 多年）显然是为了参加省试。除了从事教育，有些拥有文学才能的人选择了形形色色的、不那么稳定的生计：程耕云，举人，是创作贺词的专业作家；段嘉梅，生员，专攻诗作；吴仕潮，明显以出售他的诗和学术文集为生。②

在一些例子中，职业文人具有绅董的双重身份。早在 16 世纪，首先在江南出现了具有现代早期特征的职业类型，如水利工程监察者（管理者）等。在整个 19 世纪，这种需要自己去寻找的、带有薪水的"白领"职位在当时的公众活动中（例如，在市内建设、消防、公共救灾事业领域）不断增加，行会、善堂和家族组织也需要使用一些文书。这个城市里最后的专业人员群体包括精神或身体的治疗者（医生、牧师、僧人、占卜者）。叶调元发现：在太平天国运动前夕，汉口有 1 000 多名职业医生；在 1912 年调查中，有 177 个职业占卜者（地理卦）和 47 个术士，且有 400 个道士和佛教传播者（和尚）。③

① 参见叶调元：《汉口竹枝词》卷五，2 页。胡桂生等教师的情况，参见周天爵道光十九年五月二十五日奏，出台北"故宫"博物院："清宫档案"；1867 年《汉阳县志》卷二十，34～35 页；王葆心：《续汉口丛谈》卷二，32 页。

② 参见《洪山庙罗氏宗谱》（1918）卷二十，34～35 页；范锴：《汉口丛谈》卷二，22 页；卷三，14、17 页。

③ 参见叶调元：《汉口竹枝词》卷五，2 页。

2. “商界”。大小不等的各种批发商人和零售商人总共占汉口固定劳动力总数的四分之一。在里德记录的4 000个例子中，明确有25%的“商人”和“小贩”；如果从他的调查中排除存有疑问的“农夫”的话，这个比例将接近三分之一。1912年的调查表明：“商界”占这个城市居民的31%。

无需赘述各种大型批发贸易构成了汉口的生命线，这些在我上部著作中已有详论。在这里，我只想强调指出：在某一特定个体商人的职业生涯中，这些功能性的角色往往交叉在一起，而不是分离开来的。各种类型的批发商都拥有一个相当广泛的经济层级范围——从奢侈的大盐商，到那些每天都要到郊区的市场去收购布匹、赶回城中制成成衣的小“贸迁者”。①

零售商人的数量有数千。这包括客栈老板、饭店老板和茶叶经营者（到20世纪初，总共达2 000多家），还有屠夫、蔬菜零售商人、豆芽商、磨坊主、鞋店老板、剃头匠、豆腐店主、水果商、裁缝、帽子商、烟商和杂货、筷子商人以及供给各种城市作坊原料的商人。② 尽管这些固定的零售商店（也有一些兼做批发）在规模上有较大的变化，店主作为一个群体，明显地组成了一个社会阶层，其地位比那些暂时在街道弄堂摆摊或背着东西在城市里沿街叫卖的其他零售商要高一些。到1912年，后两种人占据了城市劳动者的十分之一。摊贩（摊民）主要从农村采买一些不易保存的食品，聚集在城市里众多的“全日市”、“半日市”或“夜市”上。例如，100多个摊贩主要活跃在江汉交汇处、龙王庙前的大水果市场。③ 其他分散的摊贩将他们的商品放在席子上，置于空地，直到地方上的富人们将他们赶至其他地方。“摊贩”作为一个群体，其社会地位在巡回叫卖的小贩（行贩）之上。行贩们在街头叫卖他们放在手推车或吊在肩头篮子里的商品——鱼、食用油、花生、炊具，每个人以其独特的吆喝声、铃、铜锣等来向人们表示他们的到来。一些商贩努力维持稳定的生活，但很多人发现，他们需要通过季节性地做其他

---

① 参见范锴：《汉口丛谈》卷二，23页。

② 参见1920年《夏口县志》卷十二，9～10页。值得注意的是，在《申报》上常能见到有关汉口零售商人遭受火灾和被窃的报道。

③ 参见叶调元：《汉口竹枝词》卷一，3～4页；《申报》光绪二年一月十六日。

工作，诸如算命或乞讨，来获得收入。①

与以上个体商人有着明显的区别，在批发和零售行业，不论是坐商，还是行商，都有一些受雇于商行的雇员，他们除了自己的劳动力之外，一无所有。这些人依次可以分为两类：一为店伙计、帮伙和徒弟，不管怎么贫穷，这些人都期待着有出人头地的机会；另一类是拿薪水的商业劳动力，诸如仆人和厨师。这两种群体的人数都十分庞大。在1912年的调查中，仅厨师一项，人数即已达到3 000人。

3. 运输业从业人员。如果将大量的船夫、马车夫和长距离的赶牲口者等过境人口计算在内的话，汉口有将近四分之一的劳动者在一定时间里受雇于运输业。这一群体的上层阶级包括运输经纪人和船运代理人（船行、车行、夫行），这些人与长距离运输、当地的商品搬运都紧密联系在一起。横山英的详细研究表明：这些人为商人起草合同，处理金融方面的问题，为工人找工作，有时为工人提供工具、食物和住处，收取佣金，并向官府交纳经营税。② 汉口拥有不下数百个这样的经纪行。③

毫无疑问，汉口船夫的数量是巨大的。1877年，一份很典型的报告估计大约有10 000艘船只同时云集汉口港；1891年，海关报告估计每年有165 000名水手在到达汉口的平底帆船（即从事长途运输的船只）上工作。这些平底帆船通常航行了较长路程，汉口一般是其航程的终点；也有很大一部分船只在港口停泊足够长的时间，以便交易他们的商品（通常是在自己船上），它们大多会与这个城市中自己的同乡会联系。通常，船上有一个主管（船户）——实际上是一个拥有自己船只并在货物运输中自己承担风险的个体小业主，一个熟练的搭档（船伙），并且雇用3至12个水手（船夫、水师）。由于船主在上下水航行中可以运送不同种类的货物，而且通常是通过运输经纪人而获得单程运输的合约，所以雇用水手时总是说明只是一个单

① 参见布利逊（Mrs. Bryson）：《约翰·肯尼思·麦肯齐（John Kenneth Mackenzie）与英国国教在中国的传播》（旧金山：1977；伦敦：1891年原版），109～110页。

② 参见横山英：《中国近代化的经济结构》（东京：1972），特别是149～155、178～185页。

③ 1912年的调查表明有大约251个内河航运经纪人。关于他们的活动，可参见《申报》光绪七年十二月二十二日；马嘉理（Augustus Raymond Margary）：《从汉口到大理的旅行笔记》（上海：1875），2页。

程，从而使这些水手常常在港口、船、船主之间自由飘浮，并且经常不仅做水手，还要从事其他不太熟练的劳动。① 除了大型的平底帆船，汉口还有数量更多的、短小型的轻舟和划子，它们的主人兼操作者及其全家（划户），大都住在船上，主要从事地方运输（见图1—2）。② 在19世纪的最后10年中，上述各种类型的船夫都逐渐成为内河轮船上的船夫。

图1—2　江汉汇合处的船户

采自贺麟：《希尔的一生》，59页。

汉口大多数长途陆路运输者是赶马、骡和骆驼等牲口的人。这些人受雇

---

① 关于汉口船员的详细叙述，可以参阅庆保嘉庆二十五年二月二十三日奏、张荫桓嘉庆二十五年六月十二日奏，均出中国第一历史档案馆："明清档案"；裕禄光绪十三年三月七日片，出总理衙门档案，"湖北英人交涉"；《申报》光绪五年九月十九日、二十一日。亦可参见森田明：《清代水手结社的性质》，载《东洋史研究》第13卷第5期（1955年1月），18~30页，特别是19~20页。

② 参见《申报》光绪八年六月十八日；海关总税务司：《十年报告，1882—1891》（上海，1892），84页。布利逊：《约翰·肯尼思·麦肯齐与英国国教在中国的传播》，39页；考纳比（W. Arthur Cornaby）：《华中漫游》（伦敦：1896），42页；柏西文：《龙的土地：轻舟过三峡》，57页；福斯特（Arnold Foster）：《长江流域》（伦敦：1899），3页。

于大商人，住在集中于马王庙一带昏暗的“骡马店”里。这些骡马店，正如1822年的文献所描述的那样：“有屋数十楹，幽暗失窔窔。不知何许人，出入只取闹。我来主试援而止，风雨破窗久无纸。朝阳夕阳不可徙，时方秋热汗如洗。”①

数量更多的是成千上万的本地搬运工，包括车夫（推车）、轿夫、水夫、码头夫等比较专业的群体，以及不怎么要求专门技术的挑夫、“扛夫”和“脚班”等。和水手一样，这些人不仅是地理意义上的流动者，也是职业上的流动者，但他们都不仅仅来自汉口直接的经济腹地。所有的运输工人每天都在为生存而挣扎；地方文献中随处可见这样的评论：虽终日劳作，仍不得温饱。②

4. 制造业和建筑业从业人员。虽然人们普遍认为“寄生性”和“消费性”是中华帝国晚期大多数城市的基本特征，但它们仍然都有效地生产面向外部市场的商品，或者参与到这些商品的生产过程之中。即便是像汉口这样较单纯地仰赖于运输业的巨大的商品集散地，也是如此。如果不是存在着相关的限制，一个城市的劳动力必然包括大量的、从事建筑和手工业生产的技工、工匠和劳动者。——到1912年，根据调查，汉口有将近24 000名这样的劳动者（见表1—3）。

表1—3　　汉口的制造业和建筑业工人，1912

职业	数量（人）
小艺	4 625
木工	3 507
金工	1 801
土泥工	1 914

① 范锴：《汉口丛谈》卷二，23页。

② 参见《申报》光绪四年五月二十一日（译者注：《申报》此处原文谓汉皋各码头夫头与脚班踊跃参与龙舟赛，藉按铺捐钱，“虽劳力而得哺啜也”。语义与作者此处所引不同，故无法回译）。有关运输工人的情况，可参见《申报》光绪元年十月七日，七年九月七日，七年十二月二十二日和八年十二月五日；叶调元：《汉口竹枝词》卷一、4页，卷二、5页和卷五、19页；涂宗瀛光绪九年三月五日片，卞宝第光绪十年七月十四日片，均出总理衙门档案，“湖北英人交涉”。1912年的调查发现，城里有将近8 000个长途陆路运输工人和同等数量的地方运输工。

续前表

职业	数量（人）
石工	384
窑工	44
各职业工人	2 221
佣工	9 256
总数	23 752

资料来源：《汉口小志·户口志》，3～4页。

说明：最后两类无疑包括许多新工厂的劳动者，而在19世纪，其中的许多人可能受雇于手工业品贸易行业。这些数字不包括商业和运输方面的劳动者。

无须惊讶，汉口制造业活动最集中的领域是与本地区直接相关的商业和船运业。作为一个主要河港，汉口拥有几家大型板厂，这些板厂集中在沈家庙一带；还有几个规模较小的维修厂散布在江边。① 更为重要的是箱子的生产。人们从这个城市巨大的木材市场买回部分木料，留下来用来制造装运茶和其他商品的木箱。像集中在沈家庙一带的船厂一样，许多工厂都参与木箱的生产，并且以制造棺材为副业。② 同样广泛生产的是在盐、米、草药的运输中使用的竹艺品、柳条篮、麻袋等，这些产品一般在"米厂"（地名——译者）一带的工厂里生产。③

同样依赖于这个城市在地区间贸易中之中心地位的，是众多的各种各样的加工业。在清代的大部分时间里，汉口广泛地参与碾米和经过这个港口的其他谷物的加工，以及桐油和其他植物油的榨油工作。④ 由于邻近储存煤的湖北中部和湖南，以及产铁的鄂东北，至少在19世纪90年代张之洞在汉阳创立汉阳铁厂之前一个多世纪，汉口就产生了相当重要的地方冶炼工业。⑤

---

① 参见李瀚章同治十二年二月二十八日片，出总理衙门档案，"湖北英人交涉"；《申报》光绪六年八月十七日；日清贸易研究所：《清国商事指南》（上海：1892），第1卷，120页；孙敬之：《华中经济地理》（华盛顿：1960），155页。

② 参见1920年《夏口县志》卷五，23页；《申报》光绪五年十二月十五日；艾勒伯斯特（Chaloner Alabaster）1884年3月的信，英国外交部档案，17/959。

③ 参见裕禄光绪十一年十一月二十七日片，出总理衙门档案，"湖北英人交涉"；《申报》光绪三年四月二十日。

④ 参见水野幸吉：《汉口》（东京：1907），470～478页；中山美绪：《清代前期江南米价的波动》，载《东洋文库研究部论文集》第37卷（1979年），65、87页。

⑤ 参见包世臣：《安吴四种》卷三四，9～11页；英国议会下院：《英国议会公报》（1861年）第66卷，342页。

在雇工的数量方面，也许最重要的是棉麻加工厂。大量的本地特制棉布从汉阳府和武昌府的周围各县农村进入汉口，在汉口大型的踹石坊、砑布坊里打磨光滑，在染坊里染上各种颜色，然后运送到中国各地的专业市场。当1858年额尔金（Elgin）爵士访问汉口时，这种生意已经走过了它最富有生机的阶段；那时，一些商店已经开始出售经广州进口的英国棉布。① 纺织品生产的另外一种类型是从农村生产者那儿收集大量的棉布，在汉口用“大剪子”把它们剪成小块，然后将这些卖给地方零售商，或做转口生意的批发商。②

除了加工运输过程中的商品，汉口的工匠和劳动者也广泛地参与多种多样的生产活动。城市居民多参与丝、棉的纺织。③ 一些小作坊生产了大量的绒、毛毡、丝带；而纸、皮革、麻绳和竹索之类，用英国领事的话来说，也是“常见的中国产品”。④ 汉口金属（铁、银、黄铜和青铜）制品贸易的规模也相当之大，它生产大量的珠宝、烟管、镜子、铜锣、剪子、刀子、洗衣盆和厨具；不同寻常的另一项产品是爆竹烟花，汉口的鞭炮全国闻名。⑤

5. 农业人员。汉口是中国建筑密度最高的城市之一。19世纪的汉口只

---

① 参见额尔金（Elgin）1859年1月5日的信，英国外交部档案，405/3；奥利芬特：《1857—1859年额尔金伯爵出使中国、日本纪行》；《申报》光绪六年七月十六日，二十一年五月十三日；水野幸吉：《汉口》，563页；藤井宏：《新安商人研究》，载《东洋学报》36卷第1期，15、26页。

② 参见范锴：《汉口丛谈》卷一，17页；叶调元：《汉口竹枝词》卷一、9页，卷五、4页；李瀚章同治十三年十月二十日片，出总理衙门档案，“湖北英人交涉”；另见《申报》光绪二年十二月十九日，三年十二月十日，四年六月二十六日，八年六月二十四日，八年十月二十四日。

③ 参见水野幸吉：《汉口》，498页；海关总税务司：《丝》，“海关系列专刊”第3种（上海：1881），35页；彭泽益：《中国近代手工业史资料，1840—1949》（北京：1957），第2卷，100页。

④ 参见艾勒伯斯特：《1874年贸易报告》，英国外交部档案，17/732；另见《申报》光绪三年八月二十五日，四年六月五日，四年八月二十一日，六年七月十六日，七年十月十七日。

⑤ 参见日清贸易研究所：《清国商事指南》，第1卷，120页；《申报》光绪八年十月二十四日，七年十月十七日；海关总税务司：《中国通商口岸对外贸易报告，1879年》，第29页；蔡乙青：《闲话汉口》，载《新生月刊》卷六第5期，40页。

有很少几个郊区和卫星村庄，大宗粮食不能依靠本地生产，而要从地区间贸易中获得。因此，与中国其他重要城市相比，汉口很少有人受雇于农业，即使是季节性雇工也不例外。根据1912年的调查，以从事农业作为首要生活来源的人口不到1%。虽然如此，1864年汉口修筑城墙之后，在城市的边缘还是形成了一条“绿色地带”；1877年的地图则表明：在城市建成区里，也有许多小菜园像绿洲一样点缀其间。① 此外，相当一部分城市居民靠饲养家畜和捕鱼维生，这也同样为本地人口提供了一些食物。②

6. 边缘职业群体。在汉口人口中，还存在着大量的失业者或从事被认为是边缘性职业的人群，而且这部分人口不断增加。这一群体包括卖艺的、卖身的及大量讨饭的——实际上这也可以算是一个有影响的职业。所有这些人都过着不稳定的生活，在社会的边缘生存着。这些各种职业类型的人数量较多，在汉口城市化进程中，他们虽然不是广泛地，却是持续不断地影响着19世纪的汉口。

表1—2中“边缘群体”类下的“保镖”，是由那些没有职业地位的官府士兵或地保、甲长组成的，他们仍然参与地方执法和维持秩序。他们包括短佣、更夫、栅夫、消防人员和私家仓库的看守者（经常被蔑称为“人夫”，也就是我们所说的“混日子的雇员”）。其中的大部分人是季节性或暂时受雇，或者是来自其他经济行业的季节性失业者；这些工作对于那些难以维持生存的人们来说是提供了救命钱。与此相类似的还有政府衙门里负责保管和维修的小职员、行会公所与庙宇的看守人和维修者，以及在富商家中的仆人（既有自由的，也有不自由的），而他们生活的安全系数要高一些。③

“艺人”这一职业门类包括各种各样的戏剧演员（优伸）、乐师、街头卖唱者、妓女、算命者、市场杂耍人等④，也包括职业的吊丧人（无疑也是婚

---

① 参见《湖北汉口镇街道图》(1877)。

② 参见《申报》光绪四年六月五日，五年十月二十六日。

③ 参见《汉口紫阳书院志略》卷六，47~49页和卷八，58~59、75页；琦善同治七年五月十八日奏，出台北“故宫”博物院：“清宫档案”；范锴：《汉口丛谈》卷四，30页；叶调元：《汉口竹枝词》卷一，3页；《申报》光绪四年十一月十七日，五年十二月四日，七年九月十八日，八年十二月二十日。

④ 参见范锴：《汉口丛谈》卷二，27页和卷六，1页；叶调元：《汉口竹枝词》卷五，10、16~20页；《申报》同治十一年八月二十一日，光绪六年一月二十一日；布利逊：《约翰·肯尼思·麦肯齐与英国国教在中国的传播》，109页。

礼的贺喜人），这些人集中居住在某一处大家都知道的、又比较方便的地方，如悲乐堂。① 要分清楚这些各种各样的街头人群与乞丐，并不是件容易的事。后者（乞丐、乞儿）数量众多，早在19世纪初就已经成为汉口的一道街景。19世纪中期，一位来访的诗人曾写到：

乞丐盈街半暮年，朝生夕死总由天。
可怜枵腹斜阳后，一路哀呼卖小钱。②

这一问题在太平天国运动后的数十年中变得更加严重。1872年，里德医生写到：乞丐已经繁衍到这个城市的每一角落；到19世纪80年代后期，即便是在英租界，行乞者也日益增加。③ 乞丐明显地分为两种：很少一部分是汉口的长期居民，他们已成为半职业化的乞讨者；数量较多，但其数量随季节变化的是那些季节性的或者靠乞讨来度过他们困难时期的乞讨者。第二种乞丐多是因洪水、饥荒或战争而产生的难民——当然，这些因素也给居住在汉口的城市下层民众带来影响。

到1912年，调查表明：当时汉口固定人口中有将近5 000个家庭处于失业状态（无业）。可以肯定地说，这应当是一个较低的估计数字。早在19世纪70年代，中文报纸就报道说，汉口居民中，长期失业的人口在不断增加。④一份19世纪80年代的地方资料证实，失业人口的不断增加始于19世纪20年代。⑤ 当然，一般认为，失业人群的主要部分是季节性或年度性的失业者，或者是刚从周围地区来找工作的人。失业人数之众，可以从军队征兵的数字中略窥一二。在汉口，如同在欧洲城市一样，由于士兵有固定的工资，征兵对那些失业者有很强的吸引力。1880年，当将与俄国开战的谣言传入汉口时，募兵处在汉口很快征到了20 000多名志愿兵，这使外国观察者大为吃惊。⑥ 那时，人们很容易在汉口的街头看到很多身体强壮的人在到处游

① 参见叶调元：《汉口竹枝词》卷五，8页。
② 叶调元：《汉口竹枝词》卷五，6页；范锴：《汉口丛谈》卷五，16页。
③ 参见《海关公报》（1872年3—4月），44页；毕晓普夫人：《长江河谷及其远方》，73页；福斯特：《长江流域》，13页。
④ 参见《申报》光绪二年三月四日。
⑤ 参见1884年《汉阳县识》卷二，22页。
⑥ 参见艾勒伯斯特：《1880年贸易报告》，英国外交部档案，17/864。

荡，无所事事。

四、生产组织

近年来，很多从事西方社会经济史研究的学者开始关注在生产组织方面以所谓“家庭经济”为主导向以“商业资本主义”为主导的转变。这一转变与其说是由工业化所引起的，不如说是为工业化铺平了道路——在大多数地方，这一转变在工业革命之前几代甚至前几个世纪就已经完成了。在这一阐释体系中，“家庭经济”被赋予如下特征：生产规模较小，一个“作坊主”监督一至三个学徒——他们实际上已经成为“作坊主”的家庭成员，生活和工作在家长式的控制之下。当生产的控制权从这样的“作坊主”手中转移到某个以前经常向几个作坊主分包产品的大商人手中时，就发生了“向商业资本主义”的转移。“商业资本主义”具备以下特征：更关注“时尚”产品的生产，而不是传统商品；生产规模扩大（大型作坊）；在一定程度上更为细密的劳动分工；学徒制度削弱，不再是以家庭作为劳动单位，而是采用纯粹的劳资雇佣关系；劳动者具有更大的流动性；等等。简言之，这就是习称的“无产阶级化”的开端。按照E. P. 汤普森的观点，“商业资本主义”是从与直接人身控制联系在一起的“学徒制”向“工厂制”过渡的中间形式。①

中国历史学者已经注意到在长江下游及其他地区的一些城市中所发生的引人注目的变化，他们把这些变化定义为“资本主义萌芽”的

① 参见E. P. 汤普森：《贵族社会，平民文化》，载《社会史学报》第7卷第4期（1974年夏），386页。关于这一过程的一般性描述，可参见路德（George Rudé）：《18世纪的巴黎和伦敦：民众反抗研究》（纽约：1973），52～53页；杜伯勒斯（Robert Duplessis）和豪威尔（Martha Howell）：《再论现代早期的城市经济：以林登和里尔为例》，载《过去和现在》第94期（1982年2月），49页。关于欧洲和美国城市中这一转变的具体分析，可参见瑟维尔（William H. Sewell）：《法国的劳动与革命：从旧制度到1848年的劳动语言》（英国，剑桥：1980），157～159页；保罗·约翰逊（Paul E. Johnson）：《一个店主的太平盛世：纽约州罗切斯特市的社会与复兴，1815—1837》（纽约：1978），43～48页；道雷（Alen Dawley）：《阶级与社团：工业革命在里昂》（马萨诸塞州，坎布里奇：1976），17～32页。

产生。① 如今，大多数学者都同意这一变化始于16世纪，但对于它在清代的发展步伐、分布区域，这一进程对于生产率与劳动效率之影响在时间与空间上的差异，仍然存在着诸多分歧。毫无疑问，在19世纪的汉口，这一转变的某些方面仍然是潜在的，新、旧两种形式的生产组织并存。在上部著作中，我曾尝试着探讨了汉口企业的融资与管理结构，指出：越来越复杂的"合伙制"和投资方式，较之于传统的家族制企业，具有更大的优势。在这里，让我们更直接地考察一下企业内部的劳动关系。

和帝国晚期的中国各地一样，汉口绝大多数的重要商业企业，基本上仍然是最为典型的"家庭经济"。虽然不是像现代早期欧洲一些市政府所做的那样，由官僚行政部门"授予"家族企业以某种长期的控制权②，但清朝的行政官员仍理所当然地认为家庭企业应当规范化。这具体体现在保甲的门牌上，每个商店都必须将门牌悬挂在门上。一个标准的门牌包括以下几项内容：

店名____，甲号____，牌号____，户号____。

户主名____，年龄____，籍贯____。

户主的祖父母____，父母____，叔叔____，

兄弟姐妹____，妻子____，儿女____，

儿媳____，孙子____。

合伙人____，店伙____，学徒____。③

在汉口，"小户店铺"这个习称反映了零售店或小型批发商行的特点，

① 有关这一问题的经典性论著是傅衣凌所著《明清时代商人之商业资本》（北京：1956）。一位中国学者试图将对"资本主义萌芽"的分析应用于汉口，但是他将他的讨论限定在城市商人在组织农村棉纺织生产中的作用。见范植清：《鸦片战争前汉口镇商业资本的发展》，载《中南民族学院学报》1982年第2期，50～56页。

② 参见杜伯勒斯、豪威尔：《再论现代早期的城市经济：以林登和里尔为例》，载《过去和现在》第94期（1982年2月），49～84页。

③ 根据18世纪后期重庆常用的模式制作而成，见今堀诚二：《清代合伙制的现代化倾向——以"东"、"伙"分化形态为重点》，载《东洋史研究》第17卷第1期（1956年），5页。汉口公布的保甲规章也有相似的规定。

它们一般由家庭成员组成，可能雇有一个“店伙”或“帮贸”，一个或几个“徒弟”。① 较小的手工作坊的结构大致相仿，由“师”、“友”和徒弟组成。即使是汉口最富有的中间商所拥有的最有名望的茶行和其他商行，也一般是家庭企业，直接雇佣的只有牙商本人、一个会计、一个“帮贸”、一个徒弟和一些店伙。② 另一种常见的、略有不同的家庭企业是当地的个体船户，他们拥有几个雇佣水手，并在他们的帮助下经营船只。③

即使没有直接的政府或行会规范，家庭经济在汉口也表现出一种引人注目的弹性和适应性，这使得它即便是在商业总量成倍增加的情况下也能继续维持生存。例如，来自徽州的汪姓家族，从17世纪90年代以来，就一直在这里经营他们著名的“汪玉霞食品店”，到19世纪中期，已历九代。在这些岁月里，通过利润的再投资，汪家的财富不断增加。但是汪家采取的对策，并不是大规模地扩大其起初的店铺规模，而是建立了许多经营食品、干货和其他商品的分支企业。因此，到1800年左右，他们的后代在汉口和长江流域各地总共拥有136家分店，而每一家分店实际上都是一个独立的家庭规模的企业。④ 许多其他的例证也表明：19世纪汉口的很多店主在这个城市各处建有连锁性分店，经营同一系列或不同系列的商品，雇佣族人或长年雇员负责分店的经营。⑤ 汪家的历史表明：经常被认为是导致西方家庭经济破产的因素，即商人资本进入生产领域，在中国也许会产生完全不同的结果。当“汪玉霞”认识到某一种食品有稳定而可靠的销售前景时，它就着手建立分支作坊以进行生产；这些作坊在规模和管理上都与城市里其他的手工作坊基本相同。在这种方式下，资本的扩张，并没有引起经营单位规模的扩大，而是将资产分成数份，每一份资产的获得者都拥有对自己资产的经营权，从而建立起一些相同的家庭规模的经济单元。这样，城市商业企业实际上“复制”了

① 参见《申报》光绪九年七月二十一日。

② 参见T. H. 朱：《华中地区的茶叶贸易》（上海：1936），244页。

③ 参见同治二十五年六月十五日李瀚章奏，出中国第一历史档案馆：“明清档案”；海关总税务司：《十年报告，1882—1891》（上海：1892），184页。横山英在《中国近代化的经济结构》中，对作为经济实体的“船户”作了详细分析（155～158页）。

④ 参见武汉市工商业联合会档案：《武汉市汪玉霞食品厂沿革》（手稿，1959）。

⑤ 参见《申报》光绪三年十二月六日及九年八月二十五日。

我们在中华帝国晚期乡村常见的模式。①

在家庭经济内部，对雇员实施的家长式的控制被儒家学说理想化了。可以找到很多证据，证明至少在19世纪的大部分时间内，真实情况与儒家学说的理想非常接近。雇员通常住在经营场所，即“商店的售货间和作坊的工作间里，这些地方对大多数男性雇员来说，既是餐厅又是寝室”②。血缘——同乡纽带经常是（尽管并非总是）挑选雇员的渠道。显然，雇主或者东家对来自亲近家庭的雇员的行为和福利负有某种个人责任。现存史料中有一个例子，当一个雇工因表现不好而被解雇时，以前欠他的工钱被交给了他的兄弟或监护人。③ 从1876年的一个案例中，也可以清楚地看到雇主所应负的更为广泛的个人责任：庚兴杂货店的九个伙计在一场夜间的大火中丧生，虽然并没有明确的法律规定，东家仍然给每个死者家庭200两银子作为“恤钱”。④

尽管这种家长式的控制适用于几乎所有的全职雇员，但受到更为严格管制的，则是那些正式的学徒（徒弟）。在中国，与西方一样，学徒制是家庭经济的基础，维持这一体制的主要途径是商业或手工业行会。⑤ 学徒控制制度应用于汉口的许多行业（尽管不是全部行业），特别是在高技术的手工艺品贸易和需要高技术专家的商业贸易中，比如珠宝或中草药生意中。⑥ 学徒大约在14岁时进入雇主家里，按照惯例，要举行拜师仪式，并承诺恪尽

---

① 科大卫（David Faure）最近提出了一种商业方面的典型模式：对于独立拥有和管理商店的每个家族成员的家庭来说，家族地位是一种信用资源。张殷华（音译）更进一步指出：拥有所有权和管理权的商店如此频繁地从分散的家庭中分离出来，从而使“家庭企业”得以长期地维持雇佣机构和职业商业管理者的增加。见科大卫：《作为商业公司的家族》，“中国现代经济史第二次会议论文”（台北：1989）；张殷华：《20世纪二三十年代中国城市的内部结构：一种生态趋向》（博士学位论文，普林斯顿大学：1982），351~352页。

② 施坚雅：《导言：清代中国的城市社会结构》，收入施坚雅编：《中华帝国晚期的城市》，533页（前揭中译本634页）。汉口的有关例证，可参见《申报》光绪九年八月二十五日，《益闻录》1884年8月23日。

③ 参见杨灏道光十年一月二十八日奏，出中国第一历史档案馆：“明清档案”。

④ 参见《申报》光绪二年一月十六日。

⑤ 关于欧洲的情况，参见瑟维尔：《法国的劳动与革命：从旧制度到1848年的劳动语言》，第2章；沃克（Mack Walker）：《德意志家园：社区、州与大地产》（纽约州，伊萨卡：1971），73~88页。

⑥ 参见《申报》光绪七年闰月十八日；《药帮大巷》，载《长江日报》（日期不明）。

“义子”应尽的孝道及各种义务。在由合同确定为学徒身份后的通常三四年时间里，这种亲属关系显然是有意识地假定的。尽管处于一种极端的依附地位，学徒仍然拥有法律赋予的权利，包括有权离开或者在他学徒期满后建立自己的商店；如果雇主忽视教他怎样做生意，学徒有权起诉并中止合同。有两套19世纪汉口的行会规章保留至今，一是“天平公所（秤戥业行会——译者）条规”，一是“豫章公所规约”。其中都包括为确保学徒制度的一致而制定的规定。行会或者通过间接的方式（为雇佣学徒付给行会高额的费用），或者干脆直接规定限额（在天平公所，每个店主只允许雇一名学徒），限制每个雇主所带的学徒数量。每个特定行业学徒的时间是确定的，既不允许学徒时间太长，也不能太短——时间太短被认为不能确保学徒获得足够的业务训练。根本性的考虑是那些已经站稳脚跟的行会成员作为合法的经营者，希望控制产品的质量，确保对商品价格的控制，并尽可能防止自己受到那些质劣价廉商品的侵害。①

在所有文化背景中，学徒制度长期存在的一个问题，就是将学徒制降低为一种简单的契约劳动关系。例如：在17世纪的伦敦，自由劳动力市场的增加“导致了某些工业部门劳动力的过度拥挤，至少一些年轻的劳动力，虽然名义上是学徒，实际上却只是廉价的劳动力而已，当他们的学徒期满以后，不能得到雇佣的保证”②。最近，贺萧（Gail Hershatter）关于20世纪前期天津的研究表明：在天津（毫无疑问，那时的汉口也一样），与此相同的学徒制的退化已经达到一种相当严重的地步。③ 在上述行会规章中，都有很大部分是有关防止此种降低学徒地位的条款。然则，在19世纪，学徒制的实际情况又是怎样的呢？

与20世纪前期记者们反复将这方面的问题作为丑闻加以报道的现象相

① 参见东亚同文会：《支那经济全书》（东京：1907），第2卷，133～134、641～642页；全汉昇：《中国行会制度史》（上海：1933），133～134页。对于全国范围的行会有关学徒控制规章的较好分析，可见今堀诚二：《清代的学徒制度》，收入氏著《中国近代史研究》（东京：1968），133～152页。

② 毕拉福（Max Beloff）：《公共秩序与大众骚乱，1666—1714》（牛津：1938），31页。

③ 参见贺萧（Gail Hershatter）：《天津的工人，1900—1949》（加利福尼亚州，斯坦福：1986），特别是第四章。

反，中国这一时期的相关资料十分匮缺。由此推测，学徒制的作用在工业化之前，比在工业化过程中要相对好一些。不管怎样，已经有数名学者注意到：在太平天国运动后的数十年中，汉口以及其他地方的行会越来越频繁地颁布有关保护学徒制的规章（并没有必要改变行会规章的表述方式，只是增加了更多的条目）。以这一证据为基础，彭泽益和今堀诚二分别探讨了商业和生产组织结构的总体变化，认为此种变化预示着整个家庭经济将走向衰落。① 尽管对于如此频繁地颁布行会规章条例，还存在着其他可能的解释（如：组织建设和颁布规章，事实上常常是对大动乱之后出现的道德失范的普遍回应），但统计证据表明，彭泽益和今堀诚二的观点基本上是正确的。

给家庭经济的稳定带来根本威胁的，是遍及全国各地的、大规模的、互不关联的、流动性劳动大军的出现。近年来，一些文章指出：这一群体之开始出现，是晚明商业革命的结果；在清朝前期，伴随着商品化的进一步发展，这一群体持续增长；同时，清政府鼓励自由契约劳动和地域流动的政策，也促进了这一群体的发展。② 这些自由劳动者以各种各样的形式来到汉口，例如：有因承担单程运货来到汉口的水手，或者成群地来自湖北、湖南和四川的劳力。③ 在整个19世纪，这些人的数量呈稳步增长趋势，并且在19世纪后半叶迅猛增长。武汉地方史研究者曾把后一阶段的发展归因于受到外国商品和轮船运输的竞争而引发的国内经济格局的变化，但我不认为这一研究思路有特别令人信服之处。④ 相比之下，我更倾向于从持续发展的商品化、人口压力，特别是从19世纪中期的起义而引发的混乱等方面去探求（流动人口不断增加的）原因。

---

① 参见彭泽益：《19世纪后期中国城市手工业商业行会的重建和作用》，载《历史研究》1965年第1期，特别是71～72页；今堀诚二：《清代的学徒制度》，收于氏著《中国近代史研究》，143～148页。

② 参见上田信：《明末清初江南城市中"无赖"的社会关系》，载《史学杂志》90卷第2期（1979年），1619～1653页；刘永成：《论清代前期农业雇佣劳动的性质》，载《清史研究集》第一辑（北京：1980），91～112页。

③ 参见庆保嘉庆二十五年二月二十三日奏，出中国第一历史档案馆："明清档案"；《申报》光绪七年闰月十八日。

④ 参见冯天瑜、周积明、王永年：《辛亥革命前的武汉民族资产阶级》，载《江汉论坛》1981年第3期，73～75页。

可以自由使用的廉价劳动力的出现，使得生产组织向各个方向扩展。其一，由于雇用劳工都要通过包工头（包头）或劳工经纪人（夫行），劳工帮伙就越滚越大。正如我们在第六章中将要更详细讨论的那样，这些帮派越来越多地在诸如运输、建筑、工业等行业找到工作，有时甚至替代了家庭工匠。① 其二，某些家庭企业已经扩大得超出了家庭规模。很难确定何处是这些高度发展的家庭企业的结束和更明确的“现代”企业的开始。例如：在19世纪的最后25年中，我们看到有雇用150名伙计的批发行，雇用36名职员的银行，雇有100至200名工人的零售店。这些工人中的许多人仍然寄住在经营场所，并且服从（明显地减弱）于家庭模式的家长式控制。② 在工业方面，西方人兴办的机器工厂的先驱始于19世纪60年代，而大规模的出现则是在1895年以后，这当然也意味着劳动关系的变革。尽管直到19世纪末，在汉口，家庭规模的手工作坊所生产的产品仍然持续占据着主导地位，而这种生产方式所受到的冲击却一直在不断加剧，其中最大的冲击应当是来自大规模的冶铁厂和染布厂。③

那些新型的大规模企业雇用了众多的薪水工人。到1912年，这类工人的数量仅在制造业部门就达到了10 000人。与那些有技术的作坊主和有经验的雇工（经常被归入手工业者，称为“匠”）明显不同的是，这些受雇用的工人从事半技术性或非技术性的工作。④ 太平天国运动之后，家庭经济中所雇用的“短工”和“随雇工人”也不断增加——这些工人主要来自日益增加的城市失业者或长期待业者，从而加速了家庭经济解体的步伐。

---

① 参见《申报》光绪七年十二月二十二日。

② 参见海关总税务司：《盐的生产与税收》，“海关系列专刊”第81号（上海：1906），80页；海关总税务司：《关于通商口岸海关金融制度和地方货币的报告》，“海关系列专刊”第13号（上海：1878），71页；《申报》光绪二年一月十六日；《益闻录》1884年8月23日；景苏、罗仑：《中华帝国晚期的地主和劳动者：以山东省为例》（马萨诸塞州，坎布里奇：1978。译者注：中文本书名为《清代山东经营地主的社会性质》，济南，山东人民出版社，135～136页）。

③ 参见包世臣：《安吴四书》卷三四，10页；彭泽益：《中国近代手工业史资料，1840—1949》，第2卷，277页。有关汉口早期西方工厂的情况，可参见苏云峰：《中国现代化区域研究：湖北省，1860—1916》（台北：1976）。

④ 参见《申报》光绪五年十二月四日。

这种生产组织形式的改变所带来的经济与社会后果是各式各样的。毋庸置疑，在汉口，如同在许多欧洲城市一样，“无产阶级化”的原始过程在很大程度上便利了1895年之后这个城市迅速、顺利地向工厂工业的转变。1874年，英国领事艾勒伯斯特（Chalone Alabaster）满怀希望地写道：“关于汉口的未来，我仍然认为有更多的迹象表明它将成为一个大的制造中心（较之于成为对外贸易中心而言，更有可能）……这里有大量廉价的熟练劳动力……他们拥有进入企业所需要的一切条件，而这些却是在外国居民中找不到的；至于资本，我有充分的信心，它也即将到来。”① 1879年，他再次写道：“五年前，当我受命负责这个城市时，我曾经提出汉口将要成为一个大型制造中心的观点……现在，我也看不出有什么原因可以推翻那时我所表达的观点……很容易找到熟练的劳动力，原有的地方工业已经为工厂训练好了工人。”②

但是，发展工业的美梦却给社会管理者带来了噩梦。这些新的、流动的和相对而言没有根基的劳动大军使得社会控制和福利保障等问题层出不穷。问题不仅出在新生的无产阶级工人方面，也出在旧式的家庭经济方面——家庭劳动者发现：劳动力结构的改变，给他们的职业带来了威胁。而这些新的社会问题，又引发了19世纪街坊与全城市范围内社会服务系统的革新浪潮。关于这一点，我们将在第二部分展开讨论。

五、城市化移民

与生产组织的变化以及社会秩序混乱、公共福利等问题紧密相关的是城市正在经历着快速的城市化移民。③ 19世纪的汉口人口经历了两个快速、稳

① 艾勒伯斯特（Chaloner Alabaster）：《1874年贸易报告》，英国外交部档案，17/732。

② 英国外交部档案，《1878年商业报告》，68页。

③ 我在这里使用“城市化（urbanization）”一词，专门用以描述那些至少是抱着定居打算的人口，从城市经济腹地向城市的集中过程。它与以下两种类型的向城市的移居不同：旅居和难民，尽管他们在汉口城市人口的发展中也发挥了作用。请参见拙作：《汉口：一个中国城市的商业和社会，1796—1889》（斯坦福：1984），214～223页。

定增长的阶段，中间隔有太平天国时期人口的严重损失。我主要根据描述性史料而不是人口统计资料估计，汉口人口1800年大约为100万，到19世纪中期约为150万，19世纪50年代晚期降至约60万，然后在1890年前后又回升至100万。① 在两个增长阶段中，实际上新来者的人口数量远远超过这里所反映的简单增长率，这不仅是由于新移民不断增加（例如，部分寄居者回乡又带来了更多的移民），还因为部分城市原有居民的人口数量有较高的自然下降。

在现代早期的欧洲，如果没有大批的移民，城市自身人口的繁殖速度甚至不足以使人口总数维持在不下降的水平上。这一观点虽然在近年来受到很多攻击，但是仍为人们所普遍接受。② 基于较高的死亡率和较低的结婚率，汉口几乎是一直保持着相当高的自然负增长率。由于没有成序列的人口统计数据，我们没有可信的数据资料来说明这一点，但大量的间接材料表明，当时汉口的死亡率的确是很高的。西方传教士医生反复提到严重缺乏公共卫生设施，各种致命疾病在城市里流行，以及伴随每年春天洪水而来的伤寒和霍乱的流行，等等。仅仅在1888年夏天，就有数千人死于霍乱。③ 性比例不平衡和社会下层阶级单身人口的大量存在，说明当时的结婚率较低。④ 因而，无论是1850年以前或之后，这个城市的人口之所以能够稳步增长，只可能是外地人口迅速迁入的结果。19世纪下半叶，当我们拥有大量的新闻资料可供分析时，我们可以发现众多证据都说明了移民在汉口社会中所发挥的重要作用，以及伴随着城市化进程而引发的社会混乱。1883年，一位《北华捷报》的通信员虽然并不过分但有些夸大其词地写道："如今，汉口的居民几乎全部是周围地区的人，原有居民已经在太平军第二次攻占汉口时被杀光了。"⑤

19世纪后期汉口两个最为重要的人口统计数据的变化可能与这一进程有

---

① 参见罗威廉：《汉口：一个中国城市的商业和社会，1796—1889》，40～41页。

② 参见里格利：《伦敦在变动的英国社会经济中的重要性，1670—1750》，载《过去与现在》第37期（1967年7月），50页；德弗里斯：《欧洲的城市化，1500—1800》（马萨诸塞州，坎布里奇：1984），第9章。

③ 参见艾伦（Allen）1888年9月1日的信，英国外交部档案，228/864；另参见《申报》光绪四年九月八日，六年十一月十九日。

④ 参见奥利芬特：《1857—1859年额尔金伯爵出使中国、日本纪行》，566页。

⑤ 《北华捷报》1883年4月18日。

着直接关系。第一是来自汉口周边地区和华中地区的人口在总人口中所占的比重不断增加。整个19世纪，在汉口社会与经济生活中占据主导地位的一直是本地区之外的商人。但是，广为人知的商业精英的转换——新来的宁波与广东商人取代了原来的山西和徽州商人——不应当遮蔽另一个更为普遍的认识：实际上在汉口各阶层中，来自长江中游地区的人口数量都在不断增加。这一点是无可置疑的，因为湖北农产品（茶、棉花、稻谷、豆类）一直持续地向本地区之外输出，而且这种输出在19世纪后期得以加速发展，并持续到20世纪——尽管汉口的首要功能是作为重要的运输中心，它与所在地区经济的联系程度十分低，但汉口与其直接经济腹地的分离，越到后来越不那么明显了。第二个相关的变化是城市贫民在总人口中所占的比重也在增长。尽管来自汉口直接腹地的人包括一些社会经济地位相对较高的人①，但他们的绝大部分仍然是工匠、劳动者、小贩、船夫和长期失业者。

如此众多的新居民并非均衡地来自汉口的腹地，其中的绝大部分都来自与汉口有着特殊历史联系的一些特别的地方体系。“邻近”并不是唯一的标准。例如：汉口本身就位于汉阳县境，但汉阳县却只向汉口提供了很小一部分新居民。方便的运输路线也不是问题的关键。汉水下游的几个县，特别是沔阳、天门，可以通过水道与汉口直接相连，这使得大量因洪水而产生的难民很容易进入汉口。但是难民和城市化类型的移民并非同一类型的群体。在汉口的城市化移民中，沔阳、天门人相对较少。相反，绝大多数城市化移民来自武昌府的江夏县和咸宁县、黄州府的黄冈县和麻城县，最多的则是汉阳府的黄陂和孝感（见图1—3）。

正是汉口北部、东部、南部的地区构成了汉口的“城市化边缘”。在地形上，上述地区正好在低地平原的四周围了一圈高地。尽管差不多整个湖北都容易受到洪水的侵袭，而这里的生态却并不比它上游或下游一点的地区更为脆弱。事实上，这里是湖北物产丰富的农业区域。在稻谷不足的湖北，这一地区生产的稻谷却总是有剩余，稻田面积占了所有农作面积的一半以上。棉花和苎麻也是主要的农作物。黄陂和孝感出产芝麻、草药和油脂；黄州出产葛根和烟草，并养蚕；咸宁则是主要的茶叶产地。这一地区的手工业品有

① 参见王葆心：《续汉口丛谈》卷二，32页。

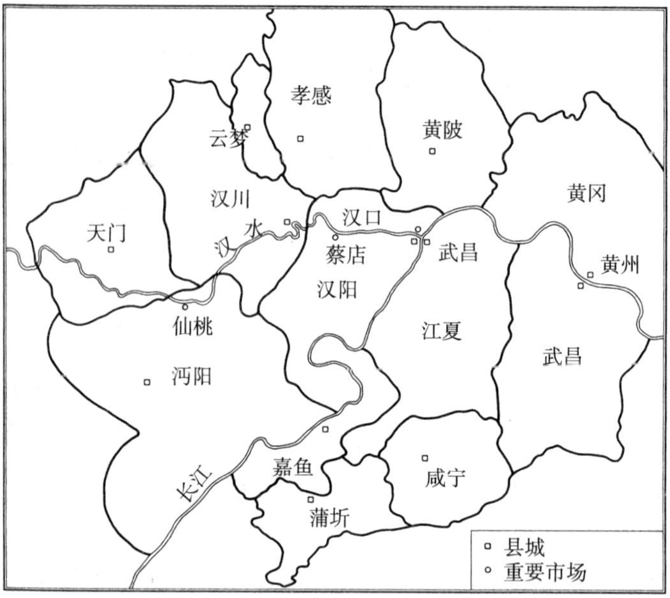

图 1—3　19 世纪湖北南部与中部各县

据《湖北明细地图》（1932）改绘。

闻名全国的棉布、油漆、面点以及小型的船舶。黄陂和孝感的人还以熟练的马车夫而闻名。①

为什么这一地区有如此之多的人来到汉口？原因之一是长期建立起来市场模式使这些地方的产品必须要经过汉口。这一地区的农业在湖北是商业化程度最高的，市镇和小商业城市星罗棋布，其中的大多数都与汉口紧密相连，并且处在许多可航行的小水道网络的交汇点上。② 诚如地理学家孙敬之

---

① 关于这些地区的农村经济，可参见章学诚：《章氏遗书》卷二四，22 ~ 29 页；海关总税务司：《十年报告，1882—1891》，183 页；水野幸吉：《汉口》，445、470 ~ 475、498 ~ 509 页；孙敬之：《华中经济地理》，164 ~ 173 页；苏云峰：《中国现代化区域研究：湖北省》，24 ~ 31 页；陈伯闯：《平汉铁路沿线农村经济调查》（上海：1936），“附录”，509 ~ 515 页。

② 参见章学诚：《章氏遗书》卷二四，23 页；水野幸吉：《汉口》，625 ~ 626 页；陈伯闯：《平汉铁路沿线农村经济调查》，“附录”，538 ~ 539 页。事实上，汉口与黄陂县之间的地理边界直接相连，以至于 1898 年湖广总督张之洞曾考虑将汉口从汉阳县划出而归属黄陂县，见张之洞：《南皮张宫保政书》（光绪二十七年图书集成印书局铅印）卷十二，21 页。

所指出的那样，商品以一种很像树枝状的模式从这一地区流通出来，依靠汉口通过各种运输路线向所有方向输出，或从其他地区输入商品。① 几个世纪以来，这一地区以剩余的稻米在汉口换取食盐之类其他地区的产品。在19世纪，本地输出产品日益多样化，棉花、茶叶等也成为输出商品，它们也以汉口作为聚集地。② 城市资本费了一段时间才找到进入这一直接腹地投资的方式：相当小的一部分资金掌握在地主手中，稍多一点资金掌握在当铺主和其他借贷机构手中，大部分资金预支给农民和用"预买"的形式收集经济作物的代理商。同样，来自这些地区的小商人和作坊主也花了较长时间，在汉口建立了自己的立足点，设法交易他们的地方特产，并从事特殊手工业品的交易，例如铜器和皮革制品。汉口咸宁公所建于18世纪；到19世纪中期，至少有四个互不相关的商业行会使用"黄陂"作为其名称。黄陂街，汉口最繁华的街道之一，据说早在清朝前期，就挤满了来自这个邻县的零售商和手工业者。③

然而，19世纪下半叶来自这些地区的城市化移民与上述类型的人口集中（指因为这些地区的产品都要经过汉口转销，从而导致的这些地区人口向汉口的集中——译者）有着不同的性质。在19世纪后期的城市化过程中，农村人口压力的"推动"和城市经济吸引的"拉动"，起到了同样的作用。到这一阶段，至少，这一亚区每一单位耕地的人口密度在湖北省各地区中是最高的。④ 长期以来一直在自己家乡做车夫的黄陂人和孝感人，发现本地的需求不足，因而逐渐向汉口转移并成为码头工人和脚夫。那些原在家乡从事制茶的咸宁人也带着他们的手艺来到城市，成为汉口近代工厂劳动者的先驱。⑤（随着1895年后汉口的工业革命，特别是20世纪初京汉铁路的建设，来自这些地区的城市化移民又出现了第二次大幅度的增加，这并不是偶然的。）⑥

---

① 参见孙敬之：《华中经济地理》，172页。

② 参见郭柏荫同治七年十二月十五日片，李瀚章同治八年七月五日片，均出总理衙门档案，"湖北英人交涉"；藤井宏：《新安商人研究》，载《东洋学报》，第36卷第1期，15页；彭泽益：《中国近代手工业史资料，1840—1949》，第2卷，242～244页。

③ 参见李瀚章同治六年八月八日片，出总理衙门档案，"湖北英人交涉"；1920年《夏口县志》卷五，22～34页；《长江日报》，1964年7月21日。

④ 参见孙敬之：《华中经济地理》，第172页。

⑤ 参见翁同爵光绪三年五月二十日片，出总理衙门档案，"湖北英人交涉"。

⑥ 参见《长江日报》1979年10月9日。

当一些移民试图使自己成为诸如客栈主、店主之类小商人的同时，绝大多数人则在竞争店小二、街头小贩、流动剃头匠以及其他社会地位较低的职业。

很多人平天国运动后来到城里的农村移民与较早到来的同村的城市化移民有联系，或者在到城里后立即与同乡联系。这些同乡联系使得新来者进入学徒和合同劳动者体系，或者在找工作时为他们提供担保。如同在现代早期的欧洲或者是20世纪世界其他地方一样，新的城市居民仍与家乡保持一定的联系。即使很少有人还会利用重新回到农村生活的机会（那些不断遇到挫折的人被迫从城市的雇用中退出），但他们大多仍在农村保留一处当遭遇危险时可以回乡避难的地方。在太平天国运动之后汉口那些纷扰不断的岁月里，乱兵叛乱与会党起义此起彼伏，很容易引起移民回乡避乱。“最后留在那里的，通常就是最早出来的”①。

另一方面，19世纪的城市居民自身也是导致城市混乱的原因之一。特别是黄陂和孝感两县的人，长期以来就因为他们脾气暴躁而声名狼藉。在白莲教起义和太平天国运动过程中，汉口腹地的这些地方拥有大量威胁汉口的队伍。在20世纪40年代，黄陂是中国著名的八个“赤化温床”县之一（这里不仅仅出了林彪一人——译者按：原文如此，有误）。② 我们将看到，来自这些地区的移民通常都带有令人恐惧的千年信仰。更为普遍的是，19世纪七八十年代，他们深深地卷进了日益频繁的、给汉口带来极大困扰的暴力活动之中。③

原已定居的城市居民怎样看待这些新来者？当然，他们很容易通过方言区分对方。在华中，每一个地方体系都拥有自己特点明显的方言，大多数方

---

① 这是霍亨伯格和利斯在描述现代早期之欧洲时所用的句子，见二人合著之《都市化欧洲的形成，1000—1950》（马萨诸塞州，坎布里奇：1985），129页。关于18世纪巴黎人与其故乡村庄的联系，参见考伯（Richard Cobb）：《警察和人民：法国大众的抗议，1789—1820》（牛津：1970），226～229页。

② 参见霍夫海因茨（Roy Hofheinz）：《中国共产党胜利的生态学考察：农村影响模式，1923—1945》，收入巴纳特（A. Doak Barnett）主编：《中国共产党政策的实施》（西雅图：1969），73页。

③ 参见翁同爵光绪三年三月二十六日片，出总理衙门档案，“湖北英人交涉”；《申报》光绪五年八月十三日，八年十二月五日。

言在清代仅仅能够相互理解，也有一些方言，例如咸宁山区的方言，对于外地人来说完全无法听懂。① 在某些情况下，这种方言上的差异可以用来区别某些移民，特别是那些在社会下层的人。正如一位西方传教士所记载的那样，混合而成的官话能够被大多数的城市居民听懂，但在有些情况下不能被最下层的劳动者所理解。② 也是根据同样的语言标准，人们可以将城市化移民与从沔阳、天门或者更远地方来的“游民”区别开来，这确实带来了一定的便利。我在第六章将谈到：后者就是那些被汉口居民认为是最危险、完全没有本地保护者的群体。

汉口没有正式的权力或法律手段来区分“公民与非公民”，就像中世纪和现代早期的欧洲城市一样。然而，这并不意味着在观念上城市居民与外来者之间没有区别。例如，“脚夫”通常是指那些半永久性的本地劳动者，而那些仅仅是在这里寻找暂时性工作的外地人则被称为“外脚”；流氓罪犯也被安全保卫人员分为“地痞”和“外来匪徒”两种。③ 与欧洲城市一样，城市精英在公共福利方面，对待城市长期居民和外来难民也明显存在着不同的态度。

“汉口人”与外来者的区别部分是族群性的。有时则简单地根据居住时间的长短来确定是“汉口人”还是“外地人”。与保甲制联系在一起的居民控制的目的之一，就是将城市里那些较为稳定的长期寄居者与摇摆不定的新来者区别开来。④ 更多的时候是以一个人是否有稳定的“行业”和他选择保人的能力来确定他是否算得上“汉口人”。然而，仔细分析这最后一种区分方式，它主要是看一个人的“行为”。因此，我们将对“外来人”问题的讨论，放在本书第三部分关于“社会叛逆者”的考察之后。在这里，值得注意的是：尽管19世纪后期汉口的人口增长确实在公共福利与公共安全方面引发了严重问题和全新的应对之道，但并没有足够证据表明，这里存在着在许多欧洲现代早期城市中普遍存在的那种对新来者的敌对情绪。⑤

---

① 参见布利威尔（Brewell）1878年4月21日的信，圣公会档案，Box491。

② 参见科克斯（Josiah Cox）1863年3月18日的信，圣公会档案，Box 487。

③ 参见《益闻录》1891年10月17日。

④ 参见1818年《汉阳县志》卷十二，17页；《申报》光绪八年十月十四日。

⑤ 参见霍亨伯格、利斯：《都市化欧洲的形成，1000—1950》，128页；考伯：《警察和人民：法国大众的抗议，1789—1820》，270页；夏维里尔：《19世纪上半叶巴黎的劳工阶层与危险阶层》（新泽西州，普林斯顿：1973），394页。

六、阶级

考察了汉口市民的总体文化氛围及其职业构成、生产组织、新来移民问题之后，现在，我们来讨论一下这样一个难题，即对于社会阶级的认识对社会行为的影响程度。① 西方历史学著作大都承认：在现代早期，城市阶级远不及中世纪或工业化之后的城市阶级坚固。货币经济的高度渗入和现代早期所特有的新企业形式，给城市社会阶层带来了新的复杂性和流动性，凡此，都使人们越来越把经济对抗看做决定社会等级的唯一因素。例如：乔治·路德即沿用丹尼尔·德福（Daniel Defoe）的说法，认为现代早期的伦敦有六个等级的“阶级”层次，并简单地将此种等级差别归因于他们的经济生活水平。② 另一些学者则强调城市阶级结构的复杂是由于“中产阶级”的兴起。霍亨伯格和利斯总结近年来学术研究的成果，发现现代早期城市的特征可以概括为：富人与穷人之间的经济差距越来越大，“数量可观的中间群体”开始介入，纵向联系（诸如基于同业和同乡的联系）以及妨碍阶级对立意识发展的地域性城市社区（territorial urban community）观念持续地发挥作用。③

---

① 和当今许多历史学者一样，我赞同 E. P. 汤普森著作中所提出的如下观点：“阶级”与其说是一种客观的实体，不如说它必然是流动的、处于不断变化状态中的。阶级是一种“历史现象”，是“在人与人的相互关系确实发生的某种东西”，是大众文化与经济影响的产物。运用此种分析结构，历史学者曾满怀希望地试图寻找部分同时代人的对“阶级”的认识——他们有意识地将另一个人认定为某一阶级的成员。但这种努力并非总是成功的，其失误之处就在于他们假定某个一定的社会集团必然会具有某种带有“规律性”的社会行为模式。参见汤普森：《英国工人阶级的形成》（伦敦：1963，9～10 页；译者注：钱乘旦译，上海，译林出版社，2001），1～2 页；《18 世纪的英国社会：没有阶级的阶级斗争?》，载《社会史》第 3 卷（1978），147～150 页。亦可参见霍布斯鲍姆（Eric Hobsbawm）：《从社会史到社会的历史》，载《代达罗斯（Daeadalus）》1971 年冬季号，36～37 页。

② 参见路德：《18 世纪的巴黎和伦敦：民众反抗研究》，41～51 页。关于新中产阶级的影响，参见霍斯：《城市化概论》，收入霍斯、施耐利主编：《城市化研究》（纽约：1965），49～50 页。

③ 参见霍亨伯格、利斯：《都市化欧洲的形成，1000—1950》，131～132、149 页；汤普森：《18 世纪的英国社会：没有阶级的阶级斗争?》，载《社会史》第 3 卷（1978），145 页；《英国工人阶级的形成》，第 2 章。

大多数研究中华帝国晚期城市的学者都赞同与此类似的观点，即认为阶级结构在日益复杂化，而作为社会等级的决定性因素，财富的重要性也在不断提高。很多人也同意：在这一阶段，城市社会各阶层中，都对“城市阶层”有着明确的自我意识。然而，除此之外，人们很难再找到共同点。一位著名的日本历史学家（继承恩格斯关于北欧城市的分析思路）注意到明朝后期中国城市中贵族、市民、平民三者之间的分化日益加剧。① 中国历史学者追随毛泽东的思路，试图阐述清代“民族资产阶级”、“买办资产阶级”和城市无产阶级的产生过程。② 虽然这些分析都没有足够的说服力，但是这一时期城市阶级关系正在发生某些变化。我们已经看到：随着新的特殊城市精英的出现，一种全新的、特殊的城市工人阶级也同时出现了。生产关系被缓慢地重新界定。而且，中国学者关于“资本主义萌芽”的研究也已提出了令人信服的证明：在一些城市里，新型的社会冲突随处可见，这说明阶级概念本身正在扩展。③

如同在中国任何地方都能见到的一样，19世纪的汉口在收入上存在着很大的差别，当然也远比农村任何地方的贫富差距要大。这种差距的一端（极富的一端）是从事区域贸易的盐商和牙商，他们的财富都超过上万银两；另一端是体力劳动者，他们辛劳一年也挣不到一两银子。④ 城市中下阶层真正的“凋敝”始于19世纪20年代，在太平天国运动后日益加剧，经常可在街头看到因无处居住和饥饿而死的人。靠近19世纪的地方史料经常这样描述

---

① 参见田中正俊：《明末大众起义、抗租和奴变》，收入格利夫（Linda Grove）、丹尼斯（Christian Daniels）主编：《中国政府与社会》（东京：1985），190页。田中在方法论上沿用了恩格斯在《德意志农民战争》一文中的思路。

② 例如，郭毅生的《论新兴市民等级在太平天国革命中的作用》，载《历史研究》1956年第3期，4~5页。

③ 参见刘炎：《明末城市经济发展下的初期市民运动》，载《历史研究》1955年第6期，29~59页；李华：《试论清代城市的市民斗争》，载《文史哲》1957年第10期。

④ 关于体力劳动者典型的工资状况，请参阅《汉口紫阳书院志略》卷六，48页；《汉口山陕西会馆志》卷二，20页；范锴：《汉口丛谈》卷一，6页；希尔：《中国湖北：它的需要和要求》，6页。而关于富人的财富情况，则参阅范植清：《鸦片战争前汉口镇商业资本的发展》，载《中南民族学院学报》1982年第2期，52~53页。

所面对的事实："贫富之悬隔日益加甚。"①

当时居住在汉口的西方人毫不困难地将汉口的人口划分为"较好的阶级"和肮脏的、气味难闻、疾病缠身的下层阶级，但是，当地的中国居民是否也这样划分？这里有几个表面上的标准可以用于这种划分。与在欧洲一样，一个人的职业总是被认为与其社会阶级地位联系在一起。例如：粪夫和水夫因其职业的性质而被看做下等社会阶层。商人等级的划分，也不仅根据其经济方式，还根据他们在商品生产和分配体系中的相对重要性。从明末开始，人们已经普遍地使用这一原则划分上、中、下商人阶层。② 在汉口，由于徽州人几乎全是富有的大商人，而湖北本地人则以工匠和劳动者居多，所以徽州人看起来居于较高的社会等级。然而，我们已经看到，有时一个人说官话的熟练程度也被当做其阶级状况的一个明显标准。③

研究现代早期伦敦和巴黎的学者经常指出：一个人处于怎样的阶级状况，可以明显地，甚至在无意中，就从其外表显露出来。用 E. P. 汤普森的话说，到"富人的戏院"去，不仅是为了表明一个人的社会地位，更重要的是强化社会优越群体的精英意识——我们外表优越，因此我们地位优越，值得尊敬。理查德·塞尼特更自信地解释说：这些不成文的准则受到全体城市居民的欢迎，人们希望在现代早期城市已经放开的社会阶层制度下，找到一种切实可行的方法，"以规范街头那些混杂的外乡人"，弄清每一次遇到熟人时应当表示怎样程度的尊敬。④ 同样的动因也塑造了汉口的公共行为和个人表现。当然，清政府通过强化其服装标准来区分绅士和平民，而且捐功名的汉口商人数量不断增加，也反映出他们渴望展示自己的财富，以及新获得的社会地位。他们也很快学会了所有的绅士做派。19 世纪 80 年代，一位传教士描述道："这些文人受到一些奇怪规则的约束，比如，走路时他们必须眼

① 《闲谈汉口》，引自《汉口小志·风俗志》，4 页；亦见 1920 年《夏口县志》卷十五，18 页。

② 参见藤井宏：《新安商人研究》，载《东洋学报》第 36 卷第 3 期，75 页。

③ 参见巴巴拉·沃德：《地方戏及其听众：来自香港的证据》，收入姜士彬、黎安友与罗友枝主编：《中华帝国晚期的大众文化》（加利福尼亚，伯克利：1985），178 ~ 179 页。

④ 参见 E. P. 汤普森：《贵族社会，平民文化》，395 页；理查德·塞尼特：《酒店老板之死》（纽约：1977），65 ~ 66 页。

睛朝下，从容地‘踱着绅士步’，而不能像平常人一样，一边走，一边左顾右盼地观看他们身边发生的事情。”① 我们注意到，汉口富商们对学问的自负也并不都是空穴来风。汉口的商业精英能够而且也确实表现出他们具有文化修养，正如范锴 1822 年所说：“居斯地者，半多商贾致富，书奇风雅。”②

但是，毫无疑问，汉口精英阶层最为形象、引人注目的标志，既不是朝廷颁赏的品级或审美情趣，也不直接由财富和权力反映出来。它的标志是轿子。轿子深受牙商、大批发商及其女眷们的青睐。他们坐在轿子上穿过汉口人头攒动的商业街时，常常引起社会各等级居民的骚动；狂暴的轿夫傲慢地高声吆喝着令人们让路。③ 在贸易季节的高峰期，汉口总共有 3 000 顶轿子可供雇用。④ 如果我们假设每顶轿子有三四个潜在的顾客，那么，这一数字可以为我们了解汉口上层精英在顶峰时所达到的规模提供一个最好的线索。

如果说经常坐轿是社会上层等级区别于那些自己步行的平民阶级的一个临界线的话，那么与此相对应，另一条重要而且清楚可见的临界线则可能是婚姻状况。在儒家社会中，城市和乡村一样，对于有能力负担的所有人来说，婚姻和生育的义务带有某种广泛的强制性。顺便指出，婚姻与生育的内在动因又被社会压力所强化。确实，正统的意识形态曾将一些品德高洁的单身汉奉为楷模，当地县志一再表彰一个叫李约的人的生平言行，他是 19 世纪早期汉口的一个水果贩，成年后一直通过劳动养活他的老母亲，为了她的幸福，他宁可“终身不娶”。⑤ 然而，在实际情况中，生活在受到承认的家庭群体之外的“孤魂”们，一直受到广泛的猜疑，他们被认为“不应得到大

---

① 格林（Henrietta Green）：《格林回忆录》（英国，阿什福德：1891），114 页。

② 范锴：《汉口丛谈》卷二，1 页。（译者注：《汉口丛谈》卷二此处之原文为：“居斯地者，半多商贾致富，书奇风雅勿尚，故会馆公所之名，野墅琳宫之号，楹帖榜额之文，悉皆从俗，未能雅驯。”则其意当谓汉口之人既多为商贾致富，不尚风雅。作者此处之理解有误。）

③ 参见布利逊：《约翰·肯尼思·麦肯齐与英国国教在中国的传播》，44 页；考纳比：《华中漫游》，39 页；《汉口小志·商业志》，13 页。

④ 参见日清贸易研究所：《清国商事指南》，第 1 卷，121 页。

⑤ 参见 1818 年《汉阳县志》卷二十五，14 页。

众的一丝同情”。① 结果，即使是处于下层的汉口长住居民（工匠、小贩、船夫、搬运工甚至失业者）都非常普遍地不惜任何代价，而想尽一切办法结婚，连带孩子的寡妇也无妨。② 这必然使大量不能结婚的人被排挤到地方社会的边缘。

尽管有很多用于指称具体经济阶层的特定术语，但在本质上，“阶级”概念并不是很明确，也不经常使用。处于最上层的是“贵商”、“绅商”，或者干脆称为“宏商”；次一级的是“富户”和“中人”；构成社会主体的是那些小商户和手艺人，即所谓“小户”、“小家”、“小民”，这些称谓都包含有承认他们为社会中坚分子的意思。再往下一级是“贫民”，更往下则是“穷苦”。这些称谓不带任何同情之意，而对于那些更下层的民众，则使用更具贬义的称呼，诸如众所周知的“粗公”、“愚民”之类。至于真正具有诋毁含义的嘲弄性用语，如“无赖”，我们将在第六章中详细探讨。

总之，即使与现代早期的欧洲城市（那里的政治封建主义遗留更为强大，时间也相距更近）相比，19 世纪汉口的阶级身份也绝不是固定的。特别是在太平天国运动后，社会流动合乎情理地广泛扩散，并且扩散得十分迅速。一夜之间成为富翁或穷光蛋的故事构成了汉口民间故事的主要内容。③ 我们将看到，居住在一起的邻居们是混杂的，城市社会组织最普遍的形式——同乡会，有意涵盖了各种阶级。④ 阶级分化的水平之低，足以让同时

---

① 参见叶调元：《汉口竹枝词》卷五，19 页。（译者注：《汉口竹枝词》卷五原句云：“车夫水手尽孤魂，甘露难沾一点恩。手捏青蚨数十个，春风一度宋家墩。”诗句在描述底层人口悲惨状况的同时，也含有歧视、讥讽之意。此处仅据作者之理解译出。）

② 参见叶调元：《汉口竹枝词》卷二，5 页；《申报》光绪五年七月二十六日、八年六月十八日；《益闻录》1889 年 1 月 10 日；《汉口小志·风俗志》，2 页；最近有关现代早期欧洲的研究试图将“核心”城市的人口区分为各经济层次的高婚姻率的人口和大量的未婚人口两大类。相类似的划分可能适合于 19 世纪的汉口。见林格罗斯（David Ringrose）：《马德里与西班牙的经济》（加利福尼亚，伯克利：1983），第 3 章；德弗里斯：《欧洲的城市化，1500—1800》，184 ~ 185 页。

③ 参见《叶氏宗谱》卷十五，7 页；《湖北通志志余》，第 6 册；海关总税务司：《盐的生产和税收》，“海关系列专刊第 81 号”（上海：1906），81 页。

④ 例如：汉口的广东公所就包括茶叶经纪人、店主、工人和船夫，参见《申报》光绪四年八月二十一日。

代的、已经经历了很长时间工业化之社会后果的英国人深感惊讶。伦敦圣公会医院的医生在19世纪60年代刚来汉口时，曾特别拨出几天的时间为地方名人看病，这些地方名人只需要多付一点费用，就可以不必与普通人一样排队等候。但这一政策很快就停止了，因为自从把这一办法解释给务实的汉口精英们之后，他们就立即购买较便宜的普通票，与普通的人混杂在一起了。①

只是到了19世纪末，汉口才开始形成更自觉地依靠阶级来划分利益身份的明确趋势，这表现在许多新型集体组织中。汉口的手工业行会不同于那些欧洲的手工业行会（而且，根据今堀诚二的研究，也不同于17世纪前期长江下游地区的手工业行会），传统上就不是根据生产关系划分的，而是“由老板和工人组成的、面对社会的单元”②。同一行业的投资者（东）、所有者（店户）、主要工匠（师）、熟练技师（友）、学徒（徒弟）通常与那些长期雇用的非技术工人（工）属于同一行会的成员。现存证据表明：在太平天国运动之前，汉口没有单一的工匠行会建立，因为受到方言的限制，一个行会的成员往往局限于其经营产品的出产地区之内。

然而，到19世纪后期，出现了许多对参加成员有严格限制标准的新行会。例如：分别建于1858年、1862年、1885年和1890年前后的四个行会仅限店主加入，分别建于1860年、1870年和1884年的三个行会只允许东、店主、师、友参加，建于1867年、1890年的两个行会规定参加者限于师和友，一个建于1871的行会限于师、友、工。最有趣的例子是居仁里的砖匠行会。当然，在太平天国运动之前，这一行业也有一个非正式的管理组织，但第一个正式的行会组织建立于1867年，是一个只包括师、友的排他性的行会。大约20年后，1885年，雇用这些熟练工匠的砖瓦业经营者也感到有必要建立

---

① 参见伦敦布道会档案：《汉口圣公会医院的五次年度报告》，报告之一(1863)，2页。

② 麦戈文（D. J. MacGowan）：《中国行会》，载《皇家亚洲学会华北分会学报》第21卷第3期（1886年），170页；今堀诚二：《“友”的行会》，收入氏著《东亚社会经济史论丛》（东京：1964）。关于欧洲的“友”行会，参见瑟维尔：《法国的劳动与革命：从旧制度到1848年的劳动语言》，第3章。

他们自己的组织。中国学者曾经指出，中华帝国晚期的行会，在结构上虽然涵盖了各阶层，但其本身就充满了内在的“矛盾”。在这里，我们可能第一次看到这种矛盾的历史表现。①

关于这种情况及其所反映的更为普遍的现象，有几点需要强调。首先，汉口雇主和工匠分裂为各自独立的组织，在这个城市重要的工业化发生之前即已开始，因此，这并非是对任何生产技术重大变革的回应。尽管我们不知道详情如何，但是看来促使特定阶层行会建立的原因，很可能是由于新的、资本主义方式的生产组织对传统家庭经济的挑战日益增长，此种挑战又因为受到不断增长的、廉价的、非熟练的劳动力的出现，而不断加剧。我们似乎不能将这种阶层（或阶级）行会的出现，意味深长地归因于刚刚发现的、对阶级联系之作用的认识。其次，无论如何，没有证据表明汉口那些具有阶层限制的行会的形成，是与重要的冲突或者劳动纠纷相伴而生的。实际上，砖匠和砖厂主的行会都信奉一个共同的行业保护神（土地公），这说明，新形式行会建立的首要目的是保证稳定地做生意。再次，最为重要的是，进入20世纪初，具有严格的阶级限制的行会实际上只代表着一种很小的趋势，其总数也不到汉口注册行会总数的10%。绝大多数行会仍然是按照行业或同乡的纵向关系建立的。我认为，这反映出汉口在工业化之前的19世纪，阶级的作用正在逐渐扩展，在界定个人的社会身份、调整社会冲突的方向等方面，阶级慢慢地开始发挥作用，但毫无疑问，相对于建立社会组织的其他类型的原则与标准而言，“阶级”仍然处于次要的地位。

七、精英和社团意识

在整个清代，汉口的城市名流是由传统的士绅和富商共同组成的。近年来的研究提出，19世纪后期，出现了一个新的资产阶级的雏形——“绅商”阶层，这个阶层的出现，部分原因是由于传统的士绅进入商业领域，以及富

---

① 关于这10个行会对成员资格的限制，参见1920年《夏口县志》卷五，22～29页。关于行会之“阶级对立”本质的讨论，参见彭泽益：《19世纪后期中国手工业商业行会的重建和作用》，载《历史研究》1965年第1期，76页。

商对绅士和荣誉性官衔的需求逐渐增加。① 在上部有关汉口的著作中，我曾试图阐明这一十分活跃的过程。中华帝国晚期最后几年的变革并没有模糊我对汉口上层商业精英总是与绅士阶层的许多人及文人文化有着极为密切联系的认识，当然，在许多其他重要的中心城市也是如此。这种联系实际上比太平天国运动后的数十年中绅士和商人角色的最终正式结合要深入得多。

如果说只有很少的汉口精英分子是单纯的城居地主，那么，对于很多与贸易无直接联系的学者或官僚绅士家庭来说，汉口正是他们的家园。最早出名的例子是熊家，最有名的人物是熊伯龙，他在1649年清廷的进士考试中得第二名，并成为一个高级京官和全国闻名的文学家。熊伯龙的两个弟弟熊仲龙和熊叔龙亦通过科举考试获得功名，并在各种下层行政机构中供职。到19世纪，这个家族在全国的影响逐渐消退，但是仍在汉口居住，并且在地方公共事务管理上偶尔发挥作用。②

毫无疑问，清朝后期汉口最为有名的地方文人家族是胡家。尽管他们的老家是位于汉阳城南六十里的黄陵矶。至少从18世纪早期开始，胡仲熊中了举人并在湖南一个县当了一任教谕之后，隐退到汉口，这个家庭的支脉就一直在这个巨大的港口城市定居下来。一代代的胡家子孙通过省试，并且在汉阳县学中作为拿薪俸的“生员”学习。胡桂生，1832年的贡生，在汉口开办了一所面向富商子弟的私人学校，并作为正直绅士行为的模范而获得了广泛的尊敬。胡桂生的儿子，胡兆春，更是近于完美的典范。他是一个文学天才，在1825年获贡生（比他父亲还早7年），1835年中举。胡兆春多次被委以知县，但为了协助其父亲打理在汉口的学校，他没有到任。作为抵抗太平天国运动的地方领导人，胡兆春引起胡林翼的注意（二人不是同族），并且作为湖北巡抚的知交与幕僚参与行政事务，直至1860年胡林翼去世。此后，他一直是汉口政坛的元老，并出版了大量的诗和散文，大约有一千多篇流传下来。遵循他所提倡的“有用之学”，他在范围广泛的重建事务中起到了极

---

① 参见玛丽安·巴斯蒂（Marianne Bastid-Bruguiere）：《社会变化的潮流》，收入费正清（John K. Fairbank）和刘广京主编：《剑桥中国史》（英国，剑桥：1980），2页，536～602页。（译者注：中国社会科学院历史研究所编译室译：《剑桥中国晚清史，1800—1911》，下卷，北京：中国社会科学出版社，599～667页，1985。）

② 参见《汉阳会考题名碑录》（1803）。

为重要的推动作用。他在汉口的后代有很多人取得了更大的文学成就。胡家并不富有，但是胡家仍然通过担任全国闻名的叶家的家庭教师（见下页），通过胡兆春建立起来的与湘军的关系，而最终是通过胡家的女儿与军机大臣荣禄家的联姻，与官方保持良好联系。①

与胡家的类型相对的例子是汪家，闻名汉口的汪玉霞食品厂的创办人。显然，汪家无人通过科举考试，但是他们的兴盛却维持了几个世纪。其创立者汪十郎是安徽徽州一个破落地主的儿子，1694 年因在一个本地染房找到工作而迁居汉口。通过从同乡处借到的一小笔钱，他开办了自己的染房，后来进入使其发家的茶叶和杂货行业。到 19 世纪前期，他们出售的很多商品皆出自他们自己的作坊。19 世纪后期的数十年中，他们在长江流域拥有 100 多家商店。汪家的后代捐纳官职，并逐步把生意交给小字辈或转让给雇用的经理，且在汉口和其家乡徽州投资地产，以投资所得和租金过着闲适的生活。②

纯文人的胡家和纯商人的汪家是汉口上层精英两个极端的代表。然而在各方面取得的成功都超过胡、汪两家，也许是汉口唯一最为著名的、更接近于典范的世家应当是叶家。早在清朝初年，叶家就积累了巨大的商业财富；在此后的近三个世纪中，叶氏家族联合拥有中国最成功的商业集团之一——叶开泰药房和无数的分支企业，叶氏子孙中有不少人考中科举，并担任官职，其中包括声名狼藉的、在第二次鸦片战争中充当替罪羊的叶名琛，而且并不仅限于他一个人。③ 尽管来源地域不同，社会文化观念各异，但汉口大多数成功的商人都向往拥有叶家子孙那样与生俱来的儒雅风姿和儒家社会领导能力。

相当部分的汉口富商（在太平天国运动前，显然是大部分）都至少要接受一些规范教育。相当一部分人通过科举获得合法的功名。例如，18 世纪一位盐商孙汉考中了进士，19 世纪 90 年代创办汉口商会的刘选青也是进士。④

---

① 参见胡兆春：《胡氏遗书》（1915）；1867 年《汉阳县志》卷十六，55 页；卷二十，39～40 页；1884 年《汉阳县识》卷三（中），20～22 页。

② 参见武汉市工商业联合会档案：《武汉市汪玉霞食品厂沿革》（1959，稿本）。

③ 参见《叶氏宗谱》（1873）；武汉市工商业联合会：《武汉叶开泰药店简史》（1959，稿本）。

④ 参见范锴：《汉口丛谈》卷三，13 页；1920 年《夏口县志》卷十五，27 页。

虽然孙汉和刘选青的情况比较特殊，但县志的《人物志》和范锴的《汉口丛谈》中反复出现这样的叙述：“少习儒业，后业贾。”或“虽业贾，暇时仍致力于学。”这一类型的代表人物是黄承增，19 世纪初的一位徽州籍盐商。他“伟貌修髯，交游甚广，工诗词，文思斐然”。黄承增和他的两个商人朋友在太平天国运动之前成为汉口著名的“三老”。①

近年来，中国和日本学者的研究表明，这种商人和文人角色的结合并非一种简单的附庸风雅，一个未来的生意人在当学徒之前，肯定会有一段时间用于传统文化的学习。这在大多数商人家庭中相当普遍。这种形式在组成汉口商业精英的徽州商人中已经形成完善的制度，虽然来源于其他地方的商人群体也可能是这样做的。徽州人拥有 50 所私人学校，其中的大部分是在清朝前期用两淮盐业的利润建立起来的。以此为基础，产生了全国著名的“徽州学派”，并为徽州商人群体不断地提供新生力量，从而使这一商人群体更为著名。“贾为获利，儒为名高”的格言已经成为他们内心的信仰，而且，他们以新儒家的诚、信原则为基础，逐步形成了一套复杂的商业伦理。②

居住在汉口的徽州商人虽然并没有放弃对文学的追求，而更愿意致力于建立一种有特色的城市精英文化，这种文化既在来自不同地方的人们之间，也在客居商人和土著文人之间搭起了一座桥梁。这并不意味着在这些商业入侵者与湖北重要的地方绅士之间不存在真正的冲突，我们将看到，这些冲突主要集中在其后代的教育机会问题上。有时我们也能获得一些证据，证明那些根深蒂固的敌意的存在。例如，有一个关于 18 世纪后期居于武昌的孝感文人胡文爵的故事。当汉口山阴公所给他三百两银子想请他题写书法以装饰新的公所大厅时，他傲慢地回答：“你们怎么能期望我这个御史的儿子为了区区银子而给你们写字?”③ 但是总的说来，汉口商业集团上层的基本生活方

---

① 参见 1867 年《汉阳县志》卷二二，8 页；1920 年《夏口县志》卷十五，27 页；范锴：《汉口丛谈》卷五，12 页。

② 参见张海鹏、唐力行：《论徽商“贾而好儒”的特色》，载《中国史研究》1984 年第 4 期，57～70 页；重田德：《清代徽州商人的一个侧面》，载《日本研究》第 19 卷第 8 期（1968），587～626 页。

③ 《湖北通志志余》，第六册（1885，稿本）。（译者注：此处盖作者据原文句意综合而成，无法回译。）

式和观念，大致上可以被非商人的文人认同。那些无懈可击的汉口绅士家庭，例如熊家、胡家、叶家，都积极促成建立与商业家族的联系。

有很多证据表明，许多汉口富商精心地培育文人生活模式和鉴赏传统。范志渥长于古曲，叶东卿擅长古典骈文，吴辉根精通剑术和武术，吴伟堂收集古砚，范仁夫等许多人则因其丰富的藏书而极富声名。① 但是，无可置疑，精英文化中最突出的应是诗。

如果不论诗的质量如何，而单看其数量，那么，擅长做诗的汉口商人的名单有一长串。著名的有徽州籍的武邦治、常清云和向大德、向大夫兄弟，江西商人毛少唐，浙江人龙飞，湖北本地人胡修廷、叶松亭和彭栋堂。然而最特别的是一些并无共同审美观的同乡们聚集在后湖茶社、九萼庙的禅石园、城中的四官殿以及盐商公所的各种分支机构里，酬酢唱和，从而创作的那些写景诗。从18世纪后期到20世纪初，大量正式或非正式的诗社在汉口此生彼消，使来自各地的儒雅的商人们在品茶饮酒之间吟诗作赋。其中最著名的是黄承增创立于19世纪20年代的新雨吟诗社和19世纪60年代吴国才创立的后湖茶社。② 各社成员的诗作不时刊印出来，例如黄承增的《汉口漫诗》不幸失散了，留存下来的有宦应清1911年编纂的《汉上消闲集》③。后者包括了数百个来自全国各地寓居汉口的商人作品，他们都是清代后期在汉口生活过一段时间的商人，并且属于同一个地方诗社。如果说汉口的市场和大型茶馆是理查德·塞尼特所谓"公众讨论"的地点，可以自由地、不受阶级限制地讨论时事与新闻的话，那么，汉口的诗社，也就像现代早期伦敦、巴黎开始出现的那些排他性男人俱乐部一样，为那些生而高贵、有头脑的城市精英进行"私人讨论"提供了论坛。④

汉口商人从古典精英文化中吸收来的不仅限于对文学艺术欣赏与掌握。不能否认，许多满脑子生意经的商人也可以将儒家思想贯彻于家长式的公共

---

① 参见范锴：《汉口丛谈》卷四，19、24页；王葆心：《续汉口丛谈》卷二，11~12页；1920年《夏口县志》卷十五，27页。

② 参见范锴：《汉口丛谈》卷二，16、32页；卷三，7~8页；1867年《汉阳县志》卷一，20页；王葆心：《续汉口丛谈》卷二，11~14页；卷四，26~36页。

③ 参见宦应清：《汉上消闲集》（1911）。另一种性质相同的诗文集是以汉口郊区木材市场命名的、包括了绅商诗文的《鹦鹉洲小志》。

④ 参见理查德·塞尼特：《酒店老板之死》，83~84页。

事务中。不管离家乡有多远，商业活动的范围有多么广泛，大多数人得出这样的结论：社区——也就是城市的街坊和他们直接居住的街区，应当是公益事业的最值得关注的地方。当然，公益活动是富商们使其地位在社会中合法化的一种途径。与现代早期欧洲的同行们一样，通过这种非正常方式获得的社会优越地位，也会带来很多消极影响。① 但是，一些成功的商人在他们中年以后，逐渐从活跃的商业经营中急流勇退，全面转入社团服务领域。这种事例的频繁出现说明：这种职业生涯模式是常规性的甚至是预先设计的。他们渴望加入到“慈善人”阶层——这是明末才在中国城市出现的独具特色的社会阶层类型。② 这些人很清楚别人期望他们做什么，并且对自己作为城市自然领导者的角色感到满意。

当然，如果我们有汉口商人解释他们为什么参与公共事务的根本原因的第一手资料，那将十分有用；可惜这种资料基本上没有保存下来。除了商业信件和诗（几乎所有诗的主题都是吟诵美丽的自然风光），我们只有从十分零散的地方志记载中一点点收集到的一些不完整的陈述，而所有这些陈述都是事后记载下来的，实际上都进行了某些美化。事实上，反映商人态度最好的资料是关于其行为的简单记载，这将是本书其余部分所关注的主要焦点。在保存下来的资料中，经常被引用来评价精英们行为的道德准则极为相似：善（美德、仁慈），义（规矩、正确的行为，越来越被大众广泛使用的意思相当于“自由”、“胸怀博大”），公（公共）；他们发起的活动则相应地被称为慈善、善举或义举。

这些概念中最有趣的是“公”，一个近年来引起许多学者注意的概念。在第四章，我将阐述这一语汇在19世纪汉口的意义——在汉口，“公”指正在扩展的、非官方控制的公众领域，以及公共财产的所有权。在这里，我只想概要地指出：当时，人们已越来越普遍地使用“公益”来描述城市精英们

---

① 关于中国的情况，参见曼素恩（Susan Mann Jones）：《宁波地区的商业投资、商业化与社会变迁》，收入孔宝荣（即柯文，Paul A. Cohen）、石约翰（John Schrecker）主编：《19世纪中国的改良》（马萨诸塞州，坎布里奇：1976），41～48页。关于欧洲的情况，参见乔丹（W. K. Jordan）：《伦敦的慈善机构：城市社会的希望和成就，1480—1660》（纽约：1974），47～56页。

② 参见梁其姿：《明末清初民间慈善活动的兴起》，载《食货月刊》第15卷第7～8期（1986），304～331页。

活动的目标，而用“因公”、“从公”之类的词汇表述个人或群体行动的动因。①

在最近一篇著名文章中，沟口雄三追述了几千年来“公”字含义的演变过程。② 他的结论有两点与我们的研究有关。首先，沟口指出：自晚明以来，受到李贽反理性思想的影响，传统的“公”、“私”对立观念，不断受到如下观念的冲击，即私利如果得到充分的引导，也可以同时有益于全社会的整体利益。显然，汉口商人和商人群体的公共行为背后存在着这样的观念。这可以在徽州商人所标榜的“以义为利”（这是对孟子主张“为义损利”的一种变通）中找到共鸣。按照这一原则，我们很容易发现，汉口客商投资于当地社会事业，有着长期商业利益的考虑。

其次，沟口指出：“公”这个概念，越来越广泛地被解释为“集体的”、“共同的”，其含义逐渐与同音字“共”相接近。尽管他发现这两个字的含义自上古以来就相当模糊，沟口仍然强调晚明以来“公”、“共”合流的趋势不断加强。显然，太平天国运动后，汉口及其他地方的商业行会都越来越普遍地使用“公所”来指称其行会会所及其组织本身，恰恰证实了这一点。同时，人们也越来越认识到应当给城市社团的公共活动以适当的地位。我们从使用“地方义举”、“众情”等词汇来描述地方公益活动，以及用“乡党”这样的语汇来指称参加这些公益活动的人，等等，都可以清楚地看到这一点。③

汉口的商业精英，无论他们自己是不是学者，几乎没有人能与那个时代重要的文化潮流相隔绝。我们将看到（玛丽·兰金指出，同时代长江下游地区的情况，也是如此），在汉口新兴的社会事业的风格上，仍然明显地存留着19世纪“经世”思潮的影响：非官方的社会组织机构建设不断加强，其服务范围主要以“自然的”居住街区为主，对官僚主义和贪官污吏抱有明显的反感态度。随着信息传播网络扩展到部分城市精英阶层——首先是通过

---

① 参见佶山嘉庆七年五月十八日奏，出台北“故宫”博物院：“清宫档案”；1920年《夏口县志》卷五，16页；卷十五，27页。

② 参见沟口雄三：《中国“公”、“私”概念的演变》，载《史渊》第669期（1980），19～38页。

③ 参见1818年《汉阳县志》卷二四，43页；1920年《夏口县志》卷五，16页。

《申报》及其他面向商人的类似报纸——这些思想倾向在城市转型过程中发挥了一种独特的作用，并逐步成为一种新型的精英传统。①

八、结语

19世纪的汉口社会与现代早期西方城市在许多方面拥有相似的显著特征，但同时也在基本体系方面与欧洲经验有着根本差异。这些异同在决定汉口社会历史的进程中发挥着关键作用。

正如中世纪以后的西方一样，独特的城市文化和心态成为中华帝国晚期最大城市的主要特征。尽管中国的城市文化可能比中世纪以后的欧洲城市具有更多的乡村传统因素，但城市居民仍然充分意识到其独特性；而儒家田园生活的理想则削弱了城市居民的自我优越感（在西方，这种优越感非常明显）。在中国，如同在欧洲一样，日益发展、多种多样的大众传媒使我们把城市从农村生活中区分开来；在中国和西方城市中，现代早期文学和书面媒体都十分繁荣，古老的口头和视觉传媒也仍然盛行，它们共同构成十分庞杂的城市景观。

像现代早期西方城市一样，随着旧社会精英的退出和新商业精英的加入，汉口的阶级结构日趋复杂，而且变动频繁。但是，明确的阶级意识却并没有此前与此后强烈。尽管在汉口和在欧洲一样，阶级身份开始逐渐用来界定一个人的身份，这说明它已迈向现代早期，但以族群与行业的纵向关系为基础的社会划分仍然占据着主导地位。这在很大程度上是对生产组织的变革所作出的回应，显然，这种反应的速度在汉口比在许多西方城市要慢得多，也很不协调。和欧洲城市一样，大量的城市化移民迅速进入汉口，新的城市贫民数量也大幅度增长；但是，比起欧洲城市来，汉口原有城市居民与新来

---

① 参见埃伯哈德（Wolfram Eberhard）：《传统中国的社会流动》（莱顿：1962）；邓拓：《论〈红楼梦〉的社会背景和历史意义》；收入氏著《论中国历史几个问题》（北京：1979）；斯波义信：《宁波及其腹地》，收入施坚雅主编：《中华帝国晚期的城市》（加利福尼亚州，斯坦福：1977），391～440页（中译本，469～526页）；田仲一成：《明清时期地方戏剧的社会和历史背景》，收入姜士彬等主编：《中华帝国晚期的大众文化》（加利福尼亚州，伯克利：1985），173～175页。

者之间的关系要融洽得多，前者对后者的态度也较为宽容。与现代早期的西方城市不同，中国城市并没有像西方城市那样，重视其社团组织的封闭性，因而在社团组织方面也就没有形成政治专制主义。

虽然现代早期的中国城市比许多欧洲城市更易于接受新来者，但这并不是说这些城市就一定会拥有更强的凝聚力。汉口人受到为数众多的、各种各样的文化影响，而不同群体、街区及行业社团之间的竞争、合作方式又相当成熟，从而造就了施坚雅所谓“城乡连续统一体”。① 此外，部分城市精英有计划进行的一些社会活动也促进了地方社会的凝聚，他们的道德取向与正统儒家文化所倡导的道德观相一致，更受到那个时代流行的“经世”思潮的具体影响。这一道德体系认为：在城市里就像在乡村一样，担负起家长式社会领袖的责任，特别是精心培育地域性社团的联系，是非常有意义的。

① 参见施坚雅：《导言：中国社会的城乡》，收入施坚雅主编：《中华帝国晚期的城市》，269 页。

第2章
城市空间

与其他人群单元一样，19 世纪汉口市民生活与劳动的环境，在许多方面都正在塑造或影响社会行为。城市街道格局规定着交通流向；从市场、寺庙、茶馆之类的集会点，可以看到有哪些类型的人、有多少人以及在怎样的情景下经常互相联系。城市生产区域和居住区域的分布、各街区内居民的集聚都给社会阶级意识带来影响，并有助于界定次级社会群体的组成，孕育集体活动的社会单元。城市环境制约着社会行为的可能性，并提出它所希望的行为模式。

一个大城市的人类生存环境当然不仅仅包括其自然特征，更重要的则是那些人类活动的产物。而且，随着时间的推移，这些人类活动的产物逐渐成为既定景观。克里福德·吉尔兹（Clifford Geertz）指出：爱斯基摩人的冰屋、爪哇农民的梯田与地貌和气候一样，都是他们固有的生态环境的一部分。① 因此，人类生态是一个环境被生活于其间的人们不断重建的过程。比如，在空间使用方面，涂尔干曾经讨论过一种他所谓的“集体象征”现象——城市或其他地方的居民，倾向于通过他们自己划分区域疆界的方式，给他们自己、邻居、外来者提供一种特定的社会现实图像。② 举例说，如果不是寺庙或政府机构，而是市场汇聚了最为密集的人口与财富的话，那么，这种说法显然是一种首先考虑集体问题的表述。

通过利用与当代城市空间特征相关的详细人口普查数据，诸如年龄分布、家庭结构、族属、财产、职业等方面的统计资料，社会科学学者已可以

---

① 参见吉尔兹（Clifford Geertz）：《农业变迁：印度尼西亚生态变迁的进程》（加利福尼亚州，伯克利：1963），8～9 页。

② 参见涂尔干：《社会学方法的准则》（纽约：1966），第五章。

在相当高的技术层面上探讨城市生态了。① 可能不会有比现状分析更精确的分析了。此种研究，对任何历史城市都是很困难的，更不用说对中国城市。然而，我们在本章中仍然希望通过对各种散见资料的考察，分析一下19世纪汉口社会历史发展的空间背景，看一看是否可以从中推演出某些认识，力图在这方面做出一些努力。这应当是很有意义的。

一、地产

如每个繁忙的港口城市一样，在汉口，土地是稀有资源。在太平军占领汉口前夕，1851年，来自浙江的叶调元写道："寸地相传值寸金。"② 来到汉口10年之后（在平定太平军战役将此地夷为平地的八年之后），乔赛亚·科克斯（Josiah Cox）想为教会购买一块土地，他向伦敦总部抱怨说：汉口人口密集，商业发达，非常繁富，其地价似乎远非圣公会所能支付。他指出，在长江对岸的省会选择一块土地将会十分便宜。③ 因为地价高昂，汉口土地的利用也就高度密集化，房屋拥挤，"栉比鳞次"，犬牙交错。④ 早在17世纪，地方改革者就开始抱怨过度拥挤的建筑堵塞了城市许多地方的进出道路，不但给商业交通，也给公共安全造成了障碍。⑤ 一个地方一旦空置下来，很快就会被侵占——非法入住者与小贩们伺机而动，商人们力图为其雇工和货物寻找额外空间，地主们则寻求机会慢慢扩张其地产边界。遭受最严重侵占的是公共土地（公地）和官方控制的土地（官地），但是，私人物业主也时常抱怨他们的土地受到侵袭，尽管他们非常狂热地致力于使其土地疆界得到法律认定和大众的承认。我们在本书中将要反复谈到，有关过度侵占和道路的

---

① 作为一个很好的实例，见温斯坦（Jay A. Weinstein）：《马德拉斯：印度城市生态结构分析》（加利福尼亚州，贝弗利黑尔：1971）。杨庆堃在其《中国城市社区研究的一些思考》（提交给"中国社会细胞组织问题研讨会"的论文，1963年1月）中最先将城市生态的概念应用于中国研究。最近的实证研究则有张殷华：《20世纪二三十年代中国城市内部结构：一种生态取向》（普林斯顿大学博士学位论文，1982）。

② 叶调元：《汉口竹枝词》卷一，2页。

③ 参见乔赛亚·科克斯日记，1862年2月22日、3月5日和3月31日条下，伦敦布道会档案，Box487。

④ 参见《汉口紫阳书院志略》卷七，52页。

⑤ 参见范锴：《汉口丛谈》卷一，14页。

争论可能是汉口最普遍的冲突类型，当地官员也不得不花费大量的时间去解决划界和交通阻塞问题，禁止过度侵占以及裁决地产争执。

土地紧缺、道路有限的基本事实决定了汉口建筑形式的特征：店铺和市坊是主要建筑形式。① 大小与价值均介于正街上那些大批发商店与城市边缘摇摇欲坠的棚屋之间的、坚固的木结构店铺，构成了大部分汉口街巷的主要景观（见图2—1）。这些店铺临街的一面通常很狭窄，与之相适应，其进深就很深；由于地价昂贵，这些房屋通常为两层。上层一般包括一个骑楼，它向外伸入公共道路的上方，既可以最大限度地使用上部空间，又不影响下面人行道上的行人通行。店主及其家人通常住在楼上或店铺后面，学徒和其他雇员则睡在店铺里。

在汉口，拥有土地所有权的法律准则是什么？虽然近年来人们对中华帝国晚期的土地占有问题倾注了大量学术注意力，但我们对乡村土地所有权的习惯法依然知之甚少，更不用说它在城市中的变化情况了。然而，在这一问题上，汉口却有非常丰富的证据。徽州会馆于1806年、山陕会馆于1896年各自编纂的会馆志都收录了很多有关城市地产所有权的“契”的副本，1884年《汉阳县识》也包括几宗公共机构捐献地产的详细的描述性记载。② 从这些记载中，我们了解到所有权的基本单位，一块地在法律上是以“地基”或“无基”形式登记的——“无基”并不是指空闲土地，而是指没有永久性房基土地所有权的房屋建筑。一块地被登记造册，并不是登记其面积，而是其四至边界（通常是以墙基或面临主要街道的临街线作为界线），有时也登记其面积。在大多数情况下，典型的所有权显然可以与西方式的不动产所有权制度相比拟，也就是说，财产所有权是比较强有力的。但国家仍保留着一些重要土地的控制权，可以为了公共目的，征用并占有土地，通常是与所有者

① 关于汉口店铺的描述，可以参阅《汉口紫阳书院志略》卷六，23～24页；李瀚章光绪三年十月二十八日片，出总理衙门档案，“湖北俄人交涉”。关于城市建筑形式的一般性描述，可参阅潘内尔（Clifton Wyndham Pannell）：《台湾台中市：结构和功能》（芝加哥：1973），85～88页。这种建筑形式在许多其他文化背景下的原初工业化城市中都很典型，见万斯（James E. Vance）：《前资本主义、资本主义以及后资本主义城市的土地分配》，载《经济地理》第47期（1971），102页。

② 参见《汉口紫阳书院志略》卷六；《汉口山陕西会馆志》卷二，36～40页；1884年《汉阳县识》，“公款簿”。

图 2—1　汉口店铺印象，1981

19 世纪汉口大部分次要街道上店铺的结构（特别是第二层前伸部分），建筑材料及密度均与此相似。

商定价格，给予一定赔偿。[1] 而且，有条件的买卖（小卖）往往附带一些不为人知的条件，原主或者可以要求得到租金，或者保留以后优先赎回的权利。然而，在大多数事例中，土地所有权的买卖是彻底的（大卖），这可以在地契中专门指明，通常由卖方及其后代正式声明今后放弃地产的全部权利。[2] 此后，买主拥有修建、租赁以及出售的所有权利。

当然，不动产的法律观念直接关系到地产税的地位，但对于这一问题，我们不是很清楚。是所有的城市地产都要纳税吗？斯波义信和其他学者的研究表明，1780 年以后，城市建筑用地正式被免除了土地税（无论如何，土地税只是适用于耕地）。斯波义信认为，法律上的“熟地”用语正说明这一类用地是免税的。然而，他指出，唐宋时期，城市不动产隶属于不同的财税系统，分别被称为屋税、地铺钱；至于清代是否延续这些税种，他承认，因为“研究还是空白”，仍不能确定。[3]

根据当时的财政专家约瑟夫·埃德金斯（Joseph Edkins）的说法，正是汉口在清代最早开始征收常规性的城市房屋和店铺税，那是由张之洞于 1898 年率先提出并实施的。在汉口道台的支持下，张之洞委任了一位常设的“屋税监督”，负责按年租金的 10% 征收房屋税。这种所谓的“汉口体制”很快成为帝国城市税收计划的一种模式。[4] 我发现没有证据反驳埃德金斯关于事实上是在汉口最初开始由政府系统地控制城市地产税的判断。实际上，1867 年《汉阳县志》将县境所有纳赋土地分成几种类型（如田、垸、地等），而将城市土地完全忽略不计。[5] 然而，长期以来，湖北省一直对所有地产买卖征收一次性“契税”，城市与乡村一样。当一块城市土地要转手时，知情的保甲长通常要作为交易见证人，并收取出

---

① 案例可见总理衙门档案，“湖北汉口英国租地案”；《汉口紫阳书院志略》卷八，47～48 页。

② 参见《汉口紫阳书院志略》卷六，23 页。

③ 参见斯波义信：《中国城市的研究概况——以法制史为中心》，载《法制史研究》卷二十三（1974），188～189 页。

④ 参见埃德金斯（Joseph Edkins）：《中华帝国的财政与税收》（上海：1899），177 页。

⑤ 参见 1867 年《汉阳县志》卷八。关于税收记录，另可参见 1884 年《汉阳县识》，“公款簿”，36～37 页。

售价格的3%。① 而且，至少到19世纪70年代晚期，通常还是由低级官员负责征收常规性的各种针对城市地产的税收。1879年，一位《申报》的资深记者以赞许的口吻报道说：在府、县两级，这些税的征收是伴随着地方改良进程，由半官方的善后局负责的。② 在六个月前，《申报》还报道了一个完全非政府的汉口街坊组织为了社区事务，征收5%额外房租税的事件。③ 显然，张之洞1898年在这方面进行的地方性实践（他明确规定，房租附加税由房主和承租人各自分摊一半，这种做法显然是因袭此前的做法），不过是将这些做法体制化，并用以充实其藩库而已。

从地方资料记载的土地买卖之频繁来看，毫无疑问，汉口确实存在着一个地产市场。关于土地买卖的现存记录表明，以物易物的交换比当今西方社会更为普遍④，但绝大多数的买卖仍是现金交易⑤。专业的地产经纪人看上去并不出名，但是大多数交易都是由中间人安排的，他们通常从这项服务中获取佣金。实际上，所有交易都记载在具有法律约束力的文件中，签字人中也一定包括几个见证人（包括保甲长在内）。这些合同可能十分简单，就像下面所举的徽州会馆的例子："（康熙）三十五年（1696）十月____日，契买杨士美瓦屋一所，价银一百十三两。"⑥ 另一些合同则相当长，描述了地产的细枝末节，并对为何与如何进行交易作出解释。汉口的地产市场显然十分活

① 参见《湖北通志》卷五十。艾勒伯斯特（Alabaster）1885年8月8日信，英国外交档案，228/797；嘉托玛（Gardner）1886年5月4日信，英国外交档案，228/831。对于帝国范围内税收情况的概述，参见徐炳宪：《清代知县职掌之研究》（台北：1974），125页。

② 参见《申报》光绪五年六月二日。

③ 参见《申报》光绪四年十二月十一日。

④ 参见《汉口紫阳书院志略》卷六，33页；英国领事未署名的信，同治七年四月二十六日，其中译本见总理衙门档案，"湖北汉口英国租地案"。

⑤ 参见乔赛亚·科克斯1862年10月22日信（伦敦布道会档案，Box487）中描述的1862年圣公会为了建造汉口教堂而购买一块荒地的过程。在信中，科克斯具体描绘这笔交易是怎样完成的：在看过12块可供选择的地块后，科克斯教士用410两银子购买了其中的一块。其中一半银子在收到地契时支付，另一半则在实际交付土地时支付。这中间有一个月的间隙，其间必须办理地契、地方官员的公证，并清理这块地产上那些难以避免的侵占者。这些项目的费用（包括对侵占者的赔偿）加起来接近所有购买费用的25%。

⑥ 《汉口紫阳书院志略》卷六，7页。

跃，有些房地产在几年内即几易其手。①

前面已经提到，城市房地产的出租是司空见惯的。在汉口史料所描述的大多数事例中，这只意味着地主购买一块已开发的土地并将其出租给商人或居民。但是，也有不少例子，一个生意人可能长期租用一块未开发的土地，自己建房造屋，然后再出租。借用乡村土地关系的常见模式来比喻，土地所有者只是向开发者收取土地租金，而后者则向承租户收取更高的第二层租金。② 因此，有两层有时甚至更多层的投资人从一块土地上获得租金收入。在这种体系中，一种常见的变异是简单地将部分租赁权再转租，如将店铺的楼上转租出去。③

虽然无法准确了解汉口已开发的地产中到底有多少被出租、多少由所有者自己占用，但我猜测出租所占的比率非常高——很可能占全部地产面积的90%。当然，保甲组织主动申报和政府官员为确定房地产税而单独列出的出租地产所反映出来的数字，都比较高。汉口的大部分地产都属于离乡地主。例如，星火街附近街区，在太平天国运动前就被江南的店主所控制；太平天国运动后，江南人已经迁走，但他们仍拥有那些出租房屋的所有权。④

因此，汉口的城市地产不仅是一种可供买卖的商品，还是一种主要的投资形式。个人拥有地产的规模可能非常大。例如，一位陕西籍布商陈普生，在 19 世纪 70 年代拥有几处房地产，其中有一块位于财神街，有 30 多个店铺，价值超过 800 两银子。⑤ 一位来自湖北兴国州的布店老板在大货直街拥有 12 个出租店铺。⑥

行会、同乡会馆和寺庙之类的机构性投资总量更大。值得提到的是 19 世纪 80 年代至 90 年代的茶业公所，其巨大的运营经费几乎全部来自其广泛的不动产收入。⑦ 最近，玛丽·兰金指出，太平天国运动后数十年中，以城

---

① 参见李瀚章光绪三年十月二十八日片，出总理衙门档案，“湖北英人交涉”。

② 参见 1884 年《汉阳县识》，“公款簿”，33 页；另参见斯波义信：《中国城市的研究概况——以法制史为中心》，载《法制史研究》卷二十三（1974），188 页。

③ 参见科克斯 1862 年 10 月 22 日的信，伦敦布道会档案，Box487。

④ 参见《申报》光绪五年九月一日。

⑤ 参见总理衙门档案，“湖北汉口俄商被骗”。

⑥ 参见《申报》光绪七年七月二十八日。

⑦ 参见 T. H. 朱：《华中地区的茶叶贸易》（上海：1936），243 页。

市不动产方式的团体捐赠越来越普遍①，而来自汉口的证据也表明其结论是正确的，尽管这一现象并不是这些年新出现的。到18世纪末，汉口徽州会馆已拥有众多且获利甚丰的房地产，就像18世纪20至30年代的某些善堂一样。另一方面，我认为没有理由把任何时候的团体投资者都看做城市地产业中非常重要的少数派。

投资城市不动产可以收取租金，随着土地价格和建造费用不断上升，租金也不断上涨，这还是一种资本积累方式。无论是19世纪上半叶还是下半叶，城市地产价格一直不断上涨。虽然19世纪50年代由于太平天国运动的冲击，地产价值彻底崩溃，但到1890年前后，地价已回升到19世纪中期的水平。毫无疑问，这与如下事实有关：尽管很多报告都说到太平天国运动后汉口迅速开始了重建，但只是到19世纪80年代，在1854—1855年城市彻底破坏后一直闲置的荒地才开始消失。② 有证据表明：太平天国运动后，城市房地产总值每年平均增加3%至5%，而某些地区或某些时段的增值可能更高。③ 投机非常普遍，早在19世纪60年代，广东商人就购买了长江边上的大片土地，然后在价格上涨时再卖给新来的英国商人。④ 另一方面，按照当地的标准，城市房地产也被认为是一项相当保险的投资。例如，1873年，上文已提到的布商陈普生由于存放其资金的钱庄倒闭，效益很好的庞大生意骤然垮台，于是，他发现自己不得不完全依靠地产收入来解决财政危机。在这种环境下，汉口的房地产是一项价值很高的投资方式，市场非常活跃，就毫不奇怪了。

二、空间结构

汉口是一块由汉水和长江环抱的狭长形土地，沿汉水河岸绵亘4英里，沿长江岸边伸展约1英里（见图2—2）。其功能决定了早期居住区集中于河

---

① 参见兰金：《中国浙江省社会精英的能动主义与政治变革，1865—1911》（加利福尼亚州，斯坦福：1986），3章。

② 参见麦华陀1868年2月6日信，英国外交部档案，228/456。

③ 参见海关总税务司：《十年报告，1882—1891》（上海：1892），179页。1884年《汉阳县识》，“公款簿”，31～39页。

④ 参见韦伯斯特（Webster）1865年3月27日信，英国外交部档案，228/392。

边，而且，在前工业化时期的发展，主要是沿河岸扩展，而不是向内陆纵深扩展。到19世纪，汉口主要集中在与河岸平行的4条大街上：河街、正街、中街、堤街或后街。与这几条主街交叉的，有40多条伸向河流的小街或巷子；更重要的是，在这些街巷的尽头，有可供使用的码头。为了便于行政管理，像分割香肠一样，将汉口分成四个坊：居仁、由义、循礼和大智，依次沿河流向下排列。

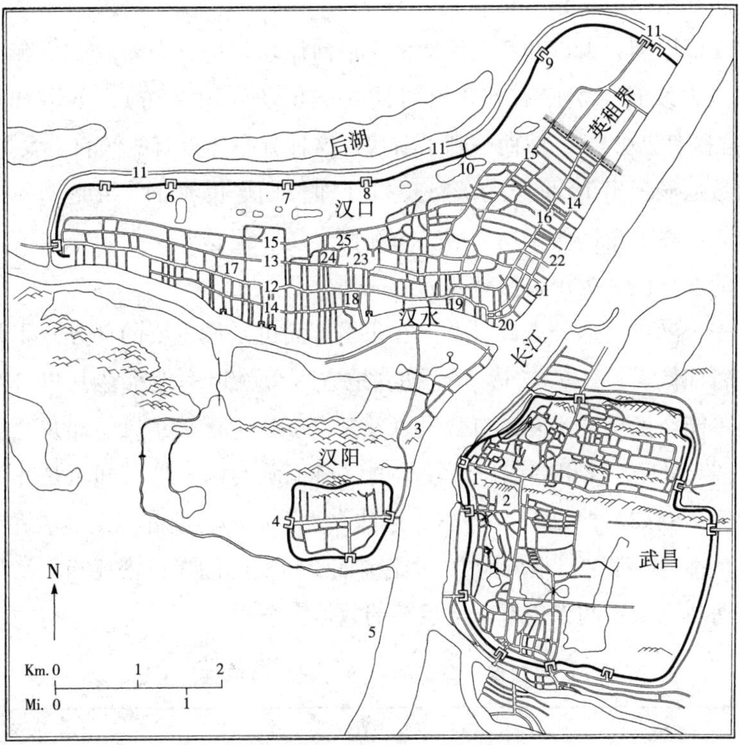

图2—2 武汉三镇，1890

1. 黄鹤楼	2. 阅马场（1882年兵变之地）		3. 晴川阁
4. 汉阳城西门（1801年米骚动之地）			5. 鹦鹉洲
6. 居仁门	7. 由义门	8. 循礼门	9. 大智门
10. 土垱口	11. 玉带河	12. 正街	13. 中街
14. 河街	15. 后街	16. 黄陂街	17. 五显庙
18. 沈家庙	19. 接驾嘴码头与禹王庙		20. 龙王庙
21. 四官殿	22. 米市与米市码头		23. 徽州会馆
24. 山陕会馆	25. 自新堂		

到明朝末年，汉口的自然面貌已经形成，一直到整个19世纪，并没有很

大变化。实际上，19 世纪 60 年代修建的城墙在相当程度上扩展了城市的内陆边界，但是，城墙本身除了受到那些侵占者的注意之外，并没有有效地扩展实际城市居住区。因为新开辟的大部分地区都是沼泽或积水池塘，只是在新式土地填筑技术引进，特别是在 19 世纪末、20 世纪初铁路出现之后，汉口才向内陆和（长江）下游地带快速拓展。在此前三个世纪的大多数时间里，主要是向密集方向发展，而不是向广阔方向拓展，其结果就是把相对不变的空间利用得越来越密集。

在汉口早期，人口和商业活动似乎沿河岸均匀地分布着。1525 年，据一位当地文人统计，上岸有 630 家店铺（居仁坊和由义坊），下岸有 651 家（循礼坊和大智坊）。[①] 然而，到了清代，这种分布变得有些倾斜。表 2—1 所列著籍数据显示出 18 世纪的著籍户口（即长期居民）的变化趋势——民户更多地集中在上游的两个坊，居仁坊和由义坊。但这并不一定意味着汉水上流河岸的部分已成为汉口最重要的组成部分。

首先，汉口大部分人口（并且在很多方面也是最重要的部分）不是永久性而是暂住性人口。早在 19 世纪初，地方官员就坦率地承认其户口登记方式完全不能全面反映实际人口数量以及客商、长途运输工人、船户之类人群的所在。[②] 而且，保甲登记户口较少的汉口下游的两个坊，却正是此类人口集中之区。例如，据 1822 年报告，居住在大智坊的客商和短期寓居者在全城中数量最多。[③] 那么，很可能 19 世纪前期汉口实际的人口密度当以汉口下游的两个坊较高，这与保甲登记所反映的数据完全相反。

表 2—1　　汉口保甲登记的户数（以坊为单位）

坊	1710 年	1813 年
居仁坊、由义坊	47 732	76 900
循礼坊、大智坊	51 649	52 282
总计	99 381	129 182

资料来源：1818 年《汉阳县志》卷十二，9、19 页；1920 年《夏口县志》卷三，1 页。
说明：1888 年第三次保甲登记共有 180 980 户，遗憾的是，没有各坊的户口分布记录。

---

① 参见范锴：《汉口丛谈》卷一，14 页。
② 参见 1818 年《汉阳县志》卷十二，10、19 页。
③ 参见范锴：《汉口丛谈》卷二，27 页。

其次，显然，不能认为像汉口这样的商业城市，土地利用强度直接与居民密度相对应。事实上，常见的情况二者之间恰是成反比的。确实，在汉口，19 世纪后半期的观察者反复强调的一个印象就是汉口的经济重心已逐步转移到下游方向。① 许多其他记录支持这一看法。在第八章，我们将能看到，虽然 19 世纪初居仁坊和由义坊就实行了严格的保甲登记制度，但这一制度的管理却一直将大多数地方安全人员部署在下游的另两个坊。而且，如表 2—2 所示，太平天国运动后，在汉口最靠近下游的坊——大智坊，消防队（水局）的数量一直比其他几个坊要多。这表明，所有这些分布模式并不是简单地与居民的集中密度相对应，更是对包括人口的复杂与管理难度、财产价值的安全保障以及居民支付此种保障费用的能力等在内的诸多因素所作出的综合反应。

表 2—2　　汉口的水局，以坊为单位

坊	1867 年	1920 年
居仁	3	4
由义	1	1
循礼	3	3
大智	8	8
总计	15	16

资料来源：1867 年《汉阳县志》卷六，15 ~ 17 页；《湖北通志》卷四九，43 页。
说明：总数是不完全的，只包括已知道位置的水局。

然而，西方报道者却倾向于认为直到 19 世纪 60 年代后，大智坊才成为汉口的重心，并把这一现象简单地归因于位于大智坊下方的英租界的强大吸引力，其实这两种看法都是错误的。更根本性的、也是更早的吸引力来自长江本身——长江是中国国内区域间贸易的大动脉，而汉口正是作为其中心港口出现的。促进城市发展的大宗粮食贸易的汇集地，米厂正位于江汉会合处沿长江河岸的下方。1850 年，一位中国访问者还报道说，正是这里以及与大码头邻近的地方，因为区域间贸易的大量集中，而发展成为汉口的中心。②

① 参见格林：《格林回忆录》（英国，阿什福德：1891），230 ~ 231 页。

② 参见叶调元：《汉口竹枝词》卷六，1 页。

似乎可以得出这样的结论：在清朝前期，随着区域间贸易的重要性逐渐增强，汉水贸易（居仁坊和由义坊的形成与发展主要依靠汉水贸易）的增长逐步放慢了步伐，于是，大智坊在汉口内部的相对重要性相应提高了。当然，在19世纪最后的25年中，外贸，更重要的是轮船运输进入长江水道，使商人、长途运输水手以及货栈、旅馆等进一步向轮船招商局（位于张美之巷头上）所在的大智坊地区集中。

三、土地配置

从事城市土地利用和空间结构之比较分析的学者们普遍认为，“前资本主义”或“前工业化城市”的特征是多中心（即缺少明确界定的中央商务区［CBD］），其土地利用的功能分划水平也十分低。① 其中，城市地理学家詹姆斯·万斯（James E. Vance）值得我们注意，他系统地将城市空间结构与土地价值联系起来。② 万斯认为，中央商业区的出现，与土地价值的周期性曲线是联系在一起的，往往形成于地价越过中心点（通常称为“峰值”［PVI］）而下滑时。万斯发现的这一规律只存在于资本主义城市。在前资本主义城市，决定土地配置的社会因素要多于经济因素，土地所有权仅仅是功能性的（提供居住与劳动场所），因此，土地所有者往往是通过其“使用价值”来区分土地的吸引力和发展潜力。与此相反，资本主义城市的土地首先被认为是一种商品和有利可图的资源；其功能效用的价值远远低于其租金产出的价值（“资本价值”）。通过市场机制，对租金产出的差别形成了系统认识，从而逐步形成经济部门的空间排列，以及更为清晰的土地利用区划。在土地分配的纯粹资本主义体系中，土地价值和峰值之间存在着一种近乎理想的关系，就像土地价值与土地利用（有利可图的商业价值要远远高于居住价

① 有关工业革命前城市空间结构的、最为著名的跨文化分析，主要是斯杰伯格的《前工业城市》（纽约：1960）。然而最近，斯卡吉尔（Scargill）以及霍亨伯格和利斯都对斯杰伯格的简单化模式提出了批评，见斯卡吉尔：《城市结构》（纽约：1979），182～185页；霍亨伯格、利斯：《都市化欧洲的形成，1000—1950》（马萨诸塞州，坎布里奇：1985），33～34页。

② 参见万斯：《前资本主义、资本主义和后资本主义城市的土地分配》，载《经济地理》第47期（1971），101～102页。

值）有直接关系一样。

然而，对中华帝国晚期的城市没有、也不可能使用万斯所提出的那些精确资料进行研究。大多数探讨中国城市化的研究者认为：在上海这样的西方模式的国际都市出现之前，中国城市总体上符合前资本主义或前工业化类型。它们没有单独而清晰的中央商务区，也没有整体性的土地利用层级。相反，人们经常用“细胞”来比拟城市空间结构，认为这种细胞中的商务角散布在各个生产与贸易点，在空间上与城镇行政中心区别开来，但与居民区混杂在一起。①

汉口的土地利用在多大程度上与前资本主义的土地利用模式相一致？首先，商业活动显然是经常按照经营商品的种类分开的。例如：食盐贸易的中心在大智坊的鲍家巷，杂货交易中心在循礼坊的流通巷，杂粮交易中心在居仁坊的杨家河街。② 在一定程度上，可以认为任何城市都存在着行政中心，但它们与商业中心并无特别关系，因为这些行政中心既不在港口附近，也不在任何城市主要街道上。③ 而且，因为店铺在各种建筑形式中占据着绝对优势地位，所以，居住用地和商用土地的分离处于较低水平。

其次，汉口土地利用的秩序也在一定程度上反映出功能性层级。例如，我们注意到：因为在很多方面都是汉口长距离与价值总量较高的商品（米、棉、茶、麻及其他商品）贸易的中心，大智坊在一定程度上已获得汉口“商

---

① 关于中华帝国晚期城市内部空间结构最全面的讨论，见于杨庆堃所著《中国城市社区研究的一些思考》以及施坚雅所著《导言：清代中国城市社会结构》，二者均收入施坚雅主编：《中华晚期帝国的城市》，特别是527～534页。比较学派关于中国城市的一些观点，可以参见琼斯（Emrys Jones）：《城镇与城市》（伦敦：1966），44页。对于具体城市有价值的研究则有牟复礼（F. W. Mote）：《南京的变迁，1350—1400》（见施坚雅主编：《中华帝国晚期的城市》）；牟复礼：《一个中国城市的千年史：苏州的形态及其时空观念》，载《莱斯大学学报》（Rice University Studies）59卷第4期（1973年秋），35～65页；潘内尔（Clifton Wyndham Pannell）：《台湾台中市：结构和功能》（芝加哥：1973）。

② 汉口是15种主要商品交易的集中地，参见日清贸易研究所：《清国商事指南》（上海：1892）第1卷，120～121页。

③ 在我们所研究的大部分时间段中，汉口不存在地位明确的行政中心，为数众多的低级官衙散布在全镇各个地方。到19世纪末，在棉花街、青龙街和董家巷组成的三角地带，开始出现一个行政职能汇聚的中心。汉口道台、盐运使和汉口同知衙门都集中在这里，礼智巡检司则在半个街区之外。很多访问者反复谈到这个行政中心比较隐蔽，一点都不引人注目。

务区”的地位。更加鲜明的中心地层级则涉及与江岸平行的四条主要街道。其中，最具压倒性优势地位的是几英里长的正街（也只有正街才具备这种地位），汉口从事大宗批发贸易的牙行货栈都位于这里。位于正街两侧的河街与中街，则主要集中了一些批发代理商和其他一些稍为次要的商业门类。后街大部分是零售商店和居民区。换言之，与有关传统中国城市的土地配置的认识不同的是，在很大程度上，是“过程”，而不是“产品”本身，决定了商务布局的空间划分。漫长、曲折的正街并不符合地理学家所精确界定的“中央商务区”，但它确实是无可争辩的中心。① 我们将看到，这种空间层级结构的社会意义是不容忽视的。

汉口的这些土地利用模式在很大程度上与财产价值密切相关。我们已经看到，城市中存在着活跃的土地市场，人们非常关心地产的租金产出率。个人与团体性企业对大规模城市再开发过程中所呈现出来的潜在的资本价值都十分敏感。房地产价格的变动显示出它对各种直接或间接的市场因素非常敏感。例如，1864 年，在连续几场破坏很大的火灾之后，形成了建成房屋的卖方市场，购买价格在短时间里上扬了 50%；1889 年，具有革新思想的张之洞即将到湖北任总督的消息，也使全汉口的地价陡然上涨。② 重要商业街有铺面的房屋自然要比那些不具备此种条件的房屋要价高，而且那些面临官街（如正街和中街）的地产要价最高。③ 虽然现存零散的价格资料不允许绘制出一份某一特定时段的地价空间分布图，但一位见闻广博的作者在 1862 年指

① 关于汉口街道层级最清晰的描述可见《申报》光绪九年五月三日。在有关 20 世纪 20 年代中国四个主要商业城市的研究中，张般华指出：在这四个城市中，都存在着土地利用的“分散”模式，而且商业活动高度集中在“城市核心区”（张般华：《20 世纪二三十年代中国城市内部结构：一种生态取向》，353 ~ 356 页）。这里的认识与霍亨伯格和利斯在《都市化欧洲的形成，1000—1950》中所得出的结论相一致（33 页）。然而，前工业化的欧洲城市在空间利用方面也许并未展现出整齐划一的同心圆格局，大多数城市只有一条主要街道，在很大程度上不同的入口可以用于界定其社会地位。

② 当然，建筑费波动有时也会影响到房地产的价值。例如，太平天国运动后，帝国政府为了重建南京的宫殿，在汉阳鹦鹉洲购买了价值白银十万两的木材，这使 1864 年汉口新建房屋的价格上涨了大约 15%。参见科克斯 1864 年 12 月 28 日信，圣公会档案，Box487。

③ 参见《汉口紫阳书院志略》卷六，23 页；科克斯 1864 年 11 月 12 日信，圣公会档案，Box 487；艾伦 1889 年 9 月 2 日信，英国外交部档案，228/878。

出："越靠近城市中心，地价增长的速度越快。"①

因此，即使汉口保留有几个万斯所谓"前工业化"城市（也是通常所描述的中国城市）的空间特征，它在土地利用模式和土地价值分布等重要方面仍与"资本主义"城市是相一致的。这种双重性加强了我们此前有关汉口正处于"向资本主义转变"进程中的认识，并说明，资本主义财产关系的生态结果与其社会后果一样，在19世纪仍然受到其所在的中国文化系统的各方面影响。随后的历史发展证明，这种土地利用模式完全有能力经受进一步的市场主导的"理性化（rationalization）"的考验。1911年，在经过15年快速而曲折的工业化之后，一位当地报道者指出，汉口的主要街道两旁几乎全部被清一色的新建的现代商业企业的办公楼占据着，而且，最近城市中心的地价抬升现象使这一地区的很多老字号店铺不得不停业，不少老字号迁到了对岸的汉阳。② 由此，我们可以想见社会变革的严重性。

四、居住方式和街区结构

大多数汉口人居住在他们工作的地方。对于绝大多数暂居人口（比如船户，或是那些住在客栈、在那里既办公又存货的行商）来说，这一点非常符合实际情况。这也是大部分坐商的居住方式，他们的店铺既是老板全家也是其雇佣工的家。甚至很多大型商号，如龙王庙附近的庚兴杂货店，也在其商店里给全体雇员提供住所（庚兴杂货店拥有60多名雇员）。③ 总的说来，只有处于职业层级的较高与较低两端的人住的地方才是与工作劳动地点分开的，而且，这些人大部分时间都在到处游荡而很少时间工作劳动。最富有的牙商和批发商可能住在与商号相分离的有院墙的大宅院里，而脚夫、小贩和乞丐则住在草房、茅屋、将就凑合的棚厂里或环境极度恶劣的大街和市场上。④

---

① 科克斯1862年10月22日信，圣公会档案，Box 487。

② 参见《汉口小志·商业志》，13页。

③ 参见《申报》光绪二年一月十六日。1813年颁布的保甲规章规定雇工必须住在店铺里，见1818年《汉阳县志》卷十二，17页。

④ 关于汉口的大宅院，参见《申报》光绪元年十月十八日，《益闻录》1887年1月1日。关于下层民众的房屋，参见《申报》光绪二年十月十日，九年十二月一日；《海关公报》(1872年3月)，44页。

作坊和居地互相接近，意味着商业精英与欧洲城市中的精英阶层一样，住在靠近城市中心的地方（在欧洲，实际上只是在工业化之后，这些精英移居到新开辟的郊区，才逐渐成为时尚）。① 汉口最好的居住区位于几条较安静的巷子里，步行几分钟就能到达主街。相反，城市边缘——河街下码头附近以及后湖堤内地带，则是重体力劳动者和失业者肮脏的居住区。1889 年，英国旅行者柏西文（William Percival）对江岸地区作了一个非常详细的描述：

> 几乎所有的中国房屋——或者更正确地说，是几乎所有非常可怜的简陋棚屋，都无法挡风蔽雨。这些房屋建在河岸立起的木桩上，高出水面约三四十英尺……在这些简陋房子里住着成百上千户人家……当江水上涨、高于正常水位二十五、三十英尺甚至更多时，不少木桩被冲走，房屋倒塌，连同住在上面的人，一起被卷入洪流。②

和商业布局一样，居住的总体空间分布也受到居民地方来源的制约。简言之，汉口某一居民群体集中居住或工作的区域，与从他们家乡到这里的距离之间，存在着某种直接联系。③ 正街及另一些重要的批发贸易区是那些来自遥远家乡的晋商、徽商和粤商的聚居区，而河街、堤街等城市外围地区则大部分由湖北和湖南人占据着。

然而，决定城市中总体居住方式的重要因素，仍然是个人财富和族群，但这些重要因素在事实上也许仅仅是就总体而言的。当我们把注意力从城市整体水平转移到城市街区时，就会发现，每一个街区都不是由具有排他性的单一社会阶层或出生地的人群组成的，事实正好相反。绝大部分汉口街区都是由参差纷杂的各种人群构成的。

在汉口，街区共同体的基本单元是“街”、“巷”，或者是大街上的“段”。“街市人”这个语汇，有时会出现在当时的文献资料中，用来描述邻

---

① 参见霍亨伯格、利斯：《都市化欧洲的形成，1000—1950》，33 ~ 34 页；夏维里尔：《19 世纪上半叶巴黎的劳工阶层与危险阶层》（普林斯顿：1973），195 ~ 197 页。

② 柏西文：《龙的土地：轻舟过三峡》（伦敦：1889），57 页。另请参阅叶调元：《汉口竹枝词》卷六，2 页；《申报》光绪二年三月四日及八年六月十八日；《字林西报》1871 年 12 月 27 日；福斯特：《长江流域》，4 ~ 7 页；以及毕晓普夫人：《长江河谷及其远方》，73 页；格林：《格林回忆录》，130 ~ 131 页。

③ 参见《申报》光绪九年五月三日。

居；来访者也经常会留下一些关于居民们夜晚乘凉时坐在门前路边、一起谈天说地的记述。在这里，借用今堀诚二对北京观察的概括最恰当不过了："'街巷'与其说是一条街道，不如说是由住在街巷两边的人家组成的一个社会。"①

某些街区，在某一方面是异质的，但由于在各自地产的使用方面，受到主导性功能使用方式的影响，彼此结合在一起，从而使他们在行业与居住方面，具有某些共同特征。下面的两个例子——六渡桥和沈家庙便是这种模式的最好证明。六渡桥街区，位于一座跨越玉带河的桥边，是汉口最早的定居点之一，居民主体是从湖北各县来的移民。这里是铜器和铁器贸易中心，也是皮革业行会的所在地；居住密集，无数劳工阶层家庭拥挤在一起，极易发生火灾。这里有很多酒店和茶馆，向本街区的街坊和全镇提供服务。沈家庙街区是一条斜街，从熙熙攘攘的沈家庙一直向下延伸到江边，有一个汉口最繁忙的露天市场，几个士绅发起的善堂，无数的钱庄，许多古老的中药店，以及苏州公所。码头位于街区尽头处，既是到汉阳的渡口，也是湖南米船停泊之所，这里是汉口米粮贸易的中心。各种小杂货铺和临时受雇的码头工的棚屋，密密麻麻地挤在一起。

街区内部的多样性表现为职业种类的多样性，虽然事实上各行业都一直有一种聚集在城市几个地方的趋势（尽管许多汉口街道最初的名字往往暗示它从事某种单一行业——白布街、回民街、裁缝巷、杂耍巷之类——到19世纪，这些名称大部分只留下名称，实际上已名不副实了。例如：19世纪70年代，铜匠街上已经没有铜匠居住了）。② 常规性的火灾报告为我们提供了一些关于哪些生意彼此相邻的详细资料——熊家巷有一家棉花打包厂、木工作坊、染坊、煤店和一家烟草店；纬子街有一家钱庄、酒馆、衣带店、杂货店、洋线店、绳子店和丝绸店；戏子街有一家爆竹商、烟草店，铜器店、棉花铺和面条店。③

虽然前文已提到族群分布的一般模式，但街区也同样存在着族群差异。

---

① 《申报》光绪八年七月十四日；叶调元：《汉口竹枝词》卷四，7页；今堀诚二：《北平市民的自治组织》（东京：1947），《前言》。

② 参见《申报》光绪五年十一月十日。

③ 参见《申报》光绪六年七月十六日、十月一日和七年十月七日。

地方报道者不断谈到“杂居”和“杂处不分”占主导地位。① 确实，某些街区（如山西人与回民居住的街区）有着强烈的族群特点，但即使这样的街区也远不像犹太人居住区那样单一而排外。在有些街区，宁波会馆（浙江）与麻城会馆（湖北）靠在一起，黄州会馆（湖北）与中州会馆（河南）相互毗邻，江苏会馆与南城会馆（江西）为邻，辰州会馆与南昌会馆相接，这都反映出这些街区具有某种“都会主义”特征。② 到19世纪后期，黄陂街仅仅在名义上是黄陂人居住的街区了。③

最后，虽然总的趋势是精英向城市中心汇聚，穷人则被推向城市边缘，然而街区在经济水平方面也是很混杂的。有些街区（春申巷、观音庵巷）以雅致著称，另一些街区（长生街、准堤庵）则因穷困而闻名。④ 然而，店铺普遍深入到各个街区，以及老板与雇工住在一起的居住方式，都使得没有一个街区可能由完全一致的经济阶层组成。永宁巷的情况就是一个典型——汉口最富裕的宅院位于那里，而处于城市最低阶层的街头小贩也在那里沿街叫卖。⑤

我认为，汉口街区的异质性反映了这个城市社会特征的某些重要方面。历史学家在考察西方大规模商业资本主义的兴起时（在工业化之前），常常深切地感受到商业资本主义之兴起对城市街区构成带来的明显影响。例如，保罗·约翰逊（Paul Johnson）在研究纽约州的罗切斯特（Rochester，它在19世纪初开始改变）时指出：

> 1820年，大部分罗切斯特人都在同一地点工作、休息、睡觉。在那里，没有明确的商业区和居住带，也没有以社会阶层为基础的居住区。

---

① 参见章学诚：《章氏遗书》卷二四，26页；1867年《汉阳县志》卷八，35页。

② 参见1920年《夏口县志》卷五，21~29页。

③ 参见王葆心：《续汉口丛谈》卷五，20~21页。

④ 参见范锴：《汉口丛谈》卷五，20页；叶调元：《汉口竹枝词》卷一，6页；《申报》光绪五年十一月十日及八年五月七日。

⑤ 在有关北京、天津、南京和上海的土地利用之比较研究中，张般华提出：在多少有些“时尚”的居住区里，存在着一种受经济水平支配的混居模式。他总结说：“看来，上流社会家庭的集聚并非出于同一社会阶级结构，也不是因为其他制度性基础。”重要的是，张般华也注意到，20世纪初，新型的、内部更加一致的上层阶级与下层阶级的街区都得到了迅速发展。汉口的情况也完全符合他的结论。参见张般华：《中国城市的内部结构》，369~381页（引文见377页）。

劳动工作与家庭生活、老板与雇员都混合在一起，从而使城市街道上的人群与活动随机组合起来。1825 年后，这种情况迅速改变了。老板们把家从其生意场所搬出来，一些街区呈现出明显的中等阶级的居住特征。工人被迫从雇主家里搬出来，迁到属于自己的街区。①

显然，诸种文化与经济因素决定了某一单个城市的变化进程。例如：在伦敦，到 18 世纪中期，这一进程已彻底完成；而在巴黎，由于商业资本主义的成功稍微落后一些，直到 19 世纪初，仍然保留着大量的由不同阶层构成的街区。② 在 19 世纪的汉口，尽管高度发达的商业经济占据着主导地位，但至少，“商业资本主义”并没有在其逻辑范围之内带来我们预期的社会后果。虽然 19 世纪已开始出现明确的富人区和穷人区，但工业化之前的汉口展现出来的，却一直是中国城市典型的混合型街区模式，至少这种模式占据着重要地位。我们可以推测，这种模式绝不会有助于提高城市维持整体感知环境与城市社会的能力。

是何种联系使这些高度多样化的城市街区凝聚在一起？首先，也是最重要的，是对安全的共同关注。许多街区用栅栏作为安全设施，虽然在 19 世纪的大部分时间里，很少能够一直做到定时维修、每晚小心关闭，但可以断言，街栅的存在对街区的稳固和团结仍然起到了显而易见的促进作用。③ 街区既是保甲登记体系的基本单元，也是其他强迫执行的定期集体互保制度的基本单元。例如，1877 年 6 月，知县蔡炳荣命令各街商号对使用或储存非法货币提供互保。④ 在经济方面，同一街区的店铺承租者经常因为拥有共同的土地所有人而联合起来，居民通常在一家共同的零售店里买东西。店主光顾同一家钱庄，他们之间及私人借贷经常由街区的“中保”作介绍并具保。⑤

---

① 保罗·约翰逊：《一个店主的太平盛世：纽约州罗切斯特市的社会与复兴，1815—1837》（纽约：1978），48 页。

② 参见乔治·路德：《18 世纪的巴黎和伦敦：人民反抗研究》（纽约：1973），52～53 页；理查德·塞尼特：《酒店老板之死》（纽约：1977），52～56、134～135 页。

③ 参见《申报》光绪四年九月二十三日。另请参阅本书第八章。

④ 参见《申报》光绪三年四月二十三日。

⑤ 参见《申报》光绪五年七月二十一日，四年八月二十一日，五年七月二十六日。

不用说，这些联系有利于建立起一种互保的金融义务体制。

实际上，每一条街都有自己的寺庙，其信仰区域恰好与街区相对应，而且是本街区祭祀的中心。寺庙当然要有花费，街区的店东会议负责筹集并掌管其团体经费，并评估各自的财产，向他们征收庙款。① 我们在第五章将看到，街区在节日中表现出更强的组织集体活动的能力。马克斯·韦伯有一个论断：在中国，"村庄在法律上与事实上均有能力通过寺庙作为一个共同体开展活动，而对于城市来说，这是不可能的"②。这一论点所依据的资料是错误的，那些资料把大都市街区轻蔑地看做"城市村庄"。

除了履行这些基本的地方社区功能，汉口街区还以许多方式有计划地组织管理一些具体事务，或为这些事务筹集资金。有时，并不是当地市民，而是官府主动委派直接相关地区的店主一些诸如维修公共设施（渡口码头等）之类的事务，就如同在乡村维护民堤一样。但是，不仅在卫生设施与街道维护方面，而且在19世纪范围不断扩展的公共安全与公共福利方面，街区都有赖于其自身的主动。在大多数情况下，他们这些活动并不通过诸如今堀诚二在北京所发现街巷组织或贺兹（James Hayes）所研究的19世纪广东沿海港口的街坊之类的正式组织，而是通过非正式的却是常规性的邻里协作进行的。③ 日趋扩展的汉口街区活动在很大程度上符合我们这里所说的情况。

也许，更重要的问题并不是什么赋予了城市街区内在的凝聚力，而是这些街区通过何种途径与其他街区和谐相处？一种途径是街区同属于更高等级的组织之中。例如，坊就是一种居于街区和城市之间的易于发挥作用的中间组织单元。对官府来说，汉口的巡检正是以"坊"划分其管辖范围的（实际上以两坊为一个单元），而对巡检在地方控制中所起的作用绝不能忽视；坊还是保甲体系的管理单元，户口调查登记以及保甲长们的一系列举报责任都是以坊为单位的。④ 对城市市民来说，坊可以看做一种地方性标志，可以用

---

① 参见叶调元：《汉口竹枝词》卷二，2页；1920年《夏口县志》卷一，22页；斯卡伯勒1881年6月27日信，圣公会档案，Box491。

② 马克斯·韦伯：《中国宗教》（纽约：1951），93页。

③ 参见贺兹（James Hayes）：《1850—1911年间的香港地区：市镇与乡村的组织机构与领导阶层》（康涅狄格州，汉姆顿：1977）。

④ 参见1818《汉阳县志》卷五，21～29页。

来指明商号、寺庙和其他机构，也可以用来表示某些零售业或服务业行会的势力范围（如：1667年的循礼坊厨业公所、1866年的居仁坊砖瓦公所以及1889年的居仁、由义二坊渔贩组织的晴明公所）。① 然而，对市民来说，坊最重要的作用乃是城市民团征募与管理的组织单元——民团最初在19世纪50年代由民间主动发起，从19世纪80年代中期起，一直与官方保持合作（参阅本书第四部分）。因此，看起来正是太平天国运动后，随着安全体系在汉口生活中发挥着越来越大的作用，“坊”逐渐演变成一种真正强有力的社区组织和城市单元。

促使街区间相互合作的另一个基本途径，是在我们研究的时段内，存在着这样的事实：作为集体活动的单位，为了达到较好的效果，街区既不是排外的，也不是封闭的。首先，城市内部经常存在着大量的地理流动。不仅那些暂时性的商人是这样（他们倾向于每天变换住处，以不断地挫败当地官吏监视其行踪的企图）②，即便是长期居民，也是如此。例如，许多零售商不只拥有一个商店，而是在全城拥有一系列的商店，由于商业活动的需要，他们及其雇员就要在各商店之间不断往来。③ 此外，还有一些商人则只是单纯地将店铺搬迁到他们认为更合适的地方去。

其次，街区往往被另一些相当于强制性亚社区联系的关系分割成次一级的地缘性社区。吉尔伯特·罗兹曼（Gilbert Rozman）曾概括说：“在德川幕府时期的日本城市里，同乡、同业联系日渐松弛，建立在居住于同一‘町’内基础之上的联系则逐步发展。但中国却并没有发生这种变化。在城市组织中，住在一起并没有同乡和同业显得重要。”④ 汉口的历史事实表明，罗兹曼低估了中国城市中“居住接近”的功能性作用；然而，他所指出的持续发挥重要作用的各种联系，在多元化街区条件下，通过同乡和同业关系，使汉口人认识到可以并已经建立起超越个别街道之上的社区，在此基础上，形成了个体身份的紧密结合。同时，正如我们将要看到的那样，对于逐步建立起全

---

① 参见1920《夏口县志》卷五，22、28~30页。

② 参见《申报》光绪二年三月二十一日。

③ 参见《申报》光绪九年八月二十五日。

④ 罗兹曼（Gilbert Rozman）：《中国清代和日本德川时期的城市网络》（新泽西州，普林斯顿：1973），96页。

城范围内的制度性联系来说，强有力街区单元的区划特征也是一种便利工具——这不仅表现在大众节日的竞赛娱乐活动方面，也表现在公共福利与公共安全等更具实效的活动方面。简言之，城市的组织与动员资源是非常丰富和灵活的。

五、活动中心

在讨论中国相对缺乏特征明显的城市文化时，牟复礼指出：中华帝国晚期的城市缺少通常与城市意识联系在一起的视觉要素——市政厅、城镇广场以及公共纪念物，而且，这种情况所造成的部分结果，就是城市的“共同特性”未能得到发育。① 虽然牟复礼所提供的具体细节很难驳倒，但汉口的证据却表明他总结出来的结论有些言之过当。19 世纪的汉口拥有众多各种各样的活动中心和集会地点，无论在象征意义上还是在实践意义上，它们都有助于巩固各种社区联系，并给社区联系提供了运作场所；当然，它们也给社会冲突的孕育与解决提供了舞台。

事实上，汉口至少有一座旨在激励民众忠于朝廷、加强城市内部团结的牌坊，那就是 1861 年建立的、位于居仁坊的“忠义节烈祠”，上面刻着太平天国时期 6 200 位死难者的名字。② 然而，虽然这座牌坊得到自新堂绅首的维护，而且其建筑风格明显地显露出受到西方的早期影响，但我却并没有发现它强烈地吸引着平民情感的任何证据。更具实际意义的是沈家庙，它靠近城市心脏地带，位于正街，处在汉口两个巡检司辖区的边界线上。这座巨大的建筑逐渐发挥起汉口事实上的“市政厅”的作用。太平天国运动前的“上八行”和太平天国运动后的“八大行”都在这里聚会，沈家庙逐渐成为各种城市自治职能机构汇集的地方。

在本质上，只有那些特别设计的、对全城市民均具有吸引力的集会中心才符合牟复礼关于“活动中心”的定义。然而，汉口却有众多各种各样的地方化聚会地散布在全城各处。这是否像通常假设的那样，强化了城市的“细

---

① 参见牟复礼：《南京的变迁，1350—1400》，收入施坚雅主编：《中华帝国晚期的城市》，114～116 页。

② 参见 1867 年《汉阳县志》卷五，第 13 页。

胞式”结构，并阻碍了全城范围的社区发展？也许是这样。然而，我们也经常看到，汉口街区内部按照同一方式组织的亚社区联系往往与其他联系方式相交叉，于是，市场、寺庙和茶馆之类的集会地点就给亚社区群体之间的相互结合和协调提供了场所。

尽管到处都是拥挤的人群，但汉口并不缺乏各种各样的人混杂在一起的开放空间。虽然这里没有城镇广场、公园之类精心构造的现实舞台，却有十分重要的、功能性的（而且是多功能的）行人交通中心。① 典型的是接驾嘴和龙王庙的渡口码头，那里还有公众寺庙和市场，所以是汉口最拥挤的地方。② 另一种形式的公共空间是土垱湾附近堤外的开阔地，汉口人常常拥挤在那里举行节日庆典，以致官府担心发生事故或骚乱。③

当然，最重要的露天集会中心是市场。1822 年，徽州来客范锴写道：“(汉口) 东西三十里有奇，路衢四达，市廛栉比。”④ 其中包括很多大型专业化市场，如全国闻名的米厂，那里有一个铺着平滑大理石的大高台；也包括冬天里五彩巷和马王庙的通宵市场，四官殿的新春灯会，以及龙王庙四处伸展的鲜果市场——它在夏天晚上就变成花市，很多诗赋都曾加以称赞。⑤ 当地消费者往往在很多“中市”买东西，这些地方之所以被称为“中市”，是因为它们于早上、下午或晚上在一些繁忙大街中间定时开市。像乡村定期集市一样，这些城市街区市场联系着周围一些个体小贩，他们早上赶一个市场，下午又赶到另一个市场，也许晚上还会赶第三个市场，同时，他们到处

---

① 根据塞尼特的研究，现代早期的欧洲城市广场，并不鼓励各种人群混合在一起，而是鼓励那种“可以察知的适度的隔离”。按照他的观点，英国伦敦的布卢姆斯伯里广场和旺多姆广场仅仅是“对他们自己的纪念”，是“一个不断活动却无法到达”的地方。见塞尼特：《酒店老板之死》，12~15、53~56 页。

② 参见范锴：《汉口丛谈》卷二，13 页；1884 年《汉阳县识》卷二，3 页；《申报》光绪四年四月二十八日；《民主路的历史》，载《长江日报》，日期佚失。

③ 参见胡道台 1877 年 6 月 9 日函，美国驻汉口领事馆：《公文快报》，藏美国国家档案馆。

④ 范锴：《汉口丛谈》卷六，1 页。

⑤ 参见《湖北通志志余》第 6 册；范锴：《汉口丛谈》卷二，28 页；叶调元：《汉口竹枝词》卷一，3~4、9 页；卷二，8 页；《申报》光绪四年十一月六日，五年八月十三日；《长江日报》1980 年 10 月 5 日。

传播地方新闻和小道消息。① 全城范围内的商品交易会，特别是人头攒动、熙熙攘攘的沈家庙与四官殿庙会，给城市人的交流提供了更直接的机会。除了激烈地讨价还价和喧闹不已的市声之外，汉口的市场也是各种街头戏剧的演出场所：打把式卖艺的、伎乐班子、街头卖唱的及乞丐都在这里向店主们演出，并收取一点钱物。虽然早在同治年间就已出现后来西式百货公司的雏形，但直到20世纪初，大部分汉口零售业才搬到店铺里边，开始真正形成西式百货公司。塞尼特认为，早在一个世纪前欧洲就已出现了百货公司，而百货公司的发展也许标志着在抑制公共空间和包括全城在内的城市社区分划方面迈出了重要的一步。②

在汉口，还有众多室内集会中心，它们与市民会聚的露天集会中心一样重要。寺院给同业行会、劳工协会、街区自助群体以及文人雅士的诗会等提供了集会地点，特别是在节日和每年一度的庙会，大量人口群集到寺院。牙商们的货栈向买卖双方提供酒、妓女和游戏。行会会所定期开放，演出大众性戏剧。在青楼里举行时尚的商业聚会，鸦片烟室则是那些名声不很大的各种群体聚会的场所。街区公共浴室也增进了本街区居民之间无拘无束的日常联系。地方风味则吸引了来自全国各地的顾客，这些人刻意地试图尝遍各地风味。③

最重要的还是城中的茶馆（茶坊、茶室）和酒店（酒坊、酒肆）。这些精英文化与大众文化都非常适宜的理想聚会地在汉口各区都能找到，江岸、主要市场、居民区以及著名的后湖岸边。据1822年的《汉口丛谈》记载，汉口全镇散布着数百家茶馆；一个世纪后，《夏口县志》总共记录了696家茶馆和286家酒店。④ 汉口茶馆大小规模相差甚大，大型茶馆拥有多层楼房，

---

① 参见1818年《汉阳县志》卷二五，14页。

② 参见武汉市工商业联合会档案：《武汉百货业的溯源》；塞尼特：《酒店老板之死》，147～148页。

③ 参见圣公会：《汉口圣公会医院的五次年度报告》，报告之二，1865～1866，22页；《申报》光绪六年八月十七日，九年十二月二十七日；蔡乙青：《闲话汉口》，载《新生月刊》卷五第10期，14页；韩书瑞、罗友枝：《18世纪的中国社会》（康涅狄格州，纽黑文：1981），73～74页。

④ 参见范锴：《汉口丛谈》卷一，8～10页；1920年《夏口县志》卷十二，9～10页。

可接待住宿；小茶馆则不过是在露天摆几张桌子，就像米厂周围的茶馆那样，富裕的粮商在茶馆会面，学着绅士的派头喝着茶，处理其生意。这些茶馆的顾客也是多种多样的，从绅士们经常光顾的湖边亭台楼阁，到卫生条件恶劣、吓坏西方人的下层群众常坐的简陋小屋，还有更多的地方，各阶层的人都可以光顾，显得十分混杂①（虽然汉口的劳动者往往急切地盼望着发工资的日子，以便到酒馆去，但在其他时间里，他们不得不满足于较柔和而花费只有一半的茶）。茶馆和酒馆所发挥的作用相当于伊斯兰和现代早期欧洲城市中咖啡馆的作用：一个人到那里去绝不是为了寻找孤独，而是有目的地去与人交谈。② 那里一片嘈杂——包工头拿着工单，与雇工商谈用工合同；说书人吟唱着《水浒》故事和其他历史演义；也同样是在这些地方，有些矛盾化解了，另一些矛盾又在孕育中；最重要的，这里传播着无数的新闻和闲言碎语。③

六、结语

19 世纪的汉口是一个有秩序的、完整的城市生态系统。其内部空间结构早已打破了中国传统城市规划的正方形格局，而包括武昌、汉阳在内的大多数清代行政城市则或多或少地保持着这种格局。这种空间布局上的自由结构与至关重要的商业动力一起，共同促使其空间特征的许多方面与现代早期欧洲所谓的“资本主义城市”相一致：形成了中心区（虽然与那些工业化城市并不完全一致），商品贸易结构决定着店铺布局的结构（处于中心地位的是从事长距离批发贸易的牙商），居住结构在总体上（虽然并不非常严格）受

---

① 参见叶调元：《汉口竹枝词》卷一，9 页；圣公会：《汉口圣公会医院的五次年度报告》，报告之五，1868 ~ 1869，20 页；沃尔西里：《1860 年与中国的战争纪事》（伦敦：1862；特拉华州，威尔明顿：1972 年重印），390 页；铃木智夫：《清末江浙的茶馆》，收入《历史上的民众与文化：酒井忠夫先生古稀祝贺纪念论集》（东京：1982），531 页。

② 参见塞尼特：《酒店老板之死》，80 ~ 83 页。

③ 1870 年，赫柏森（H. E. Hobson）写道：“整个 10 月上旬，有关叛军（湖南的起义部队）即将到达的谣言在汉口茶馆和其他公共场所到处流传。”见海关总税务司：《中国通商口岸对外贸易报告，1870 年》，“汉口”，23 页。

到经济地位的制约（其次才是受到籍贯的影响）。形成这种土地配置结构的选择过程明显地受到既有地理景观的部分制约——例如，靠近长江的地方吸引了从事区域间贸易的商人。但是，如果没有自由而活跃的土地市场，没有大众对土地的市场价格与租金产出率的高度敏感，形成这种土地配置结构仍然是不可能的。然而，这种通常认为只有在西方“资产阶级社会”下才能取得胜利的、本质上与所有权相分离的“地产革命”①，早在我们的研究时段开始之前，在汉口就已经完成了。

与此同时，汉口在一定程度上还保留了某些传统上用于界定中国城市的形态特征：商业点布局相当分散；土地利用的功能分划程度相当低，形成一种土地利用的混合模式（商业功能与居住功能混合在一起）；最重要的则是，不同经济阶层的人们混合居住在一起。在西方城市里，保留这些特征，显然有助于缓解伴随着向商业资本主义转变而引发的消极性的社会紧张状况。

汉口众多异质性的城市街区有能力组织集体活动，而并不能给身份界定或民众动员提供一种封闭性的范围。同样，这个城市自然形成了许多活动中心和集会地点，从而保证了其市民有丰富的公共生活，并有助于按照同乡、同行、经济水平及居住接近等原则组织起来的亚社区的凝聚与稳定；同时，这些活动中心与集会地点也将各种不同因素糅合在一起，特别是汉口作为全国性商业中心的固有城市地位以及大量暂住人口的存在，使汉口市民易于了解全国各地的流行趋势与时尚。总之，汉口的空间特征反映并加强了城市异乎寻常的生命力与都会性。它们也将在很大程度上有助于城市精英们所倡导的城市社会环境与共同意识的形成。

---

① 瑟维尔：《法国的劳动与革命：从旧制度到1848年的劳动语言》（英国，剑桥：1980），第6章。

第二部分

社　区

第3章
大众福利

19 世纪汉口的城市社区并未彻底摆脱凝聚其居民的传统礼俗社会，认为整个城市的身份认同已经超越家庭、街坊、同乡和行业，在很大程度上只不过是预设的假象。这既不是一种刻意的欺骗，也不是城市上层蓄意制造出来的。然而，既然存在着建立城市自治感的稳固的社会与生态基础，那么，很显然，大范围内地域性社区的建立，就必须依靠城市精英。这种认知逐渐扩散开来，渗透到城市社会的各个阶层——这种扩散与其说是通过制度性教化，不如说是城市自治机构广泛增加的结果；而城市自治机构之广泛增加，又是对整个城市人口越来越需要共同面对各种各样的威胁与不幸所作出的反应。

和全国一样，19 世纪汉口所提供的社会服务系统发生了一些意义深远的变革，在这方面的集体行动大幅度扩展。此类集体行动大部分是社会自身主动发起的；在这一进程中，官府虽然也确实发挥了作用，但其作用毫无疑问是次要的。虽然到 19 世纪末，某些西方影响已开始触动城市社会，但产生此种能动性的主要原因仍然来自社会内部力量。19 世纪汉口慈善事业与社区服务的基础是家长式社会责任的儒家道德伦理——在某些具体问题上，此种道德伦理贯穿于整个中华帝国晚期，及其对社会与政治环境变化所作出的反应。①

虽然此种变革浪潮涉及很多社会服务领域，而当时人并不认为这些领域是各自孤立的，但为了讨论的方便，本章主要考察面向大众福利（民生）的机构和活动，而将公共建设以及其他旨在推进城市服务事业的项目放在下一章加以分析。至于这些变革中最后、也是关系最为密切的公共安全问题，则

---

① 关于城市商业环境下慈善意识的出现，参见梁其姿：《明末清初民间慈善活动的兴起》，载《食货月刊》第 15 卷第 7～8 期（1986 年 1 月），304～331 页。

将放在后面讨论。

本章对福利事业的考察，将首先分析最初以官府名义采取的那些措施（特别是救灾、义仓、济贫院、孤儿院），然后探讨民间主导的善堂制度——它在整个19世纪不断发展。我们将看到，即便是那些表面上由官府主办的事业，非官方社会精英的参与，也是其成功的至关重要的因素，而在这一时期里，地方社会的参与也一直在稳步地增加。因此，民间善堂的最后出现，符合长期的发展趋势。尽管如此，19世纪20年代善堂制度的出现及其在太平天国运动后重建过程中的迅速发展，在社会福利观念以及供给城市全体人口的日常福利服务方面，确实开启了一种前所未有的新局面。善堂的出现，标志着有关社区福利责任的态度与设计发生了引人注目的变化，反映出一种新型的城市社会正在孕育之中。

一、国家主导：救灾

有两种灾害时常侵袭汉口，那就是水灾与火灾。这两种灾害一直困扰着汉口全体居民。实际上，这些灾害十分频繁，当地人对它的造访也常常泰然处之，外来客对此感到很惊讶。1757年、1769年、1788年、1801年、1848年、1849年和1884年的大水灾（当然，还有1931年、1954年的洪灾）给汉口部分地区带来沉重打击，而几乎每一年都有几次严重的水灾。① 大火主要有发生在1810年、1846年、1849年、1864年、1887年和1889年的几次，而较小的街区火灾几乎无日不有。水灾与火灾造成的无家可归与失去生计的人口动辄高达数万人。

众所周知，帝国政府对事后救灾的重视远过于日常的福利服务，汉口的情形也不例外。虽然官员们对民众遭受的苦难也有真挚的同情，这种同情在官府的决策中也发挥了一定作用，但官府采取救灾措施的主要原因却是维护统治——确保受灾人口得到“安抚”，并保持“安靖”，最直接的任务是防止抢掠。② 因

---

① 例如，文献中提到1869年相对中等的水灾，使汉口四分之三的地方在三个月的大部分时间里都淹没在水里。参见石里（Shearer）1869年9月4日信，伦敦布道会档案，Box. 3。

② 参见赵炳言道光二十二年一月二日奏和程矞采、龚裕咸丰元年十二月三日奏，出台北“故宫”博物院：“清宫档案”。

此，官员们的第一个反应通常是派出军队维护法律秩序。① 与之相伴随的措施往往是紧急从官仓中调出粮食分发，情况特别严重时，也会向无家可归者逐天发放现金补贴。例如，1849 年大水之后，汉口每天向每个成年人发十个铜板的津贴，小孩发五个铜板；在 1877 年凄厉的暴风雪之后，大人与孩子的津贴分别是八个和四个铜板。② 如果冬天发生灾难，地方官府有时会下令向穷人免费提供冬衣；而当洪水长时间不退、疾疫流行时，他们也会免费发放药品。③

官府对待那些正在寻找安身之所的无家可归者的态度，非常发人深省。不管是洪水还是火灾，对穷人的打击往往要比对较安乐的富人的打击更频繁，这是因为：一方面，穷人一般聚居在城市边缘地势较低的江边和湖岸；另一方面，穷人的住房也更为密集，而且往往使用茅草之类的易燃材料。尽管如此，这些穷人们所展现出来的对自己家园的依恋之情却深深地打动了西方观察者。例如，杨格非就对那些遭受水灾的居民一直在其屋中坚持到"最后一刻"也不愿避往高地去的情况表示困惑："屋子里的水深达数尺，他们仅仅依靠几块浮在水面上的木板，堆起来的桌椅，依然住在那里。他们蜷缩在水面与房顶之间狭小的空间里。你可以看到他们有时狂奔不已，有时则像四足动物那样爬来爬去。"④ 所有这些，都迫使他们放弃自己的家，要么去向那些巡回商贩购买草席、搭盖难民风格的棚屋，要么露宿在大街和市场上。⑤ 当大灾发生时，经常有人捐款以帮助搭建临时住所。例如，1810 年大火之后，盐商徐福曜就为此捐献了白银 3 200 两。⑥ 然而，无论是官府还是精英，都强烈地意识到下层贫民非常依恋他们自己的房子，因而投入大量的金钱并关心迅速重建那些受到破坏的街区。正如 1882 年火灾之后《申报》所分析的那样，这种关心首先是由于害怕那些贫穷的家庭长期地流离失所，将会导致家族群体的崩溃；而且，按照儒家的社会思想，维护家庭单元的稳定是非

① 参见张之洞光绪十八年奏，收入张之洞：《南皮张宫保政书》（1901）卷七，10 页。

② 参见叶调元：《汉口竹枝词》卷六，5 页；《申报》光绪三年十二月十日。

③ 参见石里 1869 年 9 月 4 日信，伦敦布道会档案，Box. 3。

④ 杨格非 1869 年 7 月 24 日信，伦敦布道会档案，Box. 3。

⑤ 参见福斯特：《长江流域》，6～7 页。

⑥ 参见 1867 年《汉阳县志》卷八，53 页。

常重要的，无论如何，都要避免它受到损害。①

虽然官府常常会为了那些破坏重大的灾情而从官库甚至是自己的腰包里掏钱出来，但赈灾所需要的主要资金却来自地方社会资源。有时，捐赠是组织性的——行会或者非正式的盐商团体（1799 年至 1801 年间，它们为当地赈灾捐出了两万多两银子）——但在更多情况下，都是个人性的。②官府非常了解在需要的时候商人群体中有谁可以打交道，并对那些确定掏腰包、还带动其同仁一起掏腰包的地方热心人予以表彰。一些相同的名字一次次地重复着：在 18 世纪，是邬光德、叶成佺（即叶廷芳，成佺为其宗族派名——译者）；在 19 世纪初，是徐福曜；在太平天国运动后的数十年中，则是熊建勋，只有一些很少的名字。向来重视名誉的徽州同乡会的负责人也常常是慷慨的捐赠人，从清朝前期的程楚云，到清末的余能培及其儿子余绳铸，都是如此。③ 这些慈善事业的领导者可以根据灾情的性质，直接向大多数富裕的商人，或者所有“实户”，吁请捐献，然后再亲自承担起赈灾工作的资金和管理任务。正如 1867 年《汉阳县志》所指出的那样，官府的作用实际上只是“劝谕”，而“捐办”赈济之责则留给了汉口的“商民”。④

二、国家主导：仓储

和旧体制下的法国一样，中华帝国晚期的国家，承受着有责任向其人民供应粮食的巨大压力。一个王朝的合法性，在很大程度上有赖于它是否有能力养育它的国民，因此，控制粮食的流通、供应及其价格，就构成了其经济

---

① 参见《申报》光绪八年五月七日。虽然一般认为这是中国特有的反应方式，但这里有必要指出，在现代早期的西方城市中，政府权力机构也在维护家庭单元方面做出了巨大的努力，发挥了抵抗广泛存在的混乱局面的防护堤的作用。参见威廉姆斯（Alan Williams）：《巴黎的警察，1718—1789》（路易斯安那州，巴吞鲁日：1979），226 页。

② 参见佶山嘉庆七年五月十八日奏，出台北“故宫”博物院：“清宫档案”。

③ 参见范锴：《汉口丛谈》卷四，18 页；《叶氏宗谱》卷十六，1 页；1867 年《汉阳县志》卷二十，12～13 页；1920 年《夏口县志》卷十五，18、28 页。

④ 参见 1867 年《汉阳县志》卷八，54 页。

政策的基石。① 国家为达致此一目标而采取的基本措施之一，就是建立地方仓储制度，这也是地方官府一直保持积极性的一个日常公共福利领域。因此，汉口与汉阳仓储机构演变的大致梗概，在很大程度上反映出国家在面对城市人口日益增长的生活必需品需求时，不断调整自己的目标，其能力也在不断变化。历明清两代，汉阳县的粮仓虽然使用同样的名称，却历经变化，时隐时现，而这些粮仓又可以区分为“常平仓”、“预备仓”和“社仓”等类型。

1. 常平仓。在宋明时期，常平仓是典型的由官府控制的粮食供应方式。虽然1660年至1691年间的大清法令已要求重建常平仓，但不知何故，直到1729年，汉阳县才在知县的直接控制下，于县治重建了常平仓。正如其名称所暗示的那样，这一类型的仓储只是间接地用于公共福利，其目的乃在于维护不同时间内以及帝国各地间粮价的稳定与平衡。这主要是通过以下方法实现的，即在粮食收获之后、价格低廉时买进，而在粮价攀升时大量投放以支持当地的粮食供应。虽然在18世纪的大部分时间里，这一制度均运行得较好，但在这个世纪最后几十年的腐化过程中，这一制度却迅速地衰落下去。② 当1848年清点汉阳常平仓存粮时，发现只剩下6 100石谷，仅占其指定配额97 297石的一小部分。在太平军第一次占领这个城市四年之后，常平仓受到彻底破坏，其后再也没有重建起来。③

---

① 关于清代粮食供应体制的全面讨论，参见魏丕信（Pirerre-Etienne Will）：《18世纪中国的官僚制度与荒政》（巴黎：1980）；王国斌（R. Bin Wong）和濮德培（Peter C. Perdue）：《清代灾荒之敌》，载《哈佛亚洲研究学报》43卷第1期（1983年6月），291～332页；萧公权：《乡土中国：19世纪的专制统治》（西雅图：1960），第五章。关于法国粮食供应政策与中国明显相似的分析，参见加普兰（Steven L. Kaplan）：《巴黎的粮食供应：18世纪谷物与面粉贸易中的商人与磨坊主》（纽约州，伊萨卡：1984），23～29页。

② 参见全汉昇、克劳斯（Richard Kraus）：《清中叶的米市场与贸易：价格变动的研究》（马萨诸塞州，坎布里奇：1975）。

③ 本节及下节所引述之汉阳县仓储资料，参见1884年《汉阳县识》卷二，5～6页；《湖北通志》卷四八，9～10页。关于常平仓制度，参见魏丕信：《18世纪中国的官僚制度与荒政》，165～176页；利特拉普（Leif Littrup）：《明代的基层政权：16世纪山东省的个案考察》（奥斯陆：1981），174页。

2. 预备仓。另一种从明代继承来的仓储制度，即所谓“预备仓”制度。设立预备仓的目的是通过在食物匮乏时分发粮食以提供直接的救济。预备仓的规模虽然较小，但其数量却远比常平仓为多，常常建立在县以下的乡村。在帝国晚期，汉阳县有几个这样的仓储机构。其中，最早的建于1388年，并且于清朝康熙年间正式重建。它恰好位于县城的外面，所以受到知县的直接管辖，并被授权于每年收获之后在市场上购买250石谷子，贮藏起来，以备可能发生的紧急支出。康熙年间，汉阳县的预备仓被纳入了所谓的“通济仓”系统，接受一位向汉阳知府汇报的“仓司”的监督。通济仓的管理与预备仓相同，只是其规模要稍微小一些，它只从地方官府那里得到了每年购买150石粮食的授权许可。这两种机构都未能在太平天国运动的大破坏中幸存下来，而且可能在此之前，它们早就消失很久了。实际上，最近的一项研究表明，预备仓作为一种制度，到18世纪之前就已在全国范围内消失了。①

3. 社仓。迄今为止所有关于仓储的讨论均将汉口包括在规范化的服务领域之内，而没有人特别考虑到这个城市自身的需求。这属于一种非常不同的机构类型——“社仓”。建立“社仓”的社会单元是“社”，这是一个在中国政治思想中被看得非常神圣的概念，而且逐渐成为基层社会中具有某种半神秘色彩的东西，特别是在乡村里。② 早在12世纪，朱熹就已经将此种以假定的“自然单元”为基础、建立仓储的学说普及化了，此后，他经常被那些试图推进仓储建设的人引为权威。关键性的因素在于，“社仓”在理论上不同于其他的仓储，它的建立是由“大众”主动的，由地方社会筹集资金并管理，设立地点特别选在乡村，隶属于地方社会的“自然”单元，而其基本功能则是向农民提供低息的粮食借贷。王国斌和濮德培（Peter C. Perdue）一语点明，社仓是一种“脱离于官僚系统

① 参见利特拉普（Leif Littrup）：《明代的基层政权：16世纪山东省的个案考察》，174页。

② 参见杨联陞：《中国货币和信贷简史》（马萨诸塞州，坎布里奇：1952），75页；利特拉普：《明代的基层政权：16世纪山东省的个案考察》，17～18页；萧公权：《乡土中国：19世纪的专制统治》，38～39页。

管理的公共机构”①。清朝前期的统治者非常重视社仓，特别是雍正皇帝，他于1724年下令每个县都要设立“社仓”。汉阳的地方官热心地响应这个号召。地方志资料指出，在清代前期，汉阳县共有大约27个社仓，其中最早的8个社仓（每一乡坊各一个）早在康熙年间就出现了，其余的19个则置于雍正年间。②

虽然这些社仓被界定为乡村机构，并只向农民提供所需要的服务，但在18世纪，至少有一部分社仓建在城里。例如，1726年，两淮盐商投资30万两银子，在扬州及其他几个长江下游的商业中心，设立了社仓。③ 汉阳县最初设立的8个社仓至少有一个，就同样坐落在汉口。耶稣会士顾铎泽（Etienne le Couteaux）于1727年至1728年间访问了汉口，他曾作为例证报道说：汉口的天主教驻地曾被官府“征用为储存谷物的仓库，以便向每人分发一份口粮”④。然而，在这一时期，社仓的目标在本质上仍是面向乡村的，其主要目的乃是确保农村居民的生存。

在汉口，1745年，在湖北巡抚晏斯盛的主持下，事情突然发生了转

---

① 王国斌、濮培德：《清代灾荒之敌》，载《哈佛亚洲研究学报》43卷第1期（1983年6月），317页。关于清代的社仓，参见伊原弘介：《清代社仓制度研究》，载《明代史研究》第11辑（1983），7～23页；魏丕信：《18世纪中国的官僚制度与荒政》，176～180页；鲍德威（David D. Buck）：《中国政府鼓励的慈善事业：18世纪的仓储》，见《中央研究院近代史研究所集刊》第11期（1982），225～250页；萧公权：《乡土中国：19世纪的专制统治》，第五章。关于宋代社仓的萌芽与早期发展，参见万志安（Richard von Glahn）：《社区与福利：朱熹的社仓理论和实践》，提交给“宋代国家管理思想与实践”研究计划的论文（亚利桑那州，斯科特斯代尔：1986）。格莱恩明确指出：宋代的义仓和社仓是两种根本不同的制度。到了清代，两者之间在功能上不再有任何法律意义上的差别，只是两者所处的位置不同，义仓一般设在市镇和城市里，而社仓则置于乡村。然而，这两个称谓在相当大程度上互相重叠，在清代汉阳县，这两个称谓就经常互换使用。

② 参见《汉阳府志》卷六，7页；《湖北通志》卷四八，10页。

③ 参见魏丕信：《18世纪中国的官僚制度与荒政》，178页。鲍德威在《中国政府鼓励的慈善事业：18世纪的仓储》一文中指出：事实上，非常具有讽刺意味的是，很少有社仓持续地发挥有效作用，在这些商业城市里，一度由地方官府垫付的“种子基金”很快就被花光了——在那里，帝国政府未能事先料到会出现这种情况。

④ 顾铎泽（Etienne le Couteaux）1730年2月的信，见《耶稣会士书简集》，11卷，483～484页。

折。[1] 晏斯盛出人意料地承认大都市里特别需要社会福利设施，事实上，他关于在汉口建立“商社”的奏疏，一直到19世纪，都令社会理论家魏源非常着迷，后者于1826年把这篇奏疏收入了自己选编的《皇朝经世文编》。[2] 晏斯盛通过1742年之洪水与大雪之后自己在汉口看到与经历的供应困难，提出了应对方法。他写道：

> 窃以民间社仓，久经奉旨通行。闾阎僻壤，于青黄不接之际，升斗之需，不无小补。惟是大市大镇，商旅辏集，行业专家，祖孙聚处……贸易而兴者有之，消乏者亦有之。其间负贩帮杂，而流落无归者亦有之。兴盛之家，衣食足而礼义生，恒产裕而恒心不失。至于消乏之家，下及帮杂负贩流落无归之徒，窘迫颠连者出其中，好勇疾贫者亦出其中。若遇荒歉之年，生意冷淡，米市顿希，常社之粮，莫分余粒，未能安堵而高卧也。

接着，在描述了汉口规模之大，社会之复杂，粮食需求量之巨大以及粮食供应对遥远地区的依赖之后，晏斯盛总结说：“如社仓法行之有效，即推广于各市镇，一例通行，似亦保聚一方之一端也。夫农民力穑而积于其社，商贾牟利而积于其次，事亦相等也。”

晏斯盛创设的“商社”，设有一个为首的“义长”，他应当是一位“久住”的客商，“乐善而谨厚”，而且有精明的商业头脑。他的行动除了会受到地方官周期性的检查外，均由自己做主。第一个被选中的“义长”是彭启贤，他是一个已入籍汉口的商人家庭的次子，其长兄商贤已取得功名并进入了仕途，所以他被指定掌管家族的生意。彭启贤同样受过儒家思想的教育，只是未能考取功名。在晚年，他作为范围广泛的汉口公益事业管理者，开始了自己的第二生涯。[3] 总之，作为一位著名的正直而有教养的成功“高士”，

---

① 晏斯盛是江西人，18世纪三四十年代，他连续担任巡抚之职，其中包括1743—1745年间担任湖北巡抚。关于他在湖北省主持的牙帖制度与铸币制度改革的讨论，参见罗威廉：《汉口：一个中国城市的商业和社会，1796—1889》，189、192～194页。

② 参见晏斯盛：《楚蒙山房全集》卷五，43～45页；贺长龄编：《皇朝经世文编》卷四十，15～16页。

③ 参见1818年《汉阳县志》卷二五，25页。

彭启贤确实是城市“绅董”的典型，所以理所当然地被选作商社的领导人。

虽然我们只能看到仓储运作的大致情形，但是，我们发现，在汉口这样著名的城市里，已经孕育出这样一个引人注目的机构。在指出汉口各种行业与同乡会馆都已经形成自己的首领去处理其事务之后，晏斯盛提出：盐、当、米、木、花布、药材等六大行及各省主要会馆，应各积谷数万石，贮存于汉口的中心位置。他强调官府的强迫是没有必要的，因为他已获悉，各行会会馆的领导层已准备加入这个计划（事实上，这个计划最初很可能就是他们的主意）。只要汉口米价上扬，社仓储存的谷子就会廉价出售，以平抑膨胀的市场价格；而“一遇川、南米船积滞、价贱之时”，则“即行买补”。至少在理论上，这时较大的购买力使社仓拥有的储存不断增加。

汉口的商人社仓在太平军横扫这个城市之后并未能得以幸存，但是，1850年来访的叶调元在一段模糊不清的评论中却暗示，直到太平天国运动前夕，这种社仓依然存在着，而此时距其设立已有100多年了。叶调元似乎暗示：当谷价膨胀时，谷子并不是以较低价格卖给普通市民，而是只卖给那些曾经捐献的重要行会和同乡会的成员。因此，叶调元以讽刺的口吻说到，这本质上是一种互惠性质的交易——而且很有效，却几乎不再是为了公众利益而设立的救济计划，更不具备社仓创议人所声称的那种信用保证了。① 这种对汉口社仓运作的解释，有助于我们理解，既然那些已有的仓储机构一直在有效地运转，何以当灾情突然发生时，还特别需要救灾的真正原因。

4. 太平天国运动后仓储制度的复苏。19世纪50年代，太平军不仅洗劫了汉口和汉阳的粮食贮存，还有效地破坏了仓储体系的制度性构造，从而给19世纪后半期的地方精英们留下了一个干干净净的基石，使他们可以去设计较适宜于那个时代的制度性安排。太平天国运动后建立的第一个仓储是1871年在汉阳城建立的所谓“丰备仓”，它由一个向汉阳知府负责的绅士代表管理。丰备仓的作用可能与原来的常平仓大致相似（事实上，它也以“汉阳常平仓”而闻名），其关键性的改变是“融资”方式：虽然其第一批储备是由武昌的官仓特别拨付的，但它维持正常储备所需要的主要资金却来自汉口海

---

① 参见叶调元：《汉口竹枝词》卷五，1页。实际上，乡村地区更传统的社仓也有互相分担风险以及利用仓谷以谋取利润的目的。参见伊原弘介：《清代社仓制度研究》，载《明代史研究》第11辑（1983），13~14页。

关。这种对湖北省最有利可图、最可靠的政府财源的紧密依赖，也许正说明丰备仓本身一直有很好的偿付能力。当1882年清查时，丰备仓实际上拥有35 600多石谷。①

太平天国运动后建立的另一种仓储（在20世纪20年代后没有再建）则是此前预备仓的延续。它以“永绥仓”而闻名，是1878年由知县林瑞枝在汉阳设立的，我们在第八章还要讨论林知县同时在城市法律和秩序领域的积极活动。它的首要目的，是为了帮助农民，将从乡村精英那里收集来的粮食储存起来；次要目的则是为了救灾，从汉口商人那里筹集部分现金，存放在汉阳县的典当行里，按每月1%的利息率生息。不过，永绥仓是一个小机构。1878和1882年的两次清查表明，它储备的粮食不过2 000石。

因此，太平天国运动后，汉口本身并不存在属于自己的公共仓储，这种情况甚至一直延续到20世纪初它单独建县之后。造成此种情况的原因有很多。官府的仓储从未被要求向缺少食物的城市生产者提供食物，虽然在19世纪中期的太平天国运动前后的极端形势下，汉阳的仓储一直在向汉口提供粮食②，但这通常被认为是不正常的。而且，我们将看到，在太平天国运动后的岁月里，一些新的、更有效力的机构承担起向汉口市民提供福利服务的责任。虽然官府也周期性地主动发挥作用，但是，非常清楚的是：无论是在紧急情况下，还是在防止城市居民的遭受饥饿的日常性努力中，民间因素总是在发挥着最大的作用。即便是官府主办的仓储，在其效力处于顶峰时，在供应汉口市民食物方面，也只起到了很小的领头作用，早在1745年，晏斯盛就估计这些人口每天要消费的食物，即高达数千担。③ 在所有社区公益活动中，表面上看来，官府真心诚意地做了很大努力，却是非常不够的。

三、国家与社会共同主导：公益机构

除了通过仓储制度在救灾中发挥有限作用之外，清朝官府还倡导建立各

① 参见1884年《汉阳县识》卷二，5~6页。

② 参见1867年《汉阳县志》卷四，13页；海关总税务司：《十年报告，1882—1891年》，181页。

③ 参见晏斯盛：《楚蒙山房全集》卷五，44页。

种面向城市人口直接提供福利服务的机构。然而，即便是在仓储问题上，仔细考察这些活动所涉及的范围，仍可以发现，国家很少让自己直接介入到此类事务之中。清朝政府绝不热衷于在为向下流动的汉口社会提供“安全网络”的过程中扮演任何重要的角色，而且在本项研究的时段里，总的趋势之一是从直接的政府介入一步步地向后退缩——尽管偶尔也会表现出相反的态势。

1. 普济堂。最重要的地方性政府救济机构，而且代表着整个转变进程方向的最好的典型之一，就是普济堂。在整个18世纪，地方官府实际上在全国各地均建立了以此为名的机构。其法律根据是《大清律例》中有一项条款，要求知县向所有“鳏寡孤独、贫弱无依者”提供足够的“抚育与保护”，并规定对于那些未履行这一职责的知县，处以杖六十的刑罚。① 有材料表明，第一个专门命名为“普济堂”的机构是1722年在广州建立的，并于1739年在乾隆皇帝的诏书中得到正式承认。② 然而，汉阳自己的救济院应当比这个著名的例子还要早一些，因为我们知道有一个位于拥挤的县城西郊的“普济堂”，在1727年被洪水冲垮了。这个早期的救济院得到知府的承认，其运作经费则全部来自官方非资金。18世纪前半叶，资金越来越紧张，而且在它受到彻底破坏之前，汉阳的普济堂就早已因年久失修而破败不堪了。③

由于洪灾不断加剧，普济堂被重建起来；可是，因为汉口的城市贫民明显增加，1737年，汉阳知府胡学成决定在汉口大智坊建立一个分堂。不久，这个分堂在规模和重要性方面均超过了其总堂。即便如此，相对于它所要提供服务的人口而言，汉口普济堂还是显得非常之小。虽然表面上它是向“孤贫”提供帮助的，但实际上它包括了总共69户人家，大约有200个人住在那里。有一段时间，普济堂增设了一个小规模的附属谷仓，向无家可归的穷人

① 参见景耀月：《中国慈善事业的灵魂：关于互助的研究》（纽约：1912），26页；夫马进：《善会善堂的起源》，收入小野和子主编：《明清时代的政治与社会》（京都：1983），189～232页；梁其姿：《明末清初民间慈善活动的兴起》，载《食货月刊》第15卷第7、8期，52～79页。

② 参见罗兹（Edward Rhoads）：《广东的商会，1895—1911年》，收入伊懋可、施坚雅主编：《两个世界之间的中国城市》（加利福尼亚州，斯坦福：1974），104页；景耀月：《中国慈善事业的灵魂：关于互助的研究》，25页。

③ 参见1867年《汉阳县志》卷十二，15页；1818年《汉阳县志》卷十七，9页。

提供食物，但到19世纪中叶，它已不再发挥作用了。汉口普济堂作为一个整体一直保持到太平军占领期间，但在此后不久，它就被其他机构所取代，并最终停止了运营。①

随着普济堂在1727年洪灾之后的重建，及其逐步向汉口扩展，它的管理和融资方式也逐渐由官方转移到地方社会手中。在此之前，普济堂的管理机构受到汉阳府同知的直接监督，而重建之后的管理则转入一个由当地绅首组成的委员会手中。在18世纪30年代，管理人之一就是著名的商人彭启贤，他曾经介入上文已讨论过的汉口社仓事务中。② 同样，其经费支出原来完全由汉阳府同知拨付，如今也从官府预算中取消了。普济堂的年度用费（在19世纪60年代，大约为1 300两银子③）现在主要有两个来源：一是位于邻近的黄陂县的得自捐赠的田产，最初是18世纪30年代由汉口绅商郭光德捐赠的；二是相邻街区商铺的月捐，平均每个商户年均约40两银子。④

2. 育婴堂。汉阳另一个主要"官办"福利机构是育婴堂（孤儿院），它属于另一种模式。清代的育婴堂与宋代的模式并没有直接联系，它最初是由盐商于17世纪50年代在扬州建立的。17世纪后期至18世纪初，广州、上海及其他商业城市相继开始出现育婴堂。康熙皇帝于1711年、雍正皇帝于1724年，相继下诏令全国各县均设立育婴堂，并将其作为正式的官府机构，由知县直接监督。然而，正如夫马进所指出的那样，清代的育婴堂与宋代育婴堂有一个显明的不同，清代的育婴堂是由当地社会力量管理的，其大部分资金也来自当地社会力量。⑤ 汉阳本地的育婴堂，却是官府与汉口著名的商

---

① 参见1884年《汉阳县识》卷二，6页；《湖北通志》卷四九，42页。

② 参见1818年《汉阳县志》卷二五，25页。

③ 这笔费用包括普济堂收留的居住者的食物、衣服与医药开支，以及支付给两名住在普济院的仆役、10名白天来工作的工人和一位书记员的工薪。参见1867年《汉阳县志》卷十五，15页。

④ 参见1867年《汉阳县志》卷十五，16页；卷二十，12页。

⑤ 参见夫马进：《善会善堂的起源》（《善会善堂の出发》），收入《明清时代的政治与社会》，191～192、210～220页；梁其姿：《17、18世纪长江下游地区的育婴堂》，载《中国研究》（法国，巴黎）第4卷第1期（1985年春），15～54页；罗兹：《广东的商会，1895—1911年》，收入伊懋可、施坚雅主编：《两个世界之间的中国城市》，104页；伊懋可：《上海的行政管理，1905—1914》，收入《两个世界之间的中国城市》，239～262页。

业行会——徽州同乡会之间发生的一场法律争端的副产品。1732 年，汉阳官府征用和没收了有 16 家商铺的一处街区，这一街区本来是由徽州同乡会（新安公所）作为可出租的房地产而管理的，现在官府决定将其拆毁以打通“火路”。事实上，徽州同乡会怀疑，这块房地产并没有被拆毁，而是由官府继续租出去，其表面收入则用于地方官府的开支。1734 年，徽州同乡会直接向湖北巡抚提出诉讼，要求归还这些“祠产”（此宗房地产的租金收入，用于支付徽州同乡会春、秋两次祭祀的花费），并赢了这个官司。后来，徽州同乡会又提出了一个追加性诉讼，请求汉阳知府朱为严归还此前损失的租金收入。虽然三年以来每年的租金损失大约有 360 两银子，徽州同乡会最终同意以 1 000 两银子和解，进而将这笔收入捐献出来，在汉阳城建立一座育婴堂，并请朱知府为此提供担保。而且，徽州同乡会还将他们在房地产开发方面的丰富经验（他们正在汉口建设一座码头）贡献给育婴堂的管理方面。虽然他们知道所捐献的 1 000 两银子不够支付全部建设费用，徽州同乡会的首事程璋请以“此银为倡”，再行劝募捐输，“共襄其事”。募捐非常成功（例如，上文提到的邬光德个人就拿出了数百两银子），育婴堂建立起来并开张运营了。①

即便是在清朝鼎盛时期，育婴堂的运营经费，也并非出自官府支出。其中有一小部分出自由汉口商人为此捐赠的、位于江夏县的稻田的租金收入，绝大部分出自两项“特捐”：一项是汉口盐商每月 8 两银子，一项是汉阳县典当行会每年 40 两银子。② 因为这些商人捐款是由地方官府强制征收的结果（虽然毫无疑问也经过了磋商），所以也可以说，汉阳育婴堂实际上得到了来自政府税收的支持。然而，更恰当地说，它提供了一个涉及如何在国家与社会、公众与个人、社区与官府之间不断变化、流动的典型例证。

太平天国运动后，汉阳育婴堂的重建情况，更加模糊不清。1852 年，汉阳育婴堂被太平军夷为平地；直到 1866 年，在所谓“同治中兴”的政府主持下的恢复活动中，它才得到重建。领导核心是汉阳知府钟谦钧，显然，他在汉口城垣建设以及其他重建工作中都发挥了重要作用，是一位富有进取精神的人。汉阳育婴堂的复兴也是玛丽·兰金所描述的那些年中，由国家与私

---

① 参见《捐金育婴词》，见《汉口紫阳书院志略》卷八，47～48 页；另见 1867 年《汉阳县志》卷十二，9 页；卷二十，12 页。

② 参见 1818 年《汉阳县志》卷十七，9 页。

人联合主导，建设育婴堂的遍及全国的“时尚”运动的组成部分。① 新的育婴堂也是对部分地方精英要求恢复道德伦理的呼声所作出的回应。例如，1866 年，汉口传教士波特·史密斯就指出：当地社会深信，“全省各地育婴堂的衰败”，应该是弃婴日渐增加的原因之一。②

1866 年，汉阳知府钟谦钧呼吁当地“绅商”召开会议，商讨在汉阳城重建育婴堂，并附建一所敬节堂和一所免费学校，以便接纳育婴堂里的大部分孤儿以及其他本县贫穷人家的聪慧孩子。③ 在汉口商人中发起的募捐，共得到大约 2 500 串钱。其中的一半用于重建工程，其余部分则寄放在典当行里。这笔钱的利息——月息为 1.6%，用于支付敬节堂和学校的运营费用。当铺签署的契约存放在府衙里，按年度审核育婴堂的收支情况。④

3. 其他机构。在重建汉阳育婴堂的同一年，汉口出现了一个名为“公善局”的相似机构。现存有关这个机构的粗略资料表明，它处在官方和私人领域之间一个特别矛盾的位置上。一方面，在大部分地方文献中，它被列入完全民间性质的汉口“善堂”体系中，而且它在很多方面也与其他善堂机构很相似。它的资金主要来自商人捐赠，其管理也受到附近的一个善堂——存仁堂的部分监督。另一方面，它又与其他善堂不同，它未用“堂”来命名，而称为“局”，这是政府机构经常使用的称谓；其实质性的功能，即支持、抚

---

① 参见兰金（Mary Backus Rankin）：《中国浙江省社会精英的能动主义与政治变革，1865—1911》（加利福尼亚州，斯坦福：1986），第三章。夫马进曾经讨论了一个与汉阳育婴堂非常相似的一家育婴堂在太平天国运动后重建过程中的详细费用，请参阅夫马进：《清代松江育婴堂的经营实态与地方社会》，载《东洋史研究》第 45 卷 3 期（1986 年 10 月），55 ~ 89 页。

② 参见圣公会（卫斯理会）：《汉口圣公会医院的五次年度报告》（报告之三，1867 年），16 页。据梁其姿研究，事实上，早在太平天国运动前大约 30 年，育婴堂就在全国范围内衰减了。另参见梁其姿：《17、18 世纪长江下游的育婴堂》，载《中国研究》第 3 卷第 1 期，45 页。

③ 参见 1867 年《汉阳县志》卷十二，9、13 页；1884 年《汉阳县识》卷二，22 ~ 23 页。

④ 太平天国运动后育婴堂的具体运营章程也保留了下来。其中包括收养的规定，要求试图收养孤儿的父母提交个人的历史资料、到县衙去登记，并提供一份保证自己行为良好的证明。显然，这主要是担心那些领养孤儿的父母会把孩子卖作妓女或卖给人家作小妾，章程明确写明了如果有这些行为，应受到怎样的惩罚。参见 1867 年《汉阳县志》卷十二，10 ~ 13 页。

养贫困的寡妇和孤儿，一般说来，也是官府应当承担的责任。而且，它是在汉口道台钟谦钧的赞助下建立的——为了表示这种支持，钟道台捐出了自己的养廉银；1890 年，汉口公善局还收到由前任汉口道台何维键（致仕后住在扬州）捐助的更大一笔的款项，从而可以买下它长期租用的存仁巷的房产。但是，在随后几年里，汉阳知县试图在汉口居仁坊的另一端再建一个育婴堂时，曾把公善局称做“商堂”，而与他自己将要建立的“官堂”相提并论。① 这清楚地说明：在汉口，这些年来一向被认为应当属于国家的职责，早已由非官方的商业力量为主导来履行了。

最后一个值得讨论的准官方机构，是中国社会独有的一种救济机构：惜字局。这是一种在全国各地都有悠久传统的机构，其主旨是收集所有写过字的纸片，郑重其事地把它们烧掉，以表示对所写文字的尊重。单个文士希望通过这个机构来减少自己对纸张的浪费，而同时也需要向那些在大街上收捡废纸的穷人施舍一点（这个职业群体，与欧洲现代早期的“捡破烂的人”可以相比）。这种观念，既与儒家精英的思想意识高度吻合，也非常适宜于某些较小额度的贫困救济。

汉口惜字局的起源非常独特。在汉口所有的福利机构中，它是唯一由湖北省府管辖的机构，而且是直接以 1872 年在省会建立的相同机构为模本的。省会的惜字局是湖北巡抚郭柏荫幕府中的几位绅士设计并自己捐出钱建立起来的。从一开始，这个机构就在运营规模以及得到当地商界的赞同方面，都获得了出人意料的成功，所以，它很快就有可能把运营费用转嫁到一项新开征的税收上去——这项税收规定武昌所有铺户每天都要交纳一文钱。据说，商会勉强地接受了这项税收。

1877 年，巡抚的幕僚们建议汉阳知县蔡炳荣在汉口开设一家武昌惜字局的分局，蔡炳荣对此作出了积极回应。② 翌年 7 月，蔡知县在汉口的一个商

---

① 参见 1867 年《汉阳县志》卷五，15～17 页；卷六，13 页；《湖北通志》卷四九，43 页；《益闻录》1892 年 11 月 9 日。

② 蔡炳荣是光绪前期几位采取前所未有的积极行动以解决汉口社会问题的汉阳知县之一。例如，1878 年，他提出大幅度扩大汉口育婴堂的运营规模，但看来他的努力并没有结果。我们在第八章将看到，在汉口公共安全方面，他进行的革新获得了较大的成功。

业街区设立了一个惜字局，并规定惜字局的经费由这一街区商铺交纳的月捐来负担，各铺户所交纳月捐的数额则由街区保甲长根据其能力来评定。没有见到任何反对这一举措的记载。事实上，面向商人的报纸《申报》以其惯常的、热情洋溢的语调报道了这项改革，称它推进了城市的社区自助。①

虽然当地商人承担了全部经费，但1878年汉口的惜字局显然仍是官府在城市福利服务方面发挥主导作用的一个范例（事实上，官府在这方面走得很远，竟然下令汉口的文具店不得再从事回收废纸的惯常业务，宣称这一类活动以后由官府垄断经营）。然而，这个惜字局之所以如此引人注目，正因为它仅仅是一种孤立的个案而已，而且很显然，是一个没有意义的个案。

太平天国运动后，长期以来国家从直接向城市人口提供福利服务的事务中逐步撤退的进程，已经彻底完成了。② 很难明了何以会发生这样的进程。即便是在清朝中期国家权力的效力处在顶峰时，儒家学说关于小型政府的要求实际上就决定了，官僚机构必然缺乏足够的能力来处理新型商业都会中前所未有的问题。问题的关键在于，国家在最终必将面对无能为力的局面时，它到底做了些什么？为什么要采取诸如建立救济院或育婴堂之类事先即已知道它无济于事的措施？其目标之一是培育公共道德。在汉口，建立“敬节堂”或设立提倡尊重书写文字的机构，都是为了支持那些足以表率群伦的行为。另一个更具体的相关目标则是在慈善领域提供一个范例，向社群特别是地方精英灌输可供学习、模仿的道德观念。③ 在汉口，国家在这方面获得的成功，可能远远超出了其最初希望达到的目标。

四、社会主导：善堂体系

19世纪在汉口及其他重要商业中心逐步出现的“善堂”，有几种不同的

---

① 参见《申报》光绪三年六月十六日。

② 欧洲现代早期有一个事例可与此相比较，即18世纪初之前伦敦两家皇家医院（实际上救济院）的不充分发展，在它们转变为新型的、由私人负责的机构之前，其前身的服务性质，与这里的情况很类似。参见欧文（David Owen）：《英国的慈善事业，1660—1960》（马萨诸塞州，坎布里奇：1964），41页。

③ 拉姆（Raymond D. Lum）在《19世纪广东对贫穷寡妇的资助》（提交给亚洲研究年会的论文，华盛顿：1984）中也讨论了这一问题。

前身，但它的出现，确实是晚清极为重要的社会变革。虽然我们已经看到，太平天国运动后的数十年间，诸如普济堂、育婴堂之类的由官府负责的福利机构也得到了某种程度上的复兴，但这个时代毕竟已属于一种新型的福利机构了，而这种新型的福利机构更主要的是地方社会积极创议的结晶。19世纪后期，普济堂和育婴堂已经落伍了。它是一种不合时宜的“复古”，其基础是对太平天国运动前社会的怀念，认为那时的人们更加诚实正直、更有同情心。相对而言，善堂则是一种新颖的、正在孕育中的、富有潜力的机构，而且昭示着即将来临的某些新变化。

虽然善堂的先驱是准官方性质的普济堂与育婴堂，但它也有其民间根源。其中之一就是佛寺的慈善活动。事实上，汉口最古老的慈善机构是早在官办普济堂出现之前、于1646年在循礼坊建立的十方庵。① 在清朝前期，十方庵定期提供紧急粮食救济；但是，尽管它一直到20世纪初仍然存在着，可看起来在此之前很久它就已不再发挥公共福利的作用了。而且，十方庵是汉口众多寺庙中唯一曾经参与这一领域部分活动的寺庙。事实上，汉口的历史有力地证明了杨庆堃关于中国宗教机构在慈善事业中所起作用极小的论断。②

善堂更引人注目的源头可能是会馆，或者说是同乡会，它们为其成员提供相互支持，并为来访的同乡提供慈善性质的帮助。我曾经指出：汉口的会馆有时会将其资助范围扩大到相邻的街区，甚至普及到整个城市社区。③ 然而，汉口的会馆并不像其他地方的会馆那样，在公共福利事务中发挥直接的机构性作用。④ 就其主旨与发展历史来说，善堂和会馆虽然有关联，但二者

---

① 参见1867年《汉阳县志》卷二六，9页；1920年《夏口县志》卷一，20页。

② 参见杨庆堃：《中国社会中的宗教》（伯克利：1961），335~336页。

③ 参见罗威廉：《汉口：一个中国城市的商业和社会，1796—1889》，318~322页。

④ 例如，靠近湘黔边界、沅江上的中等商业城市洪江，在19世纪60年代以后，由10个同乡会馆组成的复合式组织（十馆）成为公共福利活动的主要组织者。在很多方面，洪江不过是汉口的缩影：没有官府机构，客商人口来自四面八方，受到行会的控制，甚至是由行会衍生的复合式超行会组织——洪江称为“十馆”，汉口称为“八大行”，也都被赋予了很多市政管理功能。也许正是因为汉口对公共福利的需求日益紧迫，从而阻碍了行会在这一领域里承担起更多的责任，而代之以更专业化的善堂。参见仁井田陞：《清代湖南的“行商”》，载《东洋史研究》第21卷第3期（1962年10月），315~336页。

是两种根本不同类型的机构。

善堂最重要的制度性渊源是早在17世纪前期即已流行于江南、华北城市中的“同善会”。① 这种机构的显著特征包括：它起源于对社会急剧变化（以及社会动乱所导致的威胁）的认知所作出的回应，几乎完全没有官府介入的特点，创议发起人与赞助人包括各个阶层（通常由士绅发起，但也得到商人及其他社区成员的支持），其基础是关于公益与社区团结的儒家学说，其目标是开展集体活动而不是个人活动（不仅是由于集体活动更为有效，还因为集体活动可以作为推进社会凝聚的手段），而且，最重要的是，对其权限所及的区域范围有着严格的界定——特别是在城市中。当然，从17世纪的同善会到19世纪的善堂，并没有直接的延续关系。在改朝换代的战乱中，虽然也有少数明末的同善会得以幸存，或者在和平重新来临之后得以重建，但大部分都消失了。在整个18世纪，只有长江下游地区才可以零星地见到一些称为“同善会”或“同善堂”的机构，它们有时与新朝训令设立的普济院、育婴堂共存，但更多的时候则是包括在后者里头。在官府权力的效力达到极盛的“盛清”时期，这一趋势直接导致了官僚化，至少在名义上是如此。在19世纪纷纷建立善堂的过程中，人们越来越清醒地意识到应当反对这种官僚化趋势以及由此而带来的功能丧失。

在大多数地方，特别是在汉口这样的地方，也许从没有存在过同善会之类善堂的先驱——在清朝后期的善堂运动中，倡议人都把它看做相当新奇、从未出现过的事物。另一方面，很多地方在鸦片战争前就已经出现了善堂，这一事实表明，无论在它此后的扩展过程中对西方模式的效仿起到了怎样的作用，善堂仍然首先而且主要是中国城市社会自身发展进程的结晶。最早自

① 参见夫马进：《清代松江育婴堂的经营实态与地方社会》，载《东洋史研究》第45卷第3期（1986年10月）；梁其姿：《明末清初民间慈善活动的兴起》，载《食货月刊》第15卷第7~8期（1986年1月）；韩德玲：《慈善会：明末清初慈善团体的改造》，载《亚洲研究学报》第46卷第2期（1987年5月），309~337页。夫马进认为，善堂的组织模式来自17世纪在全国各地蓬勃发展的“佛生会”。尽管他举出了一些关于这些机构在组织方面存在着共同点的证据，而且这些证据也非常值得重视，但我仍然相信，善堂在精神方面，更接近儒家学说，而不是佛教思想；而且我也相信，是城市的商业组织（商行与行会）在向善堂组织提供管理模式方面，发挥了一种标准化的作用。

称为“善堂”的机构可能是1778年在台湾商业城市鹿港建立的。早在1804年，上海就已经有一座善堂了；到1850年，至少有了四座。① 在北京，最早的两个善堂分别出现于1845年、1848年，19世纪50年代达到九个，太平天国运动以后又出现了十二个。② 在太平天国运动后的“中兴”过程中，善堂在受到战争破坏的长江下游地区的几乎每一个重要市镇纷纷涌现出来，并慢慢地出现在许多沿海城市里，其中最值得注意的是1871年在广州、1889年在芝罘（烟台）出现了善堂。③

显然，19世纪的善堂在社区组织的特性、组织的复杂性等很多方面，均比明末的同善会先进得多。但是，它们毕竟有着共同的渊源，即创设模式均非常明显地具有地方性和超官方性。最早的善堂都是在完全没有地方官府帮助的情况下建立起来的；地方官府一直把自己在公共福利方面的责任限定在灾荒救济以及上文曾论及的建立足以作为表率的福利机构等方面。例如，鹿港的善堂是作为城市商业行会的联合工作而建立的，上海最早的善堂则是豆商行会的一个支脉。在“中兴”岁月里，地方官员们对这种制度化的社会自助表现出越来越大的积极性，其结果是形成了官方赞助的善堂模式。官府鼓励所发挥的作用显然被夸大了。实际上，1879年，《申报》的主笔就把它渲染成一场在全国范围内扩展的运动了。④ 然而，非常清楚的是，这场运动的根本动因来自太平天国运动后城市内部精英体系以及当时日渐流行的精英能动主义；在其产生过程中，《申报》本身也没有发挥什么作用。关于太平天

---

① 参见德格洛柏（Donald DeGlopper）：《一个19世纪台湾海港城市的社会结构》，收入施坚雅（G. William Skinner）主编：《中华帝国晚期的城市》（加利福尼亚州，斯坦福：1977），648页；杜黎：《鸦片战争前上海行会性质之嬗变》（提交给“中国资本主义萌芽讨论会”的论文，南京：1981年5月）；伊懋可：《中国上海的绅士民主政治，1905—1914》，收入盖瑞（Jack Gray）主编：《中国近代政治结构研究》（伦敦：1969），42~43页。

② 参见今堀诚二：《北平市民的自治组织》（东京：1947），131~132页。

③ 参见兰金：《中国浙江省社会精英的能动主义与政治变革，1865—1911》（斯坦福：1986），第三章；罗兹：《广东的商会，1895—1911年》，收入伊懋可、施坚雅主编：《两个世界之间的中国城市》（斯坦福：1974），104页；海关总税务司：《十年报告，1882—1891》，60页；欧中坦（Jonathan Ocko）：《中国省级官僚制度的革新：丁日昌在同治中兴时期的江苏，1867—1870》（马萨诸塞州，坎布里奇：1983），41页。

④ 参见《申报》光绪五年六月二日。

国运动后善堂与地方官府之间的实际关系，最好的描述也许是中国学者景耀月于辛亥革命前夕在哥伦比亚大学完成的学位论文所作的阐述：

> 这些民众机构不可避免地被置于法律之下，而且在名义上也受到文官政府的监督——他们被授予了这种权力。这里存在着某种形式的法律上的合作关系，其主要之点是文官政府承认这种机构，并允诺给予保护与支持（有时是从经费上给予支持）。然而，真正控制这些机构的，却绝非文官政府，而是那些民众，而且，它们所得到的支持也几乎全部来自民众的自愿捐助，而不是官府。①

事实上，尽管大多数地方的官员都泰然自若地接受了自己“被动性支持”的角色安排，并很高兴地坐享社会自我培育所带来的社会稳定，然而，我们将看到，在某些环境之下，善堂仍将成为“精英与官府”之间紧张关系的一个焦点。②

善堂运动背后的精英是些什么人呢？杨庆堃曾经把此类机构看做城居士绅的代表性组织；按照同样的思路，行会代表着商人，而劳工帮伙与秘密会社则代表着劳动阶级。③ 可是，虽然文化精英确实发挥了一些作用，但汉口及其他地方的证据却无可争辩地说明，善堂背后的创议者、经费来源乃至管理，大部分来自商人。④ 当然，在太平天国运动后，在大部分情况下，主要是士绅与商人联合起来在背后发挥了此种社会作用。需要指出的是，在善堂的形成过程中，在城市中占据绝对优势地位的是商人，而不是官府或离乡地主（在这一方面，上海比苏州更明显）。即使是在国家权力中枢所在的北京，1890 年以前，此类机构也都建在城外的商业区，而且是由商人而不是由士绅创设、资助的。⑤

---

① 景耀月：《中国慈善事业的灵魂：关于互助的研究》（纽约：1912），27～28 页。

② 参见欧中坦：《中国省级官僚制度的革新：丁日昌在同治中兴时期的江苏，1867—1870》，52 页。

③ 参见杨庆堃：《中国城市社区研究的一些思考》，提交给“中国社会细胞组织问题研讨会”的论文（1963 年 1 月）。

④ 参见罗兹：《广东的商会，1895—1911 年》，收入伊懋可、施坚雅主编：《两个世界之间的中国城市》，104 页。

⑤ 参见今堀诚二：《北平市民的自治组织》，132、162 页。

总的说来，可以把善堂分为两类：一类是面向整个城市提供服务的善堂，一类是面向某一特定城市街区提供服务的善堂。一般说来，后一种类型的功能总是多元的，而前者则既可能是多元性的（建立较晚、实际上由官府控制的芝罘善堂就是一个著名的例子①），也可能是为了应对某一单独的重要需求（如“义葬”）而专门建立的。在汉口，历史发展的进程是非常清晰的；太平天国运动前建立起来的善堂的服务范围都是面向全市的——或者是面向全汉阳县的，而太平天国运动后建立的善堂则几乎全部是面向街区的。

1. 救生体系：敦本堂。汉阳县的第一个善堂是建于 1823 年的敦本堂。这个机构虽然位于汉阳城外江汉汇合处的晴川阁（那是汉阳县的礼仪中心）附近，但实际上它与汉口的联系比与汉阳城的联系更密切。之所以形成这种情况，是因为在当地各码头运营的救生船，对运输繁忙的商业港口（汉口）的影响，显然要比对武昌与汉阳的影响要大得多。它的捐款，大部分都来自汉口的商人。而且，敦本堂的创建者不是别人，正是汉口商业与社会的领军人物——两淮盐商。②

大约一个半世纪以来，沿长江及其他交通要道上危险地点救生船的运营，都是由地方官僚机构负责的。这是《大清会典》所规定的（卷二三七）。据记载，最早的救生机构于 1676 年创立于宜昌；到 1750 年，据报道全国共有 268 个救生机构，其中的 67 个在湖北省。③ 在武汉地区，最早的救生机构是 17 世纪末建立起来的，之后曾有过短暂的停顿，然后又于 1747 年重建。④按规定，它应当拥有 10 只救生船，但到 19 世纪，事实证明这已难以胜任其使命。根据官员与地方精英的说法，主要问题在管理方面。虽然其他地方的救生机构一般都是“官设民办”，但不知何故，武汉地区的救生船却一直由当地半官方性质的职员掌管着。湖广总督周天爵曾经指出：“衙门职役疏懒

---

① 参见海关总税务司：《十年报告，1882—1891》，60 页。

② 关于敦本堂的建设情况，主要资料来源是 1867 年《汉阳县志》卷六，11 页；1884 年《汉阳县识》卷二，20 页；海关总税务司：《中国的救生艇及其他》，“海关系列专刊”第 18 号（上海：1893），23～24 页，及题为“中文附件”的部分，28～30 页。

③ 参见森田明：《关于救生船：清代社会救济事业的一个事例》，载《史学研究》第 66 号（1957），2～5 页。

④ 参见 1867 年《汉阳县志》卷六，6～7 页；1884 年《汉阳县识》卷二，21 页。

成性，不理其事，遂致救生之务，几成具文，聊胜于无而已。”①

正是由于不满官办救生机构的运营，1820年，人们开始尝试建立一种民营的救生机构，它将是“商办”的。这一计划的发起人是两位富有的徽州盐商，包世驹和包学甲。两位包氏商人为这一机构提供了240两银子的捐赠，但在最后时刻，他们又撤回了自己的捐款。这两位商人特别强调，他们担心这一项目会成为衙门职役的眼中钉——他们也许会妒忌商办机构，认为这将会引起与他们自己的机构的竞争，进而将会捏造出针对新机构运营的税收，从而勒索大量钱财。显然，要想取得成功，一个民营的救牛机构就必须有官府的保护，以阻挡那些衙役的掠夺。

两位包氏的努力搁浅之后，盐商社区中有一位长者胡晓岚，决定自己承担起将救生船计划付诸实现的任务。胡晓岚的登记户籍在扬州，但在汉口经营了许多年利润丰厚的盐业之后，他把家族生意交给儿子胡元打点，自己则退休闲居在时尚的汉口，偶尔做点公益之事。胡晓岚亲自到汉阳知府那里得到了必要的官方支持，指派他的儿子具体办理建立救生机构的工作。于是，胡元（此时他在汉口已经取得了著名的“善人”名声）、姚必达以及其他几位商人②，就开始在其盐商同事中集资以“设局置船，为救生会所”。胡晓岚这些人之所以能成功地获得官府的保护，可能与他们都拥有士绅功名这一事实有关；而包氏虽然也很富有，却没有功名。不管怎样，1823年末召开了一次会议，为这个救生机构制定了一份正式的章程，这时它已在汉阳府及湖北省正式获准“立案”，因而这个章程也就具有法律效力了。章程明确规定敦本堂将独立经营自己的救生船，不与已存在的官办救生机构发生关系，也尽可能避免与后者经营的“业务”发生重叠，但同时，这个新“善堂”的“首事”也得到正式授权，可以拒绝任何衙门职役提出的非法捐税，或以其他方式妨碍救生船运营的要求。六年后，湖广总督周天爵在给善堂撰写的碑

① 海关总税务司：《中国的救生艇及其他》，“中文附件”，28页（译者注：此处未能查对原文，仅据英文译出）。

② 姚必达的原籍在安徽桐城（译者注：《汉口丛谈》卷五谓：姚必达“原籍皖江，为桐城四姓之一。”罗威廉将姚氏籍贯误为 Wan-ch’eng county in T’ung-ch’eng prefecture，即桐城州皖城县，今径改正），但在客居汉口多年以后，他将自己的户籍改为汉阳县。姚家是在商业与学问方面都很著名的桐城“四姓”之一。和胡元一样，姚必达与他的几位兄弟，都跟随其父进入了盐业领域。参见范锴：《汉口丛谈》卷五，38页。

铭中，又重新申述了此项原则：

> 善堂以助人救人为务，故管理之责甚重。若以其责委诸衙役无赖之徒，终必贻害无穷。惟士绅愿受委亲承其事，督其责，方可济事。若此，则善举非必出于官，民即自成之。此举合乎大义，本督甚德之。①

周总督的这篇碑铭写于1826年《皇朝经世文编》正式出版之后，表达的很多观点与《皇朝经世文编》中的观点相同。实际上，我们将要看到，当时之所以兴起建设善堂的热潮，有很多原因，比如至少是在汉口，出现了响应道光朝流行的“经世”与“封建”（地方自治）的政治思潮的城市运动。

官府批准的民办救生机构章程中有几条似乎是专门设计来对付衙门胥吏之胁迫侵扰的。胥吏拥有的特权包括可以故意拖延查验救生船只所发现的溺水者的尸体；如果不支付小费的话，胥吏会公然要求救生船自己料理溺死者的后事，或私吞溺亡者的随身物品。为了避开胥吏们在这方面的不法行为，救生机构的首事与官府挑选保甲长或地保来负责这些事宜。地保要负责辨认死者，通知死者亲属，并把死者的随身物品还给其家人。地保还要就每一发现的溺亡尸体提出一份正式报告，详细描述发现尸体的细节，并核实是否存在违规行为。如果没有违规行为，溺亡者的尸体就交还给其家人埋葬，或者埋葬在敦本堂出资的公墓里。如果怀疑存在违规迹象，则要将尸体移交给官府，并开展审讯。②

同时，也制定了一些条款以预防救生船上五名船夫可能发生的不轨行为。森田明指出：这些年中救生机构的增加，与贫困而无所依靠的劳工人数的增加有着直接关联③，而且正是依靠这些人去操作救生船的，这又使他们承担了更多的风险。为了激励抢救溺水的人，章程规定，无论何时何地，只

---

① 海关总税务司：《中国的救生艇及其他》，“中文附件”，28页（译者注：光绪《汉阳县识》卷二《营建略》录有周天爵碑记之节略，然未有与作者此处所引之意义相同或相似者。因为无法查对《中国的救生艇及其他》，故此处未能查对原文，仅据英文译出）。

② 参见“救生船条规”，见海关总税务司：《中国的救生艇及其他》，“中文附件”，31～34页，第五条与第八条。

③ 参见森田明：《关于救生船：清代社会救济事业的一个事例》，载《史学研究》第66号（1957），8页。

要救活一个人，就赏给救生船船夫五倍于捞回一具尸体的赏金——即 1 500 钱，而后者则为 300 钱。① 当气候恶劣时，这笔赏金也会增加，因为救生船夫们所冒的风险也加大了。救生船船夫也可以做其他的生意，比如摆渡客人和货物过江，但只能在天气较好并得到救生机构“首事”的明确同意之后，才能这样做。而且，部分是为了激励其船员在坏天气下的积极性，救生机构也向那些愿意驾船去打捞遇难者、不属于救生机构的船夫支付赏金。章程还明确规章了对雇员从事某些不法行为给予的严厉惩罚。

在胡元亲自指导下，敦本堂在开办之初的几年中就获得了很大成功，并赢得了民众赞誉。它最初只有四只船，在汉阳城外的善堂码头运营；到 1839 年，增加了五只船，在武昌城外设立了一个分支机构，开展工作。在其建立的最初 16 年间，据确切记载，敦本堂共营救了 4 132 名落水者，打捞了近 7 000 具尸体，这一数据清楚地表明了问题的严重性（也许还可以加上一条，即为考察这些年里武汉城市人口的真实情况，提供了一条线索）。同时，通过向幸存者提供医药和容身之处，以及向那些被救的人提供经济上的帮助——有不少人看来是由于贫困而试图自杀的，善堂也开始跳出其最初狭隘、有限的目标范围。② 一个由民间力量主导、由非官僚阶层管理的社会福利的新时代已经到来了。

2. 丧葬服务：同善堂和自新堂。在成功创立敦本堂两年之后，胡元、姚必达及其盐商同仁们开始建立汉阳县的第二个善堂——同善堂。同善堂也位于汉阳城外，其使命原则上是“瘗葬”那些无法确定身份的死者，以及亲属无力负担棺材和葬地费用的亡者。同善堂在大别山上有一块免费的墓地，在那里可以俯瞰城墙环绕的汉阳城。③ 和敦本堂一样，同善堂的创建人也必须把善堂的运营尽可能地靠近汉阳县行政管理与儒家文化的中心；可是，也与

---

① 根据英国驻汉口领事后来的报道，救生机构最初的章程规定支付给捞回尸体的赏金比救回活人的赏金还要多，“因为中国人对尸体抱有一种异乎寻常的尊重态度”。然而，这种规定在 1839 年章程中作了修改，“因为人们普遍怀疑救生船的雇员在把溺水者拖出水之前故意把他淹死”。参见凯恩（Caine）1869 年 10 月 5 日信，英国外交部档案，17/534。

② 参见 1884 年《汉阳县识》卷二，20 页；凯恩 1869 年 10 月 5 日信，英国外交部档案，17/534。

③ 参见 1884 年《汉阳县识》卷二，21 页；《湖北通志》卷四九，42 页。

敦本堂相同，同善堂事实上的活动中心乃是在汉口的自治方面。毕竟汉口聚集了很多在本地没有根基的人，也时常发现无人认领的尸体。这也是因为在汉口常常可以看到因洪灾和火灾而引起大规模的死亡。

在同善堂建立之前，多年以来，汉口早已存在着许多“免费”或“慈善”性质的“义冢”。徽州、山西和江西商人组织的同乡会，都保留着一块土地，以便安葬那些死在汉口的贫穷的同乡，或供那些较富有的同乡在送回故乡正式安葬前临时埋葬之用。① 也有不少较小的墓地是专门为普通大众保留的，它们一般得自富商的遗赠。例如，大智坊的八角亭墓地，就是崔文元（一位贡生，18 世纪 30 年代汉口的房地产开发商）捐赠出来供大众使用的。② 那么，又是什么原因导致了同善堂的兴起呢？是大规模的义葬需求，对义葬运营规章的需要（以便尽可能吸纳捐赠），以及义葬要求集体负责而不是个人承担。由个体组成的群体第一次作为面向社区的集体机构，承担起义葬的责任，并通过非个人性的制度化管理，为整个城市谋利益。

在成功地运营了大约六年之后，同善堂遇到了一次严重的危机，即 1831—1832 年间的大水。同善堂与敦本堂一起，在到处挤满了难民的汉口承担并完成了繁重的救济任务，不仅分发了数千口免费棺材，还分发了无数的救急口粮与医药用品。尽管它们生机勃勃，精力充沛，但事实证明，这两个以汉阳为基地的善堂确实无力应对洪水的挑战。其结果是建立了汉阳县的第三座善堂，其总部首次设在汉口，即自新堂。这个新机构的支持者首次超越了给汉口带来繁荣与社会意识的盐商范围，而包括了“全镇商民”。③ 而且，它特别指明是由“全镇”负责，也就是说，它第一次将服务范围固定为汉口，仅把汉口作为社区活动的正式单元，而不是汉阳县或范围更广的武汉地区。因此，自新堂的出现，是对城市整体意义上的常规化自治机构之形成的一次进一步突破。

---

① 参见《汉口紫阳书院志略》卷八，62 ~ 63 页。

② 参见 1867 年《汉阳县志》卷三，4 页；卷六，19 页；《申报》光绪四年六月五日。关于其他早期的公共墓地，请参阅 1920 年《夏口县志》卷五，21 页；《申报》光绪四年五月六日。

③ 参见《申报》光绪二年四月二十二日。另可参阅 1867 年《汉阳县志》卷六，11 页；《湖北通志》卷四九，42 页。

在筹建过程中，自新堂进一步得到当时流行的政治改革思想的回应。操纵“仵作”进行查验的胥役又一次以“坏人”的面目出现了。一方面是高度的商业繁荣，另一方面则是贫无立足之地的社会问题，二者并存，特别是在洪水季节里，使当地商人在很长时间里表现得无所适从。地方官府理所当然地希望推动社会为救济做出努力，而胥吏们则逐步抓住了这个机会，以盘剥汉口的商人——他们以不对那些在商铺门前发现的尸体展开调查为条件，向商人索取贿赂，否则就指控他们拒绝给予那些死者以最后的帮助。为了保护自己，几个商人推举了两位拥有士绅身份的代表，傅培霖和甘伟烈，带着一个方案去向知县交涉——如果能免除胥吏的刁难骚扰，作为回报，商人社区愿意提供棺材与墓地给那些无人认领的尸体。得到官府的首肯之后，这两位代表便着手在汉口主要的“财主”中间发动募捐，结果就是建立了自新堂。汉阳知府与汉阳知县均发布公告，声称自新堂已经得到“立案”，并且与此前的敦本堂一样，规定由保甲长取代胥吏，向善堂而不是向官府衙门报告所有发现的、无法确定其身份的尸首。①

早在17世纪，顾炎武就开始反对胥吏的胡作非为，为此，他提出了一种经常被称为“封建”的政治思想，即要求不断地激励社会流动，推进反官僚体制的地方自治改革。② 道光时期，这种思想又复兴起来，并且随着《皇朝经世文编》的出版而得到了某种合法性，这部著作是魏源编集的，但在出版时却署上了受人尊敬的江宁布政使贺长龄的名字。围绕着汉口第一家善堂以及此前汉阳善堂的建立所发生的事情，清晰地表明，此种对胥吏的反对及社会流动运动，不仅存在于顾炎武所说的城居地主所构成的社会之中，也存在于城市商业社会中。在后一种情况下，它为推进富有成效的城市自治的发展做出了很大贡献。

在运营的第一阶段里，据确切记载，自新堂共为31 000多具（或者说，

---

① 参见1884年《汉阳县识》卷二，22页。

② 参见顾炎武：《封建论》、《郡县论》，收入《顾炎武文》（上海：1934）。亦可参阅杨联陞：《明代地方政府》，收入贺凯（Charles O. Hucker）主编：《明代中国政府》（纽约：1969），1～10页；孔飞力（Philip A. Kuhn）：《民国时期的地方自治：控制、自治与社会动员问题》，收入魏斐德（Frederic Wakeman Jr.）、格兰特（Carolyn Grant）主编：《中华帝国晚期的冲突与控制》（加利福尼亚州，伯克利：1976），261～268页。

每年近3 000具）无人认领的尸体提供了免费棺材与墓地（这再一次表明，即使是在太平天国运动前，汉口城市下层的人口规模也非常之大）。可是，在19世纪40年代，有一个时期，善堂的管理，特别是对捐赠财产的处理，有些漫不经心。① 因此，官府与民众对这一机构的热情受到了损害。然而，无论如何，我们都无法确定这种堕落是否可以看做长期发展的必然结果了，因为自新堂与汉口所有机构的基础一起，都在太平军的占领下，一扫而光了。

3. 太平天国运动后的善堂。太平天国运动后汉口善堂的历史融汇了两种完全不同的源流：一是幸存下来的太平天国运动前的机构，大部分处于官府保护之下；二是迅速成长起来的新型善堂，本质上没有官府的参与。1853年初，在太平军第一次占领武汉地区并很快被清军收复之后，三个老善堂还拥有足够的资金去埋葬当地冲突中大量的遇难者。可是，这三家善堂均未能在1855—1866年的破坏中幸存下来。19世纪50年代末，这一地区重新平定之后，地方官府试图重建三个完全由官府运作的福利机构，可是，前些年胥吏们的“蓄意阻挠”最终使官府确信：此类事务必须由地方民间力量操办，才能发挥作用。因此，1862年，汉阳知县周乐将这三家善堂正式移交给正陆续返回的几位幸存下来的前领导人。②

与此同时，善堂着手清查、收回它们从前接受捐赠的财产，并在小范围内力图恢复部分从前的服务项目。但这一切做得都不怎么好。三个机构中，只有敦本堂的救生船只很快得到恢复，但即便是敦本堂，其首事也不断指责它越来越腐败，并牟取暴利。更糟糕的是，三家善堂的管理者长期不睦，而且分割从前所接受的捐赠财产并恢复其所有权的工作也非常困难。到19世纪70年代中期，事情已经演化到令人不能容忍的地步，以致汉口当地的精英只有写信给《申报》，要求采取措施以解决这些问题。③

1876年，这些汹汹的“舆情”终于引起了汉阳知府严昉的引人注目的介入。顺便指出，这清楚地表明，城市革新力量及其舆论媒体已经发展到相当的地步。他解除了汉口自新堂首事的职务，代之以他自己挑选的绅商，任命

---

① 参见1884年《汉阳县识》卷二，22页；叶调元：《汉口竹枝词》卷五，8页。

② 参见1867年《汉阳县志》卷六，14页。

③ 参见例如，《申报》光绪二年四月二十二日。

李荣光为负责人，允许另两个善堂负责人保留其职位，但严知府制定了一项制度，要求每月都要到同知衙门去审查账目，每年则由一个代表当地商人的、成员不断轮换的小组负责清查账目。最后，按照被公认为属于“公共”组织的县学那样的账簿形式，完成并修订了三个善堂所拥有的“公款”的账簿。1884 年，公布了这些账簿。①

根据这些报道，严昉的改革为善堂在下一阶段（一直持续到 19 世纪末）非常成功地运营铺平了道路。对善堂腐败的指责停止了；捐赠的财产重新回来了，不仅恢复了旧貌，而且得到了发展；善堂的服务也恢复了，并得到了改进。汉口自新堂（现在已从一个城郊小庙迁到了市区的大火路）单独在循礼门里建立了一个棺材分发站（荒冢局），又联合敦本堂和同善堂，成功地设立了一家粥厂、一间药房、一个“牛痘局”和一所面向贫困学生的“蒙学堂”。到 19 世纪末，汉口已经奠定了它足以自豪的福利设施基础。

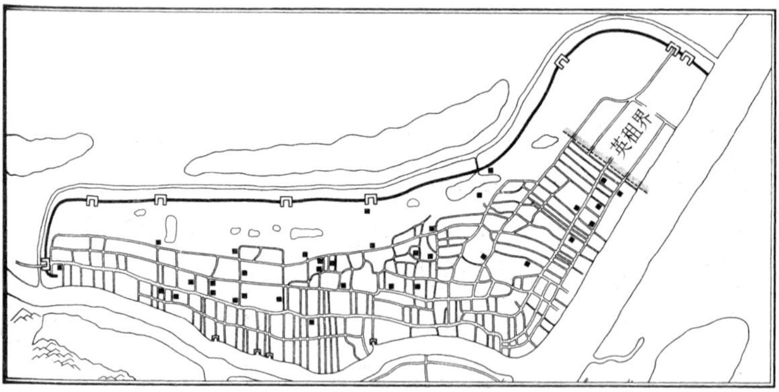

图 3—1　汉口善堂的分布，1890

然而，到这一时期，这三家资深善堂已不再是汉口负责福利分配的主要机构了。汉口刚刚从太平军最后一次占领下收复过来不久，就形成了一个建立新式善堂的浪潮；到 1895 年左右，这个城市已有 30 多家新式善堂（这些善堂的不完全名单，请参见表 3—1）。这一新式善堂体系差不多在太平天国运动后的头十年中就基本形成了，一直到清朝灭亡，都不断有新的善堂建

① 参见 1884 年《汉阳县识》卷二，21 ~ 22 页；海关总税务司：《中国的救生艇及其他》，23 页。

立。正如它们非常相似的名称所说明的那样，大部分新式善堂是建立在正统儒家学说基础之上的；显然，它们也把自己设想为一种独立的机构类型，也确实为此做出了一些努力；而且，在善堂不断增加的过程中，它们自己也意识到它们陷入了相互竞争的漩涡之中。这些名称本身反复涉及那些被认为是城市社会安稳运行所必需的价值观："善"用了十二次，"仁"与"济"各用了四次，"安"与"化"用了三次。太平天国运动后的善堂是一种城市特有的现象：除了汉口的善堂，汉阳县其他的善堂只有县城里的四家，以及蔡店（汉水上的一个大市镇）的三家。① 到1895年左右，实际上汉口的每一个街区都建立了善堂，在居民密集的某些街区，如存仁巷和仁里巷，还有不止一个善堂（见图3—1）。不少善堂建造了属于它们自己的建筑，特别是在太平天国运动平定之初地价低廉的时期里，但大多数善堂只是租借地方。例如：1857年建立的培德堂就是在一处道观废墟上运营的，而普善堂租用一个盐商家庭从前的住宅，慈善堂则建在一家改造过的妓院里！②

表3—1　　汉口善堂之建立（1895年以前）

善堂名称	所在位置	建立时间
自新堂	宝林庵/大火路	1831
普善堂	小江家垸	1847*
培德堂	循礼门	1857
从善堂	杨干总巷	1858
从仁堂	小火路	1862
安善堂	五彩巷	1863
敦实堂	存仁巷	1864
普济堂	大智坊	1865
敬节堂	六渡桥	1866
培心堂	熊家巷/八角亭	1866
道心堂	白布街	同治间
敦仁堂	苗家码头	同治间
道生堂	大董家巷	同治间
善宝堂	张美之巷	同治间
永安堂	大夹街	同治间

① 参见1867年《汉阳县志》卷六，12~13页。

② 参见《申报》光绪五年十一月十日。

续前表

善堂名称	所在位置	建立时间
复善堂	存仁巷	同治间
惠滋堂	福建会馆隔壁	1867
普安堂	至公巷	1867
仁善堂	大通巷	1869
宝善堂	古永清桥	1875
普善堂	蔡家巷	1875
卫生堂	仁里巷	1875
真善堂	广益桥	1876
镇安堂	存仁巷	1877
慈济堂	花布街	1878
慈善堂	仁里巷	1879
眼科善堂	大火路	1880
济生堂	土垱闸	1882
乐善堂	苗家码头	1884
普化堂	土垱口	光绪间
广济堂	存仁巷	光绪间
化善堂	尚义巷	光绪间
仁济堂	关帝庙正街	光绪间
圣化堂	利济巷	光绪间
崇善堂	横堤	光绪间

资料来源：《湖北通志》卷四九，42～43页；1867年《汉阳县志》卷二，12～13页；1920年《夏口县志》卷五，15页；卷十五，27页；《申报》光绪六年十一月十九日。

＊太平天国运动中受到破坏，其后未予重建。

是哪些人负责建立起这些善堂？总的说来，捐赠者的代表性逐步扩大了，越来越多样化，而与太平天国运动前相比，贵族化的商业精英所占的比例则大幅度降低了。与从前的敦本堂、同善堂（这两个机构也都曾经把武汉地区作为自己的服务范围）均由富有的盐商捐赠资金不同，现在建立的善堂大部分资金都来自“绅商”或“商民”的捐赠；他们所建立的善堂，影响范围也一般不超出所在街区。一个典型的例证是黄定源——一位来自孝感县城附近较富有的商人家族的第三代子孙。1875年，他发起了一次捐献活动，建立了普善堂；他去世以后，其子继续担当普善堂的赞助人。①

① 参见1920年《夏口县志》卷十五，27页。

官府当然鼓励社会力量越来越多地担负起公共福利的责任，可是，几乎每一个善堂的建立，都是由民间主动发起并发挥主导作用的。培心堂的情况，也许可以反映出官府所发挥的保护作用。它建于1866年，位于熊家巷；19世纪70年代中期，迁到了八角亭。好几代以来，八角亭一直是堆放那些无主尸首的地方；在清朝中期，一位富有的善人捐钱在这里置办了一批免费棺材和墓地。虽然八角亭的亭子本身在太平天国时受到毁坏，但汉口居民仍然在这里埋葬尸体，希望能引起人们的注意。汉阳县衙曾不止一次地向八角亭所在街区的业户征收特别捐，以清理这个地方，但这些努力都只能收得一时之效。据说，到19世纪70年代末，太平天国运动中遇难者的遗骸还一直丢弃在这里。

正是清理这种混乱状况的意图，导致了培心堂的介入。在首事范成芸（一位捐得候补通判品衔的商人）的领导下，培心堂开始重整八角亭。范成芸面对的是令人生畏的场景：尸骨暴露，尸骸堆积，其苦实难堪。附近“各作坊以该地为伊等晒货厂，并将所蓄牲畜亦在该处牧放，践踏竟成低地。”范成芸曾描述说：“一遭阴雨壅积，则枯骨水浸，又何异在沟壑中耶?”随后，范成芸又建立了一座“天灯”，并着手将尸骨挖出来，予以适当的安葬。可是，附近的邻居与商铺仍继续侵蚀这块地盘。因此，1878年，范成芸召集几位商人同事（都有士绅功名品级）开了一次会，并向汉阳知县蔡炳荣提交了一份联合陈情书，请求他予以干预。蔡知县的答复是发布了一个官方公告，宣称善堂的行为是“善举”，各种侵占行为都是非法的。范成芸得到授权，可以抓住那些非法侵占者，通过保甲长移交给汉阳县衙，让他们去接受惩罚。此后，地方官府和湖北省衙均再三表示认可培心堂的运营，并向其管理人致送匾额以表彰其高风亮节。① 可是，这种形式的支持，即向善堂的活动提供合法的保护，把它的赞助人作为社群的道德模范加以表彰，仍不出太平天国运动前官府向大部分善堂所提供的正常支持的范围。

与提供“义葬”设施一样，港口救生船只的运营也延续了太平天国运动前善堂所提供的服务。除了幸存下来的敦本堂，专门经营救生船的机构还有

---

① 参见《申报》光绪四年六月五日；1920年《夏口县志》卷五，15页。

敦实堂（其救生局建于1871年）和济生堂（建于1882年），还有几个善堂兼营救生事务，有时只是作为应对洪水灾害的临时措施。① 敦实堂设了一个救生局，拥有两艘“红船”——当时在大多数长江港口都很普遍的大型港口船只，以及大约20只较小的专门营救用的小划艇（获划）——它们分别负责长江和汉水沿岸区域的营救工作。当江水暴涨时，救生局的精英管理人曾亲自从停泊在港口中央的轮船甲板上指挥救生活动（善堂在没有按照惯例得到指令的情况下，即去营救落水的遇难者，这一行动赢得了特别的赞誉）。② 济生堂则在那些被其他机构忽视的地方展开营救工作：后湖、玉带河及汉口其他受到其背后的内陆洪水威胁的地方。③

然而，太平天国后善堂活动的范围确实大大超过了太平天国前。到光绪初年，善堂已成为邻里自助的核心。大部分善堂都提供多方面的救济服务，不仅包括义葬，也包括分发冬衣、热汤、粮食和稀粥（见下）。在第四章，我们将看到，许多善堂还附设有水龙局。善堂也逐步进入到提供医药服务的领域。1865年，一位感到惊讶的西方医生报道说：在他到来之前，已经有几家善堂在分发免费药品。④ 1880年，一位曾在当地教会医院中受过训练的本地中国人杨鉴堂，建立了一家眼科善堂，专门照料给大多数汉口人带来普遍苦恼的疾病之一眼病。⑤

在保持儒家社会服务思想（那是全国善堂运动的后盾）的同时，许多汉口善堂将向邻里们提供物质需求方面的服务与道德、操守的培育结合起来。为了这一目标，它们向有志气的穷学生分发免费文具，把有前途的孩子送进义塾受教育（在不少情况下，比如安善堂，实际上就设立了一所义塾）。⑥ 大约从19世纪70年代末开始，善堂曾几次发起每晚在汉

① 参见1920年《夏口县志》卷五，16页；《申报》光绪四年八月十七日。

② 参见《申报》光绪二年四月二十二日。

③ 参见《长江日报》1962年8月23日，10月11日。在刘晋渌（很像是1876年负责自新堂管理工作的刘晋光的兄弟）的领导下，济生堂在20世纪前期成为汉口善堂中人所共知的领袖。另见《汉口小志·民生志》，3页。

④ 参见圣公会（卫斯理会）：《汉口圣公会医院的五次年度报告》（报告之一，1865年），8页；《申报》光绪四年二月十一日及四年九月八日。

⑤ 参见《申报》光绪六年十一月十九日。

⑥ 参见1920年《夏口县志》卷五，15页。

口重要市场上公开宣读“圣谕”和其他小册子，以向汉口的“愚民”提供免费的道德训练。① 我们在第七章中将看到，善堂对儒家伦理的强调，在特定环境下，将使它们成为本土化政治能动主义的大本营。

这些布局合理的慈善机构，越来越呈现出一种整体性全城体系的特点。每一个街区的居民，都可以轮换着向本地善堂请求援助，虽然那些善堂的经费与管理都是独立的，但在提供服务方面，对任何街区的居民都是一视同仁的。清朝官府很快就认识到这一制度性特点，并着手利用它。有一件这样的事情：19世纪80年代后期，官府推行了一项政策，即在每年春节庆典时从藩库中拿出小部分盈余的粮食，分发出去。官府首先命汉口的保甲长估算其所辖街坊里需要得到分发粮食的大人和孩子，然后通过善堂网络去分配这些粮食。② 更令人吃惊的是，有时所谓“冬防”也使用善堂体系。

太平天国运动后公共福利体系的形成，当然是引人注目的。当地的中文资料异口同声地以自豪的口吻谈到汉口可以对“小民”的日常需求提供制度性的援助，而外国居民则对当地社会担当起自助职责及其在履行这些职责时的效率给予了很好的评价，感到很钦佩。③ 那么，是何种制度性机制确保这一体制如此运行的呢?

4. 善堂的管理与经费筹措。1876年，汉阳知府引人注目地介入到汉口自新堂的运作中来，他要求由官府和善堂之外的人员审核善堂的账目，这显然是一种异常情况。这个城市中还没有其他善堂（均建于太平天国运动之后）曾经接到过同样的要求，即有责任向大众公开账目。在大多数情况

---

① 参见《申报》光绪五年一月八日。

② 参见《益闻录》1889年1月10日。

③ 参见圣公会（卫斯理会）：《汉口圣公会医院的五次年度报告》（报告之一，1865年），8页；《北华捷报》1867年10月12日；布利逊（Mrs. Bryson）：《约翰·肯尼思·麦肯齐（John Kenneth Mackenzie）与英国国教在中国的传播》（旧金山：1977；伦敦：1891年原版），146页；沃尔西里（Garnet J. Wolseley）：《1860年与中国的战争纪事》（伦敦：1862；特拉华州，威尔明顿：1972），384页。最后一种史料，讨论了汉口救生船的运营，指出：“每一个在中国长期居住的人，当第一次被告知这种想法时，都会忍不住讥笑。在清帝国的其他地方，船上的人们都对生活表现出一种无所谓的态度，对死亡也是漠不关心。可是，在这里，竟然存在着如此仁慈的机构，真让人觉得极度陌生。”

下，正像一些报道明确指出的那样，"官吏无权过问"，善堂拥有完全的"自行"权力。①

汉口的善堂往往又被进一步细分为单个的"局"，每个"局"都受到某一多功能"堂"的监督。大多数规模适中的堂，均拥有这样一些局：水龙局、荒冢局、办棺局、救生局或牛痘局，以及一个总局。局的数量总的趋势是不断增加。通常每一个局都有自己的"局董"，拥有本局的账簿，有时也有自己的"局产"。

在19世纪的中国城市里，正如在近代早期的西方城市里一样，新型慈善机构的发展是跟随在商业公司的发展趋势之后的：捐资人或投资人、自愿（或自称为"还愿"的）管理人和拿薪金的专业职员之间的区别越来越清晰。② 大多数汉口善堂都拥有人数众多的骨干"成员"或捐献人，他们被称为"堂友"。③ 在这一群体内，有一个较小的管理委员会（堂董）负责善堂的活动。实际上，善堂的日常事务掌握在一个"司事"手中，委员会的其他成员（称为"同事"）只不过承担监督之责。在许多善堂中，"任事"之职是由"堂董"轮充的。④ 另外也有一种情况，比如敦本堂的胡元、培心堂的范成芸，就独自担任善堂管理人相当长的时间。可是，即便是后一种情况，也没有证据表明，这些人是拿薪金的。实际上，我们有一份善堂的详细规章，即1839年敦本堂的章程，其中包括一份善堂职员的报酬表，但并没有提到向善堂管理人支付薪水。⑤ 像胡元、范成芸等都把全部时间花在善堂管理方面的人，原来大都是富裕的商人，他们从生意场上退休之

---

① 参见《汉口小志·义举志》，2页。1893年，汉口海关税务司穆和德（Moorhead）曾经这样评价敦本堂和救生堂："可以确信，官府除了发布公告声明保护救生船之外，并没有做任何事。"见海关总税务司：《中国的救生艇及其他》，23页。

② 参见夫马进：《清代松江育婴堂的经营实态与地方社会》，载《东洋史研究》第45卷3期，55～89页；欧文：《英国的慈善事业，1660—1960》（马萨诸塞州，坎布里奇：1964），13页。

③ 参见1920年《夏口县志》卷五，15页。在北京，这些成员被称为"助善"。参见今堀诚二：《北平市民的自治组织》，34页。

④ 在这种情况下，善堂的"任事"显然就没有理由不能同时继续从事他平常做的生意，就像惠滋堂一位佚名的管理人那样——他是一位从江南来的客商，在长生街经营大豆酱和食品批发。参见《申报》光绪五年八月十三日。

⑤ 参见海关总税务司：《中国的救生艇及其他》，"中文附件"，31～34页。

后，愿意选择这种半退休的贵族式生活方式；他们完全不是那种希图薪金的人。

但这并不是说管理善堂就没有给个人提供发财致富的机会。实际上，我们已看到，善堂管理人不时受到“私擅”的指责。更经常出现的情况是，管理人将善堂房地产出租出去以谋取私利。① 在这种情况下，善堂成员会希望“堂董”们介入并对“任事”者展开调查，他们也可能停止进一步捐款，直到事情完全弄清楚。然而，在商业性宣传中，汉口善堂的名声非常好，它们都强调善堂在管理方面的渎职行为是非常稀少的，当然，某些不规则做法则是到处都一样的。

我已经谈到过善堂主要的收入来源：赠品、募捐和捐款。经常能收到那些提供了启动资金的富商们赠送的大宗重要礼物。与欧洲的慈善情况不同，这些赠品通常来自活着的人，而不是遗产。② 通常，捐赠人作为其所捐赠善堂的“堂董”而继续提供帮助；当然，也有一些当地慈善家，如米商李祥兴，就经常性地向几个善堂提供捐赠，而自己并未在这些善堂中担任管理职务。③ 敦本堂的章程保证，乐于接纳任何自愿捐献，但规定善堂不得主动提出捐赠要求，或要求捐赠人按照规定的清单捐赠钱物，捐赠数额也应当由捐赠人自己决定。④《汉阳县志》又加上了一条：在大部分情况下，捐赠人主动捐献时，对如何使用这笔捐献的钱物可以提出自己的意见。⑤ 在这个意义上，汉口的善堂有时候不过是私人慈善活动的中转站而已。

然而，大多数善堂并不能仅仅依靠自愿的捐赠。可供选择的办法之一是标准化的捐纳单（轮捐）。这种制度性的办法常被很多汉口善堂用来募集开办费，有时为了某种特殊需要也采用这种办法，它也可能适用于日常运作经费的募集。有时，善堂会指定其服务区域的商户和业主交

---

① 敦本堂于1839年制定的章程中就包括有反对此种行为的条款，一些收益较好的汉口行会与会馆章程中也包括同样的条款，这反映出，这种做法是人所共知的、常见的管理腐败行为。参见《汉口山陕西会馆志》卷二，9～10页。

② 参见乔丹：《伦敦的慈善机构：城市社会的希望和成就，1480—1660》（纽约：1974）。

③ 参见《湖北通志志余》，第6册（译者注：原书未编页）。

④ 参见海关总税务司：《中国的救生艇及其他》，“中文附件”，33页。

⑤ 参见1867年《汉阳县志》卷六，14页。

纳固定的捐款。① 因此，善堂看上去几乎是获得了向其中产阶级支持者征收捐税的权力了。

也许，社会意义更重要的是房地产捐赠（义地）的普遍化。正如前工业化时期伦敦的慈善业建立于“慈善基金”的收入基础之上一样，19 世纪中国的善堂也购买或接受赠送的可供出租的房地产，所以，按照一位善堂创始人的说法，最稳定而可以预知的收入乃是“祖传之基地”。② 显然，许多（如果不是大多数的话）太平天国运动后的善堂都拥有一定数量的永久性捐献的地产③，但我们还是应当感谢汉阳知府严昉 1876 年做出的一个决定，他命令公布三个太平天国运动前即已存在、现仍幸存的善堂拥有的财产清单，这使我们得以知道三个善堂拥有财产的大部分都是捐赠的。

三家善堂拥有的地产非常可观④，由乡下的稻田、分别位于汉口和汉阳的城市商业性房产（同善堂还在汉阳县第三大市场中心蔡店拥有一处地产）混合组成。例如：虽然敦本堂的总部设在汉阳县城，但它却在汉口黄陂街与河街邻近三官庙的地方拥有一片商铺区，并将它们出租。同善堂同样位于汉阳县，也在汉口靠近邱家垱与关帝庙的地方以及双龙街和万安巷各拥有一块已开发的房产，在董家巷还有一块园地（汉口城内 25 块园地之一）。汉口自己的自新堂所拥有的财产，包括善堂本身所占用的部分，则可见表 3—2。

---

① 参见《申报》光绪五年六月二日。上海也有同样的现象，另见杜黎：《鸦片战争前上海行会性质之嬗变》（提交给“中国资本主义萌芽讨论会”的论文，南京：1981 年 5 月）。关于北京的情况，则请参阅今堀诚二：《北平市民的自治组织》，162 ~ 164 页。

② 参见 1920 年《夏口县志》卷十五，27 页。关于 18 世纪伦敦的“慈善基金”，参见欧文：《英国的慈善事业，1660—1960》，69 ~ 72 页。需要指出的是，许多中世纪和近代早期的亚洲城市里都存在着同样的捐赠基金。关于伊斯兰城市的情况，参见拉皮杜斯（Ira Marvin Lapidus）：《中世纪晚期的穆斯林城市》（马萨诸塞州，坎布里奇：1967）；关于南亚城市的情况，参见阿帕杜莱（Ariun Appadural）、布莱肯利格（Carol Breckenridge）：《南印度寺庙：权威、荣誉与再分配》，载《印度社会学文献》第 10 卷，第 2 期（1976），200 ~ 204 页。

③ 例如，1920 年《夏口县志》卷十五 27 页记载了普善堂拥有的房地产；《申报》光绪八年六月十六日报道了广善堂的情况；海关总税务司《中国的救生艇及其他》24 页则记载了济生堂的情况。

④ 参见三家善堂拥有的财产清单，见 1884 年《汉阳县识》，“公款簿”，7 ~ 39 页。

表 3—2　　自新堂的不动产（1884 年）

类型	位置	状况
1. 一处“大段”地产	汉口，盐业公所与宝林庵之间	在太平天国运动中受到破坏；现租给茶庄、花户和棚户
2. “一区”地产	汉口，天宝巷与兴隆庵之间	在太平天国运动中受到破坏；现租给棚户
3. “一区”地产	汉口，正街庆元巷	在太平天国运动中受到破坏；1884 年大部分重建，作为商铺出租
4. “一区”地产	汉口，邻近观音庙	在太平天国运动中受到破坏；现空闲
5. 谷仓	汉口，大后街	重建并出租
6. 两家店铺	汉口，邻近沈家庙	重建并出租
7. 仓库	汉口，正街高家巷	重建并出租
8. 两家店铺	汉口，严家湾	重建并出租
9. 一家店铺	汉口，正对土垱墩	重建并出租
10. 一家店铺	汉口，靠近土垱墩	重建并出租
11. “二区”地产	汉口，宗关附近的汉水岸边	1878 年获得捐赠；出租作商用
12. 一块园地	汉口，大火路，邻近后湖	1881 年买得
13. “一大区”地产	汉阳县城	在太平天国运动中受到破坏；重建并租作商用
14. “一区”地产	汉水南岸	在太平天国运动中受到破坏；现将土地租给私人开发者，他重建了店铺并出租作商用
15. 四大块稻田	汉阳县，汉水南岸	出租给农民
16. 两大块稻田	汉阳县，汉水北岸	出租给农民

资料来源：1884 年《汉阳县识》，“公款簿”，31～39 页。

自新堂拥有的不动产显现出几个饶有趣味的太平天国运动后的特征。首先，直到 1884 年，仍有许多城市土地未得以开发，只是被出租给日益增长的城市下层的棚户以收取租金而已。其次，与行会及其他机构性地产持有者一样，善堂似乎也在太平天国运动后的城市重建的融资过程中发挥了相当大的作用，也成为主要的城市地产所有者。再次，我们已经注意到官府对机构性地产的保护。太平天国运动后，自新堂为了恢复其原来拥有的财产，曾经有一段人所共知的困难经历，此种困难曾促使地方官府直接干预。在此之后，官府很快就成为善堂新任管理人的后盾。当然，团体性地产所有者较容易在太平天国运动的灾难中幸存下来，而且后来的事实也证明，他们也比那些个体地产所有人能更容易拿出在太平天国运动前即拥有这些地产的文件根据。直到1878年，自新堂的“首事”仍能找到一份证明汉口一处地产（见表3—2中的第7项）在30年前即属于他们的契约，地方官府据此将这块地产判给了他们。① 更具戏剧性的是自新堂重新获得严家湾店铺的过程。这份房产是1848年一个刘氏家族捐赠的。太平天国运动之后，幸存的刘家人回到汉口。因为生活条件大幅度降低了，刘家动手重建了店铺，并出租出去，以补贴自己的生计。1877年，自新堂的管理人找出了当初的捐赠证书，地方官府将这份房产及其后来的租金收入判给了自新堂，同时规定自新堂应付给刘家一笔固定款项，以偿还刘家重建店铺的费用。② 因此，虽然中国的法律制度从未像18世纪的英国法律那样，形成一种保护城市捐赠地产的精密周全的慈善基金法，但看来中国官员在存在争议的具体情况下，都会不约而同地做出有利于慈善基金的判决。

自新堂的财产清单也反映了某些城市团体在乡下投资的情况。自新堂拥有的大面积稻田（见表3—2中的第15、16项），由几块分散的地块组成几组，分别由几位居住在当地的“庄头”负责管理。庄头根据契约向佃客收取地租，然后将实物与货币地租集中起来，交到善堂来，并交纳田赋。自新堂的财产登记簿没有记录那些单个佃客的姓名，只列出了庄头的姓名，所以我们可以知道大多数庄头的姓名。可是，登记簿只记录了每块地的平均产出，而且显然只按习惯记录了每年庄头交给善堂的那部分收入。然而，为了避免根据这些史料得出城市大规模开发乡村的结论，我们必须指出，乡村土地在善堂拥有的全部捐赠地产中只占很小的比例（就其提供的收入而言）。这有几个原因。首先，在汉口之类的主要商业中心，城市地产的租金收入显然要比那些乡村土地高得多。③ 其次，是涉及赋税问题。自新堂的财产登记簿包

---

① 参见1884年《汉阳县识》，“公款簿”，3页。敦本堂也援引一份太平天国运动前的地产登记，从而赢得了地方官府的信任，把一块有争议的地产判给了他们。见1884年《汉阳县识》，“公款簿”，9页。

② 参见1884年《汉阳县识》，“公款簿”，33页。

③ 关于汉口行会拥有的地产在租金收入方面的差距，参见罗威廉：《汉口：一个中国城市的商业和社会，1796—1889》，308～309页。

括一份乡村田地的田赋清单，其概要可见表 3—3。登记簿在每一事项之后反复使用一个短语“应完正供”，说明此类田产需要向朝廷交纳田赋与漕粮，只是作为“义地”，豁免了省、县征收的附加税。可是，这种免税的意义，根本不能与善堂开发的城市房地产的免税相提并论，因为后者实质上是完全不纳税的。我怀疑善堂之所以要保留乡下的田地，根本只是因为它可以保证向善堂提供最低水平的粮食收入，以作为抵制粮价高涨的一个屏障。

表 3—3　　自新堂的稻田每年应纳赋税（1884 年）

田产位置	正供田赋（正银）	正供漕粮（正米）
王府林	0. 540 两	—
横山头	0. 253 两	—
罗嘴	0. 058 两	—
湘五里	25. 873 两	11. 086 9 石
湘二里	3. 873 两	1. 646 7 石
凤栖里	2. 581 两	1. 104 1 石
丰乐里	1. 522 两	0. 650 7 石
合计	34. 700 两	14. 488 4 石

资料来源：1884 年《汉阳县识》，“公款簿”，36 ~ 37 页。

显然，那些接受捐赠较多的善堂得自不动产的租金收入总额是相当可观的。太平天国运动后，敦本堂的这项收入每年均超过 3 000 两，以致善堂自己也用“巨额”一词来描述它。① 自新堂的收支盈余显然也比较充足，使它不仅可以投资改善已有的房地产，还可以购买新的地产（见表 3—2 中的第 12 项）。当然，既有成功的故事，也就会有失败的事例。例如：我们知道，1882 年，为了弥补预算收入的不足，同善堂就不得不把一块原准备留作墓地的土地，租让出去以种植商品蔬菜。② 但是，就善堂整体而言，特别是对那些在 19 世纪 50 年代后期至 70 年代土地市场萧条期间获得捐赠地产的善堂（大多数善堂都是如此）来说，它们完全可以与工业革命前夜的伦敦慈善业相提并论：拥有一份让人眼红的大片值钱的城市地产。③

① 参见 1884 年《汉阳县识》卷二，20 ~ 21 页。

② 参见《申报》光绪八年六月十六日。

③ 参见欧文：《英国的慈善事业，1660—1960》，276 页。

还必须提及太平天国运动后善堂获得经费支持的最后一种途径，即地方官府的捐赠。我们已经指出：汉口善堂是由民间建立的、自行管理的机构，而且，汉口公共福利机构扩展的背景是国家权力在这一领域的衰退，而不是国家能动性日益增加。然而，太平天国运动后，在汉口这样的地方官府（区别于那些较高层级的官府）取得了一个非常重要的收入来源：新式商税。而且，在汉口，当地官府利用这笔收入，有选择地资助一些福利服务。具体地说，汉口官府挑选敦本堂和济生堂经营的救生机构，作为当地厘金局按月接济补贴的对象。① 当然，除此之外，当地官员也时常以个人身份向各种善堂捐赠，以表示自己对社会公益的热心。② 当然这些官府给予支持的方式，并不能真正改变善堂在本质上是一种超官方机构的特征。

* * *

概括言之，善堂是19世纪后期城市社区中一种关键性的（也许是最关键的）机构。它们在很大程度上是19世纪新建的，但事实则引人注目地证明，在一定程度上，它也是清代中国城市社会持续发展变化的结果。虽然汉口善堂的大规模建设、扩展发生在太平天国运动后的“善后”、恢复时期，但其最初出现却至少可以确定在鸦片战争前，而且太平天国运动后善堂的扩展开始于汉口开埠之前，因此不能把它看做西方影响的产物。善堂代表了地方社会在公共福利方面的能动性的胜利，以及所谓“公共福利”所涉及范围的大幅度扩展。利用捐赠而来的地产，它们不仅在服务活动方面展现了自己的力量，也作为地产所有者与不动产开发者而在19世纪城市中发挥着作用。太平天国运动后的数十年中，善堂已经形成为邻里团结与自助的核心。同时，它们也逐步超越了邻里的范畴，而融汇成一个遍及全城的大体系——现在我们就来考察一下这个过程。

---

① 参见凯恩（Caine）1869年10月5日信，英国外交部档案，17/534。长江下游城市中也存在着同样的现象，参见欧中坦（Ocko）：《中国省级官僚制度的革新：丁日昌在同治中兴时期的江苏，1867—1870》，41、52页；兰金（Mary Backus Rankin）：《城乡连续体：浙江市镇的两个望族》，载《清史问题》第3卷第7期（1977年11月），81页。

② 参见《申报》光绪四年四月三日；森田明：《关于救生船：清代社会救济事业的一个事例》，载《史学研究》第66号（1957），10页。

五、常规化的大众福利：粥厂与“冬防”

也许，太平天国运动前后汉口公共福利在方向上最重要的转变，是从关心死者，转向了关心生者。太平天国运动前，善堂主要集中关注搬运、埋葬那些因饥饿、疾病、遗弃或溺水而死亡的人的尸体或遗骸。公共卫生观念虽然有时也被提起，但基本上是一种例行的说教。太平天国运动后，这些机构在试图帮助人们维持一种最低限度的健康与温饱的生活水平方面，采取了更具积极性的做法。为此目的而设立的主要机构就是粥厂。1867 年《汉阳县志》报道说：

> 近遭兵燹，邑中凋敝情形无复昔日十分之二三；偶遇遍灾，断难集此巨款，有心者蒿目时艰，徒唤奈何而已。现在各善局分设粥厂，值隆冬盛雪，亦足以苏残喘。虽以经费不支，只能半售半赈，然于恤政不无小补。①

清政府有很多处理地方生存危机的政策，包括平抑粮价等，或偶尔直接发放食物（“平粜”，参见第六章）等。可是，清朝法令对可以接受“按例”之食物分发帮助的人的范围有明确的限定。除了寡妇、孤儿及定期领取津贴的生员之外，仅限于农民——在清代，农民只是指那些确实耕作土地的人。当灾情得到正式申报时，城市居民也可以接受援助，但绝不是可以延续的基本原则。② 早在明朝后期，作为对官府此种狭隘资助范围的补充，中国一些地方就出现了私人主持建立的粥厂。在汉口，有清一代，一遇到突发性危机，粥厂就会周期性地涌现出来。③ 然而，是什么原因促使它在太平天国运动后作为城市公共福利中协调良好的、永久性体制的一部分，而特别得到发展、数量不断增加，而且其运营也逐步走向常规化？

太平天国运动后，最初几个粥厂的设立，与太平天国前的粥厂一样，也是由个人主动创议的。1864 年，一大批流民突然涌入，一位名叫任应富的汉

---

① 1867 年《汉阳县志》卷八，54 页。

② 参见魏丕信：《18 世纪中国的官僚制度与荒政》，125～127 页；景耀月：《中国慈善事业的灵魂：关于互助的研究》，42～43 页。

③ 参见 1818 年《汉阳县志》卷十，27 页；《裕庄毅公年谱》（1865），45 页。

口商人在白布街开办了第一家粥厂；两年后，汉江大水，盐商熊建勋在汉口四个坊各设立了一家粥厂，加上设在周围乡村的四家粥厂，组成了一个体系。① 这些努力都是对特定灾害所进行的特别应对。看来，更永久性的机构需要更制度化的支持，仅仅是个人的支持还不够。制度性支持的契机最初出现于1865年。当时，汉口新成立的安善堂与敦实堂开设了冬季粥厂，其宗旨是到春季将其关闭、翌年冬季再开。1877年道生、存仁、惠滋堂开办的粥厂，1878年补济、崇善堂开设粥厂，以及19世纪80年代初培心堂开设的粥厂，相继加入到这一行列。此外还有一家粥厂，不是善堂附设的，而是由街坊的头面人物在武圣庙设立的。②

粥厂与官营的福利机构不同，并未将自己救济的范围限定在救济院里的穷人，而是向生活在其所在街区里的人们提供救济，以使他们可以继续自己的营生。因此，参与其事的八家善堂每家都不是只开一家粥厂，而是开设了几家粥厂，按照预先的安排（按照“段”来安排），有条不紊地分布在全城最贫困、人口最密集的地段。

粥厂运营有每一方面都力争采用规定详密的标准化程序。为了防止接受施粥的人（可能不属于粥厂所在的街区）给一个粥厂带来过多的麻烦，这一体系的管理者们在粥厂开、闭日期（从仲冬到初春）及其开放时间（从黎明至正午过后）方面进行了密切协调。他们按照标准配方烹制稀粥，并按标准的“一份”发放出去，即一担稻谷要做出200份稀粥。控制（领粥的）人群的拥挤是一个很困难的问题。一位西方传教士报道说：“为了领到一点粥，拥挤得非常厉害，那些身体虚弱、饿得半死的妇女和孩子常常在快要挤到粥厂大门的时候，就被挤坏了。”③ 因此，发放稀粥时就需要采取一些措施，诸如使用警戒线与安全保卫，预先发行票据，特别是要为领取稀粥负担一笔很小的费用。粥厂管理人强烈地认识到这种发放救济的形式与预期不甚相符，实际上不过是“半售半赈”；所以，媒体上也时常出现关于这种活动在体制上将赤贫阶级排除在外的指责。但是，粥厂管理人都认为，收一点费用（每

---

① 参见1920年《夏口县志》卷十五，18、28页。

② 参见1867年《汉阳县志》卷六，12页；《申报》光绪三年十二月十日，四年四月三日。

③ 福斯特：《长江流域》，12页。

份粥两文到三文钱不等），对于防止那些并非确实贫困的人也来领粥以及维护领粥的秩序，是必要的。①

然而，1867年《汉阳县志》却暗示，施粥收费有一个更根本性的理由，即试图弥补部分开支费用。当地报道人指出：当汉口粥厂系统的运营处于顶峰时，每天分发大约6 400份粥，但这距离实际需要或必需的数量还存在着十分惊人的差距。② 除了得自廉售的收入和由善堂提供的捐赠收入之外，粥厂管理人经常发现，他们不得不请求外界的捐献。有时，这些捐献来自私人。比如，我们知道，一位山东客商廉价卖掉了一方家传玉雕，并将所得收益约7 000两银子，捐给了各粥厂。③ 有时，地方官府也会提供一些经费支持。例如，1878年，位于武圣庙的粥厂就从湖北提督衙门收到了一笔馈赠。同一年，汉口道台何维键把自己幕僚集体捐献的300两银子捐给了附设有粥厂的各善堂，从而使这些粥厂在寒冷的春天里又继续额外开放了一个月。④

汉口地方官府通过发布告以及上述个人捐赠以表明它对粥厂体制的支持。更重要的是：虽然粥厂一直是由民间经营管理并主要是由非官方力量创办的，但官府却得以正式将其运作纳入到由国家与社会联合参与的所谓汉口"冬防"制度中。冬防在19世纪70年代后期与80年代前期逐步走向制度化，它由危险的冬季里对城市社会管理有着至关重要意义的因素组成，即救济与公共安全。每年冬季，批发市场停业了，港口冰封了，粮食储备日渐消耗，粮价抬升，乡下的流民又蜂拥而来。关于冬防的公共安全部分，我们将在第八章中讨论。其公共福利部分（有时称为"冬赈"）则已达到了准官方性质的地步，特别是当官府开始将自己的政策与粥厂系统协调一致（已经高度制度化了）并正式公布粥厂的开放与关闭日期之后。⑤ 同时，这一过程也

---

① 关于汉口粥厂的运营程序的资料，包括《申报》光绪四年十一月十七日，八年十二月八日，九年十一月二十四日。关于其他地方粥厂运营的具体描述，参见魏丕信：《18世纪中国的官僚制度与荒政》，127～133页。

② 参见1867年《汉阳县志》卷八，54页；《申报》光绪九年十一月二十四日。

③ 参见《申报》光绪二年十一月二十八日。

④ 参见《申报》光绪四年四月三日、二十日。

⑤ 这里必须指出：想要领取粥厂救济的人不仅包括汉口自身的穷人，还包括那些越来越有规律地在冬季进入城市的乡下难民。正如第五章将要进一步讨论的那样，由官府来协调关闭粥厂的日期，是与将难民驱出城镇、赶回田地的意图联系在一起的。

可以解释为清朝国家为了以最小的花费达到国家的目标，而选择与已有的社会机构进行合作的典型例证，只是在这种情况下，看来正是社会力量自身提出了合作的请求。1883—1884 年冬，八家承担办理粥厂之责的汉口善堂的绅董向汉阳知县提交了一份集体陈情书，请求知县正式协调他们的行动，并从县库中拨付一小笔补助金。知县满足了他们的这两项要求。① 因此，汉口的商办粥厂系统已不仅成为大众福利领域中全城范围内的社会自治体系，而且越来越成为联系官僚行政系统与城市邻里生活的有效渠道。

六、结语：城市社区的制度化

19 世纪汉口公共福利活动的历史，受到三种主要趋势的控制。第一种趋势是对适宜受益的人群范围的界定扩展了，救济活动的范围也大大拓展了。尽管在很大程度上也是以此前的合法性贫民救济为楷模的，但 19 世纪的大众福利的主旨乃是从实用角度出发，力图减轻大众的灾难。18 世纪的救济机构只把那些没有正常家庭帮助途径的人（鳏寡孤独）列为适当的资助对象，而 19 世纪的善堂则把包括完整家庭在内的所有求助的人，都视为救济对象。从前的慈善机构集中精力照看本机构内的少数人，而 19 世纪的善堂则分出精力去帮助本机构之外更多的人。欧中坦（Jonathan Ocko）认为，19 世纪末，当"（福利机构）有效地发挥作用时……中国社会可以向一个人的一生提供帮助，而这种帮助一般是与现代福利国家联系在一起的"②。看来他的观点只是稍微有些夸张而已。我们注意到，正是在这一阶段里，中国首次出现了最低生存权利的观念，按照欧内斯特·巴克（Ernest Barker）根据欧洲现代早期城市的情况所作的界定，就是要"保证每一个文明社群的成员，只根据其成员资格，即可拥有的权力"③。

为什么这些驱动力量会在此时此地迸发出来？显然，原因之一是物质能

---

① 参见《申报》光绪九年十一月二十四日。

② 参见欧中坦：《中国省级官僚制度的革新：丁日昌在同治中兴时期的江苏，1867—1870》，53 页。

③ 巴克（Ernest Barker）：《西欧公共福利的发展，1660—1930》（牛津：1944），73 页。

力（这要归功于汉口商业的繁荣）与明显的需求（表现为城市贫穷人口的日益增长）交织在一起了。在太平天国运动后的数十年中所发生的最大的革命性冲击，就是飞速的工业化和毫无秩序可言的“中兴”。伴随着此种失序现象的是社会伦理规范的丧失，而太平的冲击则带来了价值观的崩溃。对社会失范与道德沦丧的忧虑，直接导致了儒家精神的复兴。在实践过程中，此种“复兴”要求在本质上超出了“恢复”的范畴，而包括了范围广泛的大众组织与公共事务的试验。正如玛丽·兰金针对长江下游地区所指出的那样，其结果，是地方精英对与社区利害攸关的事务，开始采取一种前所未有的“能动主义”态度。① 反映商业精英观点的新式媒体，比如《申报》，也热衷于宣传此类事务与思想，并把它作为一种可供模仿的模式加以传播。

这一时期的第二种趋势是官办福利机构退化了，逐步被当地社会主动建立的机构所取代。之所以会如此，部分原因是由于面对日益增加的人口与越来越复杂的社会，国家却抱着过时的公共福利需求观念不变；部分原因则是由于斯波义信所谓贯穿于公共福利各层面的“由官办转向民办的长期以来即缓慢发展的趋势”②。可是，这也是一个长期的周期性过程。许多学者认识到：17世纪出现了一个民间社会力量占据主导地位（兴办福利事业）的高潮；在随后的“盛清”时期，国家更有效地承担起这方面的职责，与之相适应，地方社会的自助就衰退了；到19世纪，社会主导又复兴起来。③ 汉口的发展历程给这一阐释模式增加了证据。17世纪和19世纪民间社会的行为模式甚至是对其活跃分子的称谓，都惊人地相似。但有两点仍必须明白：首先，晚清民间社会活动的水平和作用范围均大大超过了明末；其次，与明末的情形相比，在19世纪民间社会主导的福利事业兴起的过程中，地方官府给予的保护、鼓励和周期性的经费支持要稍微大一些。虽然

---

① 参见兰金：《中国浙江省社会精英的能动主义与政治变革，1865—1911》，第三章。

② 斯波义信：《宁波及其腹地》，收入施坚雅主编：《中华帝国晚期的城市》（加利福尼亚州，斯坦福：1977），422页。亦可参见施坚雅：《导言：中华帝国的城市发展》，收入施坚雅主编：《中华帝国晚期的城市》，21～25页。

③ 参见韩德玲：《晚明思想中的“行”：吕坤与其他官绅之再检讨》（马萨诸塞州，坎布里奇：1983）；魏丕信：《18世纪中国的官僚制度与荒政》；梁其姿：《明末清初民间慈善活动的兴起》，载《食货月刊》第15卷，第7～8期。

大大落后于城市商业精英，但国家毕竟也在努力适应社会的变化。由官府手中转移到社会手中的，并不是“参与”社会福利活动的权力（从某些意义上说，此种活动总是联合参加的工作）①，而是“主导”和“控制”此类事务的权力。

第三种趋势是建立在个人捐赠基础之上的传统的民间慈善转变为团体占主导地位、非个人负责的公共事业了。此点又令人想起明末以及现代早期欧洲城市中社会福利事业的发展。戴维·欧文（David Owen）指出：在18世纪的伦敦，公共福利领域里日益流行的集体化与制度化风潮，部分原因是受到当时股份制商业企业结构改革的鼓舞。在19世纪的汉口，复合式的股份制企业逐渐流行，也意味着在商业领域与社会活动领域之间也存在着同样的联合方式。②

* * *

让我们结合对19世纪末至1911年辛亥革命期间汉口福利机构“现代化”进程的简要展望，对本章作一些总结。在某些意义上，此数十年来的发展起源于这样一种认识，即我们已见到过的曾经出现的机构，已不再能适应正在早期现代化过程中经受阵痛的城市的需求；然而，如果转换一下考察视角，这一切也可以看做迄今为止所描述的历史进程的必然结果。

中日甲午战争之后，在汉口社会生活的许多方面，都首次显现出西方影响的重要意义。在公共福利领域，最显而易见的是越来越关注西方医药。我们曾经谈到过两家西方医院，卫斯理会的汉口圣公会医院（Hankow Medical Mission Hospital，建于1864年）和伦敦布道会的汉口医院（Hankow Hospital，建于1867年），都得到大众的广泛接受。这两家医院从建立之初，就得到当

---

① 王国斌和濮德培谨慎地提出警告，不要过分强调“在18世纪的救济与明末、晚清的救济之间正好对应着官方救济模式与非官方救济模式（作为一种区别方式）”，并指出：在清代中期，民间的努力一直受到的积极鼓励，且由官府予以制度化了（参见《清代灾荒之敌》，载《哈佛亚洲研究学报》，43卷第1期，315页）。然而，很明显，汉口善堂与冬防所代表的惯常性公共福利类型，早已远远超出了18世纪官僚政府可能预料到的范围。

② 参见欧文：《英国的慈善事业，1660—1960》，3、12～13页；罗威廉：《汉口：一个中国城市的商业和社会，1796—1889》，72～74页。

地捐赠人的大量捐款。大部分捐赠人是欧洲人，但也包括几位中国商人，汉口道台通常会每年提供一份个人捐款，其数额足以与最多的民间个人捐赠相比。① 早在教会医院建立之前即已在发放药品的汉口善堂，很快就追随教会医院，设立了西式的牛痘局、眼科等。实际上，有几家善堂逐步发展为专门提供医药服务的机构。② 善堂在医药卫生事务方面的领导力不断增长，到辛亥革命前达到了顶峰：他们集体负责，建立了一家全城市的公共卫生机构，并成功地说服湖北省与汉口地方行政部门保证提供一笔政府补贴。③

在其他方面，20世纪初的善堂也追随其西方领导者，努力拓展其关心的领域。我们在下一章将看到，他们热衷于建设公共学校和路灯。然而，更重要的是，他们的活动进入到一个汉口从前没有过的领域，“社会再教育”④。现代早期伦敦慈善业的基础之一就是试图向穷人提供经济上的激励以改善其精神风貌（通过提供结婚津贴、免费的学徒训练以及声名狼藉的“贫民习艺所”等方式），而中国城市里的慈善事业却只是将绝大部分的关心集中在单纯地提供救济方面。然而，伴随着工业化的发端，几家汉口善堂联合刚刚成立的商会，率先建立了一家“习艺工场”，由一个称为“商务善会”的联合委员会负责管理。⑤ 显然，这预示着一个隐含阶级关系的新时期即将来临。在这个意义上，也许可以说，在我们研究的时段里，由精英负责的福利活动中基本上没有那种自以为是和自私自利的“再教育”精神，或许这正是此类

---

① 参见圣公会（卫斯理会）：《汉口圣公会医院的五次年度报告》（报告之一，1865年），13页；圣公会：《汉口圣公会医院的第七次报告》（上海：1972），9~10页；伦敦布道会：《汉口医院之首次报告，致伦敦总会》；《申报》光绪四年六月二十日。

② 现代早期的伦敦也存在着同样的趋势，这表现在“hospital”这个词从主要指“救济院”转变为指专门性医药机构的现代意义。参见欧文：《英国的慈善事业，1660—1960》，36~37页。

③ 参见苏云峰：《中国现代化区域研究：湖北省，1860—1916》（台北：1981）。

④ 关于英国慈善业中“社会再教育”的出现，历来众说纷纭。参见赫姆法伯（Gertrude Himmelfarb）：《贫穷的观念：早期工业化时期的英格兰》（纽约：1983）。

⑤ 参见汉口慈善会：《各善堂创立沿革暨事业情况》（汉口：1945），2页。关于伦敦的“社会再教育”，请参阅乔丹：《伦敦的慈善机构：城市社会的希望和成就，1480—1660》，166~193页。

活动最值得肯定的特点之一。①

1909 年，所有汉口善堂的管理人一起加入了独立的城市社会服务组织汉口慈善会，根据设想，它将成为一个监督全部汉口善堂的福利活动的、拥有一切权力的“现代”组织。② 在一定意义上，这也可以看做外国影响在这一领域的表现；“汉口慈善会”这种表达方式，也同样是为了将那些错综复杂的、繁殖过度的、散乱的旧式城市慈善活动引向合理化，就像一个半世纪前伦敦的“科学慈善”运动所做的那样。③ 然而，首要的推动力却毫无疑问来自当地。数十年来，汉口善堂特殊的功能部门——粥厂和水龙局，早就已处于一个协调中心之下了。而且，1909 年最后决定建立这样一种综合性的组织，也是与当时导致商会与汉口行会联合会的成立的运动相一致的。此种全城范围内强有力的多功能组织的创立，代表着一个世纪以来城市自助的革新达到了顶峰，也为城市社区奠定了制度性的基础。

① 在一定范围内，19 世纪的城市慈善活动并没有把“社会再教育”作为自己的目标，它既不同于后来西方式的慈善活动，也不同于 17 世纪“同善会”运动，后者也把受益人是否在精神上“应得到”帮助作为关注的中心内容。

② 参见 1920 年《夏口县志》卷五，19 页；汉口慈善会：《各善堂创立沿革暨事业情况》（汉口：1945），2 页。

③ 参见欧文：《英国的慈善事业，1660—1960》，215 页。这些年中，中国其他城市也产生了慈善会。关于广州的情况，参见罗兹：《广东的商会，1895—1911 年》，收入伊懋可、施坚雅主编：《两个世界之间的中国城市》，104 页。

第4章
公共设施与公用事业

现在，我们将注意力转移到早期曾被人们亲切地称为“市镇改良投资”，即投资于社区集体财产的社会活动领域。这包括诸如道路、码头和堤防之类标志着城市地理面貌发展的实实在在的东西，也包括消防队、公共渡口之类的服务机构，以及旨在改良那些竭力对神、人的行为施加影响的寺庙与学校的捐献项目。简言之，我们的问题是：在汉口，是什么人搞出了哪些此类机构，以及何人承担其费用？

20世纪初，一位中国学者在试图向西方读者解释在中国人们是如何投资于这些事务时说：

> 许多事情，诸如道路、路灯、搬运垃圾、供水、学校、治安、防火等等，这些被西方人习惯上看做市政当局功能的事务，从来就没有由相应的行政官员负责。所有这一切，均由市民想方设法、完全独立自主地去完成。①

我们在本章中将看到，虽然引文中所谓“完全独立自主地”也许有些夸张，因为这一集体生活领域其实很愿意有官府的关注，但总的说来，他的说法是正确的。在汉口，官僚国家机器的代表虽然在城市服务事业的发展方面，不时地发挥调整、仲裁乃至主动创议等作用，但他们在进行调整、仲裁和创议时，并没有一整套全面的、不断改进的原则。因此，对这一领域的考察，可以为我们提供一个有关中华帝国晚期国家—社会关系的重要视点。

特别是，我们在汉口发现了一条19世纪社会历史发展的关键性证据，

---

① 景耀月：《中国慈善事业的灵魂：关于互助的研究》（纽约：1912），83页。

即我们称之为“公共领域”的集体努力领域呈几何级数扩展。中文词汇“公”，就像英语中意义对等的“public”一样，历史上在国家与社会之间占据的位置一直模糊不清：有时，它被用来指官府；有时，则被界定为官僚制国家权力领域之外的集体所有权与责任的特殊领域。① 这一概念的内涵，不仅会随着上下文的语境而发生变化，而且会随着时间的推移而发生系统性的变化。例如，德国政治理论家尤根·哈贝马斯（J. Habermas）根据欧洲的历史经验，把“公共领域”描述为出现于18世纪初这一特殊历史时期的经过特别界定的概念，用以指位于资产阶级私人财产利益与专制主义国家利益之间的中间领域。② 显然，19世纪中国城市发生的那些事情看来并没有什么根本性的不同。在清王朝统治的后期，当城市社群所提出的集体服务的范围从根本上超出了国家组织的发展（直到1901—1911年的“新政”期间，国家的预算和官僚人员配置才有较快增长）时，就必然需要引进非官方的公共领域，来填补这一空白了。

一、城市建设

在汉口这样生机勃勃地发展中的城市里，随时可以见到建设与再建设。街道、桥梁与码头，市场、货栈和店铺，会馆、客栈以及私人住宅，凡此种种，都不断地建设着，显示着这个城市的繁荣，并稳定地提供了许多木匠、瓦匠、石匠与砖匠的工作机会。这些表现出中国城市典型特征的建设项目之融资结构与手段，是“公共的”——向全体城市社群开放，并向他们提供服务，而且越来越走向全面的社区化或民间化。

---

① 例如：《韦伯斯特第三国际辞典》（*Webster's Third International Dictionary*，1971）就把“government”作为“public”的首要涵义的同义词，而《牛津英语辞典》（*Oxford English Dictionary*，1973）则只是在“public”的第十个涵义中才包含“the state”的意思。后者给“public”下的首要定义是：“属于或适宜于全体民众的，属于、影响到或涉及社群的……社群全体做、创造或代表社群全体的，得到社群授予权的、为了社群全体的或反映社群全体的。”诸桥的《大和汉辞典》在“公”的第一个释义中既包括“集体的”，也包括“官府的”。

② 参见哈贝马斯：《公共领域——一个百科全书的词条》，载《新德国评论》第1卷第3期（1974年秋）。

有许多承担主要公共事业工程项目的方式。首先，可以直接由官府来主持完成，其经费亦由官方预算中的“公共基金”支出。① 地方志资料表明，汉口的全部官廨（公署），无论是文职衙门还是武官衙门，是汉阳府同知署还是汉阳县丞公署，都是用这种方式建立起来的。② 但这几乎就是官府依靠其资金所承担的建设项目的实际界线了。

事实上，帝国政府在城市建设方面发挥作用的第二种方式更为普遍。那就是挑选、确定要完成的建设项目，对地方社会内部群体承担的管理与融资责任施加一种象征性的影响，并认可他们提出的完成此项任务的具体办法。在大多数情况下，指导性原则是由假定将直接由此项目而受益的社区成员分担其费用，这是一种由政府征收的使用税。例如，18 世纪 40 年代，当禹王阁（摆渡到武昌去的人们，常常在这里等候）倒塌时，巡抚晏斯盛即指派汉阳知县，施加强制性影响，让“里人”捐资予以修复。③ 1807 年至 1820 年间长期担任汉阳知县的裘行恕也采用同样的办法，建设或重建了汉阳县属的全部设施：学校、庙宇、仓库、道路和桥梁，极大地推进了汉口的商业繁荣。④

清代汉口城市建设的第三种而且最普遍的方式是由地方社会来创议并主导。这既可以采取由个体捐赠人向社区捐献的方式，也可以采取由一个城市街区集体承担的方式。在后一种情况下，提出创议并负责的往往是当地的“老爷”⑤，他们一般是“那些成功的商人或承包商，富有而且名声好……而

---

① 此类公共基金（公件或公项）一般来自允许地方官府按比例留存的帝国税收。虽然曾小萍（Madeleine Zelin）在《州县官的银两：18 世纪中国的合理化财政改革》（加利福尼亚州，伯克利：1984）一书中对此问题作了探讨（特别是其中的 117 ~ 120、169 ~ 190 页），但帝国税收如何分割、计算以及如何使用的确切情形，仍然不是很清楚。

② 参见 1920 年《夏口县志》卷五，11 页。关于此种建设项目的讨论，可以参见《申报》光绪三年七月九日。

③ 参见范锴：《汉口丛谈》卷五，13 页。

④ 参见裘行恕：《汉阳县举工程记》，收入 1809 年《汉阳县志》；1920 年《夏口县志》卷四，57 页。在其他帝国制度下，国家在城市公共工程的融资方面发挥象征性作用的情况也非常普遍，参见拉皮杜斯：《中世纪晚期的穆斯林城市》（马萨诸塞州；坎布里奇：1967），66 页。

⑤ 有时，在大众性称呼里，会把“老”冠于某人的“字”前面，以表示人们对他的尊敬。例如，刘璘（字斌廷）就被人们称为“老斌”。参见 1920 年《夏口县志》卷十五，27 页。

且经常受委任管理本地区的事务”①。汉口有很多这样的人，不论是在街区范围内还是在全城市范围内，诸如彭启贤、胡兆春、刘璘等，他们的名字一直不断地与此类活动联系在一起。有些人，如彭启贤与刘璘，本身就是富有的商人，有财力站在自己的立场上充当捐助人；而另一些人，如胡兆春，则只是小康之家，他们在当地赢得超出其财富水平的尊敬，则是由于他们基本上把管理城市建设和其他社区项目作为自己的职业。他们共同的特征是热心社会公益、拥有正直的名声与管理能力。如刘璘，据说，“凡本镇公益事，靡不争先提倡”，“每有兴作，咸曰：非刘老斌不可”②。上文已提到的禹王阁的历史充分地显示出“老人首倡”的关键性意义：在18世纪，禹王阁曾多次成功地重建，但1819年之后，却有数年弃为瓦砾场，因为“迄今尚无倡捐者”③。

一般说来，工程倡议者会首先召集街区的全体铺户开一次会，以获取大家对该计划的赞同，并指定一个监督委员会。然后，这个委员会要请求汉阳知县或汉阳府同知赞同此一进程，并负责接收（如果他们幸运的话）官员主要为了促动地方捐款而提供的个人捐赠。在此之后，它就开始在社区内发起捐款活动。19世纪60年代一位西方观察者报道说，一次典型的捐款活动包括两个阶段：签银和收银。委员会要公布一个全面的劝捐书，印制捐赠手册，挨家挨户耐心地去劝说承捐。宣告承诺捐献数量的纸条被系在捐献者的门上，而总的捐款单则被张贴在街区的某些中心位置上。收银则在几周以后，通常由委员会成员的店铺雇用的店员负责接收，以代替其应付出的捐款。如果每一个捐献人都兑现了其当初的承诺，在中心位置张贴的单子上将会指明这一事实。④

为了处理收集来的基金，采取了各种各样的办法。对于那些相对较大的

① 安伯利奇（Aborigine）：《中国公共捐款之筹集与管理的方法》，载《札记与疑问》第9期（1869年9月），135页。虽然作者所举出的例证均来自华南，但他由此具体情况进而认识到这实际上可以看做中国城市的一般情况。我发现，没有证据表明，这一认识不适合汉口。

② 1920年《夏口县志》卷十五，27页。

③ 范锴：《汉口丛谈》卷二，13页。

④ 参见安伯利奇：《中国公共捐款之筹集与管理的方法》，载《札记与疑问》第9期，136页。

项目，至少在名义上要由某些地方官府的成员来担当领导；而当工程建设完成之后，为了持续维修，通常要采用一种称为“发商生息”的办法。这些钱会交给一群商人，一般是典当商或盐商，由他们作为生意的资本使用，并按月或按年向项目管理人支付收益。对于那些较小的街区项目，常见的做法是把基金交给管理委员会中某一个殷实可靠的成员。一份 19 世纪 60 年代的报告说，工程完成之后剩下的部分盈余留给了管理人的店铺；虽然理论上这仍然是属于社区的财产，但不久，这家店铺就把它作为自己的生意资本来使用了；尽管社区的成员们也都一直知道存在着这笔盈余，但通常并未要求这家值得怀疑的店铺归还这笔钱。如果以后需要维修或重建，那么，可以要求这家管理人的店铺归还盈余款项，但通常是至少要有一笔新的捐款作为启动经费。这样，“公共”基金总量中就有相当大部分款项的下落模糊不清，分散在各城市街区的店铺里。①

显然，这是社区精英利用地方社会意识以将地方资源据为己有的具体途径之一。今堀诚二把这种做法视作为中国社会的“共同体”有一种内在的“剥削性”的证据。可是当时的西方观察者（指安伯利奇——译者）却并未支持此种论断，尽管他对中国社区活动的机制给予了高度评价。他更强调此类基金分散在各个店主手中——他们本来就是当初捐款的个体。这种描述意味着，当地生意人按照街坊之间固有的惯例，轮流承担项目的日常管理以及资本的保存，并获取报酬。当然，这种安排存在着牟取非法利益的大量空间，也受到街区精英的控制，但是，这个所涉甚广的社会惯例绝不意味着剥削。

通过这些办法，汉口不断建设和改造其基础设施：街道、桥梁和码头。在这个被水体环绕、内部也通过河渠联络的城市里，不论是人行还是货物运输，桥梁都非常重要。最近有一项估计认为，19 世纪的汉口有 50 多座桥梁，其中有 30 座横跨玉带河，其余 20 座遍布城内各处。② 其中最古老、最稳固的桥梁建于 17 世纪后期。这些较早的桥梁，毫无例外，都是富有的私人（最多的情况是盐商），作为贡献给城市社会的礼物以及表现其慷慨的永久性

① 参见安伯利奇：《中国公共捐款之筹集与管理的方法》，载《札记与疑问》第 9 期，137 页。

② 参见《长江日报》1980 年 8 月 24 日、31 日。

纪念碑，而捐资建立的。与欧洲一样，建桥也是一种由来已久的个人慈善行为。它确实也是在地方中赢得不朽名声的方式之一。比如，1914 年的《汉口小志》，仍然记载着幸存的最古老的桥梁——宏膺桥，它是 1689 年一位名叫李衍广的人捐资兴修的，19 世纪初由李国杜重修。①

有清一代，无论是兴修新桥，还是重修旧桥，都是通过个人捐资和街坊集体捐资兴修的。② 可是，在 19 世纪，桥梁建设越来越与那些新型的机构性捐赠者（商业行会）联系起来。和地方集体活动的许多其他方面一样，是盐商在这方面树立了榜样，1799 年，盐商从其匣费中专门拨出大约二万两银子，以对汉口的桥梁进行一次全面的大检修。此后由行会负责的工程项目，如江浙同乡会承建的万寿桥，山陕同乡会建的宝寿桥和延寿桥，均将服务大众的需要与改善进出其行会公所地产道路的考虑结合起来，因而，也理所当然地提高了其出租地产在所属街区的价值。③

和桥梁一样，当地社会也十分重视码头的建设。在早些时候，汉口的大多数码头也往往是依靠热心公益的个人捐赠建设起来的，而且，通常是在作为摆渡码头时，开放给社会使用。后来，当这些设施年久失修或必须加以改善时，一般由街坊捐款来完成此种工作。例如，1872 年，商人捐款资助了摆渡到武昌去的重要码头接驾嘴的重建工程。《北华捷报》以赞赏的口吻评论说："毫无疑问，这对大多数个体捐资者来说，也会有一些收益，但我相信，那是很微薄的。因此，这在本质上，是一项为公众利益的工程。"④ 到 19 世纪，随着汉口商业的持续发展，行会或其他团体组织为了自己使用或出于出租目的而兴建的其他码头，也加入到"公共码头"的行列中来。⑤

---

① 参见《汉口小志·建置志》，5 页；1818 年《汉阳县志》卷七，27 页；1867 年《汉阳县志》卷六，9 页。

② 参见 1818 年《汉阳县志》卷二五，25、43 页；1867 年《汉阳县志》卷二十（下），12～13 页。

③ 参见佶山嘉庆七年五月十八日奏，出台北"故宫"博物院："清宫档案"；1920 年《夏口县志》卷五，23 页；《汉口山陕西会馆志》卷二，44 页。

④ 《北华捷报》1872 年 2 月 29 日。关于早期的码头建设项目，请参见 1818 年《汉阳县志》卷七，21 页；1867 年《汉阳县志》卷二十（下），21 页。

⑤ 参见 1920 年《夏口县志》卷五，22～31 页；《汉口紫阳书院志略》卷三，12 页。

街道建设事务则要复杂得多。1876年，汉口道李道台在一组写给美国驻汉口领事的信函中，阐释了这一领域里的惯常政策。按照李道台的说法，“为公益修路，实乃善举……亦为地方官职司所在”①。李道台接着又加上了一句：“修复街道之款项，例由商民捐资，并无官府需为此出资以为首倡之规定。”② 根本就没有考虑从官府财税收入中支出部分修路经费的可能性。

可是，汉口街道仍然存在着一种法定的等级划分，它们反映了维修责任与使用权分配的基本情况。街道分为三种等级，即官街、公巷与私巷。③ 通常，所有街道的维修经费均来自民间捐资。例如，1739年，总商崔文元领导了一次捐资活动，以拓展三善巷与朱家巷之间的正街，尽管正街属于“官街”。④ 10年之后，商人邬光德个人出资买下了一个街区的许多民房，将之拆毁，以便开辟大兴、大亨两条“公共”通道的延长线。⑤ 修直、平整、有时是铺砌汉口的街道，一直是当地善人非常喜欢做的市容改良工作。1878年，一位富商的寡妇，用花岗岩石铺砌了连接汉口土垱口与黄陂县的大路。⑥ 18世纪末至19世纪初，徽州同乡会在这方面做了大量异乎寻常的工作；从此以后，商人组织越来越多地介入到此类城市建设改良事务中，实际上重建了城市中心的大片区域。⑦

然而，在这里，我们陷入了社会服务与以赢利为目的的地产开发之间不明朗的灰色区域。虽然徽州会馆乐于宣称他们维修街道的活动是“义举”，而且至少是把某些修好的通道描述为“义路”，但毋庸置疑，提高与之毗邻的出租房地产的价值，也是其基本目标之一。在太平天国运动后的重建岁月里，不动产价格一直很低，许多恢复、重建工作都是按照徽州会馆的模式进行的。例如，1880年，江西会馆买下了一条从会馆大门向南延伸的老街两旁

---

①② 李道台的信，1876年11月22日，见美国国家档案馆藏美国驻汉口领事馆《公文快报》（译者注：此处所引李道台的信，未能核对原文，仅据英文译出）。

③ 关于这些街道的使用情况，可参见《申报》光绪七年九月七日；1884年《汉阳县识》，“公款簿”。

④ 参见1867年《汉阳县志》卷三，4页。

⑤ 参见1867年《汉阳县志》卷二十（下），12～13页。

⑥ 参见《申报》光绪四年一月二十一日。

⑦ 参见《汉口紫阳书院志略》卷七，52～57页。

的所有店铺，将之拆除，另建了一条完全适宜的东西向大街，并将它命名为“万寿街”（因为江西会馆的名称叫“万寿宫”）。街道两旁，则建立了宏大的防火仓库，以及一系列出租给企业的店铺。① 个人也与团体开发者一样，进入这一活动领域。1881 年，一位富有的布商买下并拆除了位于兴国街区的几片杂乱无章的建筑群，以便铺设一条联系正街与堤街的南北向的横街，并在路的两旁各建了一排整齐的店铺。② 这种房地产开发的浪潮到 20 世纪初达到了顶峰。当时，富有魄力的买办刘歆生买下了外国租界北面几平方英里的沼泽地，把它填平，铺设了网格状的规整的街道；随着芦汉铁路的通车，这里发展成为一个繁荣的新城区。③

这种由民间开发汉口街道的模式，不管是个人行为还是团体行为，都显然提出了一个道路通行权的问题。比如，徽州会馆在白天把他们的新路和小巷向公众开放，但夜晚即将之关闭。更重要的是，会馆坚持不懈地努力，使它能够得到官府的支持，以防止那些摊贩或棚户伺机侵占开放的街道，并将搬运之类的通行限定在合适范围内。有一个例子，会馆的首事呈请汉阳知府，禁止水夫使用会馆出入的主街，以防止溢出的水弄脏了时尚的商店区。④

我曾见过一个最明确反映通行权的事例。1865 年，一位广东商人，把一条从正街到长江岸边的、绵亘好几个街区的巷子彻底封死了。这引起了另一些商人的愤怒抗议，长期以来，他们都依靠这条巷子运送其货物。但广东商人向汉阳知县证明，这条巷子两旁的全部财产都属于他所有，所以，他得到了官府对他封闭这条巷子的许可。⑤ 也许，正是在这里，我们首先注意到“私巷”与另两种类型的街道之间实际上的区别。通过垄断性的所有权，商人可以将原本“公共”的街巷转变为“私巷”。可是，这里值得讨论的是“官街”，它当然不能允许这样做。虽然官街最初也都是由民间力量主导开

① 参见《申报》光绪六年十月九日。

② 参见《申报》光绪七年七月二十八日。

③ 参见蔡乙青（蔡辅卿）：《闲话汉口》，载《新生月刊》卷六第 3 期，42 页；《长江日报》1979 年 9 月 10 日。

④ 参见《汉口紫阳书院志略》卷八，57 页。

⑤ 参见韦伯斯特 1865 年 3 月 27 日信，英国外交部档案，228/392。

辟、铺设的，但地方官府一直声称自己拥有官街的所有权，并在实际使用过程中注意维护其清洁与畅通。①

除了这些划分区域和控制交通的基本努力之外，地方官府还利用同意或拒绝建设要求的权力，在城市规划方面发挥着特别的作用。比如，上文提到的布商要求重建兴国街的事情，只有在他充分地说明他即将建设的新街将更方便行人通行并将提供一条更有效的防火道，从而改善这一地区建筑拥挤的现状之后，才获得许可。据我判断，在汉口，由官府更直接地进行全城范围内的规划，最早的事例应当是 1883 年汉阳府同知张藕芳主持、协调的街门建设和维修工作（第九章将对此展开讨论）。尽管当时主要关注的是公共安全问题，但张藕芳在关于此事的公告之首仍然评论道："汉口街巷纷歧，头头是道，凡僻静处所，终恐稽查难周。"② 他试图使汉口街巷整齐有序并统一建设街门的努力，似乎可以看做汉口总体规划的一个转折点。

在光绪前期，也还有一些其他迹象表明官府对街道维修、市容改良等事务的关注已达到了一种新的水平，而外国人的到来，显然起到了某种促进作用。河街的情况可以看做较早的例证。它是一条官街，靠近长江边上的主要通道，联结着中国轮船招商局的轮船码头、江汉关以及英租界——那里汇聚着许多汉口大商行，既有华号，也有洋行。然而，据一份材料说，这条街道仍然是："维修情况非常差，人行道坑坑洼洼，排水不畅，夏季里易被洪水全部淹没。"③ 英租界沿江一带的杰出建筑给中国商人留下了深刻印象，使他们于 1876 年促成了一次迟到的维修。他们采取了一种策略，即接近代理江汉关税务司的美国人拉伯利（Rubery）。后者很高兴地承担起这项使命，设计了一份蓝图，建议将街道垫高在洪水线之上，用石头铺设路面，挖掘排水沟，并用煤油灯作照明。按照拉伯利的建议，中国商人转而去恳求美国领事在发起募捐与获取中国地方官府的批准方面给予帮助。美国副领事布什

① 需要指出的是，把城市街道区分为官、公、私三种类型，仅仅是指其使用权及维修责任。国家保留了对全部城市街道的最后支配权——也就是最终的所有权。《大清律例增修统纂集成》（1899 年编，卷三九，6 页）明确规定，街、巷一律属于官地。

② 《申报》光绪九年九月十九日。

③ 《北华捷报》1881 年 9 月 27 日。另可参见海关总税务司：《中国通商口岸对外贸易报告，1876》，22 页；《天朝》1877 年 1 月 11 日。

（Bush）将此事咨告汉口道李道台，建议李道台可以指望动用官帑来完成此事。李道台对此表示异议，解释说："此项维修所需之款并非甚巨，然若官府为此类工程提供援助，一旦形成惯例，则同类之工请为援助者必甚多，其所需之款亦必甚巨。"① 不过，为了表示他的善意，李道台提供了100两的个人捐款。这项工程在四个月之内就完成了，得到非常广泛的赞扬。

事实证明，李道台担心开创政府直接资助街道维修的先例，是很有道理的。河街维修工程之后仅四年，在何维键继李道台担任汉口道台时，启动了一项更为浩大的计划，即开始改造正街与大夹街两条"官街"。② 这项工程是由中国人特别是何维键自己主动创议且独自完成的。虽然其实施过程受到汉阳同知张藕芳的监督，但其经费却大部分来自街区社区，主要是铺租特捐（理论上由店铺所有人与承租人对等分担）。虽然有报道说一些热心人捐出的款项比其应当负担的部分要多，但这种特别捐款仍被直接看做"税"。另外，事实上还有一笔经费来自地方官府掌握的资金，即道台实际上拥有很大支配权的海关收入，这笔经费虽然数额不大，却很重要。因此，这项工程不仅在规模方面，而且在地方官府的介入深度方面，都完全是前所未有的。汉阳府同知张藕芳下令禁止某些运输车辆从新修的石砌大街上通过，而只能绕道侧面的堤街与河街，表现出官府的所有权利益直接建立在对它的维修基础之上。③ "官街"由此得到了意义深远的重新界定。

* * *

概括言之，在清代大部分时间里，城市的重要建设，与社会福利一样，并非国家直接积极主动介入的事务；在很大程度上，这应当归因于国家机器特别是地方行政管理机构的日益衰弱与困乏。④ 其结果就是公共建设工程一

---

① 李道台的信，1876年12月22日，见美国国家档案馆藏美国驻汉口领事馆《公文快报》（译者注：此处所引李道台的信，未能核对原文，仅据英文译出）。

② 《北华捷报》1881年9月27日的报道将1876年的河街改造工程与这两条街道的改造直接联系在一起论述的。关于正街与大夹街改造工程的史料记载，参见《申报》光绪七年闰月十八日、九月七日。

③ 参见《申报》光绪七年十二月二十二日。

④ 参见杨联陞：《从经济角度看帝制中国的公共工程》，收入氏著《汉学散策》（马萨诸塞州，坎布里奇：1969），198～199页；曾小萍：《州县官的银两：18世纪中国的合理化财政改革》（加利福尼亚州，伯克利：1984）。

般严重不足，其建设与维修只能留给地方精英零零散散地去做。然而，太平天国运动后，可以明显地看出，社会上对于城市基础设施建设的热情越来越高。与其他领域一样，主动创议的大部分来自地方社区——来自“公共”部门，而不是“官方”部门。然而，这一领域的活动比起其他领域来，有一点要稍微更清晰一些：我们注意到，也有证据表明，在 19 世纪的后几十年里，地方官府表现出更高的积极性。在很大程度上，官府的积极主动是受到了前所未有的财政能力的鼓励，而此种财政能力又是建基于有权使用富有的汉口海关金库之上的。更重要的是，在非官方社区领袖的带动下，官员们也主动地自愿划出一部分经费，资助在总体上日益扩展的城市社会公共项目。国家与社会两方面在这一领域日渐强化的积极性，逐渐在都市层面上汇合起来。这一进程，在光绪前期即已明显地扎下根基，但直到20 世纪初，才最终结出果实（例如，辛亥革命时，汉口受到破坏；其大规模重建工作的经费，很大部分即来自拍卖城市债券）。①

谁是此类社会项目的受益者？在 19 世纪后几十年所表现出来的热衷于“公共”建设工程的背后，到底有多少是出于非精英普通大众的需求与利益？汉口的发展历程与 19 世纪前期的巴黎相似，二者在统计学的变化方面有很多相同之处；很长时期以来，巴黎也一直在不断建设新建筑，其目的则是让中产阶层的生活更美好、更便利，而“对普通大众的日常生活则漠不关心”②。我认为，汉口在这方面的历程有十分重要的不同。与现代早期的欧洲城市相比，汉口的公共建设更注重实用（其规划目标就是增强汉口作为经济单元的功能），甚至是更民主化（工程项目通常要得到街区居民联合会的同意，并由他们提供经费支持）。这里可能存在着这样一种原因，即汉口能够较好地维持一种公共舆论环境。当然，试图禁止运输车辆通过新修的、石砌的漂亮“官街”，正表明那些慢慢出现的改良主义的中产阶层对劳动阶级的生计漠不关心。尽管如此，建设工程本身却并非要成为精英们的纪念碑，而是试图为全体市民赖以为生的商业活动提供便利。为此，那些马车夫也可以

① 参见苏云峰：《中国现代化区域研究：湖北省，1860—1916》（台北：1981），527 ~ 529 页。

② 夏维里尔：《19 世纪上半叶巴黎的劳工阶层与危险阶层》（新泽西州，普林斯顿：1973），200 页。

不理睬某些给商业流动带来很大不便的禁令，而且事实上，在没有重大事件时，官府也作了相应的变通。

由"公共部门"所承担的市政建设费用逐渐增加，引发的抗议或群众的抱怨不满之声看来并非鲜见，这表明经费负担与不合理的安排已经转移到"大众"身上了——在19世纪，"大众"还处于非常微弱的阶段。直到20世纪前期，伴随着更为激进的城市改革，对"市容改良"的社会抗议才越来越严重，更重要的是，工业化的到来，给自我觉醒的阶级利益赋予了新的意义。

二、防洪

1869年7月29日，《字林西报》登载了一则汉口大水的报道：

> 汉口当地人居住的地区，几乎全部淹没了。成千上万的穷人被迫抛弃了自己的房屋，撤退到稍为安全一些的汉江大堤上，或爬到城墙上。如今，即便是这样的地方，也快要淹没了。几个城墙与汉堤交汇处的墩台已经崩塌了（有一次因此死了50个人）。后街上的水有5至10英尺深，恶臭逼人，无法忍受。①

这一年的洪水并没有平常年份严重。大致说来，汉口每四年中有一年要遭受大洪水，随之而来的则是乡下难民大量涌入，食物匮乏，疾疫流行。即使是在没有大洪水的年份，大部分夏季也都是在三四英寸深的水里度过的。②

在19世纪，至少有六次，洪水十分严重地破坏了这个城市。最严重的一次发生在1849年，当时堤防溃决了，汉口全城被淹，超过10万户人家被迫逃离。一位外国水工专家奥根汉姆（E. L. Oxenham）描述当时的情景说：

> 6月份，汉口连续下了三个星期的大雨，而且天气很冷，人们甚至

① 《字林西报》1869年7月29日。

② 参见《泰晤士报》1870年10月1日；《申报》光绪四年八月十七日；布莱克斯顿（Thomas Blakiston）：《在长江上的五个月》（伦敦：1862），67页。

被迫穿上了皮衣……涨水的速度非常之快，有时一天之内上涨三英尺；城市里的洪水到处都有12英尺深，除了屋顶之外，很少还有什么露在水面上。农作物受到全面破坏，无数房屋被洪水席卷而去；同时，长期不退的洪水使人们无法播种第二季农作物，饥馑与霍乱又趁机来侵袭已饱受不幸的人们。直到12月份，洪水才会完全消退。①

实际上，洪水侵袭已经成为汉口生活中习以为常的一件事了，当地人对它的影响早已非常习惯了。大众的反应已经形成了程式：堵塞水口，沿大堤安置好水车，准备好疏散用的高地。当地的善人会在城市的通衢上搭建临时性的桥梁，而那些较穷的市民则驾着平底船或小舢板去摆渡市民。重要的是，全城都在努力地为在新的一年里恢复城市而出钱出力。

汉口所处的地理位置与地形自然地导致了洪水的规律性。用《申报》记者的话说，它每天都要"与水神（长江与汉水）作生死之争"②。历史事实表明，汉水最难以控制。汉水从中国西北的高地上倾泻而下，接纳春天的雨水和融雪（原文如此，不太准确——译者），流量越来越大，而河道甚为狭窄，水流湍急，非常凶猛。虽然明清政府非常关注汉水的控制——建立了绵亘八个县、1 300多里的汉水堤防（襄堤），但汉水仍时常有改道之虞。事实上，正是其中的一次改道，导致了汉口的产生；而在我们研究的时段里，一些较小的河道变迁也一直影响着汉口。③ 虽然冬天里水位经常很低，以致汉口境内的汉水河道上的航船难以靠岸，但在春夏季节，河水常常溢出河岸，淹没两岸的乡村。最危险的则是，一年当中的任何时候，汉水都有可能突然暴涨。1887年，一位英国海军舰长在汉口碇泊，对此种情况深表惊异，留下了如下记载：

一天早晨，刚吃过早餐，我们就听到从远处河面上传来一阵轰鸣

---

① 奥根汉姆（E. L. Oxenham）：《扬子江的水灾》（伦敦：1875），4页。另可参见叶调元：《汉口竹枝词》卷六，1~5页。

② 《申报》同治十三年一月二十四日。

③ 参见魏源：《湖广水利论》，收入《古微堂内外集》卷六，6页；潘新藻：《武汉市建置沿革》（武汉：1956），28~30页；森田明：《清代水利史研究》（东京：1974），84页。

> 声，接着涌来一股巨大的水流，就像巨浪一样。紧接着，江洪翻滚而下，水面上到处漂浮着数不清的舢板、小船、房屋构件、木头、牲畜，我不得不说，还有很多活着的人，都混杂在一起……我们的锚拦住了八只或十只舢板，它们堆积起来，一个叠着一个……我们听说汉水的某些地方遭受了突然来临的大洪水，再加上江水早已经非常满了，看来很多乡村要遭殃了，洪水在进入长江之前就会先把这些地方冲得干干净净。①

在这种情况下，居住人口密集的汉口汉江沿岸地带也受到冲刷，给活下来的人们留下深刻的记忆。②

如果说传统的威胁主要来自汉水的话，那么，到清代中期，宽广而水流舒缓的、“像尼罗河一样的”长江也开始给汉口带来危险。早在19世纪30年代，敏锐的地理学者魏源就开始宣扬这种威胁，并把它归因于私垸的过度发展侵蚀了天然的江河蓄洪区。③ 这样做的悲惨后果早在1788年就显露出来，这年荆州大堤溃决，洪水淹没了华中的广大地区；1848至1849年间的大洪灾也是由于同样的原因。更为常规性的事务则是，19世纪的汉口不得不对付年落差高达50英尺的长江水位变化。④

汉口紧邻的四周，按照普通中国人的说法，是一片“泽国”；按照魏丕信（Pierre-Etienne Will）的说法，则是一个“内陆三角洲”。在靠近内陆、远离江河的一面，汉口背靠玉带河和后湖。换言之，汉口的边界是不确定的。很多小河组成的格子状水系将汉口与黄陂、孝感以及其他向北远至河南边界的湖北州县联结起来。在盛水期，整个湖北中部泛滥的平原可能形成一个水面连续的大湖。这时，如果汉口幸运的话，它就成了漂泊在一片汪洋之上的一个孤岛。如果它没有这样的幸运，那么，土垱口以及其他将湖

---

① 转引自柏西文（William Spencer Percival）：《龙的土地：轻舟过三峡》（伦敦：1889），60～61页。

② 参见《申报》同治十一年八月二十一日，《字林西报》1871年12月27日。

③ 参见魏源：《湖广水利论》，收入《古微堂内外集》卷六，5～7页。关于长江与尼罗河的比较，参见圣公会（卫斯理会）：《汉口圣公会医院的五次年度报告》（报告之五，1869年），70页。

④ 参见史密斯：《中国的江河》（汉口：1869），3～4页。

泊、泛滥平原与长江、汉水连接起来的城内支流河道，就会漫溢出来，吞没掉这个城市。①

在过去的600多年里，汉口的区域腹地一直在不断改写着努力控制洪水的历史。魏丕信曾令人信服地描述说，19世纪是正在走下坡路的防洪体系迅速破坏的阶段。② 可是，来自汉口的史料证据表明，这种破坏进程往往有规律地不时被那些汇合起来的改革努力所打断，虽然这些努力仅是地方性的，为时也不长，但并非没有积极效果。现在，我们就来考察一下这些努力是如何完成的。

1. 区域性防洪体系。一般说来，主要河流的堤防建设与维修，本身就是帝国政府应当承担的责任之一。直到18世纪末，汉水与长江堤防要么是由官府直接管理的（这样的堤防称为“官堤”），要么是由当地民众在官府的间接而十分严厉的监督下管理的（称为“民堤”）。③ 可是，在19世纪，尽管清政府仍对防洪体系保持着相当大的管理控制之权，但其经费来源的基础却逐渐由官府收入与地方农业收益转移到了汉口商业社会。

第一次引人注目的变化发生于1807年，汪志伊担任湖广总督的时候。汪志伊在此前任职江南时，就以精通水利事务而著称。他直截了当地指出：在他莅任之前，湖北省一直未能真正有效地从1788年的洪灾中恢复过来。从那时起，有些州县原来盛产稻谷的田地就一直浸在水里，已经20年了；许多从前安全的地区则频繁地遭受水患。汪志伊提出了一个大胆的解决方案：除了彻底重建长江与汉水大堤之外，还要全面疏浚所有河流的主要支流。为了筹集这项工程所需的巨额经费，总督提出了一个简直可以说是革命性的方案。他上奏皇帝说，汉口盐商每年要在其匣费中储存大约10万两银子，其中的一部分本来就是预留给省衙处理的。嘉庆皇帝积极支持挪用这种基金，认为

---

① 关于一次洪水的具体描述，参见艾勒伯斯特1882年7月4日信，英国外交部档案，228/700。关于本段一般性的描述，参见科克斯的《日记》（1862年4月11日），圣公会档案，Box487；《长江日报》1962年8月23日和1982年8月24日；以及魏丕信：《中国的一个水利循环周期：以16～19世纪湖北省为例》，载《法兰西远东学院学报》第68卷（1980），261～287页。

② 参见魏丕信：《中国的一个水利循环周期：以16～19世纪湖北省为例》，载《法兰西远东学院学报》第68卷（1980），282～285页。

③ 参见森田明：《清代水利史研究》（译者注：原著未注详目或页码）。

这样做真正可以说得上是“公济公事”了。虽然受到在南京的两淮盐运使（汉口盐商的正式长官）的激烈反对，汪志伊仍得以从汉口盐商匣费中为他的工程提取了50万两捐款，并建立了一个重要的先例。工程于1807年夏季及随后的秋季全部完成，官府对此感到非常满意。①

1831年长江大水之后，这种新的资金来源逐步走向了常规化。当著名水利专家王凤生被派到湖北来负责整理此项混乱的经费时，这笔款项实际上已高达近30万两，其中增加的一多半是向汉口盐商征集而来的，可能是按照分三年付清的形式征集的。② 至少在名义上，这种变化不仅是由于官府越来越认识到这种新的城市商业的财富资源，也是由于它符合由受益者分担费用的传统原则。1841年，湖广总督裕泰在奏请朝廷追加中央拨款援助时，曾经谈到：如今，江汉堤防首先关系到商业利益，“水道必清，以使川、云下趋汉口之货船畅行无阻”。裕泰小心翼翼地提到，如果朝廷希望今后能确保国内关税，就必须让商人们相信，商船经过设有税卡的水路要比绕行可以逃税的路线更划算一些。③

朝廷在利用商业资金建设防洪工程方面取得了部分成功，因为它愿意提供一些荣誉性官员品级作为对商人捐献的回报。例如，1837年，有12位汉口商界领袖因为捐资维修大堤而受到奖赏：按照规定的等级，有3位各捐款13 000两的商人获得了候补郎中的头衔，最少的各捐款2 000两的两位商人获得了候补县训导的头衔。④ 因为有这样的激励，商人们本身对资助堤防维修相当主动也就不足为奇了。1848年、1849年大水之后，地方官员们又努力筹措经费以维修被洪水冲垮的江汉堤防。因为急需经费，湖广总督程矞采越过正常程序，呼吁商民无偿捐献，并立即发布公告，在汉口向私人价卖官员品级。凡此，都吸引了商人及此前购买士绅功名的人的注意。事实证明，程

① 参见汪志伊：《湖北水利辨》；裘行恕：《湖北疏河筑堤记》，均见1809年《汉阳县志》。

② 参见王凤生：《楚北江汉宣防备览》（1832）卷一，1页。

③ 参见裕泰道光二十一年十月二十日奏，出台北“故宫”博物院：“清宫档案”（译者注：此处引文未能查对原文）。

④ 参见讷尔经额与周之琦道光十七年二月三日奏，出台北“故宫”博物院：“清宫档案”。另请参阅许大龄：《清代捐纳制度》，载《燕京学报》专刊第22种（1950），47～49、74～75页。

裔采的策略是成功的，他不仅筹到了需要的资金，而且在此后不久，又收到46 位商界领袖的请求，愿意为更上游的堤防维修提供捐献。虽然获取官品显然是其主要动机之一，但商人们仍声明：他们的慷慨也是因为认识到自己对所居住城市的福祉负有责任，“长期以来，我等生业萃聚汉口，俱赖其地为生”①。

在这里，我们看到向上晋升的渴望、商业利益以及社会服务的动机（没有强迫的、真心实意的），是如何汇合起来，逐步将区域防洪体系的维修负担，转移到商人社区头上的。终于，在太平天国运动后的数十年里，伴随着海关和厘金的出现，汉口商业基金负担防洪体系维修，逐步成为一种永久性的制度规定。②

2. 地方水利工程。在对汉口有着更直接利害关系的、环绕汉口四周的防洪工程方面，可以看出相同的变化趋势。在 19 世纪，这些水利工程中最重要的是散布在后湖及环绕汉口的泛滥平原周围的堤防和河渠。这些工程可以上溯到明末。堤防建于 1635 年前后，是在汉口通判袁焻主持下修建的，所以命名为“袁公堤”以表示对他的尊敬。几个世纪以来，袁公堤一直就像城墙似的，作为汉口的实际界线而发挥作用。沿着袁公堤内缘的大街“堤街”已成为汉口最繁忙、拥挤的街道之一。名为“玉带河”的渠道是在 1635 年之后不久由汉阳知府主持开掘的。玉带河大约沿袭汉水故道，在袁公堤之外几百码的地方，随着玉带河的弯曲而弯曲。它至少有四个重要功能：为水位持高不下的汉水提供了一个额外的出口，为汉江上的帆船进入长江提供了一条更直接而较少风险的通道，为那些向汉口运送货物的本地小舢板提供了一个安全的停泊地，以及给汉口带来了丰富的鱼虾以供食用。关于这两项大规模关键性工程的经费筹措情况，没有留下直接的材料，但有些史料暗示，其经费主要来自官府金库。③ 然而，清代对这些工程的首次重要维修（1771 年至

① 程裔采与龚裕咸丰元年十二月三日奏，出台北“故宫”博物院：“清宫档案”（译者注：此处引文未能查对原文）。

② 参见萧耀南：《湖北堤防纪要》卷二；《湖北通志》卷五十；潘新藻：《武汉市建置沿革》，28 页；森田明：《清代水利史研究》，114 页。

③ 参见 1884 年《汉阳县识》卷二，3 页；1920 年《夏口县志》卷五，9 页；潘新藻：《武汉市建置沿革》，33～34 页；蔡乙青（蔡辅卿）：《闲话汉口》，载《新生月刊》卷五第 6 期，35 页；金达凯：《武汉城镇的演变》，载《湖北文献》第 5 期（1967 年 10 月），66 页。

1772年间，在汉口通判张元文的主持下，进行了一次全面维修，新建了一个水闸），官方经费却不敷使用，只是在汉口盐商杜长庚及时地提供了私人捐款之后，工程才得以完成。①

在此后一个世纪里，一直沿用这种模式。虽然汉阳县地方性水利工程的维修被正式地委托给驻在汉口的专任县丞来负责，但经费却几乎无一例外地来自民间。由于玉带河常常淤塞（这不仅是汉水携带的泥沙不断淤垫的结果，也是因为后湖沿岸逐渐被开垦成稻田的缘故），每年都要疏浚，袁公堤也要维修，就需要特别向商人社区征收捐税以筹措经费。可是，在19世纪的头20年里，这些岁修活动已开始衰退，而河床淤塞与堤防破坏则有增无减。这一进程逐步演化到危险的地步。1831年大洪水之后，就不得不对玉带河与袁公堤进行一次全面的维修了。完成这项工程总共花费了37万两白银，全部来自商人捐款，对于捐款人也奖给名誉官品以资鼓励。②

因此，到1840—1841年，在胡元的主持下，民间商业力量大规模地主动介入到地方水利事务中，就毫不令人感到惊奇了。胡元是一位盐商，我们在第三章曾经看到他在善堂的创立过程中曾扮演了先驱者的角色。胡元将他获得的大量家族财产都花在公益活动上。他负责重建了汉口的汉水堤防，全部新建了汉水入江口两边、汉阳与汉口的长江沿岸堤防。在两年多时间里，胡元亲自管理这项工程，仅雇用工人和安排其食宿，就花费了数千两银子。除了规模惊人之外，这项工程的效益也非常显著：不仅保护了城市人口，还保护了农耕人口，特别是对汉阳县南部和西部、“汉南”地区的肥沃稻田，很有益处。据说，作为对胡元这些贡献的报答，胡元这位来自扬州的寓居者，死后成了神明，灵魂受到当地农民的祭祀。在19世纪40年代，按照“民堤”的习惯做法，这种新建水利工程的维修经费是按照假定直接受益于这一堤防的民田所有者据受益田亩征纳的。然而，有意义的

---

① 参见1867年《汉阳县志》卷二十（下），25～26页；1920年《夏口县志》卷五，9页。

② 参见讷尔经额与周之琦道光十七年二月三日奏，出台北“故宫”博物院：“清宫档案”；范锴：《汉口丛谈》卷一，19～20页；《申报》光绪三年七月二十三日；《长江日报》1980年8月31日。

是，此次新修的堤防却被委托给胡元——一位城市商人，由他自己来“经理”其年度维修事务。①

1848年和1849年大水之后，紧接着就是太平天国运动的冲击，汉口的水利工程受到全面破坏。太平天国运动后，主要通过几种办法，解决从汉口背后的后湖及其周围的沼泽地存在的洪水问题。这包括加固湖岸，挖掘许多穿过汉口的较小排水渠以将过剩的水排入长江。此类相对较小的工程都是在街区社区主导下完成的，偶尔得到县衙的支持。② 然而，1864—1865年汉口城墙的建设（见第八章），提供了从根本上解决后湖水患的办法。新建的城墙绝大部分位于玉带河的内缘，沿着城市的边界线，包括并取代了袁公堤。城墙本身就是一道堤防；外面环绕着护城河，在关键位置设有水闸；涨水时，城门可以封闭起来，以免洪水入城。③ 尽管从未能成功地使汉口完全避免洪水的侵扰，但城墙毕竟给汉口提供了一个免于后湖水患的最好的保障。

在“同治中兴”岁月里，从其他方向来的洪水，特别是直接来自汉水与长江的洪水，并未能得到有效地处理，这在很大程度上应归咎于官府的失误。19世纪六七十年代，汉阳县各地都进行了一些重建汉水与长江堤防的零零散散的努力，其费用均是向乡村土地所有者征收的。然而，负责水利事务的县丞衙门以腐败著称，胥吏的侵吞现象十分严重，据报道，征收上来的经费实际上只有二三成用在堤防修护方面。1881年，汉阳知县李钠采取了一种使其脱离官僚系统（去官方化，debureaucratization）的果断措施，以解决这一问题。汉口盐商王承先主动捐了一大笔款项。受到这笔捐款的鼓舞，李知县在汉口商人及乡村土地所有者中间发起了一场捐献活动，最终收到了白银二万两。李知县完全绕过县丞衙门，将这笔款项交给本县的典当行，每年生息用于堤坊的重建与维修。运用这种筹资方式，知县轻而易举地废止了按亩向土地所有者征收的“亩费”，以及建立在亩费基础之上的胥吏贪赎。此后三年，当地文士张行简在县志中写道：李知县的这一行动，不仅减轻了饱受

① 参见1867年《汉阳县志》卷十五，4页；1884年《汉阳县识》卷二，18~19页。

② 参见《申报》光绪四年五月六日，五年一月二十一日，五年二月十九日。

③ 参见1884年《汉阳县识》卷二，3页；《申报》光绪四年六月二十八日；《长江日报》1980年8月24日。

胥吏盘剥的全县平民的负担，而且极大地推动了汉阳县正在进行的抗洪斗争。① 也许，他还可以再加上一条：这种做法将管理财政的责任完全交给了主要私人领域，而且正式确定了城市商业资本在汉阳全县（不管是乡村还是城市）防洪中所承担的责任。

3. 港口维护。在汉口这样巨大的河港，除了因为其危险的地理位置而需要十分关注防洪之外，还有一个与其密切相关的综合性水治理问题：港口的维护。一个长期存在的问题就是沙洲的出现，它是由汉水与长江携带的泥沙在江汉汇合处淤积而成的。当然，最引人注目的典型沙洲就是全国性竹木市场所在的鹦鹉洲。实际上，这个沙洲是在清朝中期靠近汉阳江岸一边的河道中逐步出现的，而后，它与汉阳江岸间的河湾慢慢地被泥沙填充，最后它本身也成了汉阳江岸的一部分。不那么引人注目的沙洲时常出现。虽然也有一些沙洲，像鹦鹉洲那样，很快就被船夫看中使用，但大部分沙洲的作用是消极的。它们阻塞港口交通，在枯水期遮断了通往汉口江岸的水路，并导致了对江岸的侵蚀；在最坏的情况下，甚至助长了洪水淹没汉口的威势。② 因此，地方商业领袖们时常呼吁官府或社区行动起来解决问题。

现存的文献资料详细地记录了1873年的一次维修工程，其中包括了有关地方财产的习惯法、集体行动的种种手段和城市社区精神的适用范围等内容。③ 近半个世纪以来，在靠近汉水入江口的地方逐步形成了一个大沙洲，迫使汉江水流转了一个大弯，并（由于河道变得狭窄）加快了其流速，增加了河流的破坏力（参见图4—1）。太平天国运动后，这块沙洲越来越稳定，上面不仅搭盖了很多棚屋，而且建起了许多招待来访水手的妓院、酒馆和戏院。可是，人口密集、商业繁荣的汉口江岸地带却越来越受到日益加大的江

① 参见1884年《汉阳县识》卷二，18页（译者注：《汉阳县识》原文为："……示免亩费，从此安澜永庆，而民困胥苏矣。"与作者的理解略有不同，故未直接回译）。

② 参见黎少岑：《武汉今昔谈》（武汉：1957），20～21页；武汉市工商联合会：《汉阳鹦鹉洲竹木市场史略》（手稿，1964）；《申报》光绪六年十一月四日。

③ 关于此次事件的史料记载，参见休斯（Hughes）1873年4月8日信，英国外交部档案，228/525（其中包括一份由水利专家奥根汉姆领事撰写的详细报告）；《申报》同治十三年一月二十四日、二月十五日；《字林西报》1873年3月12日（包括两份汉阳知县林瑞枝公告的全译本）；《北华捷报》1873年3月13日。

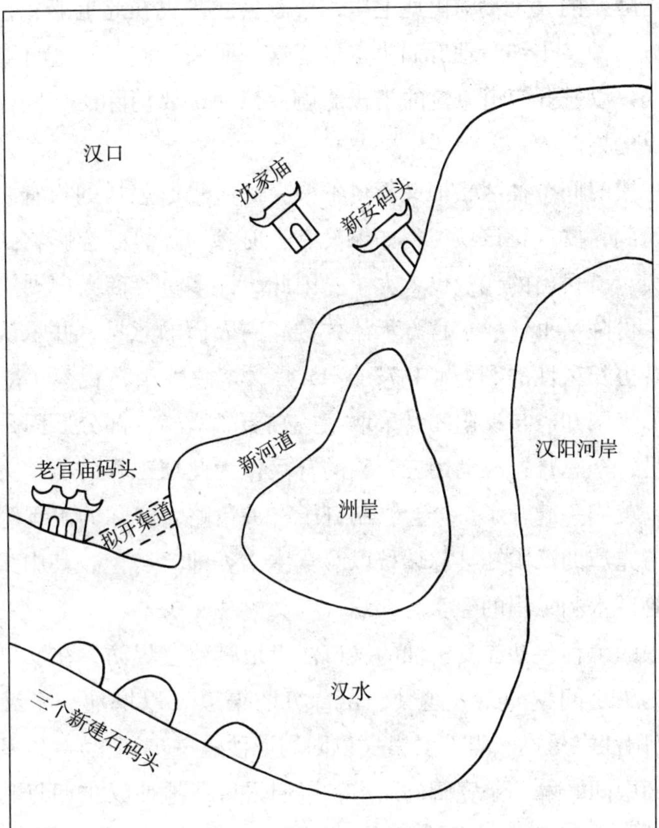

图 4—1　为 1873 年汉口港疏浚工程而绘制的草图

原件附在休斯 1873 年 4 月 8 日信件之后，见英国外交部档案，228/527。

水冲击，从而面临着巨大的危险。从前繁忙的停泊地点，因为不再安全而被遗弃了。江滨的街区频遭淹没，河堤被冲刷殆尽。江岸的破坏最终因为导致了接驾嘴的崩塌，从而引起了人们的关注。接驾嘴是汉口最重要的码头和市场之一，走陆路的大宗货物由此上岸，摆渡去武昌也在此上船；它还是一个繁忙的官方驿站。士绅管理者们决定重建这一码头设施，新址自旧址移开了约 250 英尺，以避开弯道急流的消极影响。然而，要消除所有问题，必然采取一些坚决的措施。

过了一段时间，社区领袖又不得不聚会商讨采取怎样的权宜之计，但这次他们认识到，要进行该项工程如果没有官府参与，势必会影响到很大一部分城市社会，所付出的代价也太大了。因此，许多重要商人向湖广总督李瀚章提交了一份陈情书，要求官方承认并赞同商人们的意见，并承认在治水问题上存在着更长久性的利益。1872 年 11 月，李总督亲自视察了受影响的地区，并指示汉阳知府与汉阳知县采取某些必要的措施。部分原因是为了弥补经费之不足，李总督授权动用三个营的官兵作为此项工程的劳动力。地方官员与商界精英们一起开了一个会，制订了有关策略。实际的工程管理的责任落到了精力充沛的汉阳知县林瑞枝以及全体“委绅”身上，其中无人拥有任何真正的管理水利工程的经验。

计划中的工程包括在受侵蚀的汉口江岸地带建立堤防，在汉口江岸老官庙与新安码头之间挖一条穿越其凸出部分的渠道（以增加一个汉水入江之口），在汉阳江岸建设三组石驳岸（以限制泥沙进一步淤积），以及最有争议的，从沙洲中间开辟一条宽阔的通道，以便尽可能地使汉水回复其原来的河道，从而减少它对汉口江岸的影响。这项工程总共雇用了 1 000 多名官兵，以及三四千名民工。林知县援引国家拥有土地最高所有权的惯例，宣布对将要挖掘的渠道所经过的土地拥有所有权，命令其上的居民按照与挖掘的预期进程密切相关的时间表腾出地方。他直截了当地决定，按照每间草屋 1 000 钱、每间砖房 4 000 钱的标准，给予搬离者以补偿（虽然按照法律，他们也不过是非法居住者）。实际挖渠工作于 1873 年 2 月 12 日开始，4 月 2 日完工。常驻在汉口的外国人对这一问题的解决及其任务的分配办法感到吃惊。比如，英国领事休斯（Hughes）就评论说：“这一努力值得称赞，工程进行得非常迅速，而且带着不寻常的激情。”而《字林西报》又加上了一句：“看到在如此繁荣环境中的汉口人这样优秀，而且能够直接将他们的精力投入到如此杰出、实用而且可行的工作之中，令人感到非常满意。”①

当然，其费用也是非常之高，而且可以想象，超出了最初的估计。有一项报道列举的最后价格超过20万两。款项中最大的一部分是由汉口最重要的商人组成的、极有势力的非正式组织，即八大行来承担。② 其余的部分，按照习惯做法，由这一工程直接受益的地产所有者来分担。林知县在与街区领袖们协商之后，明确规定，向汉口接驾嘴码头至龙王庙之间滨江地带的店铺征收20%的租赁税，至于实际上如何负担这一税收则留给地产所有者与其商业租赁人协商解决。这种突然的、不合理的、随心所欲的征税，却被人们接受了，没有任何反抗，甚至没有出现想象中的明显不满与抱怨，即便是在给予搬迁棚户以补偿的大部分过程中，也是如此。这让西方报道者感到非常惊讶。显然，人们普遍认为这项工程是值得花费这些钱的，其资金筹措方式也完全符合公认的做法。

不过，这项工程在进行过程中并非没有困难，而且事实证明，有些困难使最初设计的目标难以实现。一方面，沙洲上的许多居民努力拖延搬迁的时间，而且补偿费也没有到位。在很多情况下，这样做并非没有原因。比如，一些确定要拆除的“砖房”，事实上是很大的复合式建筑群，而且妓院与戏院所隐含的可能产生的价值，也与其实际地产价值非常不协调。合适的办法是，关于这些事务的争议，不能依靠强制手段，而应当通过协商来解决。居住者对其房产的估价远高于林知县实际上可以支付的数额，大约是最初给出的每间砖房4 000钱的15倍；而且，那些棚户也不愿按照此前达成协议的那点补偿而搬走。这样，渠道就只有改道绕过他们了——在实施过程中，渠道偏离了直线，就不得不重新考虑水文与费用问题。

更严重的问题则是反对挖掘一条通过汉口本身的狭窄渠道，这本来是最初计划的一个组成部分。他们通过施加政治压力——英国副领事兼水工专家

---

① 《字林西报》1873年3月12日。

② 八大行的成立虽然可以上溯到太平天国运动之前，但它在汉口社会生活中发挥更为积极的作用却是在太平天国运动后，而且，它也逐渐被官府承认为汉口最重要的自治机构，成为由汉口主要批发贸易行会之首事联合参加的一个委员会（其参加者的实际数量早已超过了八个）。参见罗威廉：《汉口——一个中国城市的商业和社会，1796—1889》，332～334页。

奥根汉姆称它是出于“邪恶的利益”，最后迫使有关部门全部放弃了这一挖渠计划。奥根汉姆指出：“某些在即将挖掘的土地上拥有大量财产的人在委员会（此项工程的管理委员会）里有代表，他们提出了强有力的利益要求，并通过他们的影响使最初的杰出计划归于流产。我非常担心这种倾向于既得利益者的极端趋势将会削弱这一工程的效益。”① 汉口的精英对这种可能性也发挥了某些作用。例如，《申报》上有一篇文章，在对渠道挖掘进展表示满意的同时，又谴责社会与政治力量妨碍工程达到更为彻底的解决目标。② 然而，尽管一直存在着各种各样要求改变方案的抱怨，城市精英阶层内也有各种改良要求，但重要的是，1873 年的港口整顿项目却一直较好地协调了各方利益，并得到了大众相对一致的支持。

六年后，1889 年，对汉口江岸的威胁又再一次出现，而且导致了更为永久性的后果。当时采取的解决办法并不是穿过江汉会合处的突出部（龙王庙所在的地区）修一条渠，以分化急流带来的压力，而是在这个突出部的顶端建设一块西方式的石头堤岸，以使河流的冲刷力偏离汉口市区方向。这项工程基本上全部是由八大行倡议、资助并管理的。英国领事对此表示欢迎，认为它“极大地改善了汉口华界”③。其成果，直到今天，仍在发挥作用。

汉口治水的历史，如同 19 世纪这个城市许多其他领域的历史一样，均可看到社会能动主义的兴起，以及非官方“公共领域”的扩展，就像这一事例中“八大行”所代表的那样。城市社区通过其商业精英中的领袖人物，越来越多地承担起其本身的福利责任，甚至是在一般由国家担负具体活动责任的治水领域也是如此。事实上，我们可以看到，城市商界领袖们开始意识到他们在当地乃至区域腹地的重要作用。

然而，19 世纪的“去官方化”趋势既不是连续的，也并非不可逆转。它不时地被周期性爆发出来的官方主动性所打断。④ 而且，不容否认的是，当

---

① 休斯 1873 年 4 月 8 日信，英国外交部档案，228/525。

② 参见《申报》光绪十三年一月二十四日。

③ 艾伦 1889 年 6 月 1 日信，英国外交部档案，228/878。

④ 一个非常典型的例证是 1877 年武昌江岸帆船停泊地的建设。这项工程是由湖北提督亲自倡议、提供经费的，并主要动用他指挥的官兵完成的。参见休斯 1877 年 10 月 4 日信，英国外交部档案，228/590；休斯：《1877 年汉口贸易报告》，英国外交部档案，17/778；海关总税务司：《中国通商口岸对外贸易报告，1877》，25 页。

地治水历史最重要的改革时期是在世纪之交的1889—1909年，是在清朝官僚张之洞的个人领导、推动下进行的。在张之洞主持的众多治水项目中，对汉口带来直接影响的是他开发后湖湖岸的长期项目（用汉阳铁厂产生的矿渣填充湖边），他于1904年围绕后湖建了一道重要的新堤（为了表彰他的贡献，命名为“张公堤”），以及在一个多世纪以来自然淤垫的基础上，他主持填平了玉带河，并将它建成了一条大道——就是现在的解放大道。① 然而，张之洞革新运动的管理模式，虽然明显是标志现代国家干预主义兴起的转折点，但也是与非官方的公共领域能动主义的竞争交织在一起的。

在这一问题上，有一项工程，虽然时间较晚但引人重视。1908年，汉口商会召开了一次会议，出席者有八大行的首事、汉口主要地产所有人和工业家，商讨挖掘一个内河港口，以使它可以供3 000吨级轮船的安全停泊。他们聘请了一位奥地利工程师草拟蓝图，并将计划提交给张之洞，获得了他的同意。按照预算，这项工程需花费700万元，其中近一半由买办兼地产大王刘歆生允诺负担，其余部分按每10元一股的方式由其他商团成员分担。不久之后，爆发了革命，这个计划就被迫抛弃了。②

一方面，这个项目意味着我们在整个19世纪都可见到的发展趋势达到了顶点——当然，也很难认为形成了一种较之我们已考察到的情况更为雄心勃勃而充满活力的领域。可是，从另一种角度看，我们却可以把这看做对已过去的前工业化历史的根本性背离。在前工业化时期，就像1873年港口整顿工程所显示出来的那样，私人利益与社区利益时而互相强化，时而相互冲突。而在后一种情况下，社区利益常常取得斗争的胜利，但并非总是胜利。确实，公众普遍一致而且有力地支持市镇改良活动，但要维持此种一致性，

---

① 参见张之洞：《张文襄公全集》（台北：1970；1937年初版）卷二九，20～26页；卷一百五，31～32页；张寿波：《袖珍汉口工商业一瞥》（1911），4页；萧耀南：《湖北堤防纪要》卷一；苏云峰：《中国现代化区域研究：湖北省，1860—1916》，520～526页；《长江日报》1980年8月31日。

② 参见《东方杂志》6卷10期（1909年），转引自苏云峰：《中国现代化区域研究：湖北省，1860—1916》，444页。

就必须不断地妥协，而此种妥协有时则意味着牺牲某些最希望达到的目标。英国观察者奥根汉姆与对改变计划者持批评态度的《申报》指出，渠道挖掘项目屈服于富有的既得利益者，这无疑是正确的，但如果不这样做，可能会更危险。当然，提出过分要求、迫使项目管理者不得不屈服的，并不是那些港口沙洲上非法居住的棚户，而是那些按当地标准，属于富有而强势阶层的人。在1873年，优先考虑的仍然是促成妥协、达成一致意见，而不是顺利、有效的技术设计。

在汉口，奥根汉姆与《申报》的评论家们最乐意提到的，无疑是张之洞或地产投机商刘歆生的名字。与1873年的情况不，张之洞或刘歆生的水利工程并未受到那些棚户和身份卑微的妓院老板所阻碍。也许并非巧合，这个计划因为革命爆发而破灭了。

三、防火与消防

汉口是闻名全国的火药筒。实际上，对于许多人来说，汉口之名就是“火”的同义词（原文如此——译者）。获得这样的名声是有道理的。例如，在19世纪七八十年代的20年中，上海报纸《申报》几乎每一份都有汉口发生大火的报道；仅1880年一年当中，据说就发生了不下200起大火。① 在现代早期城市里，火灾都很严重，汉口的火灾之所以会如此严重，有几个客观原因。为了确保它发挥商业中心的作用，汉口拥有许多货栈与店铺，其中存储着火油、菜油、药品、酒、柳条和藤条编的各种东西、竹木、纺织品以及最重要的焰火等易燃或可以引火的货物。通常，大火都是从这些货栈开始烧起来的。同样，街道上的寺庙烧香也时常得不到细心照看；某些地方剧团举办表演的地方也时常发生大火，因为这些剧团道具材料中往往包括爆炸装置与火药。② 故意纵火的事情也时常发生。

---

① 参见《申报》光绪七年一月二十日。

② 关于焰火的情况，参见《申报》光绪三年八月二十五日，七年十月七日、十二月七日。关于剧团的财产，参见《申报》光绪元年十月七日；《益闻录》1885年4月8日，1888年1月21日。关于引火材料，参见1818年《汉阳县志》卷十，26页；《申报》光绪三年四月二十日，八年七月十四日；《益闻录》1884年8月23日。

图4—2　一件在中国使用的美制消防车（水龙），1879

采用《申报》光绪五年一月十五日的广告。

汉口提供了很好的易燃材料，所以它容易发生火灾。由于沙质地基不甚牢固，也因为与上好的森林产地距离不远，又靠近全国最大的竹木市场鹦鹉洲，汉口绝大部分永久性建筑都是用木料建起来的。一位当地报道者解释说："营市房者往往贪图省啬，虽广厦万间，鲜有峻墙宇，厚闬闳而资屏蔽。"① 而且，即便是富人也不能指望建立天然的防火道，甚至还赶不上住在木屋或茅屋里的劳动阶层对防火道的依赖。最危险的则是穷人住的用草席覆盖的、单坡屋顶的屋子——可以想象得到，这样的房子充塞于任何空闲的地方。城内众多的小溪与渠道并不足以防止火势的蔓延，只能稍微延迟一会儿，烧完了木结构的桥梁之后，火就会再烧到小河渠的另一边去。② 即便是大河，有时也不能阻止火势的蔓延。有几份材料告诉我们，密集地挤满了木船的港口，实际上助长了大火的燃烧。从岸上烧起的大火延烧到船上，又从船上烧到另一边岸上。损失惨重的1849年汉口大火实际上就是从武昌烧起来的，火路横越拥挤的长江，烧毁了五百多艘船只和五十万吨的货物，然后又将汉口的大部

① 《申报》光绪元年十月十八日。

② 参见《申报》光绪六年八月十七日。

分化为灰烬。① 1737 年，一位耶稣会士在一场较小的火灾之后到达汉口。他描述说："长江江面上到处都是烧焦的木炭和仍在冒烟的木头。"②

特别是在干燥的冬季，风助火势，可以延烧成千上万的房屋与店铺。1810 年的大火几乎将全部大智坊夷为平地，1864 年大火则烧毁了超过四分之一平方英里的汉口富人区。③ 1887 年与 1892 年的大火各烧了三天。林则徐在日记中留下了关于 1838 年大火的生动记载，一次在地方志书中根本算不上重要的火灾：火灾发生在一个风雨交加的夜晚，他被吵醒，站在武昌衙门的走廊上，可以清楚地看到对岸的火势。④ 1887 年大火夺走了 800 条生命。然而，看来大部分火灾造成的财产损失，远大于人员伤亡；而且在大多数情况下，影响人们实际生活的主要是失去了房屋和生计。

火灾带来的日常威胁，造成了人们一种逆来顺受的心理。不管是中国还是外国的来访者，对此都感到很吃惊。人们时常想着要重建被大火烧毁的大片街区。1810 年，一场破坏极大的火灾目击者说："然以货物所集之区，不难重构。一月之内，室堵齐兴，凡百贩鬻，俱复其常。"⑤ 实际上，一些观察者怀疑，此种平静地接受不断破坏与重建的态度，妨碍了开发更有效的防火项目。大部分居民将频繁的火灾归因于汉口的风水不好⑥，而且，对于许多生意人来说，防火就意味着聘请风水师为店铺挑选一处好地方。汉口最古老且最著名的神庙之一，建于 1667 年的四官殿，就特别供奉着火神——这一点非常有意义，因为在有清一代，四官殿周围街区一直拥挤着没有任何

---

① 参见叶调元：《汉口竹枝词》卷六，7 页；王葆心：《续汉口丛谈》卷一，17 页；黎少岑：《武汉今昔谈》，21 页。关于其他重要的港口大火，可参阅 1867 年《汉阳县志》卷四，14 页；《申报》光绪二年八月十六日。

② 君丑尼（Loppin）致罗德明（Radominski），1737 年，见《耶稣会士书简集》，第 12 卷。

③ 参见马克弗逊（Macpherson）1865 年 1 月 31 日信，见英国议会下院：《英国议会公报》（1866）第 71 卷，第 3587 号，122 页；1818 年《汉阳县志》卷十，26 页。

④ 参见林则徐：《林则徐集·日记》（北京：1962），306 页（道光十八年九月二十二日条下）。

⑤ 王葆心：《续汉口丛谈》卷一，14～15 页。

⑥ 18 世纪前期，一位名叫唐裔潢的当地文士认为，汉口频繁地发生大火，是由于在汉口镇西面的一座山上不断采石的结果，他把那里看做整个地区风水的"主脉"。因此，唐裔潢请求汉阳知县禁止在山上采石。参见范锴：《汉口丛谈》卷一，14 页。

防火能力的草屋住户。①

汉口因此而涌现出大量关于火灾的民间传说。约翰·奥哈拉（John O'Hara）的回忆录记载了一个产生于 19 世纪 30 年代的故事，说是有一个布商，夜里做梦，看到一个穿着黑衣的人正在他布店墙上写着“火”字。他立即安排把自己的存货转移到城市的另一个地方去，而新址在两周之内便化为灰烬，原来店铺所在的街区则未被殃及。故事讲述人评论说：“由此观之，定数难逃。”另一个传说则试图解释汉口著名的叶开泰药店何以会在一场烧毁汉口镇数千家房屋、店铺的大火中得以幸免的原因。几位见证人报告说，看到好几只“火鸟”从大火的中心飞出来，盘旋在叶开泰药店的上方，保护着它，由于药店的主人曾经因救护生病和受伤的动物而享有好名声。无须惊奇，叶氏家族的医药名声及其药店的生意都会因此而直线上升。②

1. 防火区划与建筑规章。普通大众在火灾方面所持的宿命论，制约了革新派精英分子及对防火负有法律责任的地方官府在这个问题上的认识。1875 年，《申报》的一个报道用讽刺口吻说到：火神如此频繁地造访汉口，应归功于市民在预防措施方面疏忽大意。③ 而地方官府则经常抱怨并感叹汉口商人们在生意上表现出来的热情，与其对防火安全的令人瞠目结舌的粗心大意之间的反差。然而，精英与官府在防火方面的努力本身也有点像唐·吉诃德式的随心所欲，没有章法。例如，来自扬州的富有盐商李必春曾经有好几年致力于向当地贫穷的“小户”捐赠阻火用的席子，可是，他的努力既无人追随、继承，也未能产生重要影响。④

在防火方面做出的最认真的努力，是地方官府发布的布告，大部分布告都是应当地房地产所有者的请求发布的。这些措施集中在颁布防火区划与建筑规章方面。当然，在汉口这样高度拥挤、没有规划的城市环境里，在这方面采取一些措施还是非常有用的。可是，这些行动的性质完全是非制度性的——它既不具备国家强迫社会这样做的效力，也不能具有迅速扭转地方官府态度的特别功能，也不是可以依赖的成文法规（成文法规可以保证在这一

① 参见范锴：《汉口丛谈》卷二，13 页；《长江日报》1980 年 10 月 5 日。

② 两个故事均见《湖北通志志余》，第 6 册。

③ 参见《申报》光绪元年十月十八日。

④ 参见 1920 年《夏口县志》卷十五，26 页。

领域里的某些法律性政策不会随着发布此一政策的官员任职期满而失效），所以其效用必然大打折扣。

几乎在每一种情况下，防火区划章程都仅限于特定的街道或街坊，而不是面向整个城市制定。防火规章社区化和地方经营首倡防火制度的现实，使我们得以理清一个争论未决的问题，即它到底代表了民间利益，还是代表了阶级利益——虽然在汉口，阶级利益的存在与活动还相当模糊不清。例如：在清朝前期，汉阳知府程公衡下令拆毁四官殿街区的所有“茅屋”，并规定这一地区的新建筑必须覆以陶瓦——这一规定在程公衡离职之后不久即废除了。毫无疑问，这里反映出努力把这一区域建成更为稳固的地产所有者的区域并把不受欢迎的外来者从他们中间驱逐出去的意图。① 在这一案例中，官府并没有简单地作为所有者的代言人而行动（当然，与很多案例一样，它也得到了金钱回报），而是作为全部公众利益的保护者在履行其职责（虽然是有选择地）。能够成功地引导官方干预此类事务的人们，正是那些事实证明在协商过程中能很好地将其利益与对大众福祉的普遍认知协调一致的人。

在19世纪80年代，还有两个强行限制易燃货物仓库的例证。1881年，位于正街旁的重要商业区张美之巷的一家油店货栈首发大火，烧毁了大约30家店铺。因为那以前汉口接连发生的好几场大火，都起于同样的原因，包括拥有很大政治势力的中国轮船招商局汉口办事处在内的几家当地企业，便请求汉口道台何维键禁止在正街两侧的任何地方设立易燃易爆的油类或药品类仓库。于是，何维键规定仓库应设在“偏僻”街巷里。② 在这里，我们清楚地看到：汉口更有影响力的商人（名家）暂时成功地将相当部分的火灾危险转嫁到较小的商人和居民头上了；而何道台却仍然可以争辩说，他的做法是为了全城民众生计的最大利益。在1883年秘密会社密谋起事之后人心惶惶的日子里，汉口官府强制推行了一种禁止出售燃料用火油的禁令。考虑到外国火油进口商与中国照明用菜油商之间众所周知的竞争（这时，标准石油燃料正在取代华中地区出产的照明用菜油），不妨设想汉口有势力的菜油商的游

① 参见王葆心：《续汉口丛谈》卷一，20页；《长江日报》1980年10月5日。

② 参见《申报》光绪七年十月十七日。

说，部分地影响了这个决定。而且事实上，其直接后果就是市场上菜油类产品的价格立即大幅度攀升了。然而，菜油商人并不走运，事实证明，他们无力应对急速增长的需求，其结果是照明用燃料匮乏，夜晚的汉口遂一片漆黑，犯罪率随之而上升。事情到了这个地步，行贿与爱国热情都无法阻止地方官员废除禁卖火油的禁令了。① 官府最基本的任务就是协调与平衡民间提出的各种要求，各个要求均试图把自己的利益说成是全体城市社会的利益；当这些要求经不起实践检验时，拥有应对能力的官府，就像这个案例中的情况一样，只能不顾这些人的利益，而考虑更普遍的“公共利益”（大公）。

在一定程度上，汉口初步的城市规划在防火问题上发挥了某些作用，这主要是通过“火路”或“火道”的设置而实现的。在这个高度拥挤的城市里，人们相信，这些开阔地带不仅可以作为防火道，也可以供居民逃生之用，还可以作为消防队出入的通道。火路从来就不是任何制度性设计的结果，也几乎从未得到任何官方的提倡。它们通常是有关市民世代相传的做法，最常见的情况是作为某些规模巨大的、以赢利为目的的房地产开发计划的组成部分而设立的，尽管有时也会东拉西扯地附会上某些官方因素，而给它加上一些合法性。有一个典型例证发生在 1752 年。当时有一位非常富有的盐商邱濬捐了 12 000 两银子给巡抚衙门（作为回报，他被授以候补同知的头衔），其中的 2 000 两指定用于在汉口购买一块地产，清理出来，作为火路。② 虽然官府拥有土地的最高所有权，使他们能够为了设立火路而征用地产，但他们显然不太愿意在自己倡议的项目上这样做，其原因主要不是由于担心经费，而是因为更担心这样做的结果会引发社会混乱以及与城市地产所有者之间的法律纷争。③

在这个建筑密集的港口城市里，侵蚀和擅自占用那些尚无人占用的空间，实际上是不可避免的，这样，维护火路的斗争既是一场公共道德层面的斗争，也是地产所有者与危害其利益的他人之间的斗争。冲突主要集中在

---

① 参见《益闻录》1884 年 5 月 3 日。

② 参见《两淮盐法志》卷十七，转引自佐伯富：《清朝的兴起与山西商人》，收入氏著《中国史研究》第 2 卷（京都：1971），315 页。

③ 一个例子是 1734 年徽州会馆主动提出的一次成功诉讼，上文已经讨论过了。

“摊民”或“游民”的侵占方面，我们将在下文讨论它所隐含的意义。可是，地产所有人之间也会发生冲突。作为例证，可以举出1877年发生的一件事件——它之所以被详细地记录了下来，是因为卷入纷争的一方是一名俄国商人。保险公司拒绝为这位俄国人的砖茶制造厂提供保险，因为他的砖茶厂与相邻的中国商人的店铺之间的距离只有一米（三市尺），而不是保险公司所要求的两米。俄国商人与隔壁的中国商人，一位名叫陆祥发的倔老头接洽，因为陆家建了一道围墙将其财产围了起来，所以俄国商人请他把围墙向后挪一点，与俄国人一样，“将就”着也留出一米来。陆家拒绝了这个要求。于是，俄国商人通过俄国领事，中国商人通过汉阳县丞李贽，到汉口道台衙门打起了一个复杂的官司。简言之，陆祥发托辞说自己本来就很贫穷，房产也很狭小，建议由俄国商人建一道防火墙，而不是强迫自己向后退让。俄国商人则声称，这样做并不能令其保险公司感到满意，而且中国商人建造的一座两层楼的二楼也伸到了自己的地产上面。仔细调查了得到确证的地产界线的历史之后，道台放心了，事实上陆家并没有超出其地产的界线。实际上，多年以前，陆家一直拥有这两块地产，1862年，他们将其中的一块卖给了一家英国公司，后者将其转卖给另一家英国公司，后来才又卖给这家俄国公司。太平天国运动后，1859年，陆家重建了自己的店铺；1876年，在一场大火之后，又重盖了一次，都是以老墙基作为基准的。陆家争辩说：俄国商人的怨恨主要是由一件事引起的：在那场大火之后，他曾试图购买陆家的房产，未能如愿。现在的做法，实际上不过是一种便于其茶厂扩展的计策罢了。最后，道台支持了陆家的要求，而防火道也从未加宽到令人满意的宽度。道台承认自己同情保险公司对防火设施的关注，然后用一种顺其自然的口吻总结说：“其初，汉口之店铺并非鳞次栉比，然今日已大多如是；他处或尚可使房主退让三五尺以为火道，然此处确已不能。”①

2. 消防队（水龙局）。在19世纪的汉口，为了对付频繁发生的火灾，可

① 李瀚章光绪三年十月二十八日片，出总理衙门档案，“湖北交涉俄人已未结各案”（译者注：此处引文未能查对原文）。关于其他帝国制度下侵占问题及国家作为公共空间维护人所发挥之模糊作用的讨论，请参阅拉皮杜斯：《中世纪晚期的穆斯林城市》（马萨诸塞州，坎布里奇：1967），61～63页。

以肯定，我们在消防领域花费了巨大的精力。按照法律规定，此类事务是由知府与知县负责的。① 可事实上，汉口的证据表明，官方的作用其实是可以忽略不计的。在 18 世纪，省级官僚机构发挥了某种领导作用。例如：1752 年，盐商邱坚向巡抚衙门捐献的 12 000 两银子；官府特别将其中的 10 000 两存放在盐商金库里以作为生息基金，每年拿出其收益来支付“防火各款”。这些支出款项的种类有哪些，并未详列。但 1747 年“经世”能臣、湖北巡抚陈宏谋发布的公告却提供了一条线索。陈宏谋的告示表明，当时汉口消防的唯一手段是沿主要街道放置的约 300 个水桶！而且，即便是如此可怜的设施，也没有得到很好的维护；通过检查，陈宏谋发现，这些水桶大部分都是空的。因此，巡抚下令全面加强这一措施，要求全镇重要街道两旁的商店门口都要放置水桶，街道两旁也要按照规定距离安置水桶。旧水桶要维修好，并注满水；地方军事人员要经常性地检查水桶是否是满的。②

18 世纪末，随着“水龙”或者叫做手拉消防车的出现，汉口的消防技术发生了一次革命。伊懋可（Mark Elvin）把它描述成一个精致的传动装置，是“带有进出口阀门的滚筒式活塞喷水机”，并指出它是 17 世纪耶稣会士介绍到中国的。③ 从 19 世纪 70 年代起，他们开始使用更轻便、有效的美国造水龙（见图 4—2），是由纽约塞内加 · 福尔斯的古尔德公司（Gould Company of Seneca Falls）制造的；而在此之前，汉口所有的水龙都是中国人自己制造的（西方观察者提到它时，尖刻地把它比喻成“中国式浴缸”④ ）。18 世纪 90 年代，似乎是在当地驻军的管理下，汉口造了五个水龙。事实很快就证明，这些水龙不敷使用。19 世纪初，地方官府要求民间团体承担起增设水龙的责任。于是，官方水龙的运作立即停顿下来；实际上，消防几乎全部成为地方社会的任务。⑤ 最先作出回应的是杰出的徽州会馆。虽然其出发点主要是为了保护其宏大的新会馆建筑群，但仍宣称这一行动的指导原则乃是为了

---

① 参见瞿同祖：《清代地方政府》（马萨诸塞州，坎布里奇：1962），167 页。

② 参见陈宏谋：《培远堂偶存稿》（1866） 卷二五，1 页。

③ 参见伊懋可：《传统中国后期的技术与资源》，收入珀金斯（Dwight Perkins）主编：《历史视野下的中国现代经济》（加利福尼亚州，斯坦福：1975），99 页。

④ 《字林西报》1876 年 6 月 7 日。

⑤ 参见《汉口紫阳书院志略》卷八，58 ~ 59 页。

广大街坊的利益。1801 年，会馆召开了一次全体会议，投票决定从江苏购进两台救火车，并放置在会馆大门前。汉阳知县（应是汉阳知府——译者）在一份宣告给予法律保护的“晓谕”中赞赏地指出徽州会馆所处的位置“适中”，适宜于向广大街区提供消防服务；还特别加上了一句：因为水龙均系会馆商人捐资设立，故“毋庸官为经理”①（这也可以解释为地方官府放弃了为消防事务提供直接经费支持的责任，并表明衙门的职能仅在把防火责任委托给商人负责）。另一些会馆紧随着徽州会馆，也开始行动起来。②

太平天国运动后，汉口很快就建起了 6 家消防机构（水局、龙局）。10 年之后，水局增加到 20 家；1875 年，又增加到 40 家③（1867 年《汉阳县志》所记载的水局，可以在图 2—2 上确定其位置）。绝大多数是由善堂负责的，而且要么置放在善堂门口，要么放在更中心位置的寺庙门前。但也有几个团体组织，如米粮公所与药业公所，在其行会总部（会所）设立了水局。据记载，19 世纪 50 年代末，有六家水局是在汉阳知府刘倡领导下，以全市商民广泛捐资为基础创立起来的；其坐落的位置与管理人，都是按照统一的全市规划来选定的。这些设立较晚的水局都是由主办机构独立主持创设的，经费也来自组织性基金。④

徽州与山陕会馆分别于 1806 年和 1896 年编纂了各自会馆的历史，从而给我们留下了有关水局管理的详细账目和章程（其编纂时间不同，使我们很方便地确定，这种管理模式基本上保持了几个世纪）。这两家会馆各自运营着两家消防机构，而且其行会章程中都包括关于机械装置维护以及使用者所需要了解的严格程序。消防队雇用“夫头”的办法与当地经济其他领域中雇用劳工的办法相同（参见第六章）。“夫头”对消防队全体成员的训练与救火

---

① 《汉口紫阳书院志略》卷八，26～27 页。

② 参见叶调元：《汉口竹枝词》卷六，7 页。

③ 参见 1867 年《汉阳县志》卷六，14～17 页；1920 年《夏口县志》卷五，15～16 页；《申报》光绪九年九月四日。

④ 根据今堀诚二的研究，19 世纪北京的消防机构的经费主要来自街区房地产所有者的捐献。这种情况在汉口表现得比较间接，因为大多数水局是由善堂负责的，而善堂本身的经费则来自街区的生意人。参见今堀诚二：《北平市民的自治组织》（东京：1947），162～164 页。

指挥负有全部责任。徽州会馆的每座水龙各拥有一名夫头和21名人夫①；山陕会馆的水龙则各拥有两名夫头、12名熟练人夫与不熟练的学徒——显然，经过19世纪的发展，水龙操作的专业化水平达到了一个新的高度。而两家会馆的材料都清楚地说明，消防队员是全职的。同时，他们无疑都是来自诸如搬运工、马车夫、仓库守门人之类汉口较低阶层的劳工，其收入相对较好一些。徽州会馆分配给水龙役夫的工资是每年84两银子，平均每人将近二两，远远超过支付给会馆更夫、门差以及杂工的工食银——他们的年收入均不超过四分之一两银子。② 山陕会馆每年付给水龙夫头280钱，熟练人夫140钱，学徒80钱，但他们每次出动时，均可得到额外的赏劳银，偶尔还可以得到意外的“酒资”。③

山陕会馆有关水龙局的规章，也反映出太平天国运动后，在消防管理方面出现了另一个新因素：指定负责区域的制度。山陕会馆的两座水龙分别被指定了行使职责的具体地域范围，但同时也规定他们可以到城市的任何地方去救火，如果确有此种必要的话。④ 实际上，水龙局之间互相帮助是司空见惯的；很多新闻报道告诉我们，好几个来自城市不同街区的水龙协同作战，去扑灭重要的火灾，街区居民也纷纷拿着水桶赶来帮忙。⑤ 然而，这种互相帮助的热情可能是一种好坏参半的事情。一位深感困惑的外国报道者在《字林西报》上写道：

> 一旦起火的楼房上空冒出第一缕烟雾，警报就会拉响，而第一支水龙队就会立即来到现场，片刻都不会延误救援。真是令人难以相信，一

① 译者注：《汉口紫阳书院志略》卷八《杂记》“水龙晓谕示”下所设章程之二谓：“兹水龙二座，应募水头各二名……并雇募人夫，统共二十二名。”同卷“纪水龙”下亦云：“……为水龙二，制成立之程式，凡用役夫二十二人。”则作者此处对原文的理解略有误，当是两座水龙共用人夫22名（含水头二人）。

② 参见《汉口紫阳书院志略》卷六，47~49页；卷八，26~27、58~59页（译者注：作者此处的计算与原文的记载不符）。

③ 参见《汉口山陕西会馆志》卷二，11、42页。

④ 今堀诚二在研究北京的消防队时，发现了一份布告，特别限定了每支消防队救火的范围，但通常也都会包含在实践中允许越界救火的词句。参见今堀诚二：《北平市民的自治组织》，162~164页。

⑤ 参见《申报》光绪二年四月二日，七年十二月七日，八年七月十四日；《益闻录》1884年8月23日。

支由二三十人组成的水龙队会在如此短的时间里汇聚水龙局本部，穿上制服，带好他们的水龙、水桶、水管、梯子等等，打着旗子，敲着铜锣，赶到现场。穿着不同制服的水龙队，一支接一支，急匆匆地轮番上阵。如果有充足空间供所有水龙队施展的话，可以在很短的时间内扑灭大火。可是，街道很狭窄，建筑又非常拥挤，只有少数水龙能够施展开来，而且每一支水龙队都渴望着去争夺、占据有利位置，于是不可避免地发生碰撞。几支水龙绞在一起，水夫被推倒在地，水桶翻滚，好几个人的头上与腿被擦伤；在一片混乱中，本应泼到大火上的水都洒在大街上了。

首先要赞扬消防队员的精神与干劲……但是，混乱与喧嚣，确实也有些难以形容。每一个人都在呼喊着不同的命令；竹木燃烧的爆裂声，火焰呼呼地响；而人们的喊叫声压过了这一切，震耳欲聋；锣声持续不断，就像召唤战士投入战斗一样。不久，几位军官来到现场，立即着手恢复秩序。军队的分遣队清理街道上围观的群众，不同的水龙队得到较好的调配，于是，不到两个小时，大火就被扑灭了。可是，在此之前，已经有二十多家店铺与房屋化为灰烬了。①

中文文献中也留下了很多这样的印象，虽然很少像这样生动、细致，但其本质是相同的。我们非常赞赏水龙队的精神与勇敢，但往往对其成就略而不谈。很大的原因是由于《字林西报》的记者所描绘的那种堵塞和混乱——特别是由于水龙队各自“争先”而导致的堵塞与混乱，时常不可避免地造成更大的灾难。

因为消防队是分别逐步建立起来的，所以必然会产生协调、合作的问题。通常，水龙局的运营指挥是由设立水龙局的善堂绅董负责。1850 年，叶调元曾描述了名士们乘着轿子急匆匆地赶到火灾现场这样一个有趣的场景。——但发生重要火灾时，汉阳府同知之类的地方官员也会亲自承担起指挥之责。② 18 世纪晚期的五座官方水龙至少在理论上是集中管理的，19 世纪

---

① 《字林西报》1876 年 6 月 7 日。

② 参见叶调元：《汉口竹枝词》卷六，7 页；《申报》光绪元年十月十八日，三年四月二十日。

50 年代末重建的六座水龙在建立时同样也带有某种统一规划的意图。可是，在 19 世纪的大部分时间里，除了在划分权限区域时有着协调一致的表态以及互相支持的承诺之外，各水局都是作为完全独立自主的单位运作的，就像他们各色各样的鲜艳制服所象征的那样。只是到 20 世纪初，他们才开始努力协商一种集中指挥。首先，在小关帝庙设立了一个非正式机构，以协调仍处于分散管理状态下的各水龙局。然后，1910 年，新成立了汉口消防会，终于将所有消防活动置于一个全市范围内的唯一组织（仍然是非官方的）控制之下了。一位富有的药材商人、徐荣廷，自愿出任消防会的领导人。①

汉口水龙局在 19 世纪的出现，是汉口社会历史上一个重要发展。首先，在街坊或商业精英的庇护下利用民间权威，其潜在发展趋势必然导致城市阶级关系的产生。今堀诚二关于北京街区消防组织的著名研究表明：到清末，这些组织在城市中已承担起长久性治安或准军事性职能。② 在第九章中，我们将看到，汉口显然也存在着这种潜在的发展趋势。可是，尽管已经形成了受过较好训练的基本队伍，也拥有一群必须对其个人安全的空白提供某种保护的坚定支持者，但汉口仍然一直在抵制那种试图将消防队转变为由精英控制的团练的诱惑。这种抵制，一直持续到辛亥革命前夕水局转变为“保安会”为止。③

更为重要的是，迄今为止，水龙局还只是拥有地方城市社会承担其本身福祉的自我养育功能。虽然它一直是少数几个法律明确规定应由地方官府负责的领域之一，但随着水龙局的不断发展，它越来越脱离官方的影响。而且，虽然其组织一直依附于街区或行会，但不同街区水龙局之间的协作越来越制度化，从而折射出城市意识、社区精神以及城市公共领域正在逐步形成。

四、公用事业

根据路易斯·夏维里尔（Louis Chevalier）的研究，19 世纪初，大巴黎

---

① 参见《汉口小志·义举志》，4 页；1920 年《夏口县志》卷五，16 页；皮明庥：《武昌首义中的武汉商会和商团》，载《历史研究》1982 年第 1 期，69 页。

② 参见今堀诚二：《北平市民的自治组织》，149 ~ 154 页。

③ 参见《汉口小志·义举志》，3 页。

城发现自己处于一种“病态的”状况。无论是在客观上，还是在主观上，城市所拥有的人口均太多而无法适应其基础设施。住房紧缺，更为明显的则是水、卫生设施之类（例如，雨果笔下冉阿让［Jean Valjean］和穷人们挥之不去的下水道梦魇）的基础公用设施严重不足。结果就是造成了物质上与心理上均极不健康的环境。① 虽然法国与中国不同的文化认识决定了此类事务上责任的分担，但我们已经讨论过的现代早期的巴黎与汉口之间的相同点，启发我们提出这样的问题：汉口的公用设施是否也像巴黎一样，未能跟上人口的增长，从而导致了城市社会关系的某些危机？

在公用事业领域，如同在社会福利、市政建设以及许多其他领域一样，帝国官僚体系在汉口的地方统治机构所发挥的作用受到十分严格的限制，虽然它受到一系列贯穿始终的原则的控制，但实际上，却经常表现得起伏无定。街灯问题就是一个很好的例子。它一直是几乎完全由社会主导的领域。在汉口像马王庙夜市场那样，经过街区慈善家、街道组织与商业管理者的不懈努力，拥有有效的街灯照明的少许地方都是如此。有一份材料记载说，人们由于担心不久前溺死的一位邻居的鬼魂，促使一位富商资助在一条黑暗的窄巷设立了照明灯。② 只有当觉察到社会秩序危险时，比如，在 19 世纪 80 年代初察觉到存在着一个犯罪浪潮时，官府才会介入这一问题，所做的也只是强制性地促使街区居民“自行维护”其街灯。直到 20 世纪初，汉口才形成较为广泛的城市照明系统，而当时负责这一工程的并不是官府，而是城市善堂组成的复合式组织。③

供水的历史也表现出同样的模式。历有清一代，汉口居民要获得水有几种可供选择的途径。汉口的地基是沙质土，所以易于掘井；但井水往往含铁量较高，而且容易携带细菌，所以一般仅用于工业用途，比如染房。一些邻近玉带河的居民采用的一种办法，是挖一条引水渠把河水引过来使用。然而，大多数居民的用水，主要依靠用水桶从汉江取水。其初，大部分居民都是自己去汲水的，每天早晨都要下到江边去挑水；但到 18 世纪后期，一个挑

① 参见夏维里尔：《19 世纪上半叶巴黎的劳工阶层与危险阶层》。

② 参见《申报》光绪六年七月二十一日，四年十一月六日；李瀚章光绪八年四月九日片，出总理衙门档案，“湖北英人交涉”。

③ 参见汉口慈善会：《各善堂创立沿革暨事业情况》（汉口：1945），1 页。

水的职业群体已成功地将这一任务职业化，每天挑着水桶挨家挨户地去卖水。官府在这一进程中发挥的作用，仅仅是发布区划章程的告示，限定挑水只能走规定的“水巷”。即便是这一点，也不是通过成文法典去实施的，只不过是遇到个别情况需要时才发布公告。通常，国家只有应一些重要财主的要求才会进行干预，但官方似乎从未试图寻求消费者的财产利益与水夫自身利益之间的平衡。① 甚至在1901年一家私人企业，汉口既济水电公司，开辟了汉口最早的机械化供水系统之后，官府仍然继续限制自己提供间接的配合。②

无需惊奇，公共卫生设施也是非常缺乏的。这一点不仅在外国定居者看来非常突出（一位外国定居者指出：当地街道上堆着许多垃圾），就连像浙江人叶调元这样来访的中国人看来，也非常吃惊，1850年，他描述说，屠宰场附近肮脏不堪的街道上，到处流淌着刚宰杀的牲畜和鱼的血水。③ 收垃圾和打扫街道，在18世纪的一些欧洲城市里已经开始由市政府来管理了，但在汉口却仍由街坊自己负责。这必然会因为个体居民支付费用的能力不同而带来各种差异。一位早期的圣公会传教士评论说：“肮脏肆虐于这个繁荣商业城市的贫穷角落。”④

清污——从住宅和公共厕所排去人类排泄物，更是一个大问题。答案之一是设有专门的粪夫（掏粪或扒泥），他们挑着粪桶送到郊区的农田里。每挑一桶即可得到种田人给的报酬；他们还可以定期得到所服务区域的街道组织给的赏钱。官府的作用也仅是制定规章。它限定只有在某一时间内才可以去掏空茅厕；1880年，又依照上海与福州的做法，规定运输时粪桶一定要盖

---

① 参见《汉口紫阳书院志略》卷六，23页；卷八，57页。另请参阅本书第六章关于在此一问题上展开诉讼的讨论。

② 大约在1880年，上海最早引进了自来水系统。在汉口，直到20世纪20年代，人工挑水仍然在城市供水需求中占有相当大的比重。参见《长江日报》1961年6月14日、1963年4月24日；罗塞比（Percy M. Roxby）：《武汉：中国的心脏》，载《苏格兰地理杂志》，第32期（1916），277页。

③ 参见叶调元：《汉口竹枝词》卷一，4页；卷二，5页；《海关公报》第11期（1871），44页。

④ 圣公会（卫斯理会）：《汉口圣公会医院的五次年度报告》（报告之五，1869），78页。

上盖子。① 与对待水夫一样，官方通常是应地产所有者希望这种臭气熏天的运输不要经过“良好”街区的要求，才会划定粪夫可以通行的道路。可是，在这里，官府作为私人和亚社区利益的协调人以及儒家所宣称的和睦之风的保护人，当它被要求对某些具体问题做出判决时，也并不能简单地做出偏向有钱人的判决。例如，1874 年，经过长时间的调查之后，道台把粪夫的首领和涉及财产利益的居民一齐叫到他的衙门里，细致地商讨一条可供粪夫通行的最直接且最少引起居民厌恶的路径。②

另一种清污手段就是通过排污沟，将粪便引入较大的排洪渠，最后排入江河。这些排污沟都是沿着街道两旁挖掘的，有时也在街道中间的地下，其维护全部交给各街区负责。分散经营又是一次导致了维修方面的多样化。在那些较为富有的街区，排污沟用石板覆盖起来，而且定期疏浚；而在那些贫穷的街区，排污沟敞开着，总是堵塞不通，“就像是没有出口的化粪池，里面的脏东西已经发酵，不时地冒着气泡，发出噼噼啪啪的响声”，而且“空气中到处弥漫着令人窒息的臭气”③。在我们研究的时段里，迄无证据表明官府对健康与卫生设施问题有过严肃关切。做出努力的主要是相关的地方精英和牧师里德之类热心公益事业的外国人——例如，1869 年，一本小册子和一场广泛的活动就促成一次较大的社会行动，并促使人们关注这方面的事务。④

事实证明，由官方与社会力量的共同努力以担负起的大部分任务的公用事业是公共运输，主要表现为武汉三镇之间的摆渡服务。汉口江岸到处散布着以庙作为标志的码头：摆渡到汉阳去的有宗关、五显庙、老官庙和接驾嘴码头，去武昌的有龙王庙和四官庙码头。数量日益增加的小企业（19 世纪 70 年代后期，这样的小企业共有几千家）也在这里做生意，没有固定地点地

① 参见《海关公报》第 12 期（1872），43 页；李瀚章光绪六年八月二十八日片，出总理衙门档案：“湖北英人交涉”。

② 在这里，道台细心地对“私巷”封闭的权力表示尊重，同时，也努力使挑粪路线绕过汉口的米市，以避免带来污染。参见李瀚章同治十三年十月二十日片，出总理衙门档案：“湖北英人交涉”。

③ 伦敦布道会：《汉口医院之首次报告，致伦敦总会》（汉口；1868），6 页；圣公会（卫斯理会）：《汉口圣公会医院的五次年度报告》（报告之五，1869），78 页。

④ 参见圣公会（卫斯理会）：《汉口圣公会医院的五次年度报告》（报告之五，1869），78 页。

每次摆渡四五名乘客，再加上一点货物。[①] 然而，社会精英们认识到把这一生死攸关的城市运输基础设施交给私人企业去经营，是一个非常可怕的问题。问题之一就是由于驾船技术不好，又为了争夺乘客不按规矩乱冲乱撞，以及某些贪图挣钱的船夫完全不顾官方发布的恶劣天气警报（特别是在洪水即将来临，人们纷纷渴望逃离汉口时），造成了令人难以接受的大量碰撞与倾覆事故。最重要的是，高额的渡船费，也将穷人排除在摆渡服务之外。

因此，许多史料中都提到，人们意识到设立“义渡”的必要性。建立一个不仅在洪水到来时而且平常也可以使用的义渡，逐渐成为很受私人慈善活动看好的形式。[②] 在富有个人捐款的带动下，团体捐赠紧随其后，从 1806 年的徽州会馆，到 19 世纪七八十年代的卫生堂和仁济堂，层出不穷。[③] 然而，最为雄心勃勃的计划却来自官方，即汉口道台。1877 年 8 月，汉口道台何维键设立了 10 只“官渡”船只，定期来往于龙王庙与对面的武昌、汉阳江岸之间。[④] 这些船只较大且很结实，每次可渡 20 位乘客，费用则非常之低，每人只要两钱。后来，这些船只被改为两个等级：较豪华的那种负责摆渡精英乘客，费用也稍微要高一些，以便负担起低档船只的运营费用，使人们可以免费搭乘。至于这些官渡船的经费来源，我们只知道是何道台设法“筹款”的，可能是通过向主要的对外贸易领域征收海关附加税而筹得的（几年前，上海道台正是用这种办法筹集到公共渡船经费的[⑤]）。专门设立了一个官渡局负责管理这些官渡船，其负责人是由道台任命并支付薪水的两位士绅。每只官渡船由一个船户操作，他可以招募四个伙计，并为他们的行为提供“保结”。

新官渡在运营的当年赢得了广泛的赞誉，但此后不久就出现了问题。事

---

① 参见《申报》光绪四年四月二十七日；1818 年《汉阳县志》卷七，24 页；1867 年《汉阳县志》卷六，5 页；1884 年《汉阳县识》卷二，3 页。

② 参见 1867 年《汉阳县志》卷二十（下），12、20 页；1920 年《夏口县志》卷一五，10 页。

③ 参见《汉口紫阳书院志略》卷七，52 页；1920 年《夏口县志》卷五，16 页；《申报》光绪四年八月十七日。

④ 参见《申报》光绪三年七月一日、十一月二十三日。

⑤ 参见《字林西报》1872 年 10 月 2 日。

实证明，天气恶劣时，官渡船也与港口里其他的船只一样，会受到碰撞；官渡局也发现，自己很容易成为受害当事人诉讼的对象。① 而且，某些船夫沿用旧习，对那些以为是“免费”的乘客大肆敲诈勒索。② 这两方面问题发生的部分原因是由于官渡局雇用的短工（只是在盛水期里才雇用）越来越多，这些人的能力与行为操守实际上都无法控制。因此，1879 年 10 月，官渡局的两位首领利用天气晴朗的一段时间，在港口进行了一次挑选考核，在 70 名申请人中挑选了 50 名热心肠的人充当官渡船的船夫。《申报》在第一版的主笔评论中对此项改革表示赞赏，把汉口的制度称为中国各地官渡的模范。③ 重要的是，《申报》主笔认为，西方人在汉口的存在，影响了这一制度的发展（尽管并无直接证据说明事实如此），而且特别赞同政府应承担起公共安全与社会服务责任的西方观点。一种新的国家——社会关系的观念终于破土而出了，在未来数十年中，它将具有深远的意义。

当然，在官方介入的全部公用事业管理事务中，1877 年建立官渡局之后，官府在摆渡服务方面花费的精力之大，确实是一个例外。总的说来，对公用事业给予的关注水平之低，与夏维里尔所描述的 19 世纪初巴黎的情形，并无太大差别。实际上，还存在着许多显著的相同点，就像叶调元所描绘的非常肮脏的屠宰场和夏维里尔所描述的巴黎勒哈雷斯（Les Halles）的肉市那样。④ 然而，如果说汉口在 19 世纪的某些时段里已处于“病状”状况下，仍然距事实甚远——实际上，整个城市似乎到处散发着朝气蓬勃的魅力。人们并没有普遍觉得生活受到不适应的物质环境的制约而显得特别难受，也没有普遍认为有用的社会服务已经严重匮乏到了危机的地步。尽管这些服务中的大部分都赶不上现代早期的欧洲城市，但很可能汉口人对这些方面的文化期望就处于相对较低的水平上。更确切地说，我们可以把人们缺乏在此类事务上的危急意识，归结于这样的事实，即尽管很大程度上并不存在承担起系统改进基础设施的承诺（这种承诺要到我们的研究时段之后若干年才会在鼓吹城市改革的《申报》上开始出现），但在这一时期，我们仍然可以见到对此

① 参见《申报》光绪五年九月十六日。

② 参见《益闻录》1884 年 4 月 9 日。

③ 参见《申报》光绪五年九月十三日、十六日。

④ 参见夏维里尔：《19 世纪上半叶巴黎的劳工阶层与危险阶层》，210～211 页。

类事务的灵活回应（无论是在国家层面上，还是在精英与社会整体层面上），已经达到了非常显著的地步，人们已经强烈而明确地意识到，有必要改善城市的环境与基础设施。

五、文化机构

汉口文化机构的经费筹措，又引出了这些文化机构使用上的积极局限性。避开西方社会学语汇中“文化”概念的迷宫，我们可以简单地指出，越来越多的历史学家强调现代早期欧洲精英文化与大众文化之间的巨大差别。①我们平时往往是在提及那些限于某些精英的艺术事务时使用这个词，这显然表明，我们多数人仍然认同吉兹伯格（Carlo Ginzburg）所谓“作为特权的文化”的观念。虽然保存古典士大夫文化的要求很少作为建立和维护汉口宗教与教育机构的根本原因而提出来，但我们在思考文化领域里的团体活动时，必须留意上层儒家传统与更普遍的大众信仰（以祭拜鬼神为中心）、大众文学（主要通过吟唱、讲故事等形式传播）之间的巨大疏离。汉口全体大众到底在怎样的程度上被迫去为少数人的雅致文化品味和热情承担花费?

当然，与西方一样，精英与大众文化通过非常复杂的方式互相渗透。而且，两者之间的渗透是双向的。在汉口，“大众文化”与地缘的亚族群一样多；而混合着各种所谓“官仪”的精英文化，则得到官府、志趣高雅的精英诗社、通过儒家学说提倡的自我修养以追求高尚品德的个人等方面的支持。城市与乡村精英的不同之处在于他们会特别依恋这一传统的某一方面因素。在很大程度上，汉口文化机构的资助人，表现出与其各自的利益群体范围紧密对应的特点。换言之，我们看到一种可以与其他公共事业中的资助人类似的现象，即努力按假设的受益比例，由国家与社会分担其费用和责任——一种文化“消费”费。当这一原则偶尔未被遵守的时候，其他观念的存在就会

① 可特别参阅汤普森：《贵族社会，平民文化》，载《社会史学报》，第 7 卷第 4 期（1974 年夏）。关于欧洲大众文化及其与精英文化之间复杂关系的有益探索，可参阅吉兹伯格：《上等人与下等人：16 世纪磨坊主的世界》（巴尔的摩：1980）；戴维斯（Natalie Zemon Davis）：《现代早期法国的社会与文化》（加利福尼亚州，斯坦福：1965）。

显现出来，比如至高无上的公正观念、社会资源再分配的目标，以及仅仅是地方势力单纯的傲慢自大而已。

1. 庙宇。当我们考察给予宗教机构的捐赠时，立即就会注意到寺庙在文化事业方面的作用。汉阳县最著名、最具社会意义的“庙宇”之一，也是被公认为没有掺杂进民间因素的非常符合古典传统的庙宇，就是汉阳城外的晴川阁。① 正如其名字所暗示的那样，与其说这是一个祭祀的场所，还不如说这是一个公共纪念性建筑。15 世纪后期汉水下游河道从汉阳大别山南麓改道北麓，从而导致了现代汉口的形成。此次改道之后不久，汉阳知府范之箴在大别山麓建了这座晴川阁，以祭祀治水英雄大禹，祈求他保佑，不要让河道再移往另一边。自始建到 19 世纪，晴川阁维修了好几次，并成为当地人引为自豪的象征。汉阳人把它看做华中湖区三大宏伟建设之一——另两个是武昌黄鹤楼与岳州岳阳楼。因此，1807 年，当新任汉阳知县裘行恕表露出他要大规模维修汉阳县公共工程的意图时，“城居士绅”即恳请他首先考虑晴川阁的维修工程。

随后，裘知县条列出这一工程的预算经费。他研究了当地的先例，发现这样规模的建筑，在汉阳是完全可行的。当然，他看到的情况是，汉口最有势力的商业群体（徽州同乡会），几年前独力建起一个宏大的建筑群——新安会馆，并完成了一条街道的修缮工作。② 裘行恕自己表示非常惊讶：如此巨大的工程竟然是在非官方主导下，效率很高地独力完成的，而且完全是依靠自愿捐款筹集经费的。因此，汉阳知县决定把重修晴川阁的任务委托给一个民间项目管理人来监督（很可能就是徽州会馆的首事之一），其经费筹措也不交给衙门里的下属去掌握。然后，他只是抓住一点：改造工程必须在规定的时间，即 1809 年的三个月时间里完成。更为重要的是，他挑选那些徽州会馆成员之类的人作为主要承担者，客气但坚定地告诉他们，要“各举余资”作为这一工程的经费。他们这样做了，文献记载中没有见到反对意见。

何以会如此？虽然晴川阁是汉阳县居民（不管是平民还是士绅）引以为

---

① 下面的这段叙述，主要依据裘行恕：《晴川阁记》；舒正载：《修晴川阁恭举庆典记》，并参见 1809 年《汉阳县志》。

② 关于徽州会馆建筑群的讨论，参见罗威廉：《汉口：一个中国城市的商业和社会，1796—1889》，303 ~ 310 页。

傲的事物，但它在汉江对岸的汉口实际上却并不具备某种身份界定或社会意识方面的意义。族群来源复杂多样的商业中心的文化，在这方面与在其他事务上一样，显然迥异于更具地方性的、士绅主导的县城的文化。我曾经谈到，徽州商人虽然将自己寓居者的身份，与对汉口整体地方利益的认同密切联系在一起，但他们并不比汉口其他群体更倾向于认同汉阳城的事物。然而，1809 年他们对晴川阁重建工程的支持，却并非没有先例：将近一个世纪前，上次维修工程的经费就有很大部分来自汉口富有的徽州药材商人叶韫章的捐赠。① 这里，显然包含着与戴维·罗德纳（David Rudner）描述的印度次大陆的习惯做法相同的中国式做法，即客居商人本质上是依靠定期捐献的形式“买进”可以通向地方权威的渠道：在印度，是当地寺庙的僧侣；而在中国，则是地方官府和儒家仪式的赞助人。② 这一惯例为大家普遍了解，也就给袭知县提出的那些要求提供了理由，并使商人们可以平静地接受这些要求。

当我们越过汉水去考察汉口本身的庙宇时，就可以发现，它们与晴川阁那样古典式的仪式中心有着很大差别。实际上，虽然汉口有许多庙宇均远比汉阳县城那些较小而庄严的庙宇的影响更大，但是，1884 年《汉阳县识》里半官方性的汉阳县寺庙目录中，却只收录了一个汉口庙宇。③ 正如王斯福（Stephan Feuchtwang）曾论证的那样，那些参与国家祀典的庙，与那些不参与国家祀典、诸如天后宫与关帝庙之类特别受商人信奉的庙宇之间，在观念与礼仪运作方面，都存在着严格的区别。④ 虽然事实上汉口所有庙宇供奉的神祇都在正统神祇体系中拥有一席之地，但是，这个城市中却没有一所庙宇在正式的国家祀典中发挥任何作用。更显著的是，由于汉口在帝国行政层级

---

① 参见《叶氏宗谱》卷十五，18 页。

② 参见罗德纳：《17 世纪南印度的宗教捐献和国内商业》，载《亚洲研究学报》第 46 卷第 2 期，361～379 页。

③ 参见 1884 年《汉阳县识》卷二，14～17 页。这座唯一列入目录的庙宇，就是四官殿。而它之所以得以列入，是因为它保存着一块纪念碑——是熊伯龙撰写的，他是一位 17 世纪的汉口文人，曾做过京官，也是汉阳县引以为荣的本县人物之一。

④ 参见王斯福：《学宫与城隍》，见施坚雅主编：《中华帝国晚期的城市》（加利福尼亚州，斯坦福：1977），583、606～607 页。王斯福还指出：有一种将“民间”神吸纳入国家祀典的方式，而且那些官员们也时常为了某种附有特殊意义的个人理由，以私人身份到庙里去祭拜并致献非官方神祇。

中未能据有一席之地，它甚至缺乏最代表中国城市中心地位的官方庙宇——城隍庙。①

因为没有任何“官庙”，所以汉口的宗教机构都属于公共庙宇（公庙）、行会庙宇（行庙）、街区庙宇（社庙）以及宗族庙宇（宗祠）等四种类型之一种。事实上，绝大部分庙宇均属于前三种类型：虽然某些诸如沈家庙之类的宏伟建筑冠以姓氏，暗示它与宗族存在关联，但到19世纪，其中的大部分均已名不副实，也不再由某一特定宗族提供资助，实际上已转换成另外的某一类型了。

按照通常的看法，大约有八至十个庙宇可以归入我称之为“公共庙宇”的类别，包括居仁坊的五显庙、大观音阁，由义坊的老官庙，循礼坊的沈家庙、龙王庙、禹王阁，以及大智坊的四官殿。② “公共”的意思是说它们的吸引力不限于某一街区或群体。它们都供奉着神祇——观音、龙王、关帝、禹王等，所有汉口人都可以寻求得到并利用这些神明的保护。通常，他们处在官庙与私人庙宇之间，王斯福称为“群祀”，也就是说，其神祇得到城市社会全体成员的祭祀，偶尔（特别是在其一年一度的宗教节日里）也会有地方官员参与。③ 这些庙宇都非常大，有能力举办公共聚会。例如，四官殿就是吸引汉口全城精英的文学聚会的固定地点，而沈家庙的大戏台，每年都会演几次戏，社会各阶层的人都会群集到这里。④ 在下一章，我们将看到，在19世纪七八十年代城市社会的变动过程中，这些庙宇的公共性特点是如何发挥其整体作用的。

尽管在这方面并没有什么有用的具体资料，但这些庙宇的资助模式看来也是“公共的”。大部分庙宇均可上溯到明末或清初，在太平天国运动中全部受到破坏，19世纪50年代末或60年代前期重建。例如，四官殿就是17世纪40年代末，在清政府新任命的文官的积极支持下，主要依靠来自“绅商”的大笔捐款，而重建并重新祭奉火神的（献祭对象与仪式的改变，既是

---

① 汉阳城不是有一座而是有两座城隍庙（译者注：县城隍与府城隍），两者均与汉口居民没有任何重要联系。

② 参见1867年《汉阳县志》卷二六，8～10页；1920年《夏口县志》卷一，19～20页。

③ 参见王斯福：《学宫与城隍》，收入施坚雅主编：《中华帝国晚期的城市》，586页。

④ 参见叶调元：《汉口竹枝词》卷一，6页。

考虑到火灾的威胁，也是为了象征性地反映朝代的更替）。① 官府经常只是在幕后干预，出于公用的考虑改造庙宇。这些社会公用不仅是仪式上的（比如祭奉火神或龙王），也有实际意义。比如，庙宇附设有重要的商业码头与渡口，而且几乎所有庙宇都是露天市场所在地。这些庙宇之“公共性”的重要表现之一，就是他们是这些商业设施的准所有者（例如，龙王庙就雇用一个码头师傅，负责调配渡船、指挥商用船只的停泊②），而得自这些运营的收益则成为庙宇日常运作与维修的主要经费来源。

汉口的第二种庙宇，即那些由行会主办的庙宇，我们在上卷已作了详细讨论，这里不再赘述。汉口行业庙宇的谱系，可以从宏伟壮丽的山陕会馆的关帝庙、福建会馆的天后宫、药业公所的药王庙，一直排列到那些非正式地缘帮伙草草搭建的露天祭坛。其中的一些庙宇，会在行会为了展示其繁盛和答谢社会盛情而举办的欢庆节日里向公众开放，但总的说来，它们只是留给行会成员使用的。例如，药王庙就得到位于通向其大门的小巷两旁商铺租金的经费支持，这些店铺中有十家使用了“药王庙”的名字。店铺租金收入的一部分用于支付药业公所举办的年度节日的花费——节日定在阴历四月二十八日，所有的汉口居民均可参加。③

第三种类型，街区庙宇（社庙），当时人即清楚地将它与上述两种类型区分开来。1920 年《夏口县志》指出：这些庙宇“均属地方社庙性质，与各寺观迥不相同，自不能混则为一”，而且不像公共庙宇那样，向某些行人开放供他们祭奉。④ 其中典型的是唐家巷的古关圣祠，利济巷的大东岳庙和花楼街的小关帝庙。⑤ 这些庙里供奉的神祇的权限地域受到严格的界定，人

① 参见 1867 年《汉阳县志》卷二七，66 页重刊了熊伯龙 1667 年撰写的关于这一主题有碑文。另请参阅范锴：《汉口丛谈》卷二，13～14 页；《长江日报》1980 年 10 月 5 日。

② 参见《益闻录》1889 年 6 月 29 日。

③ 参见《药帮大巷》，载《长江日报》，佚失日期。

④ 参见 1920 年《夏口县志》卷一，22 页。另请参阅叶调元：《汉口竹枝词》卷二，2 页。

⑤ 我们注意到，像关帝（关羽）这样影响非常广泛而且多功能的神祇可以是各类型庙宇供奉的对象：公共的沈家庙、作为行会庙宇的山陕会馆和广东会馆，以及作为社庙的小关帝庙。汉阳城中的官庙武圣庙里供奉的关羽是戎装的。关羽还因为保护战争与贸易中忠诚、诚实的人，并给予他们以奖赏而得到供奉。

们也非常了解其权力范围——他们大致与乡村里的“土地公”对等，是城市里的土地神，每个神祇的权限可以在每年一度的节日游行的正式排列中得到反映。庙宇的维修与年度节日费用都是由本地选举产生的庙宇管理委员会向街区铺户强制性地征收的。① 此前我曾谈到，这些街区庙宇及围绕它成长起来的祭祀圈（教区）是街区共同体的基本组织之一。那么，自然也就由街区群体内部那些生意人或声誉良好的成员，承担有关费用以维持庙宇了。

2. 学校与教育基金。当我们从汉阳城里的汉阳府学与汉阳县学开始，讨论地方教育机构时，就再一次进入到国家神道社教的领域。事实上，这两所学校教授的儒家思想并不是如其名称所意指的那样针对科举考试，而是更强调官方的仪式活动。汉阳所有学校主要的教学活动是操演儒家礼乐。1807年，汉阳知县裘行恕在汉阳县精英与汉口商人的联合支持下，主持对府学与县学进行了一次维修。翻新汉阳府学的经费包括萧卓铭捐献的 1 500 两银子，他是一个与商业没有特殊联系的著名士绅家族的成员；县学的重建花了 1 900 两银子，是冯长钧与冯长义兄弟捐赠的，他们是来自徽州的盐商。这两项工程背后发挥导向作用的，则是姚光海，他出身于一个既在乡村拥有田产又在蔡店、汉口拥有商业利益的汉阳头面家族。太平军占领结束之后，县学收到了一项盐商熊建勋的捐赠，那是汉口两块空闲的地产。1867 年，卖掉了其中的一块，所得收益则用于对余下的另一块地产进行商业开发。到 19 世纪 80 年代，县学已掌握着一笔不小的房地产投资，包括汉口的这块商用地产、汉阳县城里的一块地产以及几块分散在乡下的稻田。②

汉口商人之所以给予那些坐落在汉阳的机构以经费支持，部分理由是为了花钱购买地方官府和本地精英的欢心。但更为直接的原因，则是商人们希望通过此举在科举考试中得到回报。③ 为什么学校并不提供可以应付考试的教育，却仍会存在着这种联系呢？答案是学校作为府试合格者正式的登记机

---

① 参见斯卡伯勒 1881 年 6 月 27 日信，圣公会档案。

② 参见裘行恕：《重修汉阳邑学县学碑记》，见 1809《汉阳县志》；1884 年《汉阳县识》卷二，11～12 页，以及“公款簿”，1 页；1920 年《夏口县志》卷十五，18 页；卷二十，8～9 页。

③ 渴望取得科举功名与支持官方学校之间的联系非常戏剧化。曾经有这样一件事：陕西籍的汉口商人洪锡录于 1844 年领导发起了一场面向府学重建的捐款活动，翌年，他的儿子就获得了举人的功名。参见 1884 年《汉阳县识》卷三（下），7 页。

构而间接地发挥作用。通过考试的候选人（生员）即使从来不曾进入学校，也被称为“入学”。有幸获得廪生资格的极少数生员，由学校发现金津贴。县学里的配额（换言之，是进入最低士绅等级的资格限制）由北京的礼部确定，为了得到这些配额，地方上的竞争非常激烈。当然，在汉阳，竞争者不仅包括本地有土地的精英，还包括汉口寓居商人的后代。我曾经考察过这种竞争影响这两个群体之间拉关系的方式。① 减弱此种竞争的方式之一就是两大群体联合起来，共同努力，争取增加三年一度的考试合格者配额。例如，1815 年，在汉口绅商徐镐的组织下，由 19 名当地有功名的人共同签名通过知县裘行恕向北京提出了一个请求，并获得批准，从而成功地将配额从 15 名增加到 18 名。裘行恕很高兴地支持这一请求，理所当然会得到两个群体慷慨地对他的学校重建项目给予支持以作为报答。②

由于官方学校事实上不能提供科举考试前的教育，这一任务就落到其他机构身上。承担起这一任务的机构首先是书院，它在明代一般是致力于独立学术与哲学研究的机构，但到清代蜕变成一种半官方的科举考试预备学校。③ 虽然仍然得到地方精英的经费支持，学生也要交纳学费，但书院越来越受到地方官府的直接资助。1809 年，汉阳县书院发生了一次重要转折。当时，正是裘行恕任知县，他成功地动员民间出资重建已经停办很长时间、毗邻晴川阁的晴川书院。④ 这个书院及汉阳县的另一家书院——江汉书院，无疑给汉阳县与汉口的精英提供了聚会之所，但显然它们主要是为汉阳县精英提供服务的。为了更有针对性地满足其子孙后代的教育需求，汉口商人只得求助于私人教师，以及像学者胡桂生那样在自己家中开设的蒙馆和学堂，或者由行

① 参见罗威廉：《汉口：一个中国城市的商业和社会，1796—1889》，238～242 页。

② 太平天国运动后，通过请求，汉阳县的配额不断得到增加，1854 年增加了 2 名，1860 年增加了 3 名，1864 年增加了 4 名，1865 年增加了 1 名，总共达到了 28 名。可是，仍明显地感觉到还有很多潜在的符合候选人资格的人，配额仍不敷使用。参见 1867 年《汉阳县志》卷二十（下），24 页；1884 年《汉阳县识》卷二，10～11 页；《申报》光绪元年十月十六日。

③ 参见何炳棣：《中华帝国成功的阶梯：1368—1911 年的社会流动》（纽约：1962），200 页；宫崎市定：《中国文字狱》（康涅狄格州，纽黑文：1981），34～35 页。

④ 参见裘行恕：《重建晴川书院记》，见 1809 年《汉阳县志》；1884 年《汉阳县识》卷二，12 页。

会自己建立书院。汉口最著名的行会书院就是徽州会馆的紫阳书院和宁绍公所的阳明书院，但也还有其他书院。虽然这些书院指定首先要面向行会成员孩子们的教育，但很多书院也接受非行会的学生入学，所以逐步向“慈善性”或“公共性”学校（义学）演化。① 开放这些教育机构，也是其商业创办人试图在城市社会中发挥赞助人作用之总体努力的关键步骤之一。

除了国家通过县学中介向少数选中的生员提供津贴之外，还有几笔社会资助基金可以向汉阳县的学者们提供资助，其公开宣扬的目标是鼓励各社会阶层的人成才。这些社会资助基金最早可以上溯至1815年。当时，在汉口与汉阳县精英的联合请求下，礼部同意增加府试合格者的配额，“深表感激的”请求者作出的回应是，提供1 000两银子的捐款，在晴川书院设立一项“大众学术基金”（以“膏火士林”）。② 1828年，又加上了一宗面向本地生员到武昌参加省试和到北京参加京试的“旅费基金”（宾兴公车）。根据杨联陞的研究，早在南宋时期，就已出现了同样的机构，但在蒙古统治下消失了；当19世纪初这种机构重新出现时，已不再像南宋时那样得到国家的支持，尽管我们知道它得到地方官府的保护。杨联陞引用了道光年间的许多例证，说明高度商品化的江南、湖南与四川地区存在着这种“旅费基金”，并特别指出，这种基金仅限于经济较发达的地区。③ 汉阳县的旅费基金是以吕仲为首的30名地方士绅创议设立的，吕仲请求湖北学政给予支持。此后几年，一位汪姓徽州商人捐了一笔款项，设立了第三项基金，负责省试学生的文具费（文童岁科试券费）。与“膏火士林”基金一样，后两项基金也一直由总部设在汉阳城外晴川阁的捐款信托管理委员会（培文堂和培芹堂）给予经费支持。④

关于旅费基金及其信托机构培文堂的现存资料表明，它一直是汉阳县精

① 参见《汉口紫阳书院志略》卷七，15页；卷八，7页。到20世纪，这些学校全部被纳入到新式公立学校系统。参见何炳棣：《中华帝国成功的阶梯：1368—1911年的社会流动》，196～198页。

② 参见1867年《汉阳县志》卷二十（下），24页；1920年《夏口县志》卷四，57页。

③ 参见杨联陞：《科举时代的赴考旅费问题》，载《清华学报》第2卷第2期（1961），116～130页；亦可参见何炳棣：《中华帝国成功的阶梯：1368—1911年的社会流动》，205～209页。

④ 参见1884年《汉阳县识》卷二，12～13页。

英与汉口商人之间激烈竞争的焦点。1828 年，汉阳县士绅在最终导致这项基金设立的陈情书中明确指出：汉口是如此繁荣的盐业中心，经营盐业的客商很容易从其匣费中拿出 2 000 两捐款，以支持三年一度的府试和省试。湖北省学政王某对此表示同意，指令将这笔钱交给一个负责的汉阳士绅打理。此外，湖北盐道受命在汉口商人中间发起一场捐款活动，所得 5 000 两银子存入汉阳的典当行，其利息也用于三年一次的科举考试。① 在这里，看来盐商又一次把这些费用当做在外地做生意所必须支付的正常费用而接受下来，而那些本地精英则希望维持对地方资源再分配的某些控制。

然而，太平天国运动后，地方经济的彻底破坏使这些基金面临枯竭，于是，汉口新一代盐商开始表现出对汉阳县精英强迫他们提供经费的要求更大的抵制。1867 年，在吴传灏（汉阳本地人，1846 年中举，厘金管理人，前湖北巡抚胡林翼的亲密幕僚）的领导下，当地士绅们提出了一个动议，要求恢复三年一度的 2 000 两捐款给旅费基金；经过协商，盐商一次性地提供了 4 800 两银子。② 他们也同意每年向晴川书院的"一般学术基金"提供一笔较小的捐款。《北华捷报》把这种安排解释为盐商们对他们可以自由地在汉阳县做生意挣钱、越过当地士绅或官方的阻碍而进行的心照不宣的贿赂。③

太平天国运动后，汉阳县的各种教育基金信托管理委员会开始首先投资于城市房地产。1867 年，负责管理旅费基金（宾兴公车）的培文堂在汉口黄陂街买了一栋大型的多层楼房，他们把它分割并租出去，又在巴家巷买了一座大商用货栈。1871 年，负责管理学生文具费基金（童试卷费）的培芹堂购买了一些靠近汉口老官庙的空地，在此后十年中于其上盖起了三座供出租的店铺。它还在汉口其他地方获得了一块未开发的土地，在蔡店获得了一家店铺。这些基金管理委员会一直把日益增加的租金收入再投放到典当行里，所以在光绪前期的兴盛岁月里，其资产总值迅速增长。④

---

① 参见 1867 年《汉阳县志》卷十，26 ~ 27 页；1884 年《汉阳县识》卷二，12 页。

② 参见 1884 年《汉阳县识》卷二，13 页。

③ 参见《北华捷报》1867 年 11 月 9 日。

④ 参见 1884 年《汉阳县识》，"公款簿"，3 ~ 6 页。典当行支付给教育基金存款的利息也不断增加：19 世纪 70 年代初是月息 1%，十年后涨到了月息 2%。

因此，从表面看来，这些“公共”教育基金是“自给自足的”，或者是靠盐商精英的捐款得以保证的。然而，由于食盐是各社会阶层的人口都需要的日常消费品之一，而盐商给教育的捐款也间接地反映在食盐零售价格上，所以，在某种程度上，完全可以说，这些教育支出是由食盐消费人口负担的——不仅包括武汉三镇的消费者，还包括全部湖广盐销区的消费者。1884年，在全省厘金之上又加征了10%的地方附加税，所得之款均集中于汉口，其中一部分转交给汉口盐商金库，以增加此前已由盐商金库支付给晴川书院的年费额度。① 通过这种商业税收直接拨付给地方教育经费的做法，地方官府引人注目地提高了零售消费者（也就是大部分人口）所负担经费的比重。

然而，在19世纪的大部分时间里，作为一种普遍性的惯例，仍然是努力按照历史悠久的“由直接受益者分担费用”的原则，来筹集经费以资助教育和文化机构的。学校与教育基金被看做精英向更大范围的社会奉献爱心的一种方式，而且人们总是反复强调，教育基金是特别指定用于资助那些受到经济条件限制的有才能的年轻人、以使他们有机会进入士绅阶层的。比如，没有理由怀疑精英们的诚意，他们公开声称：他们之所以在太平天国运动后立即提出要优先重建学生文具费基金（童试卷费），因为必须向他们提供符合考试要求的纸张，以不致阻塞他们飞黄腾达的一条渠道。② 然而，显而易见的是中华帝国晚期，最难以承担的教育费用既不是文具、书本费，也不是来往考试地点的旅资，而是在漫长的求学岁月里一个人丧失了劳动、生产的能力。这种代价，是不可能指望上文所讨论的各种机构给提供补偿的，这就意味着，对于绝大多数汉口（以及中国）人来说，通过传统教育飞黄腾达是一种难以达到的目标。在这个意义上，由公共税收来支付教育基金，不过是将资源从普通大众集中到精英手中的一种再分配方式而已。而且，在19世纪的汉口，这可能已经是广而知之的事实。

众所周知，从20世纪初的新政开始，一直持续到民国时期，发生了一个重大转折，由此，政府普遍地公开向社会征收新税，以支付大为扩展的教育项目经费。如果这种变化辅以更行之有效、更富有作为的国家统治机器的成

---

① 参见《湖北通志》卷五十，68页。

② 参见1884年《汉阳县识》卷二，13页。

长，那么结果无疑会更好。可是，并没有出现这样的国家机器。但学者们却倾向于认可这样的事实，即新税收是递减的，而且新的公共设施所带来的（教育与其他方面的）好处却大部分都归属了精英，精英还进一步通过垄断那些作为这一进程副产品而设立的新管理职位而获得更大的利益。①

不管是好还是坏，到 19 世纪末，汉口确已迈出了这一系列变化中的第一步。1884 年厘金收入的转向也许就可以看做这一变化的发端，但直到 1889 年后张之洞担任湖广总督期间，这一变化的步伐才加速起来。张之洞主持的范围广泛的教育改革，已得到充分研究，这里没有必要再加以概述了。② 结合本书之研究，这里只需指出：新总督的第一个行动就是于 1891 年在武昌建立了一所受西方影响的两湖书院，其建筑设施是用汉口商人（在徽州会馆首事余能培的领导下）捐献的 9 000 两银子完成的，其运营经费则由汉口茶业公所的制度化捐款来承担。③ 张之洞深思熟虑制定的政策，乃是试图将教育经费从对日趋衰退的盐贸易的依赖中解脱出来，转而用茶税来代替之（茶业公所新增的"捐献"惯例，实际上是与减少的茶叶运输厘金税一一对等的），然后沿着新的方向，公开建立起官学系统。当然，问题是更多的普通"大众"将为更多的教育机会负担更多的费用。

六、结语：公共领域的兴起

在 19 世纪的汉口，可以清楚地看出，城市服务与社会福利领域，也可以说是非官方的"市民"或"公共"领域正在逐步扩展。在一定程度上，这是长期以来在供给社会需求方面国家的直接主动作用不断衰退的结果；在很大

---

① 参见鲍德威（David D. Buck）：《济南的教育现代化，1899—1937》，收入伊懋可、施坚雅主编：《两个世界之间的中国城市》（加利福尼亚州，斯坦福：1974），171 ~ 212 页；周锡瑞：《中国的维新与革命：辛亥革命在两湖》（加利福尼亚州，伯克利：1976），第三、四章；肖邦齐（Robert Keith Schoppa）：《中国精英与政治变迁：20 世纪前期的浙江省》（马萨诸塞州，坎布里奇：1982）。

② 参见苏云峰：《张之洞与湖北教育改革》（台北：1976）；艾尔斯（William Ayers）：《张之洞与中国教育改良》（马萨诸塞州，坎布里奇：1971）。

③ 参见 1920 年《夏口县志》卷十五，28 页；张之洞光绪十七年三月十八日奏，收入《张文襄公全集》卷三十，6 ~ 12 页。

程度上，它也不过是由于面对日益密集的人口所新出现的各种需求，以及日趋复杂的城市社会，社会力量作出的反应较之于官方作出的反应更为敏捷而已。最近，玛丽·兰金描述了太平天国运动后长江下游地区正发生着同样的现象。① 在汉口，“同治中兴”岁月里这一进程显然汇聚了最大的动力，但很清楚，至少在此前半个世纪，这种趋势就在孕育之中。

沟口雄三及其他学者都曾谈到，这一进程反映在“公”的词义变化方面，就是其意义逐渐远离“官方的”的内涵，而转变为更接近“集体的”或“社会的”意义；实际上，在近百年的词汇表上，“公”的涵义发生了重大变化，越来越具有大众政治化的倾向。② 在汉口，我们可以在治水领域内找到明确的非官方公共领域的源头——几个世纪以来，堤防一直按其维修责任，分成“官”、“私”及居于中间的“民”三种类型。至迟到19世纪后半叶，这种三分的类型划分已经扩展到城市街道维修之类的活动领域中，在那里，居于“官”与“私”之间的中间类型，现在已经被明确地界定为“公”了。在经费筹措方面，通过接收面向非官方社会工程项目的捐款而获得不动产，被称为“公置”或“充公”，这些资产及其收入则被称为“公款”。③

---

① 参见兰金：《中国浙江省社会精英的能动主义与政治变革，1865—1911》（加利福尼亚州，斯坦福：1986）。

② 参见沟口雄三：《中国“公”、“私”概念的演变》，载《史渊》，第669期（1980），19～38页。另参见程一凡（音）：《19世纪中国作为一种思潮的“公”：以王先谦为中心》，收入孔宝荣（Paul A. Cohen）与施雷克（John Schrecker）主编：《19世纪中国的改良》（马萨诸塞州，坎布里奇：1976），170～180页；费密思（Joseph Fewsmith）：《从行会到利益集团：晚清“公”与“私”的转变》，载《社会史比较研究》第25卷第4期，617～640页。

③ 在这一词形与政治术语都在发生灵活变化的时期，把哪些财产与服务观念归属于“公共领域”范畴，显然因人而异。一种最小限度的表述是1884年《汉阳县识》附录里张行健所编集的“公款簿”。在这里，张行健把所有财产分成七个单独的类别：隶属于县学的祀典设备与乐器经费，面向当地科举考试“举子”的文具费与旅费基金（童试卷费与宾兴公车），三家最古老且最大的善堂的募捐收入（其项目记录最详细）。虽然各自的定位迥然不同，但这七项基金看来最初都是由民间（商人所占比重最大）捐献设立起来的。也许仅仅是巧合，但事实上1867年、1920年出版的几种县志均不包括任何可以与这一“公款簿”相比的目录，这意味着支持我们的看法，即在清朝最后几十年里，非官方的公共领域越来越清晰地表现出概念化倾向，是一种有特殊意义的现象。

城市社会能动主义的范围一直在不断扩展。起初是以诸如水龙局、善堂之类的街区或亚社区为基础的项目，随着时间的推移，逐渐出现了全城范围内系统性的综合项目。来自汉口商业资源的经费逐渐利用在更广泛的区域性项目上。在某些情况下，由于捐款主要用于汉阳县城的文化与教育机构，汉口商人实际上是在地方官府与当地精英的强迫下捐献的，以换取后者同意他们在这一地区做生意；但在另一些情况下，比如他们在治水方面（以及在公共安全方面，第八章将予以讨论）的努力，显然是汉口商人借助财政力量将管理与准政治权威强加到周围乡村去的一种手段。

在社会能动主义兴起的过程中，中央政府所起的作用实际上是间接的。汉口经历的事情与 18 世纪的巴黎大不相同——在巴黎，官方政策是努力积极主动和直接地控制消防、街道维修、街灯、垃圾清理、食品供应以及救济物资的分发等城市服务；汉口甚至更有别于那些奉行经济统制的德意志城市。① 在汉口，国家机构所发挥的部分作用主要局限于有选择地向地方力量创议的项目提供保护，协调这些创议，平衡各社会集团的利益。国家在社会服务各方面的这种间接领导作用，往往在“官督民办”或“官督商办”之类陈旧的表述方式下而得以合法化，但由本章及上一章也可以清楚看到，这些短语也包含着非常广泛的实际制度性安排。有一点也很清楚，即国家主要通过对非官方公共领域不断扩展的作用予以认可，使其间接领导作用取得了普遍良好的印象。

1889 年 12 月张之洞总督莅任之后，国家直接主导迅速扩张的新时代就开始了。我们注意到，早在光绪前期，就偶尔可以见到官府主动创议的事例，著名的有“官渡”系统以及道台何维键主持的汉口主街维修工程。然而，毫无疑问，张之洞主持的自觉的改良运动将这些零星的官府干预提高到了全新的水平上。张之洞也援用非常有名的“官督商办”的套话，但对他来说，“官”理所当然要比“商”重要得多。② 在张之洞担任湖广总督的漫长

---

① 参见威廉姆斯：《巴黎的警察，1718—1789》（路易斯安那州，巴吞鲁日：1979）；加普兰：《巴黎的粮食供应：18 世纪谷物与面粉贸易中的商人与磨坊主》（纽约州，伊萨卡：1984）；拉夫（Marc Raeff）：《秩序井然的警察国家：德国与俄国法律上的社会与制度变迁，1600—1800》（康涅狄格州，纽黑文：1983）。

② 张之洞不信任地方精英的能动性，偏爱官方的创议与主导，这是他长期以来在担任不同职务时一贯的原则。参见贝斯（Daniel Bays）：《中国进入 20 世纪：张之洞与新时期的发端，1895—1909》（密歇根州，安阿伯：1978）。

任期里，可以说是日益扩张的政府领域兼并（或者说“吞并”）了已相当发育的非官方公共领域，并为中国在20世纪建立西方式国家奠定了地方基础。

在我们研究的时段里，有一种普遍性的规则，即尽可能广泛地协调可以接受的各种地方利益（决不仅限于精英的利益），尽可能维护和谐一致的气氛，这种考虑成为压倒一切的核心，消弭了“发展”的要求。我们已经看到这样的证据，比如：在关于划分区域规则的公告中，官方努力安抚搬运工与财产所有人两个方面；更著名的则是1873年对港口清理方案的妥协折中。而且，尽管许多地方惯例创造了大量机会，使得地方资源的再分配容易落入私人之手，或服务于私人利益，不过公正地说，到19世纪90年代以前，社会协调机制有效的制约了这些行为。

然而，这决不意味着汉口的城市服务系统没有给个人或群体之间的冲突提供肥沃的土壤。较对等的阶层之间很容易发生争论，比如在那些宣称某一小巷属于私人财产而予以封闭的商人之间。不同社会经济等级的群体之间也容易发生纠纷，从而折射出工业化后城市阶级冲突的萌芽。本章界定了几个事例，如因限制马车夫经由新铺道路而引发的冲突，棚户与摊贩侵占火巷引起的斗争，富有的财产所有者利用经济实力影响限制性建设规章的努力，以及司空见惯的限制粪夫和水夫通行的斗争。“公共”工程的经费筹措也明显为冲突的滋生提供了土壤：例如，一项已确定的市政改良项目，直接受益而应当承担经费责任的范围到底应当是多大？这些由城市公益事业引发的冲突，只不过是大城市中更为广阔的冲突领域的一部分而已。第三部分即将对各种社会冲突展开考察。

第三部分

冲　突

第5章

冲突的结构

1877年，汉口道台何维键在致美国领事的信中推心置腹地倾诉说：“汉口人最喜争吵。”大量的文字记载均证明何道台所说确实如此。① 各种冲突——暴力的或非暴力的、偶发的或不间断的，以及个人间的或集体之间的——司空见惯，而且是地方生活中可以预见的事。然而，这些冲突既没有固定的模式，也并不必然破坏地方社会的结构。事实上，正如辛梅尔在一部西方社会学的经典著作中曾雄辩地指出的那样，在适当环境下，冲突也可以是社区联系形成与维持的一种手段。②

本章将考察汉口冲突的几种形式：犯罪与社会病态，亚社会群体内部的纷争，反对政治或经济权势集团的大众抗争。与第七章讨论的意识形态运动及第九章考察的造反不同，以汉口居民为主体的这些冲突并没有对现存社会体制作出重大挑战，而是反映了力图在体制内争取个体或群体利益最大化的尝试。结果，事实证明，这些严格限制范围的冲突（虽然非常频繁地发生）在总体上是与精英们精心培育的社会共识相一致的。

---

① 参见何维键1877年6月9日信，收入美国驻汉口领事馆：《公文快报》，美国国家档案馆存档。一个多世纪前，新任湖北巡抚吴应棻在谈到汉口的冲突与诉讼时说：“臣行前即闻听，楚俗甚恶，其民甚难制。自奉皇命至楚，臣见其民较之前所听闻者为佳……其性至纯……惟汉镇乃唯利是图、欺行霸市者、狡猾牙人与贪婪之外来投机者汇聚之区，故有无数复杂难解之未决讼案。”（译者注：此处仅据英文译出，未能查核原文。）吴应棻所采取的解决办法有点不切实际，他渡过长江，来到汉口，在市场中心亲自宣讲圣谕。参见雍正十三年四月十七日吴应棻奏，出台北“故宫”博物院：“清宫档案”。

② 参见辛梅尔：《冲突与群团联系网络》（纽约：1955）。

一、犯罪和社会病态

1878年秋天的一个夜晚，一位炭贩子和一个唱曲的在汉口万安巷一家小酒馆里喝酒。他们有些醉了，开始唱起淫曲。桌子对面坐着一位焰火贩子和他的朋友，一位姓张的地痞。张姓地痞觉得那两个人唱得不好，而且亵渎神明，喝令他们不要唱了。接着就发生了口角，但在恶骂发展为斗殴之前，酒馆老板把四个人都赶出了酒馆，事情就这样结束了。可是，第二天，炭贩子找到焰火贩的店铺，继续辱骂。因为担心这样鲁莽行为的背后还躲藏着同伙，焰火贩一直忍受着，直到碰巧有两个同乡士兵经过，赶走了那个炭贩子。一天后，焰火商约同那个地痞以及两位士兵，来到靠近沈家庙的炭贩子的店铺，把他强行拉到靠近码头的一家下等茶馆里，揍得他差点丧命。①

19世纪的汉口没有像狄更斯（Dickens）或雨果（Victor Hugo）那样的社会文学家，没有可以帮助历史学者在传统文献之外窥见更为日常的、丑陋的生活真相的资料。可是，我们关于这个地方犯罪猖獗的感觉确实又是根深蒂固的。胡林翼曾多次重复这样的官方观点，即武汉“自古以来即为狂暴之区”②。报纸上有关犯罪的报道则可以看出普通大众的态度，其中有很多报道都是这样开头的，“各种盗匪均汇聚汉口，且见其地易于从事暴力犯罪”，或者，“汉口良莠混杂”③。

从表面上看，汉口的生活总是伴随着自发的暴力。何以会如此？对那些司空见惯的暴力事件的叙述，提供了几个原因：许许多多没有家庭的单身汉每天为了生计而争斗，这些人汇聚在一起并缓解压力的各种地方都是声名狼藉之所；已有的同乡关系网可能使本来只是暂时性的冲突演化成为持久性的族群仇恨。在很多情况下，暴力行为可能起因于汉口城市生活的日常环境：为了通过狭窄的街巷而发生争吵，赌博而引发争斗，娱乐时喝得烂醉以及意识到某种族群性的歧视，等等，都可能引发冲突。结果往往就是惊人的命案。

---

① 参见《申报》光绪四年十月一日。

② 胡林翼：《胡文忠公遗集》（1866）卷十四，2页。

③ 《申报》光绪四年六月六日，《益闻录》1889年7月3日。

刑部档案记载的两个重要案例也许为此点提供了具体说明。1819 年，一位运载陕西烟草沿汉水而下的货船老板停靠老河口，并在那里招募新水手，许多外来劳工聚集在码头找工作。汉口之旅完成后，货船老板照例送给伙计们一些酒作为船程结束的礼物，并把他们送上岸。随后喝酒时，一位陕西籍的伙计强烈指责另一位湖南水手在划船时没有尽自己的力气；责骂引发了争斗，陕西籍伙计用一个铁棒把他的对头打死了。① 1829 年，一位铜器店老板，孝感人朱利发，想解雇一个伙计——黄陂人雷明力。他邀请了几位中人，把那位伙计正式移交给他的哥哥雷明涛，并付了解雇费。约一年后，雷明涛来到朱利发的店铺要他的弟弟，说他已经失踪一段时间了。因为雷明涛到店铺时朱利发正好外出，雷明涛就开始辱骂朱利发的妻子，直到利发的堂兄弟朱钧进出来帮她应付。雷明涛与朱钧进发生打斗，顺手抄起一块放在地上的铜片杀死了他。②

汉口也同样以偷盗盛行而声名狼藉——一方面是繁荣的商业，一方面是穷人们为了生存而拼命挣扎，再加上因人口密集且来源复杂所带来的各种问题，偷盗盛行乃成为必然之事。尽管有地方社会与官府负责的安全机构，但大部分小偷也许从未被抓住过。③ 汉口的地下社会包括各种各样的犯罪类型：最有能耐的盗贼寄宿在上流的商人旅馆里，以伺机攫取其他客人的财物；飞贼惯于爬过天窗，偷盗店铺和货栈；街道打劫与盗贼帮伙突袭店铺与居民；水贼则在夜晚劫掠停在港口的船只。④ 虽然永久性居民与铺户也经常受害，但汉口盗贼偷盗的主要对象却是贸易季节里云集汉口的富有行商；这些人往往没有做好足够的准备去面对大都市里的特殊危险，因而很容易成为受害者。汉口开埠以后，这些受害者中间也包括了外国商人。西方人的通信以及汉口道台的例行报告中都充满了外国砖茶厂、货栈、轮船乃

---

① 参见庆保嘉庆二十五年二月二十三日奏，出中国第一历史档案馆："明清档案"。

② 参见杨健道光十年一月二十八日奏，出中国第一历史档案馆："明清档案"。

③ 参见《申报》光绪二年三月二十一日。

④ 有无数这样的例子，参见阿里衮乾隆十八年九月六日奏，出中国第一历史档案馆："明清档案"；《申报》光绪四年九月一日、十二月二十一日，五年十月二十六日、十二月十九日，九年十二月二十七日；凯恩 1869 年 10 月 5 日信，英国外交部档案，17/534；林则徐：《林则徐集·公牍》（北京：1963），19 页。

至教堂被盗的故事。①

“智能犯罪”也是一种地方弊端。地方文献中可以见到所有类型的商业诈骗，往往设计得非常精巧，而且常常有许多富有的人参与其中。汉口拥有非常熟练的造假者，他们可以制造出任何具有市场价值的证券，从钱庄银票到免除厘金的凭证，从军队的代薪券到圣公会医院的门诊单！走私更是无所不在，无孔不入。食盐的非法贸易也许要超过官方特许贸易的份额，而且所有行业都逃税漏税，或者隐瞒贸易情况，抑或是在开埠以后，造一个可以免税的假“洋行”。②

当然，在所在非法买卖中，最突出的还是鸦片。无法说清汉口的鸦片批发贸易规模到底有多大，我们只知道事实上汉口号称为华中地区最大的鸦片市场，而且有几家大型货栈专门储存鸦片。汉口富有的广东鸦片商最初从他们的家乡输入进口鸦片，但到19世纪最后几十年中，汉口的大部分鸦片都是国产的，来源于四川、陕西和云南。

当然，自雍正朝以来，鸦片贸易就正式被确定为非法，而且，19世纪30年代，林则徐总督还进行了一次闻名全国的禁烟运动，试图在汉口禁绝鸦片贸易。虽然使用鸦片从未得到明确的合法化，但清朝官府却逐步开始向鸦片贸易征税，好像它已经合法似的。1858年，《天津条约》正式具体规定向鸦片进口征收关税；1876年，《芝罘条约》则规定征收国内贸易税。在汉口，19世纪60年代后，开办了洋药局；实际上，当地官府故意把税率定得比其

---

① 如：约翰逊（Johnson）1873年4月9日信，收入美国驻汉口领事馆：《来自美国驻汉口领事馆的电讯，1861—1906》；嘉托玛1886年5月4日信，英国外交部档案，228/831；《北华捷报》1882年7月14日；《益闻录》1891年9月26日；李瀚章同治十一年十一月二十九日及光绪四年二月二十日片，裕禄光绪十四年十二月十九日片，均出总理衙门档案，“湖北英人交涉”；翁同爵光绪三年三月二十六日片，出总理衙门档案，“湖北俄人已未结各案”。

② 关于商业诈骗，参见官文同治四年一月二十日片，出总理衙门档案，“湖北英人交涉”、“湖北汉口俄商被骗”。关于证券造假，请参阅郭柏荫同治八年三月二十日片，出总理衙门档案；《申报》光绪三年十月二日；圣公会（卫斯理会）：《汉口圣公会医院的五次年度报告》（报告之五，1869），15页。关于走私，请参阅艾勒伯斯特1880年7月7日信，英国外交部档案，228/651；海关总税务司：《茶，1888年》，“海关系列专刊”第11号（上海：1889），24页；罗威廉：《汉口：一个中国城市的商业和社会，1796—1889》，94~97、155页。

他口岸低一些，以吸引这一有利可图的生意。1890年，张之洞坦率地承认，通过重组并规范鸦片贸易的税收机构，汉口的鸦片贸易收入为他的自强运动提供了部分支持。①

在汉口，社会各阶层均普遍吸食鸦片。受影响的女人差不多和男人一样多。事实上，19世纪70年代，在汉口圣公会医院接诊的全部涉毒病人中，女性占了大约四分之三。② 然而，早在18世纪40年代，鸦片就与汉口的商业精英联系在一起了。据说，许多从事区域间贸易的商人最初都是在汉口接触毒品的，在那里，他们不再受到家乡行为规范的约束，而且汉口的大型行会会所与商人旅馆可以提供中国最好的鸦片以供“公开吸食”。③ 其结果，至少对某些人来说，是非常悲惨的。1888年，一位教会医生托马斯·吉尔逊（Thomas Gillson）写道：“我们认识一个拥有万贯家产、在汉口各处有好几家商行的家庭。这些商行一个接一个地卖掉了，都去填了大烟枪。只剩下一家商行，不久前也以远低于其应有价值的价格转手了，因为需要更多的鸦片。”④

享受鸦片不仅可以在相对秘密的行会会所里，也可以在各种公共机构中。在19世纪，鸦片在汉口的茶馆和酒店里随处可得；太平天国运动后，又出现了专门的“烟室”。虽然无法估计19世纪末鸦片烟室的数量，但在1911年（就在通过试图采取某些禁烟措施的新法令之后五年），一位日本客人发现在汉口共有1492家烟室。与茶馆、酒店一样，汉口的鸦片烟室既有供复员士兵与水手消费的下等娱乐场所，也有迎合文人雅士的上流设施。⑤

---

① 参见林则徐：《林文忠公政书》（台北：1965），588～589页；张之洞光绪十六年八月二十四日奏，收入《张文襄公全集》（台北：1970）卷二九，14～20页；海关总税务司：《中国通商口岸对外贸易报告，1869》，28页；海关总税务司：《十年报告，1882—1891》，176页。另参见史景迁（Johnthan Spence）：《清代鸦片的吸食》，收入魏斐德与格兰特主编：《中华帝国晚期的冲突与控制》（伯克利：1976），169～170页。

② 参见福德汉姆1879年12月29日信，圣公会档案，Box 491。

③ 参见叶调元：《汉口竹枝词》卷五，9页；圣公会：《汉口圣公会医院的五次年度报告》（报告之三，1867），39页。

④ 伦敦布道会档案，《汉口伦敦布道会医院的报告，1887—1888》，7页。

⑤ 参见叶调元：《汉口竹枝词》卷五，5～6页；《申报》光绪六年八月十七日，七年九月二十日。1911年的数据转引自周锡瑞：《中国的维新与革命：辛亥革命在两湖》（加利福尼亚州，伯克利：1976），109页。

汉口官方的反毒品运动时断时续。取得成功的主要是林则徐。他精心设计了一个计划，包括没收并销毁吸食鸦片的用具，对那些在三个月内自动上缴鸦片及用具的使用者免予处罚，而对那些逾期不缴者则加倍处罚，分发安慰剂以帮助戒掉大烟瘾，并发动大众舆论齐声谴责，以迫使吸食者与鸦片贩转移到其他地方去。① 大约 50 年后，另一位同样强烈反对鸦片的官员谭钧培，在汉口发动了一场他自己的禁烟运动。谭钧培的运动失败了，部分原因是由于朝廷倾向于向鸦片运输征收厘金的政策，实际上表明所有的毒品交易都是合法的；另一方面的原因则是由于一位势力最大的汉口鸦片商人（湖北巡抚谭钧培曾试图搞垮他）利用自己与朝廷的联系，抵制巡抚（谭钧培）并劝告他停止禁烟。② 实际上，汉口地方官府并不担心鸦片烟室会进行非法财富的交易，甚至也不担心它会成为地痞乃至煽动家们的躲藏之所。事实上，官府在预防此种威胁方面显然做得非常成功——在危险的冬季月份严格限制烟室开放的时间和客人，而在 1883 年那样短期紧急状态下则干脆关闭全部烟室。③ 很明显，官方有能力达到这些目标，这也是他们容许鸦片烟室在正常时间里不受限制地营业并进行一些暗地交易的原因。强制执行禁烟令不仅被证明官府要付出巨大代价，还要冒受到社会激烈反对的风险——官府很可能会深陷其中。而生活还得继续下去。

除了鸦片，汉口还是赌博与卖淫业的中心。无论男女，也无论社会阶层，从士兵、地痞流氓到当地富商，都会参与赌博，并沉溺其中。在各种各样的地方都可以看到赌博：码头的船上，高等饭店和下等旅馆里，货栈里（在那里，批发商和牙商向那些有价值的顾客与供应商提供赌博场所和用具，以吸引他们），以及星罗棋布地分散在汉口后街的通宵营业的专业赌馆里。赌博也是一种广为人知的社会弊病。它挑起了无数的争吵和打斗，引得雇员挪用资金以抵债；在几起著名的轰动一时的赌博事件中，赌博失败甚至导致了几家重要批发商号和钱庄的倒闭。《申报》登载的一封信描述说：在一次

---

① 参见武汉市教育局：《武汉地方历史教材》（武汉：1968），2～4 页；皮明庥：《武汉近百年史》（武汉：1986），10～13 页。

② 参见《益闻录》1886 年 10 月 13 日。

③ 参见《申报》光绪六年九月八日；希尔 1883 年 6 月 17 日信，圣公会档案，Box 491。

大洪水中，某一码头前面的一家旅馆突然倒塌，在那里经营赌博的老板及其家人死亡："今遭此劫，天道昭彰耳！"这充分反映出精英们对待此类低级下流活动的态度。① 赌博不仅得不到赞成，它也是非法的。可是，虽然过一段时间也会试图强化禁赌令——最积极的仍然是热心的社会改革家林则徐，但人们越来越广泛地认识到，这个城市里赌博活动如此之大而且仍在逐步发展，正是由于保甲长、衙门胥吏乃至很多地方官员自己都参与其中之故。②

汉口的卖淫业是一个饶有趣味的话题，有关卖淫业从业人员、顾客及其组织的材料，为我们在其他领域迄无进展的地方城市社会的研究开启了一个窗口。在汉口，皮肉交易非常清楚地划分成不同类别，由不同等级的妓女、在城市的不同地块和完全不同的环境下，向不同经济水平的顾客提供服务。19世纪初，汉阳知府与汉阳知县联合发布了一个公告，规定合法妓女必须在大火路上的青莲楼附近营业，以期强化对卖淫业的控制，并使公开拉客之类不雅的活动不要扩散到其他街区去。这一"官定"娱乐区的娱乐生活闻名全国；这里的妓院在门口悬挂着大灯笼以作为标识，它不仅提供妓女，还为团体顾客提供精彩的戏剧、音乐演出。然而，几乎是与此同时，在汉口城另一端的义和轩巷又形成了一个可供选择的"私营"红灯区，向那些更属意于肉体享受或希望能够随心所欲的顾客提供服务。虽然正式地说是非法的，但这些私营"妓院"实际上得到了官府暗中的批准；与其青莲楼的同行一样，他们都是面向富人的。③

如果说妓院区主要服务于旅行者的话，那么，向汉口定居精英提供服务的则是那些高级妓女，她们在汉口更高级的茶馆里营业，小心翼翼地周旋于达官贵人中间。社会地位较低一些的是熊家巷一带的街头女郎（陌上花），她们在那里寻求得到邀请，到牙商的饭店或货栈去——在那里，如果需要，就以身相许，把自己奉献给牙商的顾客们。更低一些的妓女是在老官庙附近

① 参见《申报》同治十一年八月二十一日。

② 本段叙述所依据的史料包括林则徐：《林则徐集·公牍》，19页；叶调元：《汉口竹枝词》卷一，9页；《申报》同治十三年十一月九日，光绪三年七月二十三日，四年五月二十四日，七年一月十六日，七年闰月五日，八年十一月十八日。

③ 参见范锴：《汉口丛谈》卷六，1页；蔡乙青：《闲话汉口》，载《新生月刊》卷五第10期，41页。

游荡的“鸨儿”，她们直接去拉客。这些女子工作一个晚上大约可获得一百钱，而那些在上等茶馆里的“应召女郎”往往可以要求十倍于此的价钱。位于这个妓女层级最低端的，是那些在河边或城墙下向驮夫、船夫和其他体力劳动者提供露天式“快餐”的妓女，一次仅能得到二三十钱。①

虽然许多上等妓女可能是自愿进入这一行业的，而且也可以成为较受尊重的社会成员，但显然，较低等级的很多妓女或者是因经济所迫，或者是因为人身受到强制，而被迫加入这一行业的。来自乡下的女性难民往往会从事卖淫——事实上，我们可以看到这样一种模式：在洪灾岁月里，汉水下游平原的家庭故意分开来，丈夫留在乡下的土地上种田糊口，而妻子则逃到汉口去，通过卖淫暂时养活自己和孩子们。汉口存在着专门接收这些妇女并组织她们卖淫的拉皮条网络，至少在1831年的洪涝救灾过程中，有一些低级官员和基层官方机构卷入了这一行业。② 有时，也有些报道会提到贩卖女奴的情况，即在闭塞的豫西南或鄂西地区购买或诱拐女孩子到汉口，卖作妓女或女佣。1878年的一份材料甚至有点惊恐地谈到，在萧家巷有一家专卖青年女子的商店，每位青年女子按年龄不同，6 000钱到9 000钱不等。③

这些活动反映出，至少在一定程度上，汉口的犯罪与病态活动是在有组织的“黑社会”（在地方资料中，可以找到“下流”社会这样的术语）控制下进行的。许多犯罪显然是职业性的。许多非法活动，比如地痞们的帮伙冲突、劳工帮伙偷盗货物、造假和贩卖人口以及鸦片与食盐走私（这方面的证据最多）等，都需要相当广泛的协作。可是，我在汉口没有见到像20世纪许多中国城市中所发生的那种全城范围内非法活动的统一组织。秘密会社虽然也经常从事犯罪活动，但并没有提供这样的组织。也许，人们可以把最佳的合伙敲诈勒索算到臭名远扬的衙门胥吏头上。地方资料表明，这些人插手于各种各样的犯罪活动：篡改、伪造官方纪录，参与税收欺诈，受贿给赌徒、妓女、老鸨以及走私贩子提供法律保护，以及从事各种敲诈勒索活动。

---

① 参见叶调元：《汉口竹枝词》卷一，9页；卷五，16～20页；《申报》同治十三年十一月九日。

② 参见叶调元：《汉口竹枝词》卷五，20页。

③ 参见《申报》光绪四年六月二十日。另参阅周天爵道光十九年五月二十五日奏，出“清宫档案”；《申报》光绪五年八月十四日。

比如，我们曾经看到，当一个乞丐或难民横死在某一富裕店主的门前时——这在冬季并不少见，衙役往往会向店主索取贿赂，以换取官府不查究死因。①然而，并没有材料说明衙役的能力已经达到足以使全汉口的黑社会发展成为一种暴力组织的地步。

虽然犯罪活动并没有一个中心组织，但是，汉口犯罪活动的形式与规律仍可以分辨出来。官府与市民们都知道哪里可能会有麻烦。汉口众多的各式“游戏场”都是有麻烦的地方，特别是那些面向社会低层提供服务的地方。②比如，茶馆老板受到其顾客消费能力较低的强大压力，仅靠合法地卖茶所得的利润水平很低，于是，为了维持生意，就不得不做一些非法活动以作为辅助，诸如庇护亡命，经营赌博，分发鸦片以及开展色情演出等。很多此类老板都雇用私人保镖以维护其权威。③ 而且，茶馆和其他大众场所也是团伙之间发生暴力冲突的惯常场所，有时是突发的（因为在这里公开某些秘密而引起的），有时是事先安排的。两个帮伙也会协商在某一茶馆里相会，通过“吃讲茶”这种惯例去讨论他们的仇怨——铃木智夫细致地讨论了长江下游城市的“吃讲茶”，汉口的情况也大致相同。因为每一帮伙通常都会随带十数名支持者，所以其结果往往是争吵演变为冲突，从而使聚会讲和变成了一种虚情假意的表面文章。④

某些娱乐场所是特别臭名昭著的“血窟”：比如大通巷的一家酒馆，张美之巷的一家鸦片烟馆，以及半边街上的一座赌馆。⑤ 一般说来，红灯区和赌博区比那些沿玉带河与后湖堤的贫民区的街道上发生的犯罪和暴力冲突还要多。每逢夜晚，滨河地带就成为一片无法无天的地方，黑咕隆咚的，没有

---

① 关于衙役犯罪的例子，参见1884年《汉阳县识》卷二，22页；叶调元：《汉口竹枝词》卷五，6页；《申报》光绪元年十月十八日，九年十二月二十七日，八年十二月五日。

② 参见《申报》光绪四年八月二十一日，九年十二月二十七日，八年十一月十八日。

③ 参见铃木智夫：《清末江浙的茶馆》，收入《历史上的民众与文化：酒井忠夫先生古稀祝贺纪念论集》（东京：1982），531~533页。

④ 参见铃木智夫：《清末江浙的茶馆》，收入《历史上的民众与文化：酒井忠夫先生古稀祝贺纪念论集》，534~535页。

⑤ 参见《申报》光绪四年八月二十一日，九年十二月二十七日，八年十一月十八日。

任何法律可言。像回民聚居的广益桥之类外来人口居住区，或者像三码头那样沔阳籍难民聚居的地区，也经常与相邻族群之间发生冲突。①

我们也可以观察到历时性的变化模式。太平天国运动后，当地见证人异口同声地报道说，犯罪率一直不断上升；这种说法，并不能简单地归根于怀旧的喃喃呓语。② 当地居民对年度犯罪周期变化有清醒地认识，这促成了本书其他章节所讨论的冬防问题。毫无疑问，严重的洪灾与火灾之后容易出现犯罪潮，也使部分汉口人认为洪灾、水灾会提供抢掠的借口和机会。1878—1880 年间，汉口一直处于持续不断的犯罪浪潮笼罩之下，大众舆论对此作了大量生动的渲染。③ 在这一时期，凶杀和街头犯罪达到了令人吃惊的高潮，也许主要与华北饥荒带来的冲击性影响有关，而与当地经济环境并没有太多关联（这几年是汉口商业发展较好的几年）。即使在这些年里，我们也可以看到，当地人所想象的犯罪率抬升，高于其犯罪率实际抬升情况，而这种看法，对于提高人们对待法律与社会的重视程度，以及强化对公共安全机构的集中关注，都发挥了重要影响。

不管是中国的还是其他地方的犯罪分析家都经常指出，由于脱离了具有紧密人际联系网络的乡村社会，城市里的人具有更大的犯罪倾向。④ 早在 20 世纪 30 年代，一位姓方的学者就曾谈到，“在那些较小的店铺里，学徒与伙计仍然受到传统观念的很大影响，把自己的利益放在老板利益的对立面，以偷盗或聚众喧哗之类无赖手段反对老板”；而在那些非个人性的城市工厂里则不存在这样的麻烦。⑤ 在汉口，同样也是在很大程度上仍然由家庭式企业和类似家族式学徒制度控制着劳动市场，它显然不是犯罪行为集中的部分。现代早期伦敦的学徒工因其暴力行为而声名狼藉⑥；与此形成鲜明对照的是，

---

① 参见《民权路今昔》，载《长江日报》，日期失记；《申报》光绪九年十二月二十七日。

② 例如《申报》光绪二年三月二十一日。

③ 参见《申报》光绪三年十二月十三日，四年九月二十三日，五年十二月十九日。

④ 参见怀特（Martin King Whyte）、帕里什（William L. Parish）：《当代中国的城市生活》（芝加哥：1984），232～233 页；李侃如（Kenneth G. Lieberthal）：《天津的革命与传统，1949—1953》（加利福尼亚州，斯坦福：1980），17 页。

⑤ 转引自李侃如：《天津的革命与传统，1949—1953》，18 页。

⑥ 参见毕拉福：《公共秩序和大众骚乱，1660—1714》（牛津：1938），30～31 页。

汉口的学徒和店伙，无论是否出于文化和经济原因而联合起来，他们都很少被提到与流氓和犯罪活动联系在一起。正如方氏所预言的那样，汉口刚开始兴起的制造业工厂里的工人经常被控偷窃。我同意方氏的推论，即与其说这些行为是对外国工厂主的对抗，或者是出于较为明确的“客居心理”，还不如说是他们所面对的劳动环境使然。然而，比汉口较少的工厂劳动者远为重要的其他城市群体则更多地被控犯罪或暴力：运输工人、建筑工人，以及日益增加的失业或未充分就业者。这些人既不服从家庭企业的约束，也不受制造业工厂的纪律束缚。

许多西方社会史家曾试图使用反抗城市上层阶级之经济控制的阐释模式，来考察前工业化城市环境中的犯罪。对这种观点作出最精心阐述的代表人物之一 E. P. 汤普森，曾经以 18 世纪伦敦的财产犯罪为例，指出“这些犯罪行为虽然没有言明，但确是目标明确、直接的反抗了统治者，是市民保护自我假定的道德秩序、反抗精英特权的举措”①。而路易斯·科斯（Lewis Coser）则试图对城市犯罪作出完全不同的解释，他强调制造公众舆论的作用，“伴随着对统治秩序的违犯，社团情感逐渐觉醒，犯罪……有助于共同情感的复苏与保持，它是公共健康的构成要素之一，是任何健康社会必不可少的组成部分”②。

对这两种论点，19 世纪后期的汉口都提供了某些支持。一方面，太平天国运动后犯罪与暴力事件的增加，确实是无家可归者不断增加以及社会下层越来越疏离于社会之外（尽管还没有严格意义上的阶级意识）的一种征兆。另一方面，犯罪不断增加，越来越警示人们，从而有助于在城市市民——包括并绝不仅限于商业精英——中间形成并保持某些一致性。

二、群体纠纷

正如雷海宗在其著名论文中所指出的那样，在中华帝国历史的大部分时

---

① 汤普森：《18 世纪英国社会：没有阶级的阶级斗争?》，载《社会史》第 3 期（1978 年），150 页。

② 科斯（Lewis Coser）：《社会冲突的功能》（纽约：1956），127 页。科斯的观点来自涂尔干：《社会学方法的准则》（芝加哥：1938），67 页。

间里，乡村社会中的族群与和职业上的同质性既不能促进团体认同，也不会导致群体冲突。虽然明显存在着区域差异和亚文化差异，但各区域之间越来越变得交叉重叠，并不存在非此即彼的严格界线。雷海宗认为，在这种情况下，只能以利益一致为基础形成群体，而社会组织也只能与身份（士绅）、移民（游民）以及最重要的血缘联系在一起。①

雷海宗这种过分简单化的观点能否充分地描述中国社会很值得怀疑，他显然忽略了这样一个事实：自晚明始，随着商业的发展，发生了巨大的职业分化，并在此前一致性较强的本地人中间滋生了带有“外来人”文化特征的亚群体。因为位于商业结构的顶端，汉口接纳了大量来源非常复杂的人口，其中大部分各色人等均不得不习惯于面对面地打交道。如此多元化的社会自然会形成强有力的紧密联系，经常会形成相当集权化的小群体，并出现规则性的群体纠纷模式。商业行会是最明显的例证，正如我们在上卷中曾详细讨论的那样，是由于互相之间为了系统地争夺资金来源、市场、码头设施等，从而逐步形成了复杂的体制化结构。② 可是，行会并非陷入冲突境地的唯一的汉口团体，一般通过职业或族群来界定的非正式群体，也同样会发生纠纷。

在这个人口密集、熙熙攘攘的港口城市里，最重要的争夺对象是“空间”。在下一章关于劳工帮伙的讨论中，我们将看到因出入口和道路通行权的争论而发生冲突的事例，比如在挑夫帮、粪夫帮、建筑工人帮与船夫帮及其他帮伙之间。此类争斗往往是暴力性的，除非掌握他们命运的权威人物宁愿把他们交给社会去解决（他们偶尔也会这样做），而社会通常有足够的能力胜任此事。当然此类争论有时也会上升到地方官府政策的层面。

例如，安徽会馆（从前的徽州会馆）曾经是汉口首要的商业力量，但在太平天国运动后的数十年中，其地位下降了。会馆掌管的新安码头也许是19世纪上半叶汉口最好的码头，但到19世纪80年代，它已破败不堪，象征着安徽会馆衰落的商业命运。结果，安徽船只就越来越多地转到据说是经济实

---

① 参见雷海宗：《无兵的文化》，载《社会科学》第1卷第4期（1936年6月）。

② 请特别注意汉口木材与药业行会的历史。参见武汉市工商联合会：《汉阳鹦鹉洲竹木市场史略》（手稿，1964），收入《武汉药材行业历史沿革》（手稿，未著日期）；罗威廉：《汉口：一个中国城市的商业和社会，1796—1889》，269~276页。

力迅速增长的湖南码头上去停泊。两家行会之间的关系逐步恶化，1888年，他们分别向汉阳知府提出诉讼；汉阳知府命令仁义巡检调查、处理此事。仁义巡检赞同安徽会馆有权使用湖南会馆的部分设施，做出了一个被普遍认为受到贿赂影响的决定。当这位巡检走在大街上时，受到几个愤怒的湖南会馆成员的猛烈攻击；过路的行人救出了巡检，但湖南人打破了他的轿子，给了他几巴掌。然后，知府亲自介入此事，审问并惩处了十几个湖南人。①

事实上，徽州会馆很早以来就精于对当地官员在地产事务方面所作的决定施加影响。早在19世纪初，当其新建的“新安书院”（连同会馆）成为汉口值得自豪的建筑、其周围街区发展成为城市建设的第一流街区时，他们就时常请求官府干预以阻挡外界的侵占。1801年的会馆章程就包括了如下内容：“照墙新街及本码头，曾经请官示严禁，毋许摆摊挑水，伺后随时查案，毋得疏惰。”②

当一场争端发生于像徽州会馆这样富有而有较好组织的精英团体与那些摊贩、挑夫之类没有正式组织的平民职业群体之间时，其结果是可以预见的。然而，即便如此，会馆仍然小心谨慎地表述说，他们提出诉讼并非为了独占财产所有权，而是为了保护更为普遍的公共利益。例如，19世纪初，山陕会馆背靠着城市边缘的沼泽地，周围到处密布着非法移居者的棚屋。山陕会馆试图将自己与那些讨厌的棚屋区隔开，于是他们就声称要在紧邻会馆后墙的地方打通一条火路，“以利民便”。然而，在1810年的一场大火之后，空出的地方很快被自行侵入的棚屋和单坡屋顶的房屋填满了。会馆管事人请求知府和知县下令让这些侵占者搬走，官府同意了，但允许移居者在充足的时间里搬走。山陕会馆不断声称他们并非出于私利而是作为街区全体利益的代言人才这样做的，最后，1814年，它终于成功地将永远禁止侵占这一地区的禁令写进了地方法规。③

大部分群体间的冲突掺杂着族群因素，至少是在某种程度上。断然声言有权工作、有权使用商业设施、有权拥有某些排他性权力的群体，大部分都在乡籍方面保持内部一致性。许多行业受到某个单一地方背景的人控制（比

① 参见《益闻录》1888年4月7日。

② 《汉口紫阳书院志略》卷八，74～76页。参见同书卷八，22页。

③ 参见《汉口山陕西会馆志》卷一，10页。

如管道工都是广东人），那些不受单一地方人控制的行业（搬运业、木匠和泥瓦匠）通常也组织成互相竞争的同乡劳工帮派。因此，对经济资源的争夺就往往表现为族群之争。

除了因为谋生而引发的争论，还存在着更深层次的不同文化群体之间的仇恨——诸如针对好勇斗狠又有异域特点的广东人的憎恨，以及老对手湖北与湖南人之间的仇怨，但一般情况下，这种仇恨只有在特殊环境下（通常是受到经济刺激时）才会表现出来。① 在一定程度上，也存在着居住街区的族群隔离，它强化了不同族群的差异，但同时也降低了发生冲突的机会。族群差异对汉口冲突发生的真正作用，与其说是提供了敌人，毋宁说是提供了盟友。我们已看到，不同地方背景的两个人之间发生的孤立争端，很容易逐步升级成一场打斗或旷日持久的纠纷，只要争论双方有能力在同胞之外去“拉一伙人”（用英国领事艾伦［Allen］的说法）的话。② 有一份汉口资料记载说，如果在路上遇见一个操外地口音的陌生人的话，要做好充分的防卫准备，这表明他们都受到同乡联系的束缚。③

在一定程度上奉行“都会主义”而且信仰不怎么虔诚的汉口，宗教差别也是群体冲突的基础之一。各种各样的地缘与业缘群体都在中国的万神殿里选择特定的神灵予以奉献，而且各行会还举行生动的竞赛，以颂扬神明保佑，并证明自己信奉的神明拥有超过与其竞争的行会所信奉的神明的灵验。④ 更激烈的仇恨态度将那些坚持信仰严格宗教教义的人口（比如穆斯林和基督徒）的生活环境隔离开来。穆斯林与其街坊之间的争吵几乎是家常便饭，但从未发展到严重的程度。⑤ 基督徒与其他当地居民间的冲突当然折射出一种排外主义心态，但我们在第七章将看到，在汉口，这种情绪并不怎么强烈。实际上，1881 年发生的两件事情表明，此类事件主要是由于其他因素引起

① 当然，会馆的形成本身就部分是由于受到希望对抗区域偏见的激励。例如，徽州会馆始建的主要意图就是促使其成员在汉口居住得很安宁（居安）。参见《汉口紫阳书院志略》卷三，2 页。

② 参见艾伦致沃尔什姆（Walsham）的信，1888 年 6 月 1 日，英国外交部档案，228/864。

③ 参见《申报》光绪四年九月一日。

④ 参见山陕会馆在关帝庙的祭祀，《汉口山陕西会馆志》卷一，7 页。

⑤ 参见《民权路今昔》，载《长江日报》，日期失记。

的，并非起因于排外主义：基督徒一般倾向于轻视崇拜偶像的从前的朋友们，而往往在教区控制下的街区信仰机构强化了教徒群体的内部团结。当一位在寺庙信仰圈里做生意的店铺老板突然决定改宗新的基督信仰时，他就不再交纳长期以来一直承担的寺庙年度节日的那份费用，于是，庙宇管理人就出面从他的店铺里强行拿走了大致相当于其应承担费用价值的货物。几个月以后，一位富裕的面包师皈依基督教，并撤回了给予雷神殿的经费支持——在此之前，他是雷神庙的管事。他在雷神殿的管事同仁作出的反应是提出了一项赔偿要求，包括强迫他的六个学徒辞职，并在他的店铺挑起事端，最后还在大街上揍了他一顿。①

三、礼仪之争：龙舟赛

我们在这里讨论的大部分主题，都与一项风俗有着密切关联，那就是每年阴历五月的龙舟节——太平天国运动后，龙舟节逐渐成为汉口群体纠纷富有特色和象征意义的表达方式。在一定意义上，汉口的龙舟节与现代早期欧洲的狂欢节或五朔节有着同等的意义：那一天，社会尊卑高下的清规戒律被暂时束之高阁，由城市中的劳动阶级为此特殊时刻制定规则。这一习俗努力加强族群和工作单元内部的团结，将生意与生计场上的争斗转化为娱乐方式，当然在表面上也可以给全体城市居民提供娱乐。然而，已经上升为礼仪化的、得到社会承认的冲突，并往往以一种不曾预料到的方式而再度表现出来。② 因此，汉口周期性的龙舟节本身就成为那些非礼仪性的、无规律的冲突的一个场合与机会，从而反映了地方社会纷争的某些线索。

在中国南部，龙舟赛只是端午节的一个项目，而端午节是中国传统习俗最重要的节日之一。③ 在民间信仰观念中，夏至当天作为全年最长的一天，

---

① 关于这两次事件的记载，均可参阅斯卡伯勒1881年6月27日信，见圣公会档案，Box 491。

② 关于这一点，参见科斯：《社会冲突的功能》，46页。

③ 本段描述据施奈德（Lawrence Schneider）：《楚狂：忠诚与异见的神话》（加利福尼亚州，伯克利：1980），第四章；埃伯哈德：《华南与华东的地方文化》（莱顿：1962），153～161、390～406页。关于龙舟赛之象征意义的详细阐述，参见艾杰姆（Göran Aijmer）：《华中两湖平原的龙舟节》（斯德哥尔摩：1964）。

也是阳气最盛的时刻，因此很多习惯都与之关联，如裹粽子、织长命缕，采取一些调和阴阳的措施以保护参加者。最迟到唐代，这些活动就逐渐演变成一种独立的传统（按照埃伯哈德［Eberhard］的看法，它并非起源于中原，而起源于南方的土著），只是其关注的不再是太阳，而变成了水，特别是溺死者死后投生的仪式。后一种传统就包括龙舟赛——毫不夸张地说，龙舟赛的输家就是一种“人身牺牲”，而且显然是最重要的组成部分。之所以发展成为水上的仪式，也许是由于其固有仪式融入到占主导地位的中原文化的结果——龙舟赛起源于屈原的传说：屈原是公元前 3 世纪楚国（统治湖广地区）的一位诗人兼政治家，他为了抗议其国君面对秦国侵略的软弱政策而投水自杀。龙舟赛就是为重新安葬这位烈士的遗骸或招回他的英灵而进行的仪式的一部分。它起源于南方，又与屈原相联系（普通大众一般把他看做南方地区的爱国者），这两者结合在一起，赋予了龙舟赛对“南方人”特别有吸引力的区域性特征，这一特点也许可以解释其个体参加者何以或多或少地受到地域来源的限制。

在汉口，农历五月十五日被看做“大端阳”，虽然从初三、迟不过初五节庆准备活动就开始了，但庆祝活动还是在月中达到高潮。1822 年的一份资料说：“自朔旦起，至十八日止，鼓钲爆竹，灯火喧阗，昼夜不辍，处处皆然。”① 节日活动由天符神负责主持，他是三官庙奉祀的主神。在夏至日的前一天，人们把他的神像放到轿子里，组织一支参差不齐的护卫队，抬着他穿过汉口的主要街道游行。经过主要的十字街口时，排列在路旁的大型木雕龙首会恭恭敬敬地向游行队伍致意，这样，天符神回庙之后，就会给参加竞赛的龙舟赋予勇气。

竞赛本身是这个大型河港城市居民们对造船技术与驾船技术进行的一次友好而兴致勃勃的试验。参加竞赛的大约有 15 至 20 支龙舟队，每支龙舟队都代表这个城市的一个重要码头。狭窄但相当长的龙舟（约有 100 多英尺长）承载着五六十名水手的龙舟队，其中有一半坐着划短桨，而另一半站着划长桨。艇长则站在舟中部的一个高台上。竞赛的那天，沿河两岸都挂起红灯笼，聚集了成千上万的观众，敲起锣鼓，燃放爆竹烟花，给代表本街坊或

① 范锴：《汉口丛谈》卷二，24 页。

同乡会的龙舟队加油。在竞赛之前，每一支龙舟队都沿着玉带河（那里构成了汉口和内陆间的边界）排列，然后在河里进进退退，不断向他们的支持者招手致意，并大声呐喊，向其竞争者发出挑战。各龙舟队都到达米市码头后，船上就升起写着保护神名字的三角旗，人们喃喃祈祷，希望在竞赛中交好运。所有船只均在米市码头聚齐之后，一声令下，大家即拼命地开始划起来，谁先横渡长江，第一个到达武昌，谁就是胜利者。①

虽然来自汉口社会各部分的人们都能在其中找到乐趣，但龙舟赛确实是平民的活动。全部竞赛活动都是由掌握各码头实际运营权力的搬运工和装卸工帮伙的首领组织的，并得到那些使用码头的船夫帮和街区店主的支持。打造龙舟（每年都要重造龙舟，而在龙舟赛之后又把它打碎）花费巨大，远远超过了码头工人自己的财政能力。因此，在19世纪上半叶，每一支参赛的龙舟队都会得到一位称为“标船”的赞助人的经费支持——通常是一位与龙舟队所属码头有一定联系的富商，他把接受赞助任务看做社会地位的标志。②不知出于什么原因（也许应当归因于传说中的汉口大商业家族的衰落，以及精英们对待龙舟赛的态度发生了变化），太平天国运动后，这些赞助人消失了，于是不得不采取在街坊中收集的方式以支付龙舟赛的费用。

可是，几乎所有涉及汉口龙舟赛的记载都强调说，龙舟赛引发了更多的争端，并非像上面描述的那样，是温馨祥和的比赛活动。冲突的真正主线并非在竞赛双方之间，而是在参与群体与未参与者之间。和欧洲的狂欢节一样，汉口龙舟赛将平常安稳地潜伏下来的地方社会群体间的仇怨公开化了。几乎每一个人都对抱成一团的广东人心怀怨恨，而后者作为最南边的南方人，觉得自己受到所有北方人的强烈压迫，所以要借龙舟节的机会表达对北方人的挑战。③ 作

---

① 参见叶调元：《汉口竹枝词》卷二，5~6页。

② 17世纪初，杨嗣昌曾目睹了湖南常德的龙舟赛。他描述说：龙舟的赞助人是一位非常富有、在当地很有声望的人，他给技术熟练的划桨手支付报酬。当龙舟队向人们预演竞赛时，赞助人常常亲自担任艇长。比赛时，他们向观众和支持者提供食物和酒；竞赛结束后，又大摆宴席。参见杨嗣昌：《武陵赛舟记》（赵伟邦英译），载《民俗研究》第2期（1943），13~14页。

③ 参见《北华捷报》1872年6月29日。在华中各地，龙舟节均与同样的族群不和联系在一起。参见苏云峰：《中国现代化区域研究：湖北省，1860—1916》（台北：1981），500~501页。

为一种带有强烈爱国情绪的庆典活动，龙舟节也是每年当中情绪激昂的本地市民可以发泄对外国人仇怨的日子，因此，汉口道台时常警告西方人，在龙舟赛期间要留在租界里面。①

可是，在这一时刻浮现出来的最有趣的冲突线索，却是下层的湖北人（他们非常珍爱龙舟节，把它看做自己的节日，参加者的大部分是由他们组成的）与他们为之工作的富商阶层之间的矛盾。后者绝大多数来自中国非常遥远的地区，往往对龙舟节没有什么文化上的亲近感。其观点最典型的反映是1820年，吴德芝向当地官府提出了一个呈请，要求禁止龙舟节。吴德芝是一位来自徽州的盐商，轻蔑地把这个庆典活动称为“楚俗”，而将其参加者称为“游民”。在他看来，这些群氓不过是借这个机会逃避工作（废业），并在城市各处横行几天而已。更重要的是，龙舟赛本身确实导致汉口商业运输在好几天里陷入危机。如果任由龙舟节继续举行，“那么，将如何处理与长江下游的生意而使其不受伤害呢？”②

没有证据表明当地官府重视了吴德芝吝啬鬼式的喃喃怨言（19世纪三四十年代，龙舟赛正处于鼎盛期，很多报道都把它作为汉口商业繁荣的值得自豪的象征之一），但由于这个节日意味着一系列令人头痛的问题，所以官府对此总是采取一种谨慎小心甚至是反对的态度。③ 最后，19世纪60年代中期的某一时间里，汉口官府采取了完全禁止龙舟赛的果断措施。他们所持的理由是龙舟赛已经成为复员湘军士兵集会之所，在大规模遣散军人的危急时刻，如果继续举行龙舟赛，势必会引发不可收拾的社会控制问题。然而，商人方面的压力也可能对作出这一决定发挥了部分作用。例如：对商业持支持态度的《申报》就在报道禁令的同时报怨说，各码头之夫头脚班“莫不踊跃从事，盖藉以按铺捐钱”。（《申报》记者发现，收集起来的资金用于其他方面的还超过单纯用在节日方面的：“虽劳力而得哺啜也。”④）禁令有效地维

---

① 参见何道台1877年6月9日信，载美国驻汉口领事馆：《公文快报》。

② 范锴：《汉口丛谈》卷二，24页（译者注：原文作“喧阗爆竹若如此，徽阳生意能无伤”。“徽阳”，是火神。作者可能误读作“徽阳”，并理解为徽州与扬州，所以才有这样的说法）。

③ 这也是各地官府对所在地方的竞赛活动所持的普遍态度。参见施奈德：《楚狂：忠诚与异见的神话》，150页；杨嗣昌：《武陵赛舟记》。

④ 参见《申报》光绪四年五月二十一日。

持了大约10年，此后，龙舟节又成为当地著名的大事。

当地拥护龙舟节的团体对禁止龙舟赛的应对办法是扎起大型的纸船，把它点燃之后放到河里漂浮。1878年，长江水师提督彭玉麟是一位湖南人，民族传统的坚定拥护者。有一次他偶然来到汉口视察水师，在他的旗舰上，他注意到当地人烧纸船的活动。他知道这是龙舟节的纪念活动，于是命令士兵燃放焰火以表示对这一活动的赞成。当地报道说，岸上的龙舟节拥护者把这种支持性表演解释为弛禁标志，于是立即着手准备打造真正的龙舟并进行龙舟赛。当地官员害怕造成动乱局面，只能对违禁行为视而不见。

官府很快就对他们的决定后悔莫及。阴历五月第一周周末，汉口"街市乃纷传"①。大约19个汉口码头的脚夫对龙舟赛怀抱着极大的热情（很多当地居民无疑从未见过这样的场面），开始匆匆忙忙地到处拼凑造船的材料。他们理所当然地来到鹦鹉洲——被得到曾国藩和左宗棠直接庇护的湖南富商控制着的位于汉阳港口的全国性木材市场②，那些码头装卸工买不起所有的木材，就从木材商人那里强行勒索，粗暴地抓起需要的木材就拿走了。木材商对此作出的反应，他们在汉阳驻军长官一位湖南同乡的保护下，试图去夺回被抢走的木材，并再次要求府县衙门执行禁止龙舟赛的禁令。五月十四日，府县官员来到接驾嘴会商，作出了一个迟到的决定：贯彻禁止打造龙舟的禁令，命令水保正亲自负责实施。但这已经没有作用。十六日，官府下令在大码头、龙王庙和打扣巷展开搜查，发现一些人正在忙碌着打造龙舟，于是判决每个码头的夫头打三百大板。即便这样，也未能发挥效果。十八日——传统龙舟节最热闹的日子，造好的龙舟耀武扬威地驶进港口，与之相伴的是喧天锣鼓。"武汉商民，亦以为久不经见，莫不延颈而待"。从此之后，禁止龙舟赛的法令就形同虚设了。③

龙舟赛的历史提供了前工业化时期劳动阶级团结力量的一个值得注意的例证。而且，它特别清晰地说明了地方社会中争论带来的总体性影响。在汉口，通过同乡、职业和街坊划分的社会结构，在某种程度上，非常像费孝通所描绘的中国地方社会的一个组成片断；而遵循费孝通模式的李侃如

① 《申报》光绪四年五月二十五日。

② 参见武汉市工商联合会：《汉阳鹦鹉洲竹木市场史略》（手稿，1964）。

③ 参见《申报》光绪四年五月二十一日、二十五日。

（Kenneth G. Lieberthal）描述天津说："天津几乎没有市民意识，对个人社会网络之外发生的事件与问题也几乎毫不关心……对大多数人来说，责任与关心均不超出其各自社会关系网络的范围。"① 然而，在汉口，却至少存在着一种强大的向心力，可能抵消这种真实的隔绝状态。对于精英来说，这主要表现为他们深思熟虑地投入到全市范围内组织的建设方面，最著名的是八大行的形成。对于非精英而言，具有讽刺意味的是，这种作用更主要是通过冲突而发挥的。②

正如龙舟节巩固了街坊和劳动群体的界线一样，它也强化了汉口当地居民作为一个社会单元的感觉。虽然存在着高度竞争，但龙舟赛仍然是在全城范围内组织起来并得到全城居民欢迎的活动；它是汉口举办的、也是面向汉口的庆典活动。在汉口，群体间的纷争本身就是社会融合的一种关键形式。③如果各地方亚社群完全没有任何相同点而消极地相互尊重，那么，就不可能真正形成城市社团。最终的结果必然是：系统化的对抗性联系与竞争促使他们走到一起。

四、民众抗议

如果说汉口暴力冲突的发生率非常之高，却竟然没有民众抗议事件的

---

① 李侃如：《天津的革命与传统，1949—1953》，181 页。另参见费孝通：《乡土中国》（上海：1948），特别是第四、五部分。

② 可以与濮德培关于 19 世纪前期湖南湘潭龙舟节的描述比较一下："龙舟赛给湖南人提供了一种重要的象征性统一力量。因为他们虽然互相竞争，并且在各自的船上都涂着自己独具特色的装饰，但他们都宣称他们的共同特征是某一位中国伟人的后代。"参见濮德培：《土客之争：1819 年的湘潭暴动与集体行动》，载《现代中国》第 12 卷第 2 期（1986 年 4 月），190 页。另一个礼仪之争在城市社会团结方面起到作用的特别突出的事例是著名的台湾鹿港的"石战"。德格洛柏指出：这种一年一度的事件——鹿港各大姓的成员均投入其中，以反对别的大姓，不仅证明了"街坊的一致性和仪式上的互相依赖"，同时也证明了"这种互相依赖对于确定城市本身的潜在局限性"。参见德格洛柏：《一个十九世纪台湾海港城市的社会结构》，收入施坚雅主编：《中华帝国晚期的城市》（加利福尼亚州，斯坦福：1977），643 页。

③ 参见辛梅尔：《冲突与群团联系网络》（纽约：1955）；科斯：《社会冲突的功能》（纽约：1956）。

话，反而是不可思议的了。我这里所说的民众抗议，是指普通民众直接反对政治或经济统治者的集体行动。按众所周知的类型学观念，此类活动或者属于“反应”型（公共群体为了保卫此前拥有的权利或资源需求而发起的），或者属于“主动”型（一个联合群体为了提出新的要求而发起的），而很少“竞争”型（纵向分割的公共或联合群体之间发生的纷争——此点在上文中曾经提及）。[①] 按照欧洲人使用“抗议”的语境，“抗议”一词仅是指那些具有具体而有限目标的活动，比如罢工和骚乱；而不是指以全面的政治与社会变革为目标的活动，诸如叛乱或革命。按照这一界定，从19世纪初到90年代中期，汉口几乎没有发生过任何有意义的集体抗议事件。理查德·考伯曾雄辩地指出，官方与精英文献中没有对此类活动的记载，有时正反映出有关报道机制带有系统性的偏见，而并非事实上就没有此类活动。[②] 然而，我们从19世纪的汉口仍然可以找到很多非常有用的资料，也可以在这些资料中找到有关其他争吵与暴力活动的丰富而细致的记载，这意味着民众抗议活动明显缺乏，并非仅仅出于历史记载的歪曲。

汉口民众抗议活动的缺乏，对于认为现代早期欧洲城市里存在着大量此类活动的历史学者来说，显然是非常引人注目的。[③] 是按照当时中国人的普遍看法，这种抗议活动较少吗？在清代城市中，曾经发生了很多集体抗议活动；杨庆堃也已经论证说，清代城市比乡村更易于爆发“群体事件”。[④] 然而，我仍绝对无意于认为汉口的民众抗议活动较少（相对于欧洲城市而言），在中国历史上不具有典型性。现代早期中国城市的文化并不利于骚乱性的抗议活动。以下对汉口发生的较少几宗集体抗议事件以及镇压和防止此类事件

---

① 关于竞争型、反应型与主动型大众抗争，参见路易斯·泰利（Louise Tilly）、理查德·泰利（Richard Tilly）：《造反的世纪，1830—1930》（坎布里奇：1975），249～254页。

② 参见理查德·考伯：《警察和民众：法国的民众抗议，1789—1820》（牛津：1970），55页和第一部分。

③ 我不得不提请每位读者作出判断，这种对比，到底是相对于欧洲实际发生的历史事实，还是相对于传统的欧洲历史学者对于暴力抗议事件的特殊敏感？

④ 18、19世纪的城市骚乱频见于有关研究，如李华：《试论清代前期的市民斗争》，载《文史哲》第10期（1957年）；杨庆堃：《19世纪中国大众活动的几种统计模式》，收入魏斐德、格兰特主编：《中华帝国晚期的冲突与控制》（加利福尼亚州，伯克利：1976），174～210页。

手段的考察，也许将有助于理解何以会如此的原因。

1. 米粮骚动。在现代早期的中西城市里，最频繁发生的“反应”型民众抗议事件集中在粮食流通领域。城市的粮食供应有赖于外地的供给，大型经济体系内部粮食流通领域里的中间人在城市经济生活中往往占有突出的地位。城市里周期性的主要食品短缺，或者更普遍的情况是由于当地零售市场上的相对匮乏而导致的城市消费价格迅速上扬，均可能引发抗议官府、私营商人或囤积居奇者的民众行动。这些行动一般采取的典型方式要么是夺取大宗食品予以无偿发放，要么是迫使商号以“公平的”价格出售，要么是阻止粮食外运以保护本地的供应。无论在欧洲还是在中国，此类骚乱都很普遍，以致它对于老百姓来说，已成为驾轻就熟的套路，对官府来说，也是一种可以预见并可以容忍的烦恼。①

作为中华帝国晚期最大的粮食批发市场，汉口将湖南、四川剩余的粮食收集起来，转运到粮食不足的长江下游地区，同时汉口也从区域间贸易中截留粮食来供给其人口，这个特大城市似乎非常可能爆发粮食骚乱。② 相对于像长沙那样（那里曾发生过几次米骚乱）较小的粮食汇集中心，汉口确实在区域间粮食贸易中占有巨大的集聚地优势，这使得它可以从批发贸易中截留自己所需的任何份额，从而不必太担心当地会出现绝对的粮食短缺。然而，

---

① 关于欧洲的粮食骚乱，参见查尔斯·泰利（Charles Tilly）：《现代欧洲的粮食供应和公共秩序》，收入泰利主编：《西欧民族国家的形成》（新泽西州，普林斯顿：1975），380～455页；理查德·考伯：《警察和民众：法国的民众抗议，1789—1820》，第二部分；汤普森（E. P. Thompson）：《英国工人阶级的形成》（伦敦：1963），63～67页；关于中国的粮食骚乱，参见王国斌：《清朝的粮食骚乱》，载《亚洲研究学报》41卷第4期（1982年8月），1～24页；王国斌、濮德培（Peter Perdue）：《清代灾荒之敌》，载《哈佛亚洲研究学报》43卷第1期（1983年6月），291～332页；濮德培：《土客之争：1819年的湘潭暴动与集体行动》，载《现代中国》第12卷第2期（1986年4月），166～201页。

② 关于长江中下游地区之间的米贸易及其对沿线各地区粮食供应的影响，参见重田德：《关于清初湖南米市场的一点考察》，载《东洋文化研究所纪要》第10号（1956年11月），427～498页；安部健夫：《谷米需求之研究——拟作为〈雍正史〉的第一章》，收入氏著《清代史研究》（东京：1971），411～522页；全汉昇、克劳斯：《清中叶的米市场与贸易：价格变动的研究》（马萨诸塞州，坎布里奇：1975）；罗威廉：《长江中游地区的经济变迁，1736—1938》，提交给“中国经济史的时空趋势与周期”学术讨论会的论文（意大利，贝拉焦：1984）。

在农作物歉收时，这种优势却多少被因为其地理中心位置及富有的名声所吸引来的大量乡下难民所抵消了——当然，与此同时，批发贸易所能提供的粮食也大幅度减少了。而且，当农作物歉收或由于洪水或火灾而导致汉口内部经济暂时瘫痪时，汉口劳动者的平均收入（即便是那些有稳定工作的手艺人）均不足以应付随之而来的粮价猛涨。一位西方报道者指出：在这些情况下，汉口大部分有正式工作的人，也不得不依靠慈善救济。① 凡此，在粮食匮乏时都造成了汉口社会的紧张——民众和官府之间、富人与穷人之间以及永久居民与难民或其他新来者之间的紧张。

然而，在 19 世纪，此种紧张引发为可以称为“骚乱”的事件，却只有发生于 1801 年的一起。这一年，白莲教起义引发的汉水流域的农业混乱受到洪灾的影响而更加严重。这年初，负责湖北省“善后”事宜的官员就已报告说：大帮饿得要死的饥民在省内各处流浪，以寻找食物，从而造成了极其严重的问题。② 大股难民开始集中到汉口以及整个武汉地区。2 月，嘉庆皇帝认识到问题的重要性，下诏蠲免湖北省应纳漕粮 67 000 石，以“赈恤难民”。可是，两天之后，他又下令从汉口的粮食供应地湖南征用 150 000 石粮食，以供应在陕西平叛的军队。③ 各种事件交织在一起的结果就可想而知了。根据王业健收集的数据，武昌府（在汉口的对岸）的米价达到每石 89.6 克银子，单价比此前十年间提高了 60%，直到太平天国运动后都未能超过这个价格。④

2 月初，大约“数万”乡下难民汇聚到汉阳城的西门，并且在获得食物供应前不愿离去。汉阳知县出动了府城守卫部队，命令军队驱散难民。难民们进行了坚决的抵抗（没有准确的伤亡数字），留在那里没有离开。于是，汉阳知府刘斌转而向汉口商人社团寻求援助，以解救县城。他得到了盐商领袖苏见龙的帮助——苏见龙花了两天的时间与各商业社团协商，最终形成了

---

① 参见希尔：《中国湖北：它的需要与要求》（约克：1881），6 页；《申报》光绪八年七月六日。

② 参见《大清仁宗睿皇帝实录》（奉天：1937）卷七四，30 页。

③ 参见《东华录》，嘉庆朝，卷十一，32 页。

④ 参见王业健：《中国粮食价格的时空模式，1740—1910》，提交给“中国经济史的时空趋势与周期”学术讨论会的论文（意大利，贝拉焦：1984）。

一个难民救济方案，并分摊了费用。湖广总督与湖北巡抚各捐献了 3 000 两，其他省级官员也都捐了部分银子——他们均得到适当的荣誉称号以作为奖赏；但最大的一笔钱则来自汉口盐商的“匣费”和“绅商”的个人捐款。赈济策略主要有三方面：首先，利用盐商的捐款按市价买进大米，然后再按一种人为压低的、老百姓认为是“公平”的价格卖出（即人们习称的“平粜”）。其次，在汉口开设几家粥厂，预定一直开两个月；稍后，在武昌城里也开设了几家粥厂，开放时间也同样是两个月。在汉口粥厂领粥的人，估计约七成是难民，约三成是当地的穷苦居民。最后，发给每一位成年难民与儿童一小笔钱让他们回归故里。最后，事态终于得到完全控制。①

难民选择汉阳城而不是汉口作为他们抗议的地点（他们一定知道，实际上大量的救济来自汉口），是深有用意的，而且事实证明也是成功的。当然，难民们聚集在这座小县城的城门口，显然比在熙熙攘攘、人口众多的汉口某个地方聚会，更引人注目得多。更重要的是，在此较早的时期，由汉口私人商业精英直接提供救济的方式还没有形成制度，于是，那些难民自然而然地选择将自己的努力方向集中在衙门所在地，而官府（就像现代早期欧洲的许多事例一样）在真正发生危机时，至少还可以依靠专制力量重新分配经济资源。

1801 年骚乱所建立起来的这种模式，在此后的数次事件中却没有再现。例如：1814 年，汉口商人及时捐款买进一批大米（领导捐款的仍是 1801 年捐款的领导人），分发给饥饿而难以控制的人口，所以事态没有发展到足以发生骚乱的地步。② 我们已经看到，19 世纪后半期，向难民提供福利与栖身之所越来越成为司空见惯之事。1801 年努力的另一方面——下调当地米价，一直在普遍推行。1883 年 10 月，在秘密会社密谋起事引发的恐慌以及夏秋之交大量洪灾难民涌入之后，湖广总督卞宝第采取的行动就是一个典型事例。为了表示朝廷的“爱民”之意，卞宝第派员赴湖南购进了大宗稻谷，运回汉口直接分发，同时吁请商人捐款，到江南去购进大量大米。他在武昌临时设立了一个稻谷磨坊（可能雇用了难民劳动力），把大米按照低于市价的

---

① 参见倭什布嘉庆六年三月奏，见《仁宗实录》卷八十，20～21 页；1818 年《汉阳县志》卷十，20 页；1920 年《夏口县志》卷十五，6 页；卷二十（下），24 页。

② 参见 1818 年《汉阳县志》卷二五，43 页。

"公平"价格（平价）卖给穷人，规定每户居民限买五升，以防止购买者再把大米拿到因饥荒而大幅高涨的市场上去重新出卖。① 在此后的洪灾岁月里，这样的活动非常频繁，只不过往往是由地方精英主动发起并支付费用而已。②

虽然此类活动成功地防止了1801年事件的再次发生，但只有当整个系统内部在总体上保持充分盈余的情况下才能这样做。可是，卞宝第的做法就不得不把目光首先转向江南，去获取更多的稻米（到那时，也许已经有一部分是从东南亚进口的了），以设法压低本地的米价，这说明不仅粮食消费需求已日益增长，而且从前粮食盈余的湖南、四川等地区因为转营茶、棉、桐油乃至鸦片等商业用途的非粮食作物，从而导致了汉口粮食市场的萎缩，并破坏了其饥荒岁月的应对能力。因为希望在日前扩展的商品化地区保持最大的粮食资源，数十年来，地方官府在必要时一直禁止供应汉口市场的粮食外流。至少到19世纪90年代初，统治汉口的当地官府就有意识地通过阶段性地禁止粮食外运，"以重民食"，来预防民众的抗议。③ 不用说，在许多生计均依赖商业的地方，严厉的政府干预是最后才会使用的手段，同时，它也预示着未来可能出现的问题。

2. 抗税。在现代早期欧洲国家结构不断扩张的情况下，抗税是最为常见的事件；但在19世纪的汉口，此类事件却几乎未见任何报道。汉口有暴力抗税的丰富传统——那是明朝后期的事情。1598年，大约100名被派来督收"矿税"的税监被暴动的群众扔进了长江。1601年，负责征收一项新"店税"的太监陈奉也遇到反抗，在汉口及其他长江中游市镇，他的好几个代理人都被杀掉了。三年后，楚王世子，一位极不受欢迎的皇室成员，到汉口去征收一项新的商业税，并把所征收的钱财运回武昌；大约3 000名群氓围攻了他的王府，杀死了试图保护他的湖北巡抚，并洗劫了藩库。④

可是，19世纪却再也没有重现17世纪暴力反抗的光辉历程。很大的原因是因为19世纪汉口居民的税收明显较低，而且人们认识到这一事实。除

---

① 参见《益闻录》1883年10月17日，《申报》光绪九年十二月二十七日。

② 参见《益闻录》1884年8月23日。

③ 参见《益闻录》1893年4月29日，1894年5月26日。

④ 参见蔡乙青：《闲话汉口》，载《新生月刊》卷五第7期，23页；刘炎：《明末城市经济发展下的初期市民运动》，载《历史研究》1955年第6期，44~46页。

了食盐和鸦片，其他商品都无需交纳直接的消费税。根据法律，城市房地产是非生产性的，即便交税，也是非常轻的。也许值得讨论的是19世纪中期以后厘金的征收和其他商业税的大量增加，事实上，汉口商人所面对的是日益扩张并愈加严密化的国家机器，这一点与现代早期欧洲的情形非常相似。但是，他们所采取的独具特色的应对方式并非暴动，而是与有关负责官员协商、彬彬有礼地递交抗议请愿书（如果他们自以为有理的话）、致信报刊，当然，首先是设法逃税。① 虽然19世纪80年代中期，即便地区官员也意识到对税目增加的怨愤日益增加，从而形成了暴力反抗的潜在倾向②，但直到20世纪初新政时期不断引进消费税和其他新的苛捐杂税之后，国家与社会的关系才发生了根本性的改变，并使抗税活动再次成为诸种大众抗议活动的一种形式。

3. 罢工。毫无疑问，罢工是汉口有记录的经济领域中最具代表性的集体行动。在市场活动中，各商业群体为了坚持达到某种更有利的目标而进行联合抵制是司空见惯的事。③ 下一章我们将看到，运输与建筑行业的劳工帮伙也常常不计后果地举行罢工，其结果只是偶然可以达到直接增加工资的目的。然而，直到19世纪末，汉口并未发生因劳动关系和雇佣关系纠纷而引起的有广泛组织的、影响深远的罢工——其活动主旨即在导致贸易的全面瘫痪。④ 即使到19世纪末，劳工纠纷也并未明显地引发暴力事件。之所以如此，也许与汉口劳工群体的性质有关。大部分汉口劳工群体所从事的制造业活动，并非像经常发生此类骚乱的江南大型纺织作坊或其他地区的矿山、煤窑那样，具有相当规模的组织。唯一重要的例外是汉口大型的棉布成衣作坊。而且，正是在这里，最早酝酿产生了基础广泛的劳工运动——在手工业部门，但

---

① 参见罗威廉：《汉口：一个中国城市的商业和社会，1796—1889》，155～156、185～186页。请愿书的样本，载海关总税务司：《茶，1888年》，“海关系列专刊”第11号（上海：1889），24～25页。

② 参见卞宝第：《卞制军奏议》卷六，5页。

③ 参见罗威廉：《汉口：一个中国城市的商业和社会，1796—1889》，145～151、274～275页。

④ 来自其他城市文献记载的此类活动比汉口多得多，参见李华：《试论清代前期的市民斗争》，载《文史哲》第10期（1957年），54～55页；彭泽益：《中国近代手工业史资料，1840—1949》第二卷（北京：1957），601页。

只是在武汉市首次引进现代工厂工业之后（这一点也许有重要意义）。

汉口大型的棉布批发商（布店）将城市郊区和乡下村民织好的棉布收集上来之后，就把它转包出去：首先是染色，然后是轧光，都是由单独的企业或劳工群体负责的。轧光工（往往因其独来独往和动辄施暴而声名狼藉）组成了两个大型帮伙或者说是准行会，即文帮与武帮。布店计件付给工人报酬，但要通过其主家或帮伙头领（踹司）。而付薪的钱却很不相同，文帮成员得到的是官方标准的钱（官办制钱），而武帮成员得到的却是私铸的铜钱，俗称“红钱”。19世纪90年代初，红钱大幅度贬值，几乎一文不值，于是问题就发生了。1895年初夏，武帮要求布店付给官方制钱，和文帮一样。当布店老板们拒绝时，轧光工发动了罢工，整个行业遂陷入瘫痪。布店和那些单独的染坊里都积压了大量的棉布。于是，布店老板们提出一项妥协性建议：武帮成员将接受用一半红钱、一半由汉口典当行会发行的可以偿付的票证（典钱）来支付薪金的方式。轧光工们获悉这个建议之后非常愤怒，走上街头举行示威游行，并威胁要诉诸暴力。但最后，经济需求以及明显来自官府的压力，迫使他们接受了布店老板提出的妥协方案，重新回去工作了。①

就在轧光工罢工的一周之内，劳工潮也蔓延到染坊，那里也同样是由布店用红钱支付工资的。在经历了同样的货币贬值以及轧光工罢工引发的行业危机所带来的苦难之后，染坊突然提出要求，要改用官方制钱支付工资。《申报》报道说，这是一个完全出乎预料的行动，因为染坊早已认识到他们对布店的经济依赖，所以一直采取奉承迎合的态度。这时，当他们的要求被拒绝后，他们也发动了罢工。似乎主要是由于染坊的组织形式更为集中——与轧光工松散的帮伙组织形式不同，染坊是拥有独立老板和管理人的大型企业，从而使他们可以采用更好的斗争方式，染坊所提的要求，最后都得到了全部满足。他们直截了当地拒绝了用典钱支付报酬的建议，并连续好几天在玉枢馆宴请布店老板们，在那里签订了一份按染坊要求拟定的新协议。②

需指出的是，1895年染坊获得的满意结果显然有赖于染坊老板和染坊工

---

① 参见《申报》光绪二十一年四月二十九日；彭泽益：《中国近代手工业史资料，1840—1949》第二卷，277页。

② 参见《申报》光绪二十一年五月十三日；彭泽益：《中国近代手工业史资料，1840～1949》第二卷，277页。

人有能力一直共同反对布店老板，也许更准确地说，是染坊老板一直能够与其雇工站在一起。这说明，按照这一时期汉口经济关系状况，他们这样做显然并无困难。然而，伴随着19世纪末工业化而来的急速社会变化，老板与雇工之间的裂痕又开始形成了。在清王朝的最后十年中，大半个中国到处都有染坊工人反对其雇主的劳工活动，而且日益频繁，并最终于1909年达到高潮，拿着木棍试图打碎染坊的染工与汉口新式的城市警察间发生了流血冲突。①

这说明，汉口的劳工潮有时并不直接针对其管理者，而针对政治权威的代表。当然，官府在干预劳工活动时，自己主动站到了雇主的一边。例如，在1882年建筑工人反对英国领事的罢工中（第六章将讨论），汉口道台使用其衙门警卫去“弹压”骚乱，并强迫工人回去工作。② 而在另一些情况下，官府干脆就是造成冤屈的直接原因之一。

此类事件中最著名的一次发生于1894年，遗憾的是，关于这一事件的资料存留下来的极少。由于不满革新派发布的限制自由设立摊点的法令，数千名汉口“摊民”与当地治安力量发生了暴力冲突，砸烂了几栋官方建筑，似乎“即酿大变”。暴怒的当地官员打算将参与者作为罪犯和叛乱者处理。但是，汉口商业社团的领袖人物、出身于当地一个有悠久社会福利传统的移民家族的进士刘选青出面进行了调解，最后使事件得到了友善的解决（或者说我们得到的材料是这样的）。当刘选青直接因此次事件而殁亡之后，据说，成千上万感恩的摊民都来送葬，他们与刘选青的那些商业同仁们一起，手挽手走在送葬队伍里。③ 这些生动感人的描述，来自1920年《夏口县志》的刘选青传记，也许不可全信，但它依然强化了我们的这种印象，即晚至19世纪90年代中期，汉口仍然易于形成一种舆论，足以化解最为惨痛的社会经济冲突。

为什么可能这样做？为什么汉口的暴力冲突可以一直保持在孤立情况下，并限制在局部范围内，或者说当它有可能威胁到更大范围内时，就会由中间力量提出解决办法？这当然不是由于当地居民比较温顺，因为在其他领域中，群体间的纠纷，有时是暴力纠纷，都表现出相当高的水平。也不是由

① 参见彭泽益：《中国近代手工业史资料，1840—1949》第二卷，601页。
② 参见《申报》光绪八年五月二十八日。
③ 参见1920年《夏口县志》卷一五，28页。

于组织方法不健全，因为精英分子在诸如八大行之类复合式组织形成过程以及在龙舟赛之类较低阶层的活动中都能采取协调一致的行动，均很好地显示出这种组织能力。更不是由于官府的强有力控制，因为事实证明，官府无力有效地降低居高不下的暴力犯罪率，也没有力量镇压1801年的米骚乱与1894年的摊民骚乱。那么，回答只可能是：精英们的态度与行为，实际上显示出一种家长式的慈爱之心；而实际起作用的社会联系又均与精英及其他参与者的慈爱之心联系在一起。

在这一点上，必须指出的是，19世纪汉口的情况与清朝统治最后十年汉口的情况其实是不太相同的。从大约1905年起，到1911年，汉口的罢工、骚乱和其他反抗事件一浪高过一浪。① 在很多情况下，集体行动的步骤是新式的，大致与西方早期工业化城市里常见的情况比较一致。在其余情况下，则在采取更常见的步骤。比如，1908年5月的摊贩和街头小贩们的行动——一位管理官员下令清理街道，引发了一群乌合之众攻击警察岗亭，其情形就与1894年的事件非常相似。然而，在清朝统治的最后十年中，各种利益越来越明确地用阶级概念加以界定，群众活动也越来越有组织性和好斗，而汉口的商业精英却不再作为调解人发挥作用了（1908年的摊贩骚乱就不是通过刘选青那样仁慈的调解而解决的，而是靠总督强行压制才解决的）。我们发现，商业精英不再是防止群众暴力的力量，而逐渐成为群众暴力攻击的对象。② 政府干预主义在地方与国家层面上的发展，使城市舆论的目标完全没有可能达到，甚至是很大程度上也不再试图去追求了。

五、结语：冲突与社会整合

当代学者认为，19世纪汉口冲突的规律性及其强度在整个中国社会是不

---

① 参见周锡瑞：《中国的改良与革命：辛亥革命在两湖》（加利福尼亚州，伯克利：1976），120～122页。

② 具体的攻击对象之一就是刘歆生，一个买办、地产开发商，以及恢复路权运动的领导人。1909年，他在家里受到暴徒的攻击，结果造成了一位被派去保护他的警察遭到杀害。参见周锡瑞：《中国的改良与革命：辛亥革命在两湖》，121页；罗威廉：《汉口：一个中国城市的商业和社会，1796—1889》，50～51页。

常见的。个别事件可能是十分激烈的、往往是暴力性的，但几乎总是停留在较小的范围内，并很快被限制在其直接环境之中。只要冲突情形存在着破坏这一环境的威胁，或者过分地超出其自身的范围，或者超出了公共安全力量的控制能力，某些社会力量（往往但并不总是精英力量的代表）就会出面干预，使问题得到解决。同时，我们在下文将会看到，对抗本地社会之外的目标一直存在着，从而强化了汉口居民的团结，并使其内部争斗易于得到解决。①

表面上看来，汉口的冲突在性质上绝大多数是横向的：司空见惯的个人间的暴力冲突和竞争的事例均发生在社会经济地位大致相同的群体中间，非常之多；而群体抗议事件却非常之少。然而，表面上汉口没有纵向冲突这种印象多少有些欺骗性。首先，我们已经注意到，太平天国运动后财产所有权方面犯罪率的增加，也许在一定程度上就很好地代表着反抗的萌芽形式或当地居民反对商业资本家和其他经济势力入侵的早期形态。而且，这一时期犯罪与纷争发生率的普遍提高，当然与试图在已经非常拥挤的劳动市场上寻找工作的新来者越来越多也有着密切关联。同时，相同社会等级的群体之间的纠纷实际上也往往是为了改善本群体面对雇主和其他较高等级时的地位，最典型的就是为了取得在当地垄断某一工种的权力。

冲突的普遍性意味着社会的吸引力微弱或丧失吗？并非一定如此。路易斯·科斯非常正确地指出："没有哪个社会是完全和谐一致的，因为如果那样的话，它就不会有过程和结构。"② 当然，汉口也不会是这样的社会。更重要的是，我发现，辛梅尔、科斯及其他学者关于冲突在社会体系的整合方面具有潜在作用的观点，对于理解现代早期的汉口非常有用。按照辛梅尔的看法，地方社会的敌人是漠不关心和消极被动，而不是冲突。冲突是互助合作的必要补充，它为日常的紧张关系提供了一个安全阀，并通过系统的参与者建立并维持着集体性的行为规范和准则。冲突在各种断言他们有权在系统内

---

① 关于反对外敌在促进内部团结方面之作用的理论探讨，参见科斯：《社会冲突的功能》，第五章。关于现代早期欧洲城市的这一过程的个案研究，参见索利戴（Gerald Lyman Soliday）：《冲突中的社区：17 世纪与 18 世纪前期的法兰克福社会》（新罕布什尔州，汉诺威：1974），232～233 页。

② 科斯：《社会冲突的功能》，31 页。

部要求资源的群体之间建立了一种动态平衡，设立并不断强化了这些群体之间的边界，通过互相承认彼此均拥有一直存在下去的权利而共同凝聚在一起。因此，辛梅尔认为，冲突是成熟的“多元”社会中复合体的一个有益的副产品。① 汉口拥有非常罕见的异质人口，高度的行业和经济差异，以及各种各样的正式与非正式的公共利益组织，几乎就是辛梅尔所揭示的那种多元化地方社会的完美典型。

但是，认为 19 世纪的汉口是一种成熟的“多元化社会”或者认为其“大众舆论”占据主导地位，并不意味着我们无视这样的事实，即它同样也无可争辩地表现出不公正与内部紧张。有的内部紧张可以通过社会固有机制轻易地解决，就像本章所讨论的那样；另一些紧张情况则要麻烦得多，并表现出一种向社会断裂发展的趋势（只是在工业化以后，这种趋势才演化为真正的事实。正如上文所暗示的那样，这些紧张情况中有一些是由于受到新因素的刺激引起的），部分精英分子的态度即深受进化论革新观念的影响。而另一些紧张情况，正如我们在下一章将要看到的，则来自社会下层以及社会外部。

① 参见辛梅尔：《冲突与群团联系网络》（纽约：1955），13～18、33～37、61 页；科斯：《社会冲突的功能》，31～34、41、121～124 页；莱曼（Stanford M. Lyman）：《旧金山唐人街的冲突与群团联系网络，1850—1910》，载《太平洋历史评论》，43 卷（1974 年），498 页；斯塔西：《社团研究的神话》，载《英国社会学学报》，20 卷（1969），144 页。

第6章

危险阶级与劳动阶级

19世纪汉口社会下层人口的膨胀与清朝后期大量廉价流动劳动队伍的出现有着直接关联。这一部分人口的出现，有各种各样不同的原因：自从16世纪以来，各种奴婢群体不断得到解放；明末及有清一代，中国最引人注目的就是大规模的人口地理迁移；清乾隆以后，乡村地区的人口与田地之比越来越不合理；最后，是白莲教起义与太平天国运动引发了严重的混乱。这些人口的大部分都聚集到主要商业城市中，汉口就是其中受到最大、一般说来也是最全面影响的城市之一。

在中华帝国晚期史料中，流动人口经常被界定为“无赖”，其本来含义是“无所依靠”。① 在一些19世纪的史料中，这个词已从形容词转变为名词，其用法越来越接近西方词汇中的“lumpenproletariat”（流氓无产者）。这个语义模糊的词汇包括好几种不同的但都可以使用的意思。单个的“无赖”是“不稳定的”，因为他们没有稳定的生计手段。他们也是“没有根基的”，没有得到广泛信任的社会地位。相当多的无赖（也许是其中的大部分）没有家庭，是构成詹姆斯·沃森（James Watson）所描述的现代中国“单身汉亚文化群”的重要部分。② 正如当时人经常指出的那样，他们也是“无主者”。他们不效忠于任何人，也没有保护人，甚至没有家庭负担驱使承担起某种社会责任，所以，无赖不过是有血有肉的“饿鬼”而已。他们的行为之所以被

---

① 这个词与现代早期巴黎常被用来指称城市人口边缘群体的术语“gens sans aveu”的意义很相近，而后者在官方报道中时常被指责为对大部分城市犯罪负有责任。请参阅威廉姆斯：《巴黎的警察，1718—1789》（路易斯安那州，巴吞鲁日：1979），190~191页。

② 参见詹姆斯·沃森：《特权保护：华南沿海地区的自卫联盟和地方政治，1850—1978》（手稿）。

作为有警示意义的典型记载下来，也是因为他们被看做对稳定的城乡儒家社会的一种威胁。

在汉口，常住居民们决不欢迎这些日益增加的人来和他们住在一起，在感情上把他们归入憎恶和害怕的那一类人，但又不得不勉强予以接受。当然，无赖也不是完全一样的，汉口居民可以将他们辨别出来，比如说，哪些人是拥有至少某种临时性合法工作的，而哪些人连起码的临时工作也没有；哪些人属于汉口，哪些人则归属于别的地方。本章即将逐个考察汉口人口中这些独特的功能性群体，亦即或多或少地对无赖进行分类。我们将看到，在19世纪社会进程中，由于这些人的存在，导致了社会不安与紧张的持续加剧。

一、地痞

遵纪守法的汉口居民把那些给他们带来无数烦恼的小流氓或恶棍称作"痞棍"、"地痞"或"棍徒"，或者讽刺地称为"忠臣"。这些人分属于不同的派别——有的地方称之为"打行"，这在晚清与民国时期的许多城市领域都广泛存在着。① 当然，在某种程度上，这个称谓不过是说话人对他厌恶的人进行辱骂时使用的一个词语，就像普遍使用的诽谤性用语"土豪"一样。然而，至少在19世纪后几十年里，当《申报》之类面向城市的印刷媒体促使一种更加标准化的城市文化与社会用语形成之后，在公共观念中，"痞棍"已经拥有独特而得到公认的界定。

这里自然会存在着与其他城市社会群体的重叠交叉。川胜守与上田信的研究表明：明朝后期，这一群体的产生是与另外一些新兴群体（诸如菜贩子、店铺跑堂、挑夫以及纺织与食品加工行业中非技术工人）的产生联系在一起的。② 但汉口的地痞仍一直与体力劳动者之间有明显的区别。1877年至

---

① 汉口的痞棍与天津的"混混儿"大致相同，关于后者，参见贺萧：《天津的工人，1900—1949》（加利福尼亚州，斯坦福：1986）。但汉口的地痞似乎并没有像天津混混儿那样形成固定的行事风格，也没有形成强烈同一化的群体身份。

② 参见川胜守：《中国近代都市的社会构造》，载《史潮》第6号（1979），84~86页；上田信：《明末清初江南城市中"无赖"的社会关系》，载《史学杂志》90卷11期（1979），1631页。

1878年间，汉阳知县蔡炳荣经过细致考察之后认定，大部分汉口痞棍通常并不从事任何合法职业，而是整天都在干那些臭名远扬的事情。① 事实上，在大众印象中，往往会把“无赖”与那些刚刚到达汉口的乡下难民和游民联系在一起，甚至会与来武汉参加省试的“武生”联系在一起（许多观察者指出：在省试期间，这些人的数量急剧增加）。② 然而，地痞与这些临时性群体之间的联系最多也只是附带产生的。1880年，汉阳知县李钠很容易地把“外来流痞”与“本地棍徒”清楚地区分开来。③

痞棍是一种独特的城市现象，而且与商业活动有着密切关系，至少，商业可以向他们提供某些临时性的雇用机会，并给他们提供可以攫取利益的可能。上田信指出：他们寻求的是金钱，很难想象在明后期广泛的货币化之前，会出现这种痞棍。④ 因此，也就无须惊奇，我们见到最早的地痞是在万历年间（1573—1620）的江南城市里，而在清朝前期商业化持续高度发展的华南沿海地区，有关这些地痞活动的报道也逐渐增加。

正因为汉口的商业发展略滞后于沿海地区，所以伴随着发展而来的城市社会问题也就有其自己的特点。虽然迄今我所见到的地方文献中有关痞棍的最早记载是在1820年⑤，但我相信至迟在19世纪初，他们就已浮出水面了。太平天国运动后，有关这些痞棍的报道越来越常见，这不仅说明他们越来越受到社会的注意（通过《申报》之类的媒体，当然是由于痞棍们各种异乎寻常的故事有助于报纸的销售），也反映出他们的活动也确实增加了。虽然观察者们都声称汉口痞棍的数量比中华帝国的其他任何地方都要多（1878年，汉阳知县林瑞枝声称：由于这些人的存在，汉口变得“声名狼藉”）⑥，但汉

① 参见《申报》光绪三年十二月十三日，八年十二月五日。

② 参见《益闻录》1891年10月17日。

③ 参见《申报》光绪四年五月二十四日，六年七月二十六日。

④ 参见上田信：《明末清初江南城市中“无赖”的社会关系》，载《史学杂志》90卷11期（1979），1640页。

⑤ 参见海关总税务司：《中国的救生艇及其他》，载“海关系列专刊”第18号（上海：1893），中文附件，30页。

⑥ 参见《申报》光绪四年八月二十一日，四年六月二十五日，八年二月七日，八年五月四日。

口的问题却并非独一无二的。如：1880年11月，江苏巡抚在上海、苏州及其他商业中心发起了一场打击痞棍的清除运动。① 知县蔡炳荣根据其考察总结说：太平天国运动后痞棍兴起的部分原因是由于遣散平叛军队（参见下文）。② 但是，更为普遍的原因却是太平天国运动后城市里形成了新型的、更加开放的商业结构——这种商业结构使店铺职员、小商小贩以及运输工人们可以不受约束地得到报酬，虽然并非在任何情况下都真是这样。例如，19世纪80年代，一位被捕的痞棍供称，他原先在故乡黄陂县的一家水果铺子里工作，被解雇后转而从事卑鄙的敲诈勒索活动以养活自己。③

汉口痞棍从事很多证据确凿的、令人憎恶的活动。他们在街头闲逛，惹是生非，以制造和寻找发财的机会。他们最喜欢在市场、茶馆和酒店里吵闹。合法的公众聚会，比如戏剧演出或街区庆典活动（如广益桥社区店铺出面组织的夏末灯市）也理所当然地吸引了地痞们的集聚，节庆活动的组织者只有付给地痞头目赏金才能避免他们的破坏。④ 地痞们还从事各种打斗活动，叫做"打围"（其本义是打猎过程中进行的一种游戏）：包括在街头磕碰受害者（妇女、客商或外国人都是主要目标），把他们强迫挤到隐蔽的角落里进行抢掠，然后带着钱或珠宝逃走。⑤ 19世纪80年代，特别令人惊恐的是地痞往往会绑架当地富商家的妇女和孩子以勒索赎金。⑥

另一些地痞则专门从事那些较少暴力的活动。有的从事精心设计的诈骗活动，主要针对那些对在汉口做生意的危险不太熟悉的外地商人。痞棍还会与衙门胥吏相勾结，声称受到了污辱，把客商或长住居民告上衙门，然后迫使他们拿出一笔钱来了结官司。地痞们经常出入于汉口的赌馆、妓院，在那里充当皮条客、帮闲和保镖。另一种地痞们非常喜欢的做法是设法引诱那些高门望族的子弟到这些场所来，然后向急于掩盖丑

---

① 参见《申报》光绪六年九月二十三日。

② 参见《申报》光绪三年十二月十三日。

③ 参见《申报》光绪八年十二月五日。

④ 参见《申报》光绪三年十二月十三日，八年五月四日，八年五月七日。

⑤ 参见《申报》光绪四年六月二十五日；《益闻录》1889年7月3日；涂宗瀛光绪九年三月五日片，出总理衙门档案，"湖北英人交涉"。

⑥ 参见《益闻录》1884年5月3日，《申报》光绪六年七月二十六日。

闻的父母们勒索“封口费”。①

对于官府与私人慈善家来说，特别关注的乃是地痞们破坏了社会公益机构的工作，并利用了社会的混乱局面。例如：不管什么时候汉口发生大火，痞棍团伙都会立即赶过来聚齐，装出帮助救火的样子，但实际上却是在伺机抢掠。汉口市民们普遍怀疑，由于趁火打劫有很好的收益，实际上刺激地痞们去干坏事，从事最不可饶恕的犯罪活动，即纵火。痞棍也是汉口到处散播的流言蜚语的最热情的制造者与传播者。他们时常散布将要大乱的恐怖消息，希望引发混乱，以便制造抢劫的机会。当真正危机发生的时候，比如在太平军占领和1883年秘密会社密谋起事的时候，都给地痞们提供了显示手脚的机会，他们打扮成某一方成员的样子，闯入人家和店铺，去抢掠财物。②

在有关长江下游地区城市的研究中，川胜守和上田信认为地痞们的活动本质上属于集体活动性质，而且这种群体性质正是晚明新出现的因素。上田信进而发现，地痞们和那些合法的劳工帮伙一样，通过其首领从故乡精心地招收新成员。③ 在汉口，痞棍总是三五成群地活动，而且“同乡”一般是他们现成的组织原则，就像汉口的其他社团一样。④ 然而，这种痞棍团伙显然是痞棍们为了进行某些恐吓活动而团聚起来的功能性组织，所以当地文献记载给我们留下的印象，它们主要是一种自发的组织，而不是规划成立的组织。同乡关系非常重要而且实用，完全可以源源不断地提供潜在的麻烦制造者，所以地痞们根本用不着处心积虑地去招募新的同伙。虽然痞棍们的活动风格和手段别具特色，但他们的领导与组织都不复杂。毫无疑问，地方记者们将他们的活动记述下来，并成为街谈巷议的话题。

一个与此相关的问题是痞棍的保护人。汉口的痞棍在多大程度上实际受

---

① 参见《申报》光绪三年十二月十三日，四年五月二十四日，六年七月二十六日，八年十一月十八日，八年十二月五日。

② 参见《申报》光绪八年十月二十四日，《益闻录》1884年9月17日。关于太平军占领期间汉口痞棍的活动，参见陈徽言：《武昌纪事》，收入《太平天国资料丛刊》（上海：1953），594页。

③ 参见川胜守：《中国近代都市的社会构造》，载《史潮》第6号（1979），86页；上田信：《明末清初江南城市中“无赖”的社会关系》，载《史学杂志》90卷11期（1979），1621、1641页。

④ 参见《申报》光绪四年九月一日，六年七月二十六日，八年五月四日。

到这个城市更高社会势力的驱使？虽然勉强承认痞棍在本质上是独立的，但川胜守与上田信都认为，明后期江南城市里的痞棍周期性地受到城市商人的短期雇用，充当打手，强迫乡下农户购买他们的存货，或者去援助城市的抗税运动。① 关于这一点，19 世纪的汉口也没有任何证据。大部分汉口商人一般更喜欢逃税而不是抗税，一般也只是通过更换代理人以处理与乡下农户之间的纠纷。地痞们只是偶尔为卖淫或赌博诈骗之类更有组织性的犯罪活动充当打手，但在大多数情况下，他们似乎都有一种相对独立、自私自利的社会群体。19 世纪 70 年代末与 80 年代初，连续几任富于革新思想的地方官员都反复强调说，所有“正人”，无论客商还是常住居民，无论穷人还是富人，都越来越普遍地意识到来自痞棍的掠夺威胁。我们没有理由怀疑这些陈述。②

二、退伍乡勇

至少在太平军占领之后的数十年中，汉口市民们觉得自己受到所谓“官方”军事力量的威胁与受到其保护一样多。有意思的是，市民们对这些军队，最不害怕的也是那些公认最没有战斗力的军队，即称为“绿营兵”的常设武装——在太平天国运动中，这支军队表现不佳；到 19 世纪 60 年代，其作用已大幅度衰退，已经比城市警察好不了多少了。湖北省城驻扎着一支人数众多的绿营兵，实际上正是他们导致了这些年中本地区最严重的军事事变——1882 年 10 月武昌的兵变（我们将在第八章中予以讨论），但总的说来，在当地人的印象里，比起太平天国以后兴起的各种非正规军事力量（我们通常称为“勇”）来说，绿营兵仍然是最有纪律、稳定的职业军队，也许最重要的是，他们相对来说最为温和。

早在胡林翼时期，湖北省就建立了本省的军队，即由本省负责征募、指挥并供应的非正规军队，所谓的“楚勇”。可是，由于 19 世纪 50 年代末胡

---

① 参见川胜守：《中国近代都市的社会构造》，载《史潮》第 6 号（1979），87 页；上田信：《明末清初江南城市中“无赖”的社会关系》，载《史学杂志》90 卷 11 期（1979），1622、1629 页。另参见邓尔麟（Jerry Dennerline）：《嘉定义民：17 世纪中国的儒教领袖和社会变迁》（康涅狄格州，纽黑文：1981），90 页。

② 参见《申报》光绪三年十二月十三日，六年七月二十六日。

林翼决定在湖北全省平定之后将楚勇调往长江下游去参加战事，所以实际上湖北自己的土地上并没有多少楚勇在活动。到19世纪80年代初，楚勇深深地卷进镇压云南、贵州叛乱的斗争之中，并在1884年中法战争中防守福建海岸的过程中发挥了很大作用。① 虽然供应这些军队给湖北省财政带来了巨大而且日益加大的压力，但它确使本省不少好勇斗狠的子弟们离开了本省，从而使湖北省获得了很大的好处。因此，楚勇在江汉汇合区域的活动，在很大程度上受到曾国藩留下来的湘军的制约。19世纪60年代至80年代，一直从事镇压捻军、回教反抗者以及汉江丘陵地带之地方性叛乱的湘勇部队多次经过汉口，其战时指挥部大多就设在汉口郊区的乡下，有时就驻扎在汉口（特别是在19世纪60年代，当时汉口还没有完全恢复过来）。② 这给地方安全带来的危害很早就显示出来。汉口开埠之后的头一年，英国领事就写道："各种各样的'乡勇'穿梭来往，这里一直驻扎着不同的军队，随时随地都可以见到由于他们的粗野行为而引发的骚乱。"③ 更清晰的记载则是传教士杨格非于1861年7月13日在汉口发出的第一封信：

> 这些士兵（乡勇）并未得到朝廷付给的薪饷，所以他们是自己的主人。有一天，一大队乡勇从这里开拔了。我采访了他们的几位军官。一位军官告诉我，他很遗憾他们不得不全部离开这里，因为他们可能会侮辱或损害外国人。我告诉他没有必要担心，只要他能保持军队服从指挥、遵守纪律。他回答说："可是，这却正是我们做不到的事。他们在街上横冲直撞，到处乱踢，搞得乱七八糟的；他们闯进店铺，随便拿东西而不付钱，或者想付多少就付多少。而我们所能做的，最好的办法就是对这些事情视而不见。如果他们的胡作非为局限于对待本地人，就不会有事。可是，如果他们引起了外国人的愤怒，那问题可就麻烦了。"④

果然如杨格非担心的那样，在随后几年中，汉口的乡勇越来越多地介入到日益增加的反洋人斗争中（参见第七章）。然而，他的报道也透露出（带

---

① 参见卞宝第光绪九年十一月奏，收入《卞制军奏议》卷五，56～59页。

② 参见圣公会：《汉口圣公会医院五次年度报告》之第一次报告（1865），2页。

③ 金格尔（Gingell）致布鲁斯（Bruce），1862年3月13日，英国外交部档案，228/331。

④ 杨格非1861年7月13日信，见伦敦布道会档案，Box2。

着一种明显不同的样子，也许主要是为了解释为什么会出现这样的问题），那些“乡勇”也同样给汉口的中国居民带来了严重威胁。有一个典型的事例：两个乡勇在午夜时分吵吵嚷嚷地经过江边的龙王庙，巡夜人喝住他们，他们就把巡夜人打死了。①

如果说19世纪中期各种反叛尚在高潮时，“乡勇”就已经成为问题了的话（那时，他们得到充分雇用，对朝廷也保持着大致的忠诚，军饷也很充足，又受到朝廷的保护），那么，1864年，太平天国运动被镇压之后，这些条件都发生了变化，“乡勇”就更是一种危险了。1865年，汉口传教士威廉·斯卡伯勒写道：“帝国军队欠饷甚巨，所以他们也不怎么忠诚。”英国领事麦华陀指出：地方兵勇“无可救药地远离了忠诚”；湖广总督官文也公开抱怨说：那些“惰勇”无法辨别好坏。② 虽然秘密会社（特别是哥老会）在地方乡勇中招募成员也是造成此种疏离的部分原因，但大多数军队骚乱的根本原因却显然是由于兵饷发放与利益分配不均而直接引起的。从这时起，一直持续到19世纪80年代，越来越频繁的整营兵变与对乡村的抢掠（这些现象，一般均称为“兵变”），按照他们自己的说法，都是因为欠饷，而这些行为，显然把欠饷问题夸大了。我们将看到，这些叛兵不时会来到汉口，从而给汉口带来相当严重的威胁。

然而，如果说到日常的情况，那么，与退伍乡勇所造成的麻烦比起来，这些威胁就不算什么了。具有讽刺意味的是，遣散乡勇正是中央与地方官府在各地逐渐平复之后为了解决越来越令人头痛的战时军队维持问题而采取的唯一办法。1864年夏末，南京收复之后，朝廷及其军队指挥官们就马上决定实施整营裁减乡勇计划，以便把财力用到后人称之为“同治中兴”的重建进程中。几乎从那时起，地方军队指挥官们就需要应付可能发生的各种危机，这促使他们加速推进原定的遣散进程。19世纪80年代，左宗棠新疆之役的花费出乎意料的大而且不断增加，从而加剧这些危机。帝国政府选择的解决

---

① 参见《益闻录》1885年12月5日。

② 参见斯卡伯勒1865年5月27日信，圣公会档案，Box487；麦华陀（Medhurst）致官文，1865年2月2日，英国外交部档案，17/456；官文于1865年底的告示，见麦华陀致艾柯克（Alcock）1866年1月12日信中的附件，英国外交部档案，17/456。

经费的主要办法就是命令更多省份裁撤各省自己掌握的乡勇，并把节省下来的费用通过“协饷”方式提供给西北战场。最糟糕的是，不少乡勇没有可以接收他们的故乡，于是，他们被授予农具和粮种，被安置到受战争破坏的皖中地区，从事开垦、耕作土地的军事“屯田”。大部分则被粗暴地遣散，用船运回其故乡（遣撤回籍），重新被吸附到耕作经济中。

当然，这种理想的设想从未能真正成为现实。军事屯田未能发挥有效作用，而且裁撤计划日程不断提前，迫使有关的责任当局只能想方设法将退伍乡勇运回其故乡。最重要的是——正如早在1864年以前皇帝就在诏书中多次说到的那样，这些被遣散的乡勇在经历了多年战争之后，已根本不能适应重新安置，也不太可能回到故乡去过和平生活，即便其故乡非常愿意或能够接受他们。按照计划，某些大规模的乡勇部队实际上是在某些中心城市就地解散的，显然，其后续的遣散问题就留给了当地官府。①

作为全中国河网运输的中心、进入湖南的门户（绝大多数乡勇都来自湖南），汉口比其他城市涌进了更多没有得到合理报酬、又无法系统地适应社会生存斗争的退伍乡勇。虽然这样的情况在太平天国运动后的数十年中一直司空见惯，但地方史料表明，自光绪初年始，当官方决定雇用蒸汽动力的大型运兵船运送遣散乡勇时，问题的严重性才真正超出了官府的控制能力。在整个19世纪80年代，我们一直可以见到许多乡勇从各地驻屯点被运到这里来，而这些驻屯点大多位于沿海地区。这对于一个平常即拥有十几个军营、合计有5 000多乡勇的城市来说，可不是一件简单的事。从1885年8月至1886年7月，在仅仅12个月时间里，就有33 000多名从福建、浙江、江苏、山东遣散回来的乡勇被送到汉口来。②

几年之后，湖北省与控制汉口的地方官员都逐步形成了一些行之有效的对付这些遣散士兵的惯例。接到运兵船即将到来的通知后，湖北巡抚就会发

① 本段叙述主要根据佐伯富《清代同治朝的乡勇撤废问题》，参见氏著《中国史研究》第二卷，392～405页。

② 参见艾勒伯斯特致格罗夫纳（Grosvenor），1883年5月3日，英国外交部档案，17/934；《申报》光绪七年九月十八日；《益闻录》1886年9月15日；张之洞：《南皮张宫保奏疏》卷八，12～13页。到19世纪90年代，问题似乎变得更糟了。参见张之洞光绪二十四年奏，见《南皮张宫保奏疏》卷十二，21页。

布一个警报告示。具体负责的官员（通常是湖北省提督和汉口同知）就受命负责与民船订立契约，要他们都到中国轮船招商局码头去迎接汽船。其目的就是在这些到达的乡勇登陆汉口之前，把他们按照家乡分别开来，用小船运到轮船上去，再用轮船运往其各自的目的地（所不同的是，平常情况下明显是由汉口商用的运货船运载的）。然而，实际上几乎不可能做到这样的设想。比如，在汉口可能需要同时发放遣散费及回家的旅费。在这种情况下，官府通常要在某个选定的汉口银行里预先存上一笔银子，并分成小份，用包裹包起来。乡勇们在船上时就拿到了发下来的凭证，到汉口后集体一起去银行，逐个拿着凭证换取银包，然后再换乘轮船。

因为乡勇们时常会摆脱官方的控制而想方设法留在城市里（官府认为，这是他们最主要的目标），从而使公共安全体系在这些乡勇们停留在汉口时及其之后的一段时间里得到普遍加强。关闭城门，强制实行宵禁，检查饭店和茶馆，责令旅店老板呈交住店客人的名单，并注明何人没有永久性职业（恒业），公开张贴告示，警告店铺老板们要注意观察并报告怀疑可能是退伍乡勇的人。在非常情况下，会下令负责地方安全的人挨家挨户地搜查逃亡者。官府与市民都非常严肃认真地对待这个问题。①

尽管提高了警惕，还是有很多乡勇成功地留在了汉口，或者在佯装离开之后又回到了汉口。这些所谓的“游勇”、“散勇”非常广泛地威胁到当地城市社会——实际上，在当时人撰写的有关资料中，几乎看不到任何对他们表示同情的意思。佐伯富认为，在19世纪后期，退伍兵丁构成了盐走私与鸦片走私的骨干力量。② 我们可以在汉口找到一些零散的证据来支持这一观点。例如：1884年，发生了一件引人注意的事件，一位名叫何忠骐的平江人在汉口旅馆里被逮捕。何忠骐自称他是平定太平军战争中的老兵，因为作战勇敢，积功渐升至提督之职。他随身携带着一份督办广东防务大臣彭玉麟的札委，奉命招募勇丁。逐步弄清真相之后，才知道他实际上原来是一名湘军士

---

① 本段总体叙述汇集了如下资料：《申报》光绪七年九月十八日、九月二十日，光绪八年十月八日、十月二十四日；《益闻录》1886年9月15日；谭钧培光绪十二年六月奏，收入谭钧培：《谭中丞奏稿》卷五，26～28页。

② 参见佐伯富：《清代同治朝的乡勇撤废问题》，收入氏著《中国史研究》第二卷，405页。

兵，好几年前就在汉口退伍并被送回故乡了；在家乡，他伪造了军阶文件，纠集了几名同伙，偷了一艘船，然后在汉口与长沙之间从事起非法贩运货物的生意来。何忠骐的暴露是由于一件突发事件，当时，他与其同伙在汉阳县南部一个厘金关卡受到税官的拦阻，他们绑架了税官，把他捆起来，打了一顿，然后抛弃在上游好几英里的江边。①

何忠骐的案件是个例外。更普遍的情况是，汉口的退伍士兵只是被指责藏身于大烟馆和其他地下社会的巢穴里，无所事事地在街头、市场上闲逛、逗留。② 在官府与大众观念里，退伍乡勇显然与痞棍不同，二者有清晰的区别，人们从未认为退伍乡勇经常从事那些敲诈勒索或其他有组织的犯罪活动，至少他们很少主动这样做。当然，他们很可能会被地痞们拉进犯罪活动中，公共安全官员也特别警惕地防止这两种群体之间任何形式的"勾结"。按照官员们的说法，退伍乡勇引起的麻烦主要是由于他们懒惰、不事生业、生性好勇斗狠，以及他们在城市居留本身就不合法。人们反复提到的担心是他们只要一遇到机会，就会"滋事"。③ 当然，不稳定的经济地位有时也会驱使他们从事赌博、造假（包括制造给刚刚船运到汉口的退伍乡勇领取旅费的假凭证，以及给那些已经在汉口躲藏起来的乡勇提供试图再领一次退伍金的假凭证）之类的活动。一个典型的事件是一群来自湖南郴州的运煤船夫把船停泊在广福巷码头，在那里开设了掷骰子的赌局。一位退伍士兵经常来参加赌博，一天晚上，他的运气坏透了，确实是输得血本无归；第二天，他邀上自己的同伴，打烂了赌船，并把那些开赌局的人扔到了江里。④

可是，乡勇的存在还有另一个重要的方面：秘密会社的关系可以给他们的活动提供很多帮助，并把他们带到城市里来。⑤ 乡勇们经常进行意识形态或以政治为主的训练以及他们超越地方势力的潜组织性联系，使他们进一步与那些更具破坏性、更有犯罪倾向的普遍痞棍区别开来（很难想象那种地方性的、反社会但不关心政治的群体会像乡勇们这样做）。而且，我们将看到，

① 参见卞宝第光绪十年十月奏，参见《卞制军奏议》卷六，47～49 页。

② 参见《申报》光绪七年九月二十日，八年十月二十四日。

③ 参见《益闻录》1886 年 9 月 15 日。

④ 参见《申报》光绪七年闰七月五日。

⑤ 参见《益闻录》1886 年 7 月 3 日。

正是由于与秘密会社的联系，使得退伍乡勇们成为官府与城市统治势力感到恐惧的对象。

三、难民和流浪汉

长期以来，中国与日本研究中华帝国晚期社会的学者们解释“游民”或“流民”这个词语时，都不仅把它看做一种持久的社会现象，也同时看做一种独具特点的人群——一种类似于吉普赛人那样的世袭流浪者种群。① 而最近的研究则倾向于考察当时的人们对这些语汇的用法，以试图描述其所探讨的有关流浪“游民”之城市下层阶级不断增长的问题，特别是在 17 世纪早期与 19 世纪后期迅速城市化时期。② 在有关 19 世纪汉口的资料中，这两个词都出现得非常频繁，可是，却很难给它们下一个一致性的准确定义。实际上，这些语汇似乎经常被用于代替某些具有更准确内涵的概念。有时，使用“流民”与“游民”这样的语汇，显然是指因战乱或自然灾害而产生的乡下难民，但更一般的情况却并非如此。看来它们很少被用来指称一个有严格限定的社会阶层。然而，对于汉口市民来说，“游民”或“流民”却似乎专门用来指称一种离散的人群，他们的存在与这个城市的常住居民之间有着千丝万缕的联系，他们一露面，便会令人想起一种司空见惯的态度与反应模式。

举出这样一个事实或许会更明确一些：对于汉口人来说，流民问题与那些包围这个城市的、为数众多而且数量一直在有规律地增长的乡下难民有着密切关联。为了逃避盗贼、叛乱、旱灾、饥荒特别是洪灾，难民成群地蜂拥进汉口。他们有的来自遥远的豫皖农村，有的来自鄂东北低洼潮湿的湖区，也有的来自易受洪灾的汉水下游河谷。更经常的情况是，难民来自沔阳州（它恰好位于汉阳县之西，北临汉水，南濒长江，两条大河的支流在境内纵

① 参见冈崎文夫：《流民考》，载《经济论丛》75 卷第 1 期（1955），1～20 页；第 6 期，1～15 页。

② 特别请参阅川胜守《中国近代都市的社会构造》，载《史潮》第 6 卷（1979），84～86 页，其中所使用的“游民”在语义上非常近似于“流氓无产者”。另请参阅冯天瑜、周积明、王永年：《辛亥革命前的武汉民族资产阶级》，载《江汉论坛》1981 年第 3 期。《马太福音》的中译本把“流浪者”译为游民或流民，可能与此有某种关联。

横交错）和天门县（它与沔阳州隔着汉江相对，地表特征亦大致相同，也同样是棉花、水稻产区）。① 至迟到18世纪初，难民已开始大量出现。在洪水期间的1801年白莲教起事中，有数万难民来到汉口；在整个道光时期，难民的涌入成为千篇一律的现象。1840—1841年洪灾期间，有超过10万的难民涌入汉口，而1848—1849年洪水期间，则有20多万难民到来。19世纪60年代中期，随着汉口商业繁荣的复苏，每隔有限的几年，就会出现一次大约有30 000人或者更多的难民浪潮；到19世纪80年代，这些难民实际上每年秋冬季节的盛水期里（原文如此，当是枯水期——译者）都会出现，事实上已经成为一种季节性迁移者。②

大部分有名的自然灾害，可以期望从较高层级的官府那里得到部分财政支持。例如，在1849年的大洪灾之后，朝廷迅速从国库中拿出100万两官帑用于汉口的救灾；1889年洪灾后，发布了一个诏令，要求向汉口的难民分发10万两官帑，在一位御史上了一份强调还不敷使用的奏折之后，又追加了5万两。③ 在1883年危机时期，湖广总督卞宝第下令从他的总督金库中拨款两万两。④ 然而，这些朝廷慷慨解囊的例证，并不是用于代替地方官府与地方社会的自助努力，而只能是后者的补充。在绝大多数情况下，来自上级官府的援助并不能作为根本性的指望，汉口的地方利益还需要留待它自己去维护。

---

① 参见王凤生《楚北江汉宣防备览》卷二，20～21、26～27、37～38页有一组地图，生动地描绘了沔阳、天门这一内陆三角洲及其汇入汉口地区的情形。关于来自这一地区的难民，参见1867年《汉阳县志》卷二七，136页；1920年《夏口县志》卷十五，18页；《申报》光绪九年十二月二十七日；《益闻录》1883年9月19日。关于文中提及的来自其他地区的难民，参见《裕庄毅公年谱》，45页；1920年《夏口县志》卷十二，28页；麦华陀致艾柯克（Alcock），1866年3月3日，1867年1月23日，英国外交部档案，17/456；《字林西报》1869年9月6日。

② 参见1818年《汉阳县志》卷十，26～27页；1884年《汉阳县识》卷二，22页；1920年《夏口县志》卷十五，6、18页；叶调元：《汉口竹枝词》卷六，5页；卞宝第：《卞制军奏议》，卷五，56～59页；王葆心：《续汉口丛谈》卷二，24页；《益闻录》1888年1月21日。

③ 参见叶调元：《汉口竹枝词》卷六，5页；海关总税务司：《十年报告，1882—1891》，181页。

④ 参见《益闻录》1883年10月17日。

长期以来，面对着大量贫穷人口的不断流入，汉口的官府与精英们发展了清代最好的救济保障系统，以应付这些问题。其中的大部分做法，本书其他部分已作了讨论：分发现金或粮食，在市场上倾销储备粮或以低于市价的价格出卖粮食，设立粥厂，增强善堂所提供服务的标准等级，当然，还有把汉口城市内部安全系统提升到较高水平。在这里，我们只需要集中讨论一下与难民援助联系在一起的一个具体问题：将这些不受欢迎的外来人尽快赶出汉口。

在 1869 年夏末的洪水期间，圣公会传教士威廉·斯卡伯勒从汉口寄出的一封信中写道："许多难民早已是赤贫如洗……他们聚集在由知县划定的城市角落里——知县的职责要求他为这些人的生存提供必要的供应。"① 斯卡伯勒正确地觉察到将乡下无家可归的难民引到城市来的根本原因是生存条件，因为在城市里有一系列相应的社会与法律规定，要求他们承担起提供临时救济的责任。每当洪水侵袭汉水河谷，乡村地主往往锁上他们的谷仓，从而有效地迫使农民进入城市，而这种行为却一般会得到官府的认可，理由是这种做法，对地主们的自救是必要的。② 实际上，19 世纪 40 年代总督裕泰颁布的一系列政策，规定受灾县份的地方官不得提出蠲免田赋的申请，却虚弱无力地劝告士绅在地方上提供"互助"，以显示出其同情心。另一方面，他命令在汉口绅商中间发起募捐活动，以用于设立粥厂。③ 这些不同做法显然易于造成这样的结果，即促使洪水灾民进入汉口，因为城市可以提供紧急救济，而他们的家乡却拒绝这样做。这同样也说明，当遭遇到此类危机时，国家更希望利用私人、城市和商业的收入资源，而不是官府或农民自身的资源。④ 在这

---

① 斯卡伯勒 1869 年 9 月 18 日信，圣公会档案，Box488。

② 参见《益闻录》1883 年 9 月 19 日。

③ 参见 1867 年《汉阳县志》卷二十（下），12 ~ 13 页。

④ 王国斌和濮德培指出：在 18 世纪，清政府处理乡村旱灾或洪灾的官方政策主要有三种办法：(1) 在本地乡村分发救济物资（这种办法称为"赈济"）；(2) 允许受灾民众作为难民进入城市并供给他们食物(留养)；(3) 对于涌入城市的灾民发给一笔钱作为他们回归故乡的费用及维持一段时间的生活费(资送)。参见王国斌、濮德培：《清代灾荒之敌》，载《哈佛亚洲研究学报》43 卷第 1 期（1983 年 6 月），312 ~ 313 页。显然，直到 19 世纪初，控制汉口和汉水下游地区的官府一直决定主要依靠第二、三种应对办法。

一过程中，对城市的依赖，进一步刺激了城市自身倾向于显示其富足和有能力自治的态度的发展。

清代中期，汉口的精英们偶尔会向难民提供庇护所。例如，1727 年，财力雄厚的商人慈善家邬光德捐献了一笔资金，用于建设一百间棚屋，提供给新来的穷人居住。[①] 在 19 世纪，没有证据表明存在着地方精英捐资或赞助此种居住项目的事例。相反，却是明确强调要避免给难民任何鼓励、要促使他们离去。1801 年，出身盐商的官员胡战门（原文如此，当作“胡戟门”——译者）受命处理因洪水和鄂北白莲教起义而引发的难民潮时，发明了一种聪明的解决方案。他拿出自己的薪俸，并恳请其他商人捐助，以便在汉口港租借数艘江船。在危机期间，那些船只被当做难民的临时栖身地、医疗防护站和食品分发中心；而危险一旦消减，就扯起船帆，把难民们送回故土。[②]

太平天国运动后，救济活动的协调者所采取的对策则是一旦察觉到危机，即逐步减少分发给每个难民的米或粥的配额，以图减轻危机。随着难民在汉口度过冬季月份越来越成为规律，而汉口在“冬防”中的协调能力也越来越强，于是，向难民提供帮助的阶段遂固定在每年 3 月中旬左右结束。到 3 月底，食物供应完全停止了，于是，最后一批满怀希望的难民也就离开了汉口。典型的做法是向每一位难民提供一份重新安置费（川资），足够他们回家之用，但事实很快就证明，他或她更愿意将这笔钱花在自己乐意的事情上。[③] 在 1898 年汉阳知县的一份布告中可以看到，官僚政府在这种本质上是由民间、地方社会主导的难民迁移、安置事务中提供了协调。知县的命令同时涉及四个行动：（1）全部粥厂将于预定日期一起关闭；（2）由善堂董事负责监督劝商认捐，以筹集遣散、安置资金；（3）保甲局将“委绅”负责监督驱逐难民；（4）县衙胥吏负责设法获取船只以运送难民。[④]

---

① 参见 1867 年《汉阳县志》卷二十（下），12～13 页。

② 参见范锴：《汉口丛谈》卷五，16 页；蔡乙青：《闲话汉口》，载《新生月刊》卷五第 9 期，34 页。

③ 参见伦敦布道会档案，《汉口伦敦布道会医院的年度报告，1869》。

④ 参见《汉报》光绪二十四年三月二十一日。虽然这条材料的日期晚了一些，但我相信这里陈述的策略也同样是此前几十年间的典型做法。

可是，自康熙初年起，每当难民涌入汉口，总是有一些人不愿接受劝说返回自己的家乡，而留在汉口。① 在19世纪的后几十年中，这些留下来的人数越来越多。在19世纪六七十年代，遣送事务进展的差强人意，可到了80年代就越发难以维持了。救济机构关闭的日期逐步押后。例如，1884年春，粥厂直到3月26日才关闭，就是因为发现还有大量难民停留在城中，所以被迫又另外开放了两周。1890年，直到4月底粥厂仍然开放着，以致当时粥厂的管理人强烈抱怨资金短缺已经到了绝望的境地。② 地方官府越来越把给予遣返资助与威胁将惩罚滞留者两种手段结合起来。省府官员明确地表示担心，难民拿到遣返费后，并不回乡，而是用来资助更加漫无目的的流浪（浪游）——换言之，就是变成真正的流浪者。但毫无疑问，汉口人乃至地方官府还是很满意地看到他们离开这个城市。

不过，无法确定究竟有多少难民留下来。1865年，传教士波特·史密斯指出："存在着大量的非法侵入人口，他们居住在城市边缘的角落里，境况悲惨。" 1872年，另一位传教士里德评论说："全城所有空着的地方都挤满了新来居民和乞丐群落的棚屋。"③ 事实上，当地的慈善施舍活动停止以后，大部分留在汉口的难民不得不依靠乞讨以设法养活自己，虽然也有少数人想方设法谋得了其他的工作机会。在18世纪，一帮乘船来的沔阳难民率先利用自己的驾船技能，在汉江上开展了商业摆渡服务；19世纪80年代，另一帮难民在后湖沿岸从事同样的工作。④ 另一些非法居留者做小贩，或者在城市边缘种蔬菜。还有一些人依靠从事较小的犯罪活动或做妓女为生。⑤

---

① 参见王葆心：《续汉口丛谈》卷一，20页；卷二，24页；叶调元：《汉口竹枝词》卷六，5页。

② 参见艾勒伯斯特的信，1884年3月31日、4月19日，英国外交部档案，228/754；英国外交部：《英国驻华总领事商业报告》，第6号（1885），103页；《益闻录》1890年4月26日。

③ 圣公会档案：《汉口圣公会医院的五次年度报告》，报告一（1865），6页；里德：《里德医生关于半年来汉口卫生情况的报告，截止1872年3月31日》，《海关公报》，1872年1—3月，44页。

④ 参见1867年《汉阳县志》卷二七，136页；《申报》光绪八年六月十八日。

⑤ 参见叶调元：《汉口竹枝词》卷五，20页；卷六，5页。

有时，那些一无所有的人们睡在露天，把城市的街道和市场挤得满满的，无法通行。① 那些境况稍好一些的人则住在草房或到处都有的芦棚里。这些芦棚（实际上通常是用草席覆顶、竹竿搭起框架的单坡屋顶的简便房屋）到处散布着，向苔藓一样散布在19世纪下半叶汉口的开放空间：市场、废弃的庙宇建筑群，以及沿着江岸和湖岸的地带、湖岸的堤上和引人注目的城墙上（1864年之后）。②

不管这些留下来的难民事实上能否在汉口找到生产性的工作，毫无疑问，大部分当地居民都认为他们（用传教士的话来说）“晃来晃去的，是依靠其他勤勉的人劳动为生的乞丐”③。当地人对他们的敌意如此之深，部分原因是他们习惯于游手好闲（在现代早期的西方城市中，那些具有市民身份的人也普遍对难民持有此种偏见）④，部分原因是难民不稳定的状况使他们表现得易于从事不法和不合规矩的活动，但根本性的主要原因却是因为他们是外乡人，他们的居留，违反了游戏规则。科大卫（David Faure）在谈到江南城市中的难民时曾经指出：

> 那些人经常被看做游民……不仅因为他们没有稳定的职业，还因为人们相信，他们不属于这个城市。最后这一个特点并不仅仅具有语汇学的意义：按照清朝官方的看法，在一定程度上，可以把乞丐看做城市的成员……而游民却不是。乞丐，就像所有职业一样，可以在乞丐首领的带领下，编入保甲……而对待游民，则只需要在食物匮乏时基于道德义务给他们吃的东西就可以了，然后就可以让他们离开。⑤

虽然把这一得自苏州这样古老而贵族化城市的特点应用于汉口这样最出

---

① 参见1867年《汉阳县志》卷十五，28页；另请参阅福斯特：《长江流域》，7页。

② 在众多的报道中，可见《申报》光绪元年十月十八日，九年十二月十二日；毕晓普：《长江河谷及其远方》（伦敦：1899），73页。

③ 圣公会档案：《汉口圣公会医院的五次年度报告》，报告一（1865），6页。

④ 参见毕拉福：《公共秩序与大众骚乱，1660—1714》（牛津：1938），23～24、155页；夏维里尔：《19世纪上半叶巴黎的劳工阶层与危险阶层》（新泽西州，普林斯顿：1973），19页。

⑤ 科大卫：《江苏省乡村经济，1870—1911》，载《中国研究学报》（香港）第9卷第2期（1978），417～418页。

众的移民城市，看上去有点不太合适，但事实却显然就是如此。我们必须联系这样的事实，即经常涌入汉口的难民的家乡地（沔阳州及其他汉水下游的州县），既不同于那些商业精英的遥远故乡（徽州、山西、宁波以及广东），也不同于 19 世纪后期涌入汉口的非精英移民的来源地——他们主要来自我们已经界定为汉口“城市化外围”的武昌府东南部以及汉口北面的黄陂、孝感等县。因此，尽管不明不白地留居在汉口的难民人数显然越来越多，但因为他们到达的方式及其生活方式总是带有鲜明的异地他乡特征，汉口的常住居民以及新近到汉口定居的人都视难民为非法逗留者。

四、劳工帮伙

研究中国现代史的学者听到“帮”这个词，通常会想到商业或手工业行会，或者青帮、红帮之类犯罪团伙那样的组织。然而，19 世纪中国城市的居民却首先在更通俗与更普遍的意义上使用这个词（源于其他用法），即用它指称按照特定任务或相对稳定的基础而组织起来的功能性劳动群体。在这个意义上，“帮”的原型是一支由小船组成的船队，其最初含义是指用绳索将停在码头边或港口碇泊处的船只系在一起。在汉口这样繁忙的港口城市，船夫帮是地方社会突出的特点之一。然而，在岸上，在码头工人、搬运工、轿夫、马车夫、乞丐、建筑工以及手工作坊或工厂工人中间，也都广泛存在着各种劳工帮伙。

运输和手工生产工人组成的帮伙毫无疑问在中国存在已久，历史可以追溯到这些行业诞生之初。但是，几位日本学者的研究表明：特定组织形式的“帮”却是在 16—18 世纪中国许多地区都发生快速商品化、城市化和职业分工的过程中，在完全不同的基础上形成的。滋生的土壤之一是明清时期的粮食漕运制度。森田明论证说：虽然漕船最初是由官府征调或准备的，但在 17 世纪，却逐步自己组织起“帮”和宗教团体（社），以便提供抵御海盗的集体安全保障，以及向漕运当局和地方官府争取漕丁的利益，特别是通过向病弱及老年船夫提供集体出资的住处等方式，提供集体福利设施。① 很可能正

---

① 参见森田明：《清代水手结社的性质》，载《东洋史研究》第 13 卷第 5 期（1955 年 1 月），18～30 页。

是在此基础上，在1700年前后，一位名叫潘德林的劳工首领将这种松散的船夫帮会组织发展成一种等级制结构的青帮。① 帮的第二个来源则是上田信在试图断言晚明时期长江三角洲地区棉业繁荣过程中，太湖沿岸城镇与市场上的搬运工（轿夫）拥有地域垄断权力时指出来的。② 当然，第三个源头可以看做横山英曾作过详细考察的、康熙年间苏州地区棉花砑光行业中高度发展的合同工征募制度。③

这些不同起源的共同结果，是一种劳工组织类型；到19世纪，这种劳工组织形式已得到汉口及其他商业城市全体居民的认可和理解，人们对它即便不积极支持，至少也承认它是必不可少的。这种组织类型与众不同的特点是所有成员在职业构成方面是同一的，有一个公认的领袖，在职业事务方面有强烈的群体团结意识（即使超出职业事务范畴也往往如此），以及在许多情况下，自认为拥有一个离散的地域管辖范围，或者说是“势力范围”。

劳工帮会的规模大小视其周围劳动任务的需要而各有不同。例如，在汉口的船夫中间，一个帮既可以包括十几个水手，或包括一艘大型帆船的全体船员，也可以包括一支10余条船组成的船队的百余名水手。④ 这些数量也许代表了发挥功能性作用的劳工帮会的典型情况。“帮”这种非正式组织——比如，他们没有书面的规章制度，在内部结构方面实际上却几乎是千篇一律的。大多数情况下，他们与其他帮会之间也没有正式的联系。然而，那些在职能的专业权限以及地域范围分划方面均相当合理的劳工帮会，在适当条件下，可能转化组合成“帮会联盟体系”。例如，汉口的20多个码头，大约每个码头都有自己的船夫帮和搬运工帮会，从而为组织端午节的龙舟竞赛提供了现成的组织单元。这也是一种自然的分划类型，在某些极端情况下，像青帮那样，也可能转化成超越地域范围的正式组织。

劳工帮会最重要的结构性特征，突出体现在其首领或者说是劳工老板的

---

① 参见安清帮会汉口公会：《本帮历史》（汉口：1942。译者注：此说似不确）。

② 参见上田信：《明末清初江南城市中“无赖”的社会关系》，载《史学杂志》90卷11期（1979）。

③ 参见横山英：《中国近代化的经济结构》（东京：1972），101～143页。

④ 参见嘉托玛致欧克奈（O'Conor），1886年5月4日，英国外交部档案，228/831.65；《北华捷报》1883年5月11日。

身上，他们分别称为“帮头”、“工头”、“夫头”或“包头”。这些帮首的基本职责是作为工头，分配帮中成员的工作，协调全部任务的进展。他在全体成员中拥有很高的权威。1883 年茶季之前，一支做茶叶箱子的帮会来到汉口，当人们问他们为什么闲着不做事情时，他们回答说：在他们的帮头来到并指挥他们工作之前，他们什么事情都不做，也不能做。① 由此，就产生了帮首的另一个职能，即作为“保人”，向雇主担保帮中成员的能力和产品的质量。在一定程度上，也要求他有较好的工作技术，人们会希望他向帮众教一些技术。② 所有这些，都意味着帮首本质上是一种中间人。对于其帮众，他有责任去寻找工作；对于雇主，他要提供特定数量的劳动力供其使用，并保证在谈妥的价格前提下完成固定任务。在某些行业，特别是那些需要大量劳动力分散工作的行业里，形成了独立的劳工经纪人阶层（夫行、工行），他们拥有自己的办公处，把预期的雇主与帮首联系到一起。而绝大部分行业的帮首自己就充当经纪人。③

劳动者对包工头的依赖显然非常之深——在这个意义上，使用“封建主义”这个词也许并不太过。帮首通常从他自己的家乡招募劳动者。④ 有时，帮首还会身兼旅馆老板，用食宿交换工人的劳动，就像是现代早期欧洲引人诟病的实物工资制的中国版本。⑤ 在那些需要昂贵工具的行业里，帮首有时也要提供工具。例如，汉口的车夫既包括那些自己拥有车子、只是通过帮头代理寻找雇佣机会的人，但绝大部分成员则是简单出卖劳动力给拥有车子的帮首。⑥

帮首这种介于劳工和管理人之间的地位，有时会使他陷入与其普通帮众的冲突之中。例如，一位汉口富商打算建一座四周围以高墙的住宅，他雇用

---

① 参见《北华捷报》1883 年 5 月 11 日。

② 例如，我们在《汉口紫阳书院志略》卷八 58～59 页即看到关于水龙局帮头（水头）责任的概括性描述。

③ 参见横山英：《中国近代化的经济结构》（东京：1972），185～189 页。

④ 关于汉口的例证，参见翁同爵光绪元年九月七日片、李瀚章光绪四年十二月四日片，均出总理衙门档案：“湖北交涉俄人已未结各案”。

⑤ 参见希尔顿（George W. Hilton）：《实物工资制》（英国，剑桥：1960），10～18 页。

⑥ 参见《申报》光绪七年十二月二十二日。

了一支砖瓦帮。在建筑过程中，围墙倒塌了，压死了三个工人，压伤了另外六个。受伤的工人向地方官府提出诉讼，要求帮首承担责任并给予赔偿，帮首被逮捕。① 此事发生的第二年，英国驻汉口领事描述了另一个同样的事件：

> 利用这个机会，我想谈到汉口有一种非常流行的“假控诉”恶习，而这种行为，我相信，在我们中间，受到某些恶劣品德的鼓励和怂恿……［比如］在港口里负责向轮船搬运茶叶的小工，额头碰到甲板之间突出的铁块而受了伤。一个“地保”立即告诉他要向工头索要50元，并控告他虐待劳工。工头被逮捕了，紧接着发生了一场罢工，直到工头受到的指控得到澄清，罢工才结束。②

虽然帮头与其帮众之间偶尔会发生利益冲突，但汉口的证据表明，要求团结一致的呼声通常占据着主流。正因为大家都希望团结一致，只有帮首代表本帮与雇主交涉，帮才能成为代表劳工阶级的一种强有力组织。1881年发生的一桩事可以很好地说明这一点。当时，汉阳府衙门出资并由汉阳同知张藕芳直接负责管理的汉口黄陂街维修工程正在进行。张藕芳决定付给为工程工作的石匠每人100～200枚铜钱作为工钱。施工进行到中途，石匠的帮头求见张藕芳，“乞求”增加工钱，受到了拒绝。他回过头来转向正在维修的街道两旁的店铺老板。在随后的工程进展过程中，每经过一个店铺，石匠帮都会向店主索要“酒钱”，并都得到了，那些最大的店铺支付的酒钱每家多达800钱。用一位对此种行为明显不抱同情态度的中国报道者的话说：“工食与酒钱并算，所获亦属不菲，而犹敢哓哓渎请，殊觉贪婪。”③ 当此类要求得不到满足时，帮首可以号召采取怠工行动。例如，1882年，一位承包英国领事馆维修工程的建筑工帮头就突然“鼓动”其工人罢工，示威以争取更好的报酬。④

劳工帮会的帮首还在官府面前代表其顾客，试图影响诸如道路规划和道

---

① 参见《益闻录》1887年1月1日。

② 艾伦致沃尔什姆，1888年6月1日，英国外交部档案，228/864。这个事件特别引人注目之处在于：它反映出两种不同的基层社会领导力量——帮首和地保或保甲长，在争取大众影响方面进行着潜在的竞争。

③ 《申报》光绪七年闰七月十八日。

④ 参见《申报》光绪八年五月二十八日。

路通行权之类未决的立法事务。例如，1874 年，负责收集城里垃圾并送往江边的船上、然后运往乡下作肥料的运夫帮的帮首，就成功地恳请知县发布谕示，开放几条“私巷”，允许他的人经过这些私巷通往码头。这些私巷的业主试图上诉到更高一级的官府道台那里，希望能把知县的决定推翻。道台经过详细调查后的确这样做了，但同时他下令把从前垃圾工人经常通行道路上的障碍清除掉，而正是由于那些私巷业主封闭道路所形成的这些障碍才引发了这次争端。①

因此，虽然在精英们眼里，帮作为一种可以信赖的劳工组织是有用的，所以不妨承认其功能的合法性，但对于帮众来说，帮首先是一种保护其集体利益的工具。在劳工帮会采取的措施中，罢工和怠工都是经常性的行为。到 19 世纪末——特别是随着外国雇主越来越普遍，某些主要出于政治方面的不满开始发挥作用。例如，《申报》记者描述的 1882 年那次英国领事馆的罢工行动，可能就与此前不久上海劳动者反对英国的罢工斗争存在着某种关联。但绝大部分的怠工抗议活动，都是由当地的、直接的和经济的原因引发的。

实际上，迄今为止我们所见到的晚清时期绝大多数劳工帮会的纷争既不是直接针对官府的，也不是直接针对雇主（外国或中国雇主）的，而是与劳动阶级内部其他群体之间发生的。与帝国晚期大部分城市一样，汉口也存在着竞争激烈的劳动力市场，而且那些雇主非常了解怎样使用他们的优势。在黄陂路改造工程中，面对石匠帮令人烦恼的行为，汉阳府同知张藕芳干脆结清了汉口石匠帮的工钱，另以来自孝感、大冶的石匠帮代替他们；当英国茶业公司认识到由汉口搬运工帮会搬运其货物因偷盗严重而费用太高时，他们干脆解雇了整个帮会，而另外从九江引进了一支搬运工帮，以加强控制。②此类工作机会的竞争存在于所有行业，但最激烈的竞争事件发生在搬运行业。例如，很多报道多次谈到，每有一艘大船到达汉口码头，总是有一百多位搬运工挤上前去迎接，沙哑着嗓子喊着，力争获得雇用。③ 与前工业化时

① 参见李瀚章同治十三年十月二十日奏，见“清宫档案”。

② 参见涂宗瀛光绪九年三月五日奏，出总理衙门档案，“湖北英人交涉”。

③ 参见《申报》光绪九年七月二十一日，《益闻录》1889 年 1 月 10 日。后一种资料报道了一个突发事件：搬运工们为了获得搬运机会而展开的竞争非常激烈，在打斗中，有三十多人被挤进了长江。

期的欧洲城市一样，汉口的搬运业也尤其充满暴力：其从业人员不需要什么技术，从而无法使他们不受那些新来者的竞争；他们有很好的体力，性格也倾向于使用暴力手段以保护其生计。① 在这一高度竞争化的市场里，也促使劳工帮会使用集体的体力以努力争取并维护在工作权利方面的排他性权利。这些权利通常是沿着三方面的线索而得到维护的：确立职业的专门化，划分势力的地域范围，以及归并帮会。

其中的第一个方面，我们可以称之为“专业化”，是劳动者努力强调其工作联系的专业性，因为他们认识到在这种专门化的行业里只有他们可以得到雇用。② 这意味着再按活动的领域细分专业而不是将同一专业再分成更小的帮。上田信指出：到18世纪，上海的搬运工分成两个帮：一种是一个人挑着箩筐运送货物的“筐夫”，一种是两个人一组抬着货物运送的“扛夫”，而且官府也承认各帮成员拥有以自己的方式搬运货物的排他性权利。③ 在汉口，从码头运送货物到市场或货栈去的“轿夫”，显然不同于那些岸上的码头装卸工或“驳船夫”——他们获准上船，装卸停在港口船只上的货物。④

专业化要求各相关帮会之间达成某种权限分划，以更好地抵制外来者的侵入。这种策略越来越清晰地反映在要求划定垄断地域或势力范围的呼声逐渐成为主流。这种现象在帝国晚期和民国时期城市中都普遍存在着，例如我们曾经谈到的17世纪江南城市中的轿夫和1949年天津的苦力。⑤ 在汉口，

---

① 参见斯泰恩（Walter Stern）：《伦敦的搬运工》（伦敦：1960），7～8页。

② 当然，无论是在前工业化时期的欧洲还是在中国，这一点也与手艺人试图通过质量控制以抵制那些价格低廉的竞争者的努力是有关系的。参见汤普森：《英国工人阶级的形成》（伦敦：1963），251～252页；李明哲（Lillian Li）：《中国丝绸贸易：现代世界的传统工业，1842—1917》（马萨诸塞州，坎布里奇：1981）。

③ 参见上田信：《明末清初江南城市中“无赖”的社会关系》，载《史学杂志》90卷11期（1979），1630页。关于清代天津同样情况的发展，参见贺萧（Gail Hershatter）：《天津的工人，1900—1949》（加利福尼亚州，斯坦福：1980），117～120页。汉口与杠夫等同的搬运工被称为“外班”，而且也倾向于同样的专业垄断，见叶调元：《汉口竹枝词》卷一，4页。

④ 参见《申报》光绪七年十一月一日。

⑤ 参见上田信：《明末清初江南城市中“无赖”的社会关系》，载《史学杂志》90卷11期（1979），1630页；李侃如：《天津的革命和传统，1949—1953》（加利福尼亚州，斯坦福：1980），22～25页。

搬运工、码头工人和水手都非常明确地分成帮，每个帮都拥有一个码头区域作为排他性的势力范围，虽然对于其“势力范围”要尽可能模糊地理解。① 可是，最有趣的势力范围的划分却发生在乞丐中间。一位传教士曾经这样写道：

> 职业乞丐受到某位帮头的控制，那个帮头的名字登记在巡检衙门处……帮头自己并不乞讨，却经常手头很宽裕，生活得也很舒服……他们划分乞丐活动的街区，然后，三五个乞丐结成一个小帮，尽可能在指定的街区内活动。他们拿着棍子，敲着锣，去行乞；进入商店之后，他们制造出的噪音，使买卖双方都无法听清对方在说什么；这种办法让店铺老板急于摆脱他们，于是给他们每人一点钱，然后，他们就立即离开了。
>
> 有些店铺主会与所在街区的丐帮首领达成协议，每年付一笔钱给他，条件是帮首约束乞丐不到该店去乞讨。帮首拿到钱，会分给帮众，当然，会把最大的一份留给自己。然后，他给店铺老板一张红纸条，让他粘贴在门上。上面写着：“吾帮兄弟不得来此滋事骚扰。”然后，如果还有某些职业乞丐来此店铺，店主就会给他看这个红纸条，并请他离开。他们通常会马上离开。②

在这里，我们可以看到划分势力范围在劳动效益方面的作用，它甚至允许使用一种较原始的“保护证”。也可以这样理解（我们看到，修路工向所修街道两旁的店铺索要报酬），那些店铺老板有义务拿出一点可以接受的钱来，以接济社会上的贫困成员；店铺老板们本身，虽然不太情愿，但也认为这是合适的。传教士作者在上述引文的下一页又谈到势力范围的另一种表现：在这种安排下，非职业乞丐（通常是乡下的难民）受到排斥，被迫拿着他们可以拿得出的一点东西去找丐帮帮首，而帮首呢，就像那些店铺主一样，也觉得应当让这些贫困的人能够讨到一些东西。

劳工帮会谋求拥有垄断性工作权所遵循的第三个原则，即并非刻意地寻求帮会间的合作，而是通过归并为一个帮会以维护其自主权利。在上田信研

---

① 参见《申报》光绪七年十一月一日。

② 福斯特：《长江流域》，13页。

究的一个江南市镇里，从18世纪初到20世纪初，一直由一个家族完全垄断其搬运行业。① 我们在汉口没有见到同样的情况，可能是由于汉口规模巨大，而且人口流动频繁，使这样的事情不可能发生。典型的情况是通过成员都来自同乡而使劳工帮会形成均质化。当然，这在很大程度上是由于帮首总是招收同乡加入帮会的结果，然而，曾经在某些职业性专业帮会或地盘帮会与同乡帮会之间达成过一种联合，其目的是保护其在狭小地域范围内的垄断权，以便主动地维护其群体利益。②

保护这些权力是引发暴力的常见原因。例如，湖北兴国人占有汉口的造纸市场。大家公认兴国船夫帮拥有泉隆巷尽头一处码头的垄断使用权，帮首随后就分配了帮众的停泊地。有一次，一个不属于兴国船夫帮的船帮给居住在泉隆巷的商人运送一批砖瓦，他们试图强行在码头上卸下砖瓦，于是和兴国人发生了一场激烈的争斗，至少有一位参与者被杀死。③ 另有一次，一支运送大约80名鄂北人移民安徽的船队停泊在据说是汉川人的码头上，而当一艘汉川人的船只出现时，他们根本无视这里是汉川人的势力范围，首先拔出刀子，展开了一场殊死搏斗。④ 同乡帮会也会保护自己并无明确势力范围的工作权利。在上述英国茶商用江西帮取代汉口本地搬运工的过程中，可以想象到必然会导致两个同乡帮会之间的多次暴力冲突。⑤ 除了维护、保卫工作权利，使用工具和相关资源也是引发劳工帮会之间冲突的重要原因。这些冲突不仅包括职业帮会内部的冲突（比如船夫帮争夺码头地盘的冲突），也包括不同职业帮会之间的冲突。例如，茶叶加工者加工茶叶，一直使用与其加工厂相邻的一个池塘里的水，而送水工帮会忽然决定放弃他们一直到长江里汲水的习惯，改从这个池塘汲水，于是就引发了一场暴力对抗。⑥ 更普遍

① 参见上田信：《明末清初江南城市中“无赖”的社会关系》，载《史学杂志》90卷11期（1979），1631页。

② 18世纪的欧洲也存在着同样现象，参见考伯：《警察和民众：法国的民众抗议，1789—1820》（牛津：1970），228页。

③ 参见《申报》光绪七年十一月一日。

④ 参见《申报》光绪二年四月二日。

⑤ 总理衙门档案“湖北英人交涉”记录了几宗此类事件。关于欧洲同样的情况，则可参阅夏维里尔：《19世纪上半叶巴黎的劳工阶层与危险阶层》，424～431页。

⑥ 参见卞宝第光绪十年七月十四日片，出总理衙门档案，“湖北英人交涉”。

的帮会间争夺的对象则是道路通行权。我们已看到，运输工人按照运输方式不同而分成不同的专门职业（轿夫、车夫、挑夫等），也经常按其专门运输的货物来划分的，比如运水工。这种专门化有利于消除许多冲突隐患。比如，马车夫自然就不准在那些马车进不去的码头附近与使用手推车的人竞争。可是，专门化本身也会成为引发纠纷的契机。汉口的许多街道非常狭窄，有时只够一个人通行，逆行的人要费很大劲才能通过，于是搬运工就往往要冒着被挤出道路的危险。① 道路区划以及当地官府规定的交通路线改善了这一问题，但并未能彻底解决。因此，轿夫、挑夫、垃圾工、挑水夫等等之间长期以来一直因为此事而发生纠纷。运输工人在经过固定在一处劳动的人们的劳动工地时，也经常会发生冲突。比如，1880年，挑水夫与石匠在后者祭奉的一座神庙外面就发生了一场争斗。②

后一事件中的宗教因素引导我们进入一个更广泛的劳工帮会纷争领域。在现代早期的中国，无论其表现形式如何，帮会都逐步形成了一种团体意识和成员认同，从而使它们得以超越某一项劳动任务组合的范畴，甚至超越了通过共同的市场利益而组合起来的层面。帮成为一种广泛参与各种活动（包括祭神、礼仪以及娱乐活动）的社区单元。这些超经济功能并不一定都代表着经济利益；毫无疑问，它们也向那些往往没有家庭而且又一般享受不起更高雅娱乐的劳动工人们提供了某种程度上的个人满足。当然，它们也服务于强化群体团结、促进帮会维护势力范围的实际目的。

显然，对于大多数宣称拥有具体地域性势力范围的劳工帮会来说，他们眼中的势力范围早已超出了单纯的经济利益领域，而扩展到更广泛的“社会空间”。按照涂尔干的定义和法国地理学家马克西米利安·索尔（Maximilien Sorre）的阐释，“社会空间”是一种地域单元，它同样得到群体全体成员的认同，围绕着某一核心（比如寺庙、茶馆或工作场所）成长起来，逐步将个人联系限定在群体关系网络之中或者某一特定的物理界线之内，进一步发展到形成群体特殊的价值观、高人一等的意识、雄心勃勃

① 参见艾伦致沃尔什姆，1888年9月1日，英国外交部档案，228/863；《民权路今昔》，载《长江日报》，佚失日期。

② 参见《申报》光绪六年九月九日。

的抱负以及生活方式。① 劳工帮会从劳动领域发展成适当的社会空间最普遍的途径之一，是要求将劳动领域界定为其祭奉神祇的祭祀圈；在汉口劳工帮会中，在举办祭祀本帮神祇仪式的过程中，通常是以其势力范围作为其祭祀圈的。②

当然，一个特定群体自称为社会空间，与社会普遍承认其为社会空间，二者之间存在不可调和的矛盾，也是导致冲突的重要原因之一。在汉口，控制此种冲突的办法之一，就是在鼓励群体精神并提供娱乐消遣渠道的同时，组织那些地域界定的劳工帮会互相之间进行仪式性的竞赛。其中最重要的就是五月份的龙舟赛。此外还有其他一些活动，如龙灯节，在比赛前好几个星期，来自汉口各码头的码头工人帮会就争相推出其最华丽的装饰。1882 年，来自四官殿码头的一个帮试图引进他们并非码头工人的邻居参加这一竞赛。他们在庙门前张贴了一纸告示，邀请所有街坊邻居用五颜六色的彩纸和丝绸装饰店铺，并在自家门上悬挂灯笼，人们对此感到很新奇。据说，有数千家店铺和居民参加了这一活动。节日活动的最后，在庙的前面演了一场大戏，其经费来自街区居民的捐款。③

可是，劳工帮会这种热情洋溢的娱乐活动并不总是可能转化成街道社区精神引人注目的展示，仪式性的竞争也很可能演化成暴力。劳工帮会热衷于娱乐活动的一个特殊动因是路易斯·夏维里尔所谓劳动阶级的“体力崇拜”——他们主要依靠其体力以维持生计。④ 对于他们来说，体能训练与体力（在中国，它通常与传统武术的运用联系在一起）就成为其社会身份的突

---

① 涂尔干：《宗教生活的基本结构》（伦敦：1976），11、441～442 页。关于索尔（Maximilien Sorre）和其他学者对这一贡献所作的简要讨论，参见巴特蒙（Anne Buttime）：《跨学科视野下的社会空间》，载《地理学评论》59 卷（1959），417～426 页。需要指出的是，使用“社会空间”这个语汇，本质上是一种主观概念，用以指城市群体自身界定的空间。更“客观”一些的社会空间观念，即通过对居住方式进行统计学分析之后界定的“社会空间”范畴，则是美国城市学者中的“芝加哥学派”共同使用的概念。关于这一问题的讨论，参见利斯（Philip H. Rees）：《社会空间的概念：走进城市社会地理学》，收入布朗（Brian J. L. Berry）、哈顿（Frank E. Horton）主编：《城市系统的地理学观察》（新泽西州，恩格尔伍德克利夫：1970），306～394 页。

② 参见叶调元：《汉口竹枝词》卷二，5 页。

③ 参见《申报》光绪八年五月七日。

④ 参见夏维里尔：《19 世纪上半叶巴黎的劳工阶层与危险阶层》，394、409 页。

出标志，他们自己和其他人都这样看。在汉口，铜匠和棉花砑光工的帮会(后者依靠使用巨石给棉布打光以获取生活来源，是一个非常粗野的群体）时常在公开市场上表演“功夫”和剑术，从而引起很大的公众恐慌。① 汉口社会对这种有组织的体力集团普遍持一种宽宏的态度，因为人们知道稍微刺激他们，就可能导致暴力。比如，我们看到很多令人忧虑的描述，讲到轿夫在节日里喝得酩酊大醉，以及码头工人帮会在发薪放假的日子里不停地喝酒，在街上东倒西歪地闲逛，恐吓过路人的情形。② 1839 年，湖广总督周天爵写道：最易采取激烈行动的是船夫。周天爵用“旷悍”形容船夫的性格；很多船夫在进入这个合法行业之前，曾经做过强盗或海盗。因为他们的服务对于这个港口其他人的生计是不可或缺的，所以地方官府被迫忍受他们令人难以忍受的社会行为；受到其直接威胁的商业雇主们因为害怕受到暴力报复，也不敢告发他们。③

在周天爵的奏疏中，我们看到了夏维里尔曾生动描述过的维克多·雨果(Victor Hugo）和尤金·萧（Eugene Sue）笔下的巴黎那样的情形：社会上层总是把野蛮与粗俗归咎于劳动群体，公共意识中一般也是把劳动阶级生活的暴力特征与犯罪的恶名联系在一起。④ 这种印象自然有某些根据。汉口劳工帮会的绝大多数成员不仅在经济上处于劣势地位，也毫无社会地位可言，其生计极不稳定，生活方式乱七八糟；19 世纪中期的一位中国游客把他们比作“孤魂”。⑤ 在这种环境中，也只有帮，而不是其他广泛存在的社团，才能给劳动者提供安全和有序生活的希望。其不可避免的副产品就是帮会亚文化的发展——当代社会学往往将它描述成一种“病态社会化”的综合征，这些帮会所追求的目标正处于整个城市社会的边缘地带。⑥

劳工帮会的“出轨”活动从为了保护其帮会利益而进行的喧哗鼓噪和暴力行为，到秘密会社的活动，范围极广——官府对大部分秘密会社感到恐

---

① 参见《申报》光绪八年十月二十四日。

② 参见叶调元：《汉口竹枝词》卷二，5 页；《申报》光绪八年十二月五日。

③ 参见周天爵道光十九年五月二十五日奏，出“清宫档案”。

④ 参见夏维里尔：《19 世纪上半叶巴黎的劳工阶层与危险阶层》，431 页。

⑤ 参见叶调元：《汉口竹枝词》卷五，19 页。

⑥ 关于这一论题的文献介绍，请参阅怀特、帕里什：《当代中国的城市生活》(芝加哥：1984)，272～273 页。

慌，不仅因为其中潜含着建立跨地区联系的可能，也由于它们都有着激进的政治基础。日常犯罪活动介入这两种极端活动之间，人们也时常怀疑劳工帮会参与了这些犯罪，而且有时他们确实是参与了。最频繁的控诉经常直接指向船夫帮。例如，19世纪40年代就有一个事例曾受到广泛注意：有两个船夫帮，每帮有14艘船，其合法生意是运送徽州货物到汉口。在途中，他们从事抢劫孤单船只的勾当。实际上，这些徽州船已经形成为介于主要运送货物的船帮与主要从事抢劫的海盗之间的专门化群体。在汉口，帮首们共同占有抢劫来的财产和得自货运业务的收入，并系统性地把收益分配给每只船上的水手，其标准是停泊时每天3 000钱，航行过程中每天5 000钱。因此，帮众们都知道总的报酬是“行五坐三”。①

外国商人也成为劳工帮会偷窃的目标，关于此类活动，留下了相当详细的报道。外国人相信他们自己非常清楚：搬运工、码头工和船夫的帮会之间互相勾结，共谋以偷窃茶叶。而事实上，汉口道台主持的调查表明，系统的偷窃发生在洋人茶栈和码头之间。茶叶搬运工在自己搬运的茶叶箱子上钻一个洞，从中抠出一些茶叶，然后把它交给负责接收合格茶叶箱子的船夫；偷来的茶叶藏在特别制作的船舱暗壁里，稍后再卖出去。在帮会故意鼓动起来的争吵和骚乱掩盖下，也有大量茶叶被偷走。②

面对帮会对公共秩序的这些威胁，汉口官方对待劳工帮会的态度一直摇摆不定、矛盾百出。帮会既未得到正式承认，也未受到正式禁止。周天爵在谈到船夫帮时谈到：在大多数情况下，由于明确认识到这些帮会在城市经济生活中具有至关重要的作用，所以官府认为有必要克制自己，不对它们采取直接的压制。到19世纪，即便是对那些棘手的垄断工作权力的要求，官府一般也不再奉行无力的禁止政策，而改为勉强地承认。有一次偶然的例外：19世纪70年代，汉口官府害怕引起骚乱，禁止职业性的鱼贩帮排斥非职业鱼贩的竞争。③ 然而，更普遍的情况是，中国官府（就像现代早期欧洲的官府

① 参见周天爵道光十九年五月二十五日奏，见“清宫档案”。

② 参见嘉托玛致欧克奈，1886年5月4日，英国外交部档案，228/831；《北华捷报》1882年7月14日。

③ 参见《申报》光绪五年十一月二十日。

一样）大都选择出卖垄断特权，以换取向帮会施加影响让他们承担起集体良好行为之责任的机会。①

当然，这一责任体系的关键是帮首。就像对待许多其他自然形成的社会组织（宗族、乡村聚落、垦区社团和商业行会）一样，官府试图选定“自己人”作为领导人，以达到官府顺遂，特别是达到控制这些组织的目的。汉口有很多例证说明官府是这样做的：当帮会之间长期不和时，官府会命令帮首召集其普通帮众到衙门来，给予严厉训斥；要求码头工人帮的帮首协助官府调查其所在码头船只逃税问题；要求运夫帮帮首保证他们的人没有偷盗行为；如果有较大的偷盗行为被抓住的话，窃贼所在帮会的帮首也要受到惩罚。② 作为对这些帮首责任的一种心照不宣的交换，官府承认帮首有权就其帮会的利益和冤屈提出陈情与诉讼。

事实证明，官府对这种政策是满意的，以至于有好几次，官府试图人为组织帮会和委派帮首，以对某些特别桀骜不驯的职业群体施加影响，让他们负起集体责任来。例如，1837 年，湖广总督汉口漕船编组成“十船帮”，以防止秘密会社的活动。③ 然而，毋庸置疑，这种并非自然形成的帮会，绝不是真正的劳工帮会，也不可能达到其预期目的。

从总体上看，清代后期城市里的劳工帮会是最重要的社会力量之一。在多数情况下，他们均与官府达成了某种妥协，但很难因此就说他们受到官府的控制。他们并不是按照契约接受其劳动的商业精英的附庸，相反，正如我们看到的，劳工帮会经常骚扰甚至胁迫其雇主。普通的劳动者当然要屈从于其所属工头的控制，但尽管帮首们总是比其帮众生活要

---

① 关于对欧洲此种情况的考察，可以参阅斯泰恩：《伦敦的搬运工》（伦敦：1960），9 页。

② 参见涂宗瀛光绪九年三月一日片，出总理衙门档案，“湖北英人交涉”；翁同爵光绪三年五月二十日片，出总理衙门档案，“湖北交涉俄人已未结各案”；嘉托玛致欧克奈，1886 年 5 月 4 日，英国外交部档案，228/831；《申报》光绪四年五月二十五日。

③ 参见周天爵道光十七年一月十七日奏，出“清宫档案”。关于汉口和江南地区较早的情况，参见森田明：《清代水手结社的性质》，载《东洋史研究》第 13 卷第 5 期，21 页；横山英：《中国近代化的经济结构》（东京：1972），157～158 页。

好得多，他们仍然不是精英阶层的组成部分。因此，劳工帮会是现代早期中国前所未有的大规模流动性劳动阶级形成之后的产物，也是在城市环境下劳动阶级为了追求其集体利益而运用历史悠久的中国社会组织手段的结果。

五、结语：19 世纪汉口的“危险阶级”

社会学家艾伦·索维（Allan Silver）在描述现代早期欧洲城市生活时写道：

> 人们经常发现自己处在各种各样的犯罪、恶行与暴力的威胁之下——城市里的穷人迅速增长，其规模之大在欧洲历史上前所未有。这已经超出了惹人烦恼、令人气愤或没有个人安全感的范畴；社会秩序本身都受到所谓“危险阶级”的威胁——这个称呼本身就透露出人们对它的害怕。①

路易斯·夏维里尔曾经对巴黎常住居民这种病态的恐惧进行了清晰的分析，他从当时人有关“危险阶级”的看法中注意到，人们越来越把体力劳动者看做一个分离的阶层，一种比普通人更具有兽性的野蛮人，而且人们越来越把掠夺性犯罪因素与城市下层阶级在总体上混为一谈。② 在很大程度上，夏维里尔谈到的这些感觉来源于真正的和可以觉察到的城市状况的变化：迅速工业化，人们开始体验到过度拥挤的感觉，城市服务系统逐渐过时，以及城市人口越来越年轻化，越来越多的新来者，没有家庭约束的男性人口越来

---

① 索维（Allan Silver）：《文明社会的秩序要求》，收入保顿（David J. Bordua）：《论治安：六篇社会学论文》（纽约：1967），3 页。

② 参见夏维里尔：《19 世纪上半叶巴黎的劳工阶层与危险阶层》，359 ~ 369 页。赫姆法伯（Gertrude Himmelfarb）在《贫穷的观念：早期工业化时期的英格兰》（纽约：1983）第五章中指出：在伦敦，与夏维里尔在巴黎发现的情况不同，各种类型的劳动者不会与“危险阶级”（dangerous classes）混淆在一起——只有没有工作的人才是真正的“危险阶级”。然而，她另外补充说：在英国，“烂衫党”（ragged classes）既包括有工作的劳动者、也包括没有工作的人，表达了与夏维里尔所谓“危险阶级”同样的野蛮、粗野之类的内涵。

越占据主导地位。①

在现代早期的汉口，在多大程度上形成了同样的态度？在本章中，我们看到，许多功能性群体和大众组织被精英和中等阶层为主的定居人口有意识地界定为一种威胁。在公共意识中，形形色色的群体各自都有自己鲜明的特征，不会与别的群体混同。而每一群体（至少就其潜在方面而言）也都与我们第七章将要讨论的、更具意识形态动机的团体区别开来。人们认识到，在劳工帮会与秘密会社表面上相似的背后，两者的区别乃在于这些卑微的劳动者没有必要去煽动反叛。劳工帮会与秘密会社的成员互相敌视，正反映出它们是两种悬殊巨大的、各自孤立的群体，而且从城市人口总体上对他们的一系列不同反映上，也可以见到人们认识到这一点。另一方面，我们也看到许多事实，证明了这一模糊不清的假说，即这种比较适合 19 世纪劳动阶级的社团组织实际上是危险的，如果说它不是有一种习惯性的犯罪倾向的话；而且，随着劳动者组织能力与组织水平的进一步提高，其所带来的危险也就越来越大。

可是，劳动阶级作为一种独立阶层的观念仍然没有显著地出现。当然，通过考察“苦力”语汇的出现与使用——人们在提及体力运输工和建筑工人时，使用“苦力”来指称一个广泛的阶层，也许可以找到“劳动阶级”观念出现的某些蛛丝马迹。到了 20 世纪 20 年代，中国自由主义者经常对汉口及其他重要城市的“苦力问题”表示哀叹。② 考虑到这是一种同情式的改革努

---

① 并非没有人对夏维里尔的观点提出批评。例如，瑟维尔以他自己对马赛的研究为基础，指出：“夏维里尔的出发点，即把向巴黎的移民描述为一种耗尽资源的冲击波和野蛮部落漫无目标的胡冲乱撞，而这一切必然会使城市陷入社会病态的深渊。这种观点显然是 20 世纪极端保守主义思想的变种，这种保守主义思想讴歌乡村生活，敌视城市生活。有证据表明，马赛绝大部分移民运动，正像人类学家和社会学家所研究的 20 世纪的移民运动一样，实际上是相当有秩序的事。许多移民来自相对较好的环境中，带着技术和资本，投亲靠友，从而使他们在城市中有一个较好的开始。”（瑟维尔：《结构与流动：马赛的男人和女人们，1820—1870》，英国，剑桥：1985，9 ~ 10 页）然而，夏维里尔研究的意义，并不在于其有关迅速城市化过程中“事实”的分析，而在于描述了常住居民所感知觉察到的那些新来者所带来的恐慌。

② 比如，《汉口小志》（1914 年）的“户口志”在分析汉口职业构成时就把“苦力”作为一类（3 页）。关于 20 世纪 20 年代改革者的言论，参见刘云生：《汉口苦力状况》，载《新青年》1920 年 9 月 1 日，121 ~ 122 页。

力，其中无疑显露出屈尊俯就的情绪，正反映出在他们看来，苦力实在是一个卑微的社会群体。在本书的研究时段里，社会精英也未自觉意识到自己是一个独立阶层；与此同时，“苦力”这个专门称呼，只是在汉口居住的外国人才经常使用，而当时的中文文献还几乎完全见不到它。

在现代早期的西方普遍存在的“危险阶级”观念，在19世纪的汉口找不到精确的对应者，当时的语汇中没有这种可以表达此种超常规意义的专门词汇。有一个词语，“无赖”，或许与其内涵比较贴近。这个词语的严格意义是只用来指诸如痞棍、难民或遣散兵丁之类的外来人，但它也经常被扩展用来指称汉口下层阶级人口中的其他群体。在这个意义上，汉口存在着“危险阶级”的特征，只不过还处在萌芽阶段。也是在这个意义上，城市社会本身就包含着足以导致其后来分裂的缺陷。

第7章
忠实的信徒

除了司空见惯的冲突以及日常生活中的仇怨，也除了被常住居民们看做寄生虫或掠食者的无赖们的胡作非为，有时，汉口的平静还会被某些更具不祥性质的骚乱所打破。与迄今为止我们所讨论的日常冲突不同，激起此类混乱的是意识形态因素，来源于某些较大的理由，诸如虔诚的“千年信仰”，或者是致力于将所有“异族”人（满洲人或欧洲人）驱逐出中国。本章即将考察几种激进信仰及其运动对汉口的影响：太平天国，白莲教传统的民间秘密教派，哥老会的政治反叛活动，以及恐外排外主义。

我们将会看到，虽然在汉口有许多理由使人们理所当然地关注此种激进运动，但它们与其说是对当地城市生活环境的反应，毋宁说是对社会总体上呈现出普遍紧张状态的所作出的反应。事实上，这些运动对汉口常住居民的吸引力是微乎其微的。坚忍而务实的汉口人并不会轻易地受到上述重大动因的吸引并全身心地投入其中，至少在我们所研究时段的大部分时间里如此。大多数情况下，激进运动所造成的影响，与其说是引发了汉口社会的离心力量，不如说是促使社会在面对外来威胁时团结起来以作出应对。它们总是被看做不受欢迎的外地人搞的运动，显然这有某些理由。因此，城市社会有时作出的反应，是强化了自我防卫方面的内部团结。然而，更常见的情况则是：汉口人只是继续做他们的生意，并希望那些狂热的信徒尽快走开。

一、造反者

由于富庶繁荣，战略地位又十分重要，胡林翼曾把汉口比喻成华中的“咽喉”。[①] 在整个19世纪，汉口多次受到造反军队攻击的威胁，那些造反者

① 参见胡林翼：《胡文忠公遗集》（1875）卷十四，3页。

很少对当地居民手下留情。清初顾炎武在其著名的《天下郡国利病书》中涉及汉阳府“利病”，当地文人胡兆春也曾概括当地地形特征，他们都认为这种地形特征使汉口的和平时期繁荣昌盛、“无匮乏之虞”，而在多事之秋此种条件则使它成为最危险的地方。①

在17世纪，这些因素使汉口三次遭受造反者的冲击和破坏，即1635年张大受、1643年张献忠及1688年夏逢龙之变。② 清朝中叶的太平盛世也许给人们造成了汉口比较安全的假象，正是此种假象促进了汉口商业发展和城市地域空间的扩展；然而，这种状态很快就被白莲教起义所打破。对汉口最直接的威胁来自其北面大约30英里的孝感县。1796年夏，孝感教首杨伟、郭白清响应其上级襄阳教首的号召，在杨店镇发动起义。这场起义不仅威胁着孝感县城，而且通过连接孝感东部与汉口之间的水网，给整个鄂中地区带来了冲击。汉口市民“惊怖异常”，很多人背着值钱的东西逃出城市。然而，汉口盐商精英的两位成员，汪衡士和汪璧襄，却利用其影响力，鼓励当地商民，继续经营生意，并组织起一支民团，以保卫汉口，使它免受攻击——或许正因为有这些准备，这种攻击才未发生。③

此后近50年时间里，汉口没有受到外来武力的严重威胁。直到1841—1842年冬，鸦片战争后期对英军进攻锋芒的担忧，和成功占领几座湖北县城的崇阳钟人杰起义，交织在一起给汉口的官民带来不安。为了确保汉口的“安静”，以促使民众留居并保卫这个城市，湖北巡抚赵炳言下令采取紧急措施，从省属仓储中支出了一些粮食。就像白莲教的威胁一样，此次动乱没有

---

① 参见胡兆春：《胡氏遗书》，收入《尊闻堂文集》卷二，7页。

② 参见范锴：《汉口丛谈》卷一，12页；卷四，1页；蔡乙青：《闲话汉口》，载《新生月刊》卷五第5期，8页；范植清：《明末农民大起义与汉口镇的发展》，见：《中国农民战争史研究集刊》第4辑（1985），156～163页。

③ 地方官府集结精英领导的武装民团以抵御反叛武装的动机，非常清楚是因为汉口受到了威胁，当时还从江西与鄂西调来了增援的军队。大约两千名起义军再次围攻了设防的胡家寨，在那里他们坚持了一个月，直到清军将他们击溃。参见祖之望嘉庆元年五月十七日、五月二十一日、六月九日奏，毕沅嘉庆元年六月十八日奏，收入中国社会科学院历史研究所清史室：《清中期五省白莲教起义资料》（南京：1981），第一册，129～132、138～140、144～148页；蒋维明编：《川湖陕白莲教起义资料辑录》（成都：1980），170～173页；《汉口紫阳书院志略》卷八，25页；1818年《汉阳县志》卷二十五，46页；1920年《夏口县志》卷二十（下），26页。

达到高潮就过去了。①

在太平天国运动中，汉口就没有这样幸运了——这是当地历史上最重要的分水岭，汉口几度遭到彻底毁坏，其人口构成发生了很大变化，商业活动全部中断。我曾经讨论过汉口的破坏和重建过程，认为太平天国运动给地方社会带来了很多长远影响。在这里，我们需要再稍微更具体地考察一下汉口居民面对此种前所未有的危机时所展现出来的行为方式。

我们首先概括地叙述一下史实。② 1852年夏，太平军前锋部队沿着湘江迅速推进，武汉官方意识到武汉的危机已迫在眉睫。湖广总督程矞采亲自带领军队前往湖南堵截，武汉本地防守事务由湖北巡抚龚裕负责（同年11月改为常大淳）。当位于湘江与长江会合处的岳阳（岳州）陷落的消息传到武汉时，巡抚常大淳召集地方官员和精英们开会，商讨防守策略。会议决定将湖北的军队集中起来，由常大淳亲自统领，驻守最易防守的省城；余下的仅具象征意义的山西的军队由知府董振铎率领，驻守汉阳；没有城墙的汉口则不作防守。近10万人的太平军部队到达后，轻而易举地于12月23日攻下汉阳，杀死了董振铎及其随员。6天后，他们攻占汉口，俘获了大约1万只江船，装备其水师。巡抚常大淳和千余名守城将士在武昌一直坚持到1月17日，起义军终于在其大将石达开的指挥下攻破了城墙。常大淳和许多地方官

① 参见赵炳言道光二十二年一月二日奏，出台北“故宫”博物院：“清宫档案”；《裕庄毅公年谱》，24～26页。

② 迄今为止，有关太平军在武汉地区活动的最详细材料是几份保存下来的中国目击者的叙述。包括佚名的《武昌兵燹纪略》，收入向达主编：《太平天国》第四册（北京：1952）；张曜孙：《楚寇纪略》，收入太平天国历史博物馆编：《太平天国史料丛编简辑》第一册（上海：1961）；陈徽言：《武昌纪事》，收入《太平天国资料丛刊》（上海：1953），577～606页；萧盛远：《粤匪纪略》，收入太平天国历史博物馆编：《太平天国史料丛编简辑》第一册（上海：1961），19～60页；曹骢驹：《太平军再寇武昌事略》，载《东洋史研究》第4卷第3期（1939），238～242页；汪堃：《盾鼻随闻录》，收入向达主编：《太平天国》第四册（北京：1952），365～368页。梳理这些事件所使用的其他资料包括1867年《汉阳县志》卷十三，16页；1920年《夏口县志》卷八，4页；《北华捷报》1853年8月6日，1854年8月12日，1857年1月24日；官文咸丰五年七月二十一日、八月三日、十月十九日奏，出“清宫档案”；胡林翼：《胡文忠公遗集》（1866），卷一13页，卷十二12页；东亚同文会调查编纂部：《支那开埠志》（上海：1924），475～477页；蔡乙青：《闲话汉口》，载《新生月刊》卷五第10期，42页；金宇文（音）：《太平天国运动》（康涅狄格州，纽黑文：1973）。

员以及数千名城市居民殉难。

虽然太平军先后宣布将把汉阳或武昌立为太平天国的首都，但实际上，太平军在这一地区只停留了很短的时间。太平军大部沿长江而下之后，经过一场血腥的战斗，清军提督向荣丁春节时（1853 年 2 月下旬）从太平军殿后部队手中夺回了武汉三镇。紧接着，太平军从其新首都南京开始发动了第一次“西征”。他们再次攻下只剩少数居民的汉阳和汉口，可是未及攻下武昌，就被追踪而至的安徽巡抚江忠源又赶了出去。但太平军一直据有黄州附近地区，并以此为基地，于 1854 年 2 月再次攻下武汉三镇。到这年 10 月，在曾国藩面向武昌、官文针对汉阳的钳形攻势下，太平军又一次被驱逐出三镇。1855 年初，太平军恢复了汉阳和汉口，并于 4 月 3 日击破湖北巡抚陶恩培领导的英勇的防守军队，最后一次攻下省城。

拖拖拉拉的战事持续了 18 个月之久，直到胡林翼率领清军于 1855 年仲夏再一次收复三镇才最终结束，而武汉三镇已经是瓦砾遍地了（此处与事实有出入。太平军二克武昌是 1854 年 6 月 26 日；1854 年 10 月 14 日为清军攻陷；1855 年 4 月 3 日太平军三克武昌；1856 年 12 月 19 日清军再陷武昌——译者）。三镇中最不易防守的汉口，在这一系列争夺中，实际上数易其手，又遭受到胡林翼炮船上炮火的猛烈轰击，一些地方更是进行了逐街争夺。最后，1856 年 12 月（咸丰六年十一月二十三日），汉阳与武昌带着“遍地灰烬”，落入政府军手中。① 从这些事件发生的简单线索中可以看出，汉口居民所经历的太平天国战事，实际上是两种强有力的、高度组织化的、受意识形态驱动的、本质上也是“外来的”势力之间的争夺——清军与太平军之间的争夺。当然，汉口居民臣属于清王朝的统治已有两百多年，但大多数居民对清朝臣民的身份认同非常之弱，而且王朝的存在对其生活的影响也确实微不足道。显然，从根本上说，所有居民都宁愿完全不理会所有冲突，只希望能让他们平静地过日子，安安稳稳地去追求自己的生活。效忠清王朝作为一种道德义务当然激励了不少精英分子，但对于大多数人来说，毫无疑问，在这一系列混乱的、破坏性的事件面前，所采取的行动必然取决于对哪一方最终将会取得胜利的判断以及对双方在本地区所采取政策的观察等因素，而最重

---

① 参见杨格非 1862 年 7 月 13 日信，伦敦布道会档案，Box2。

要的，则是直接的生存问题。

公平地说，无论是清军，还是太平军，都不怎么让汉口人觉得亲近。从军事角度看，官府除了放弃没有城墙、地势低洼的港口城市而代之以集中防卫省城之外，别无选择，但这种策略一提出来，就受到盐商和其他汉口精英的愤怒谴责，他们认为汉口是当地最值得防守的地方。官方倾向于把武汉三镇作为一个统一的整体、其中武昌是最易防守的部分加以考虑，但这种预设却得不到汉口居民或寓居者的认同——对后者来说，汉口镇及其市场就代表了他们共同的利益范围。在一首写于1852—1855年流亡期间的《哀汉皋》的诗中，胡兆春表达了汉口精英对清朝官方屡次将汉口丢弃给狂热而毫无纪律的太平军去遭受破坏这种做法的强烈谴责。① 在这种背景下，就不难理解清军于1853年第一次收复武汉之后，当湖广总督张亮基试图寻找逃亡周围乡村的汉口商人并恳求他们为了皇朝"倾家相助"时，他所得到的是极为冷淡的回应。②

当地人另一方面的怨恨是由于湖北巡抚常大淳于1853年11月的决定而引起的（时间有误，常大淳已于1853年1月12日太平军一克武昌时战死，应为其1852年11月的决定——译者）：他决定关闭武昌城门（为了防止乡下难民涌入，他们在即将来临的围城期间会增加城内的粮食供应负担），烧毁附近的几处可能会成为太平军基地的市镇，并拆除省城周围100码范围内的所有民房，以为他守城火枪手建立一个无遮蔽的射击区（清野）。这种焦土政策引发了商人们一片抗议喧哗以及流离人口的骚乱；常大淳宣称他不过是遵照攻守战的规范程序进行操作，但未能平息这些骚动。③ 这些严酷而最终毫无效果的做法，大大损害了民众对清王朝的忠诚，直到胡林翼到来之后，情况才有所改变。

然而，从太平军方面来说，因胜利而耀武扬威的太平军很快就挥霍光了

---

① 参见胡兆春：《胡氏遗书》，收入《尊闻堂诗集》卷十一，8页；1867年《汉阳县志》卷十九，14页。

② 参见张亮基咸丰三年二月十九日奏，收入《张大司马奏稿》卷二，44页。

③ 参见张曜孙：《楚寇纪略》，收入太平天国历史博物馆编：《太平天国史料丛编简辑》第一册，71～72页；陈徽言：《武昌纪事》，收入《太平天国资料丛刊》（上海：1953），585～586页；《武昌兵燹纪略》，收入向达主编：《太平天国》第四册，568页。

民众因清王朝的严厉政策而产生的对他们的善意，从而使民意发生了改变。忠于政府的地方士绅大肆宣传太平军是来自风土迥异的南方，很难判断这些宣传在多大程度上影响了族群构成多元化的汉口对太平军的接收和认同。但太平军将士们的职业，即不是胡兆春所笼统描绘的那样都是苦力与流浪者；也并非20世纪50年代的共产党历史学者所想象的那样，是社会主义理想的追求者。① 最近，皮明庥和孔宪凯利用此前未公开的地方档案，考察了1853年初太平军在武汉三镇推行“新政”的第一个月所实行的引人注目的恢复措施。根据他们的研究，太平军试图建立一个“太平一统”的平等社会的激进努力，首先吸引了那些较低社会阶层，他们在沉重的赋役负担下苦苦挣扎，而且易于成为虔诚的宗教信徒。他们领导了一场血腥的镇压活动，首先是针对那些“叛变的”清军士兵、文职官员及其同情者，但很快就扩展到罪犯、“异端分子”身上以及范围广泛的社会不满阶层。他们砸烂了所有官衙、寺庙、学校和私人藏书楼。他们试图通过没收可能抓住的所有金钱和财物，存入设在武昌原丝绸货栈的“圣库”里，以最终“消灭私有财产”。更可笑的是，他们对核心家庭发起了一场全面进攻，将全体市民重新编入25人为一组的军营，男女各营分驻于城市的不同地方。那些没有被说服或强迫参加太平军的人，则被驱使从事水上运输或其他辅助性劳动。②

如果说太平军第一次占领汉口期间的行为举止是高度纪律化的狂热行为的话，那么，随后几次占领期间的行为就非常堕落了。他们肆无忌惮把市场当做露天厕所，强迫当地妇女作为妓女提供服务，要求汉口几家剧团连续演出。③ 太平天国运动——无论是其理想主义方面还是其最现实黑暗的方面，都很少得到汉口所代表的多元化商业社会的赞赏或尊重。

在这些令人愤懑的现实面前，汉口人所能作出的反应仍然有多种选择，包括抵抗、自杀、逃亡、合作以及逆来顺受。如果我们仅仅依靠地方志中先

---

① 比如黎少岑：《武汉今昔谈》（武汉：1957），55～56页。

② 参见皮明庥、孔宪凯：《太平军首克武昌后的战略决策》，载《江汉论坛》1981年第2期。

③ 参见《湖北通志志余》第六册（译者注：未编卷次、页码）；胡兆春：《尊闻堂诗集》卷十一，9页；汪堃：《盾鼻随闻录》，收入向达主编：《太平天国》第四册，367页。

烈传和胜利的清朝官方的记载，那么，显然并不缺乏抵抗和殉难者。在这些资料中，记载了近 20 个人的名字，他们都是汉口及其附近乡村忠于清王朝的团练武装的首领；从这些散见各处的信息中，我们可以得出结论：这些领导人来自完全不同的背景。也许其中的大多数来自历史悠久的当地大族。刘玉麟，于 1852 年在汉口北边的乡村地区组织并资助了一支乡勇，来自汉阳县最有名望的地主家族。① 汪传懿，是江苏人的后裔，他的先祖曾在汉口做过仁义巡检，退休后住在汉口，并在城外买了一块田地。② 其他几位团勇首领也都被界定为“某某人之孙”，或者通过别的注释以说明他们有很长的当地谱系。很多人拥有绅士品级：丁鹿鸣是 1843 年的进士，宋赞元是 1840 年的贡生，另外几个人也都是生员。③ 但也有大约同等数量的首领是平民。其中有的被称为“儒士”或“学生”，表明他们应当是来自那些与汉口商业世界没有特殊联系的当地富有家庭中的雄心勃勃、希图升迁的人。像盐商熊建勋和洪汝宽那样来自客居汉口的商业精英，却只占极少数。④ 一个最有趣的例子是宋以本——1852 年，他自称是汉口团勇的总指挥，并在太平军第一次占领汉口期间被太平军抓获。宋以本出自富有的徽州商人宋姓家族，但他自己并非宋姓子孙，而是宋家的“世仆”；他之所以获得“宋”的姓氏，不过是他作为当地有名的烈士在死后得到的荣典而已。⑤

除了这些积极抵抗的领导人之外，地方志里还充溢着对那些面对太平军威胁时选择留下来并殉难的汉阳人和寓居者，以及选择自杀的贞女节妇的赞誉。关于后者，我们可以读到如下的典型记载：

> X，士绅 Y 之女，士绅 Z 之妻。咸丰五年七月，发逆焚掠汉口，其翁携家避难。行至堤外，水阻，氏孱弱不能渡。杀声逼近，密谓其夫曰：“君侍翁姑急行，妾以魂保护全家无恙。”遂抱子投水而死。⑥

---

① 参见《刘氏宗谱》卷二，2 页。

② 参见 1867 年《汉阳县志》卷十九，13 ~ 14 页。

③ 参见 1867 年《汉阳县志》卷十八，64 ~ 66 页；卷 19，15 ~ 17、29 ~ 32 页。

④ 参见 1867 年《汉阳县志》卷十九，23 ~ 24 页；1920 年《夏口县志》卷十五，18 页。

⑤ 参见 1820 年《夏口县志》卷十三，24 页。

⑥ 根据 1867 年《汉阳县志》卷二十四，5 页。1867 年《汉阳县志》卷十九至卷二十四和 1920 年《夏口县志》卷十三中有很多类似的殉难者小传。

1870年，湖北省府衙门准备了一个湖北殉难者的名单，为我们了解汉口与汉阳防卫战中死亡的殉难者的总体情况（平民和精英）提供了一份资料。① 这份资料当然只反映了部分死难者的情况（名单上只有那些留下全名的死难者），但它仍然提供了有关汉口得到承认的殉难者的人物类型。据表7—1所见，可知当1855年胡林翼持续围攻武昌时，汉口地方市民曾经进行了一场英勇的抵抗。表7—2则反映出这一年的市民死难者的籍贯（军队伤亡情况不是我们关注的重点，在这份材料中也是单独列出的）。当然，表中占据绝对多数的汉阳人并不能全部界定为和平时期的汉口人。之所以这样分类，是因为事实上汉口的死难者在记载时没有与汉阳城及汉阳县乡村地区的死难者区分开来。但它也清晰有力地说明汉口本身的大多数寓居人口并未留在汉口。至于留下来并死难的非本地人所占的比例正与和平时期汉口寓居人口的比例大致相当，则是一个十分重要又易于理解的例外。在湖北人中，部分来自黄陂、孝感，他们许多是汉口的零售店主和体力劳动者，也有来自产茶区咸宁和蒲圻的，但却没有来自通常向汉口输送洪灾难民的汉水流域州县（沔阳、天门）的人。在从事区域间贸易的商人中间，许多来自安徽（主要是徽州）和江南的商人仍然留居汉口，而山西和广东商人则较少。在每一种情况下，面对危机时的行为均与来自这些地区的人对自己与汉口之间的利益认同之间存在着高度一致。来自黄陂的劳工与徽州盐商都与汉口社会的核心密切相关（尽管他们正处于社会阶层的对立的两端），而沔阳难民和广东鸦片商则与汉口社会核心漠不相关。

表7—1　　　　汉阳县的死难人数，1852—1856（单位：人）

	1852年	1853年	1854年	1855年	1856年
士兵	11	0	148	493	4
男性公民	158	12	79	1 811	16
女眷	8	2	62	675	7
合计	177	14	289	2 979	27

资料来源：《湖北节义录》卷八、十、十二。

① 参见《湖北节义录》（1870年）。

表7—2 **汉阳县死难男性公民的籍贯，1855（单位：人）**

汉阳县	1 516
湖北其他州县	206
安徽	49
江西	12
浙江	12
湖南	7
江苏	6
山西	1
四川	1
广东	1
合计	1 811

资料来源：《湖北节义录》卷十。

说明：“湖北其他州县”中包括61个江夏人，50个黄陂人，20个孝感人，18个咸宁人，14个汉川人，9个蒲圻人，7个武昌（指武昌县，即今鄂州——译者）人，以及27个其他地方的人。

首先，这个表格毫无疑问地表明，面对太平军的威胁，构成汉口居民重要部分的寓居者（遍及社会各阶层，也包括来自各地的人）所作出的最普遍的反应是逃走。1852年12月初，清军在岳州遭受惨重损失的消息一传到武汉，“汉皋多商贾，大舟载货贿，小舟载筐筥，纷纷鸟兽散，人去存栋宇”①。极少数坚持留下来的人，大都也在汉阳城陷落时，搭乘地方官府急急忙忙征用的船队逃走了。② 当1853年下半年太平军溯江而上再次前来时，已回到汉口的很多人在黄州陷落之前又一次逃亡。1854年，当乡村团勇在汉口附近开始活动时，“众商均惊骇逃逸”，不愿冒被太平军指为“通敌”（虽然事实证明，他们有明显的“通敌”倾向）而遭到杀戮的危险。③ 在各种情况下，汉口人口中的湖北人只是“逃回故乡”而已，而那些在附近没有根基的

---

① 胡兆春：《尊闻堂诗集》卷六，1页；蔡乙青：《闲话汉口》，载《新生月刊》卷五第10期，42页。

② 参见张亮基咸丰三年六月二十二日奏，收入《张大司马奏稿》卷四，19页。

③ 在这种情况，可能也不仅仅是由于害怕太平军而在汉口引发恐慌。湖广总督张亮基报告说：在此之前，即在太平军第一次放弃汉口和他本人到达汉口、恢复秩序之前的间隔期里，汉口就受到乡团的多次抢掠。事实上，那些所谓乡团不过是当地的强盗团伙而已。参见张亮基：《张大司马奏稿》卷二，17～18页。

人则逃往汉水流域各种各样的市镇。其中有许多人最后又集结在汉阳县西北部的小商业市镇蔡店，有一段时间太平军显然没有兴趣进攻这个地方。①

当然，也有一部分人既不选择殉难，也不逃走。同情太平天国之平等主义理想的中国马克思主义史学家强调汉口民众向其新统治者提供了合作和支持。他们指出：起义军成功地在汉口及其周围乡村地区达到了征兵目标。据说，在第一次占领鄂中地区期间，太平军的军事力量扩展了五倍——从大约10万人扩充到近50万人，其中，在城市码头运输工人、搬运工、木工、冶铁工人以及乡村煤矿工、渔夫、船工的农民中取得的成功最为显著。皮明庥指出：向新入伍的士兵提供华丽的黄制服，以及他们营造的一种宗教氛围，都有助于征兵工作的顺利进行。事实证明，对于那些早已持有虔诚宗教信仰的当地没有社会地位的人来说，"拜上参军"是非常有吸引力的。②

在另一项研究中，皮明庥则首先把区域生态条件的衰退作为太平军在武汉地区征兵工作取得成功的主要原因之一。他认为，从19世纪40年代初起，水利工程逐渐倾圮，一年一度的洪水带来的破坏越来越大；在汉口，1848年大洪水之后，洪灾的破坏达到高潮。他指出：在这10年中，进入汉口的乡下难民数量日益增加，而汉口的粥棚越来越无力承受这种负担。最后，皮明庥将10年里发生于1842年的一场规模较小的崇阳钟人杰起义，与1853年由陈北斗领导的第二次崇阳起义（它原来是一场本地的骚乱，太平军到达后，才逐渐发展壮大起来）直接联系起来。这种观点虽然对于解释广大地区普遍存在的抵触情绪富有启发意义，但我觉得它忽略了一个事实，即19世纪40年代的大部分时间里，实际上正是汉口城市经济最繁荣的岁月。③

不管事实上汉口的"通敌"程度如何，很显然，清朝官府对汉口人是不相信的。当1852年中太平军逼近的消息传来时，汉阳知县常懿麟所首先采取的行动就是强化保甲，控制他认为很可能同情叛乱者的居住在港口的船户。

---

① 参见1867年《汉阳县志》卷八，35页；卷十八，65页；1920年《夏口县志》卷十五，18页；胡兆春：《尊闻堂诗集》卷六，6页；王葆心：《续汉口丛谈》卷四，9页。

② 参见皮明庥、孔宪凯：《太平军首克武昌后的战略决策》，载《江汉论坛》1981年第2期，68～69页；黎少岑：《武汉今昔谈》，55～56页。

③ 参见皮明庥：《武汉近百年史》（武汉：1986），15～16页。

这年9月的一个晚上，湖北巡抚衙门被人放了一把火，官府就认定是当地太平军同党的挑衅行为。① 胡林翼在最终收复武汉三镇之后不久，也悲叹这一地区存在着大量的“愚民”。② 而且，太平军显然没遇到什么困难就组织起其占领期间的管理机构，即所谓“伪官”——清军每次回到这个城市都会按惯例处死一批“伪官”，并宣称这些人无一例外都是从城市“无赖”阶层挑选出来的。③

然而，也可以找到证据说明相当数量的武汉人对太平军的法律制度进行消极抵抗。据一位目击者说，“自好者多伏匿不肯从贼”④。地方志编纂者赞扬孙长逊之类的士绅，多不惧危险屡次拒绝太平军提出的出任地方官员的要求。⑤ 在流亡蔡店的“小汉口”社会中，消极抵抗的地方精英的领袖人物、也是最敢于直言的人是胡兆春。他是一位儒家道德主义者，我们已经在好几种情况下看到他在公益活动方面留下了踪影。1854年，当曾国藩的军队进入这一地区之后，胡兆春被任命为湘军的军需官，负责协调劝谕当地精英捐输工作。在随后几年中，他作为胡林翼的朋友、幕僚和助手，一直在财政事务方面发挥着同样的作用，直到1960年下半年去世。但也许最重要的仍然是他反太平军的宣传工作——通过书信、檄文等形式，当然更主要的是他在蔡店期间创作的并很快在相似想法的当地名士中间传播开来的大量充满感情的华丽诗章。他将汉口比喻为华中的“腰膂”，最易受到攻击，也是生死攸关之所。他用生动鲜明的语言公开抨击太平军的“残暴、野蛮及下流无耻”，指责官府虚弱无力（他还谴责官军于汉口弃守后，仍然在乡下营地里寻欢作乐），也批评那些逃走的客商，以及厚颜无耻、阿谀奉承的“通敌者”。⑥

---

① 参见陈徽言：《武昌纪事》，收入《太平天国资料丛刊》，583～584页。

② 参见胡林翼：《胡文忠公遗集》（1875）卷十四，4页。胡林翼在这里使用的是“愚民”，其含义不同于“游民”（难民，流浪者）。

③ 参见1920年《夏口县志》卷十三，27页；陈徽言：《武昌纪事》，收入《太平天国资料丛刊》，598页。

④ 张德坚：《武昌纪事》，转引自皮明庥、孔宪凯：《太平军首克武昌后的战略决策》，载《江汉论坛》1981年第2期，68页。

⑤ 参见1920年《夏口县志》卷十三，27页。

⑥ 参见《尊闻堂诗集》卷六至卷十一，《哀岳州》、《君不见》、《移家之官桥》、《蔡店》及《哀汉皋》等。

但并不是只有精英不喜欢太平军。相当多的民众反对按男女分宿舍隔离居住的要求，也反对强制参加大型的公开布道。① 1855 年，胡兆春站在忠君立场上写道：总的说来，汉口人都“深恨”太平军及那些谄媚的“通敌者”，盼望着“赤龙喷火空中翔，朱雀怒飞两翼张”，将那些叛逆消火十净。② 而且实际上，在最后一次收复汉口之后，多疑的胡林翼也改变了认为那些与“伪官”关系密切的人盲目、狂热的看法，让他们参加自己的军队，帮助搜捕城市中残余的叛乱分子。③

介于“合作”与“抵抗”之间的道路，是逆来顺受、默不作声，也许可以这样来界定留在原地的大部分汉口居民。对这些人来说，最普遍的情绪当然是恐惧、害怕，但也有少部分人之所以这样做，是由于他根本上就是无党无派的机会主义者。一位目击者报道说：1853 年 1 月太平军占领期间，汉口“痞棍”帮伙曾穿上假冒的太平军制服，抢劫当地店铺和住家。④ 据说，1852 年下半年第一次准备防御期间，汉口零售商卖给官军士兵（其中大都是来自陕西、贵州的农家子弟）的衣服标价是卖给当地人价格的 10 倍；其结果是引发了专门针对劣商的士兵骚乱，最后迫使他们接受由负责防卫谋划的官府所确定的控制价格。⑤ 胡兆春自己也报道说：随着越来越多的汉口逃亡者涌入，蔡店主要食物的价格就像灾荒时那样不断攀升，而商人阶层中间的“枵枭”则非常高兴有机会可以捕食那些快要饿死的平民百姓了。⑥

随着胡林翼于 1856 年 12 月收复武汉三镇，汉口争夺战期间的破坏算是结束了，但当时慢慢回归家园的当地人当然无法认识到这一点。1861 年 3 月，太平军重新占领黄州，又引发了一次信心危机。英国领事哈利·帕克（Harry Parkers）描述当地在各方面的反应说：

---

① 参见皮明庥、孔宪凯：《太平军首克武昌后的战略决策》，载《江汉论坛》1981 年第 2 期，70 页。

② 参见胡兆春：《尊闻堂诗集》卷十一，6 页。

③ 参见胡林翼咸丰六年十二月三日奏，收入《胡文忠公遗集》（1875）卷十三，12 页。

④ 参见陈徽言：《武昌纪事》，收入《太平天国资料丛刊》，594 页。

⑤ 参见《武昌兵燹纪略》，收入向达主编：《太平天国》第四册，570 页。

⑥ 参见胡兆春：《尊闻堂诗集》卷六，6 页。

> 汉口谣言纷纷，都说大队叛军已进至汉口以东 50 英里的黄州附近……所有传闻都说，叛军小分队在寂静的夜晚驰过街道，挨家挨户敲门，警告居民不许逃走……恐慌很快扩展开来，找到运输工具越来越困难，人们马上抛弃财产，想方设法逃到安全的地方去……人们发疯似的急急忙忙地冲向河边，有报道说，发生了好几起因在狭窄街道上争道和为争船而引起的窒息事件。整夜都是奔走上船的哭喊和噪声，而白天的宁静给人留下的印象反而比夜里的骚乱更深刻：所有逃离故里的人都离开了江岸，江面上极目所至，都覆盖着各种各样的舢板、帆船，慢慢地溯江而上，上面载着武汉三镇的人口——据此前不久我们的统计，有 100 万人之众。①

在此后两个月间，令人窒息的宁静一直持续着，5 月中旬总督官文决定在太平军的进攻中只防守武昌的公告颁布，引发了第二次恐慌浪潮。只是到 1862 年 1 月清军最后收复黄州之后，大部分汉口人才开始返回家园。然而，此后，太平军带来的余悸仍不时表现出来。1864 年至 1867 年间，捻军每年都会蹂躏汉口附近地区，烧毁村庄，抢走庄稼，至少有一次还占领了与汉口毗邻的黄陂县城。1870 年，在湘鄂交界地区爆发的一场显然孤立的地方起义又一次对汉口形成威胁。这些威胁带来的大多是乡下难民的大规模涌入，但在最糟糕的情况下，也有汉口人大批逃亡。②

在太平军和其他外来威胁的危急时刻所采取的行为，是否可以反映出汉口公众的团结究竟有多大的力量，或者反映出当地社会的分化线索？现有可利用的证据不易回答这个问题。事实上，汉口居民可以选择任何可能的方式作出自己的应对。显然，统计数字表明，最普遍的应对方式是逃走，但这一

---

① 帕克 1861 年 5 月 10 日信，载英国议会下院：《英国议会公报》，1862 年第 63 卷，2976 号，31 页。关于这次叛军引发的恐慌，亦可参阅金格尔 1862 年 1 月 16 日信，英国外交部档案，228/331；伦勃尔（Stanley Lane-Poole）：《哈利·帕克爵士在中国》（伦敦：1901），167～168 页。

② 参见曾国荃同治五年十月二十六日奏，收入《曾忠襄公奏议》（1903）卷二，6～7 页；斯卡伯勒 1866 年 1 月 30 日信，圣公会档案，Box 487；麦华陀 1866 年 3 月 3 日信，英国外交部档案，17/482；海关总税务司：《中国通商口岸对外贸易报告》（上海：1870），23 页；1920 年《夏口县志》卷十五，28 页；《泰晤士报》1866 年 3 月 6、14 日，1867 年 2 月 20 日。

事实并不必然意味着大家对城市的命运漠不关心。民间谚语说得很清楚："小难避乡，大难避城。"① 汉口在和平时期接受了大批逃避洪灾和强盗的乡下难民，而面对叛军时，自己却自然而然地成了一座空城。这座城市到官文出任总督时仍没有城墙，不易防守；清朝官方反复提醒人们注意这一点，而且事实上，它根本就没有得到任何防守。②

太平军出现在汉口这样的危机，是当地社会自身无法控制、处理的——实际上，从地方角度看来，此种情况正给帝国政府的存在提供了理由。帝国政府在太平天国期间未能承担起应有的责任，从而引发了官府与地方精英、官府与普通民众之间以及民众自身各部分之间的冲突。有迹象表明，应对危机的行为方式在一定程度上与其所属的社会阶级和地方来源有着联系，但这种联系并非必然的。个人行为可能会根据个体的考虑，视不同情况而定。例如，盐商熊建勋在1855年之前和其后都是汉口团勇的领导人，但在这一年，为了把他年老的母亲送到安全地带，他选择了逃避。③ 显然，首先是个人的利益，或至多是当地的利益，压倒了国家政治或意识形态的考虑。事实证明，对多数人来说，即使是在王朝和地方的危急时刻，对直接利益与自身利益的关注仍然是决定行为的基本因素。特别值得注意的是，即使是对古典式的儒家伦理主义者胡兆春来说，"忠君"的顺序，也是把保卫"地方"置于保卫朝廷或帝国体制之上的。

二、民间秘密教派和会党

1883年，英国驻汉口领事艾勒伯斯特在其当年的商业报告中写道：

> 当然，我们中间有数以百计的秘密会社，其中大多数兄弟拜把组织是为了在对付多少有些令人讨厌的官府时相互帮助和抚慰；可是……如

① 传统中国谚语，转引自牟复礼：《南京的变迁，1350—1400》，收入施坚雅主编：《中华帝国晚期的城市》（加利福尼亚州，斯坦福：1977），104页。

② 参见帕克1861年5月10日信，收入英国议会下院：《英国议会公报》，1862年第63卷，2976号，31页；胡林翼咸丰五年七月十八日奏，收入《胡文忠公遗集》（1866）卷二，14页。

③ 参见1920年《夏口县志》卷十五，18页。

果没有压力驱使他们采取积极行动，或者某些大众狂热刺激他们、使其胸中郁积的愤怒喷发出来的话，这些组织是无足轻重的。①

就像大多数中国人当时意识到的那样，艾勒伯斯特也认为汉口的地下组织并没有能力显著地破坏汉口的城市生活，也没有能力给清王朝统治秩序的维持带来真正的现实威胁。在某种程度上，他的判断是正确的。汉口滋生培植了各种各样的秘密会社（艾勒伯斯特领事另外描述说，“有半政治性的，半宗教性的，也有彻底的流氓组织”②），据说其成员理所当然地数以千计——不过在正常情况下，我们只能最低限度地感觉到他们的存在。与 20 世纪的秘密社会不同，他们没有控制大部分的工人阶级，似乎也没有裹入某些真正大规模的组织犯罪、敲诈勒索或收取保护费。这些群体组织的重要性，乃在于他们得到官府和大众的承认，因而在汉口从一个繁荣昌盛的商业中心转向反对王朝统治的起义战场的某些特定时刻，显示出力量来。

由于汉口处于中华帝国交流中心的地理位置上，其社会特征又是显著的多元化社会，所以，它成为非正统组织非常喜欢的隐蔽地和领导中心。基于同样的原因，它也成为各种不同秘密组织机构重要的交汇点——至少在理论上，这些秘密组织是各不相同的，甚至是相互对立的。以下，我们即考察汉口出现的三种组织形式，即民间秘密教派、运输工人的功能性组织和哥老会。

1. 民间秘密教派。清朝官府一般把地下组织区分为两种类型：“会”与“教”。两者都包含宗教的成分，从经验方面加以区分，至少在 19 世纪的汉口，可以归结为看它们是否“拜神”；如果拜神，就是“神道”的信徒。尽管其中也包括哥老会那样的政治性煽动组织，但它们实际上受到固有的儒、道传统的严格约束，因此，某些赞成传统的官员会对它们表示赞同。在适当条件下，拜神组织的领袖甚至可能得到清朝官方代表的礼敬，把他看做有神性的人。例如，1874 年，一位“张天师”从江西来到汉口，他宣称自己“诚系龙虎山太乙天师”，汉阳知县亲自到江边去迎候他的乘舟，并把他安顿

---

① 英国外交部档案，《英国驻华总领事商业报告，1883》，85～86 页。

② 艾勒伯斯特致帕克，1883 年 9 月 12 日，英国外交部档案，228/700。

住在汉口的官舍里。张天师还郑重其事地在自己的船上插满了宣传性旗帜，上面盖着大印，诸如："龙王免朝"、"诸神免参"。①

对于那些被认为信仰救世主的拜神组织，官府就不可能给予这样的迁就了。信仰救世主的教派教义公然挑战中华帝国赖以建基的意识形态，所以，至少从雍正年间起，就一直受到官府积极的迫害，可是，它却一直拥有广泛的、变化多端的活力。结果，这些教派经常武装起来，当受到官府镇压，或者觉悟到要为了美好的未来而奋斗时，就会发动武装起义。然而，就本地来说，除了1713年曾经出现了一次规模小得可怜的暴动尝试和1845年在武昌有一次较为严重的爆发之外，在所谓"盛清"时代，这些教派一直保持平静状态。② 只是到太平天国运动后的数十年中，秘密教派的反叛活动才越来越成为汉口日常生活中所需要面对的潜在威胁。

汉口所有秘密教派活动都可归入欧大年（Daniel Overmyer）和韩书瑞（Susan Naquin）曾描述过的"千年"佛教异端。这些佛教异端虽然也关注佛教神系的其他神明——比如，19世纪70年代就曾出现过一个短暂的礼敬观音的流行浪潮③，但绝大多数均崇拜16世纪作为白莲教信仰核心而出现的"无生老母"。不过韩书瑞明确谈到，白莲教在神学上的一贯性并不总是与教派的组织整合相对应匹配。相反，其根本特征乃在于"事实上它自身不过是由一位师傅与其徒子徒孙组成的暂时性组织。每一个组织都有自己的名称，偶尔在某一家聚齐开一个小会，在某些地方可能延续一代甚至更多代"④。河南南部南阳人刘万金创立的组织就是一个典型的例证。同治年间，刘在其家乡与汉口都吸引了众多的信徒，他经常留居汉口，并于1874年在汉口寿终正

① 参见《申报》同治十三年九月二十八日。

② 参见王葆心：《续汉口丛谈》卷三，29页；卷二，25页。

③ 参见杨格非（Griffith John）1891年10月10日信，收入《1891年中国的排外骚乱》（上海：1892），189页。可是，韩书瑞指出：在白莲教系统的秘密宗教中，观音也经常被看做他们真正信仰的无生老母的"化身"。参见韩书瑞：《中华帝国晚期白莲教的传播》，收入姜士彬等主编：《中华帝国晚期的大众文化》（伯克利：1975），289页。

④ 韩书瑞：《中国千禧年信徒的叛乱：1813年八卦教起义》（康涅狄格州，纽黑文：1976），7~8页；韩书瑞：《中华帝国晚期白莲教的传播》；欧大年（Daniel Overmyer）：《民间秘密宗教：传统中国后期的异端教派》（马萨诸塞州，坎布里奇：1976）。

寝。刘自称是弥勒佛“转世”和汉代碑铭就曾经预言过的“圣皇龙”。他宣传吃斋，四处行医（他在汉口的一名重要弟子就是药材商人），向每位入教的信徒收取一两银子的入门费，并密谋在整个华中地区发动反官府起义。①

这些地方性组织虽然都是相当独立自主的，但通常它们至少暗中与某一较大的宗派体系或白莲教传统的某一分支有联系。这些较大组织中在汉口最活跃的是“先天大道”，1843年，它在汉口举办了一次推选第14代教首的全国性会议；在19世纪70年代，最有名的是灯花教；青莲教则发动了1845年的武昌起义，也是1883年汉口密谋背后主要的势力。② 实际上，这三个组织本来就是同一家也并非没有可能。野口铁郎曾令人信服地讨论了这些组织的内部结构（所谓“位阶”制度）及其与教首之间的联系，认为同一教团至少可以任意选取后两者中的任一个作为其名称。③

所有打着“青莲”招牌的秘密教派都有一个共同特征，即奉行吃斋。我们发现，汉口人总的说来对吃斋持有好感。1880年，新教传教士约翰·布鲁沃（John Brewer）注意到：“一些中国人非常尊重吃斋；我们周围的大部分不信教的人都在以某种方式严肃地追求着美好的精神生活。”④ 但对于青莲教来说，吃斋只不过是全部身体与精神净化训练中的一个环节，这种训练将使信徒在即将到来的千年劫变中经受住磨难（在其过程中能不受官军武器的伤害），并做好准备，进入“来生”。新“世”（即无生老母派遣弥勒佛前来引导进入的地上天国）的特征，乃是所有信徒都是平等的。这里显然包括男女平等，而且汉口青莲教中的信女与信男几乎一样多。除了诚恳地许诺或单纯传授秘密的天启真谛之后，为了吸引某些可能的信徒，青莲教自称要“兴复

---

① 参见卞宝第光绪十年三月奏，收入《卞制军奏议》卷七，7～9页；《益闻录》1884年10月4日。

② 参见休斯致韦德（Wade）1876年8月26日信，英国外交部档案，228/569；王葆心：《续汉口丛谈》卷二，25页；陶普利（Marjorie Topley）：《先天大道：中国秘密宗教的宗派组织》，载《亚非学院研究报告》第26卷（1963年），370页；喻松青：《明清时代民间的宗教信仰和秘密结社》，收入《清史研究集》第一辑（北京：1980），120、132页。

③ 参见野口铁郎：《清末江西的红、白、黄教》，收入《历史上的民众与文化：酒井忠夫先生古稀祝贺纪念论集》（东京：1982），505～528页。

④ 布鲁沃（Brewer）1880年3月5日信，圣公会档案，Box491。

大明”。由于青莲教积极从事颠覆活动，它受到清朝官方的特别注意和严厉迫害（其教众被指为“斋匪”）。①

我没有发现汉口拥有专属本地的教派。相反，民间秘密教派的信徒往往散布在范围大小不一的广阔地区，其教首则经常巡游各地，去指导其教众。例如，灯花教就发源于四川，主要在鄂西沙市地区集中发展；与其同时并有联系、长期以来在汉口活动的红教，则主要活动于赣南和湘东南。② 某一教派明确宣称的发源地，从无在汉口的，都是在某一个乡下地方，往往是其创始人的故乡。

然而，民间教派的教首常常把汉口当做藏身之地，并在这里发展信徒。1880 年，在汉口货栈里逮捕了一位叫梁贵的教首，他的情况很好地说明了这些教首与汉口的关系。多年以来，邻居们就觉得梁贵的商号非常可疑，他们自称是茶商，但却从未见他们做过什么生意。最后，他们向官府检举；当地官府又请长江水师提督彭玉麟（人们都知道，他对异端信仰深恶痛绝）给予帮助。彭玉麟带领几百名士兵突然袭击了那座货栈，他们没有找到一点茶叶，却发现了大批军用物资和 81 名教徒（51 名信男和 30 名信女）。他们也找到了梁贵本人，一位须发飘拂、年逾花甲的老人，他随身携带的信徒花名册上登录了上万名教众的姓名。这家汉口货栈实际上是一支教军的营地和训练基地。③

信仰千年思想的教派会要求其信徒要在城市社会中表现出特异之处来，但他们同时又必须强调，他们不会把自己的要求扩展到大多数没有以任何方式信仰其教义的汉口市民中间。这些教派显然对某些特定的而且相当狭小的人群类型具有吸引力；传教士布鲁沃认为汉口吃斋者的特征是“严肃地追求着美好的精神生活”，这也许是对这些异端教徒的很好描述。虽然当时人们已充分意识到经济贫困也是此类群体日益增长的诉求，而且刺激他们采取暴

① 参见《申报》光绪九年四月十三日；野口铁郎：《清末江西的红、白、黄教》，收入《历史上的民众与文化：酒井忠夫先生古稀祝贺纪念论集》，519 页。

② 参见野口铁郎：《清末江西的红、白、黄教》，收入《历史上的民众与文化：酒井忠夫先生古稀祝贺纪念论集》，515、519 页。野口认为，红教也是青莲教的一个分支，后来被牵连进 1900 年流产的唐才常反清密谋之中。参见刘易斯（Charlton M. Lewis）：《中国革命的序曲：1891—1907 年湖南省思想与制度的转变》（马萨诸塞州，坎布里奇：1976），99 页。

③ 参见《益闻录》1880 年 7 月 24 日。

力行动①，但欧大年和韩书瑞却都毫不犹豫地告诫说，民间秘密教派与贫困化、经济混乱之间并没有直接的因果联系，不能把它简单地看做未曾言明的或“前政治性的”阶级斗争的隐藏形式。相反，秘密教派表现出一种真实的宗教诉求，而这正是中国古典传统所无法满足的。② 一般说来这是正确的，但在太平天国运动后的年月里，太平军的占领已证明许多昔日的神明都没有神力了，而且急速的社会变化所带来的普遍的不安全感，也迫使人们探寻新的精神支柱。当在汉口的新教传教士看到有可能利用正在流行的斋教时，他们并没有只是在那里想想而已，而是着手行动起来；实际上，许多汉口基督徒在皈依之前都有过信仰民间宗教的经历，很多人甚至在皈依之后仍然一直奉行吃斋。③ 民间宗教和基督教传统上都鄙视把偶像作为精神崇拜的对象，也都关注为“来生”作好精神准备。可是，与基督教不同，民间秘密宗教把他们的理想天国看做现存政治秩序的对立面，这是因为后者迫害他们；而且百余年来的压迫使他们越来越难以忍受，恨不得“来生”马上就能够实现。

2. 运输工人的功能性组织。在上一章里，我们曾考察了汉口船夫为保护其共同利益或协同工作而组织的帮或劳工帮伙。虽然此种帮有时会从事地下犯罪活动，但它们并不一定是某种大型科层制组织的一部分，也不一定是某一重要民间秘密教派的分支。可是，其中有些帮，数目虽少，但却是这样的。其最重要的影响当然是在经过长江和运河（或经过海路）向华北运输漕粮的漕帮方面。这个领域孕育了以庙相联结的罗教和著名的青帮——据说前者是罗清在16世纪初创立的，后者是潘德林于18世纪初创建的。④ 到清朝中叶，青帮声称已将从事漕运的所有漕丁都纳入了148个相互联结的“帮”，

---

① 参见《申报》光绪九年四月十三日。

② 参见欧大年：《民间秘密宗教：传统中国后期的异端教派》，13～15页；韩书瑞：《山东的叛乱：1774年王伦起义》（康涅狄格州，纽黑文：1981），36、153页。

③ 参见斯卡伯勒1883年5月21日信，圣公会档案，Box491；贝斯：《基督教与中国传统秘密宗教》，载《清史问题》第4卷第7期（1982），33～55页。

④ 学者们对这两种组织之间的关系如何，以及它们在船夫的宗教信仰、福利服务、同行团结方面有怎样的意义，均有不同的看法。参见森正夫：《清代水手结社的性质》，载《东洋史研究》第13卷第5期（1955年1月），18～30页；喻松青：《明清时代民间的宗教信仰和秘密结社》，收入《清史研究集》第一辑，123页；凯利（David E. Kelley）：《庙宇与漕帮：罗教与18世纪的船夫组织》，载《现代中国》第8卷第3期（1982年6月），361～369页。

其中就包括所谓“湖广十帮”。① 清政府厌恶青帮的异端宗教信仰，怀疑它可能是反满的，更主要的是害怕如此大规模的民间劳动组织，诸多原因加起来，促使清王朝一直试图镇压它。1837 年，道光皇帝下了一道谕旨，要求漕运沿线各省官员贯彻执行他对老安帮、泰于帮和潘安帮等三个漕帮组织的禁令，因为他感到它们秘密宗教的特征太强，而且形成了范围广阔的网络结构。其中的潘安帮可能就是青帮的另一个名称，是将青帮创始人潘德林的“潘”和安清帮（这一组织的另一个名称）的“安”合在一起而成的。湖广总督讷尔经额与湖北巡抚周之琦对此作出的反应是，湖北没有此类帮会活动。所有漕粮都是由“本籍”人户运输的，“游民”受到仔细检查，而且，漕户受到保甲体系下联保制度的严密控制。这里没有秘密宗教！②

然而，我曾经有机会见过一种青帮的小册子，虽然所署日期不过是 1942 年的，却声称青帮“七十二码头”之一的“紫金码头”自有清以来，即一直在汉口存在，而汉阳则存在另一个帮会（自然不会是汉口的紫金码头，因为“码头”只适用于青帮活动的地方）。③ 可是，我们在官方或其他材料中未能见到有关青帮存在的更多证据，所以它的存在与否仍然是一个问题。由于我们缺乏材料，所以，提供一种猜测倒并不困难。青帮或其他船夫组织从未直接向清王朝挑战，至少在汉口没有。在 19 世纪，它们的活动范围一直局限于群体利益的具体事务方面。因此，他们从未吸引官府的注意，也就不会促使官府必须弄清它自我强化的秘密屏障。

3. 哥老会。相反，在 19 世纪下半叶，哥老会却逐渐成为汉口和整个长江流域主要的政治力量。它的发展最初与湘勇有着密切关系。湘勇是为了镇压太平军而征募的非正规军，当时众所周知的故事说它是曾国藩创建的；曾国藩希望以中国固有的儒家伦理为基础，在他的军队中建立一种准宗教性的基层结构，以对抗太平军的异端意识形态。④ 现代学者们虽然也勉强承认曾国藩可能对哥老会持相对宽厚仁慈的态度，但他们仍然明确指出，正是这些群体

---

① 参见安清帮会汉口分会：《本帮历史》（汉口：1942）。

② 参见讷尔经额和周之琦道光十七年九月十七日奏，出台北“故宫”博物院：“清宫档案”。

③ 参见安清帮会汉口分会：《本帮历史》。

④ 参见《北华捷报》1884 年 5 月 8 日。

将中国的军事化提前到19世纪中期。民国时期的几位中国历史学家，把哥老会看做主张“反清复明”的“洪门”或“汉流”（据称是“国姓爷”郑成功于17世纪创建的）的分支组织。① 但近来的研究则认为它于19世纪初起源于四川，是从清前期定居该省的移民家族建立的保护性组织发展而来的。②

无论其起源如何，毫无疑问，太平天国运动后，哥老会进入其最重要的发展期。在1864年正式裁减湘军的刺激下，它在整个华中地区的活动迅速增加。一份可信的材料证明，在左宗棠指挥的两次重要战役（19世纪七十年代后期的西北战事和1884至1885年间的中法之役）期间，哥老会在军队中发展了很多久经战阵的成员。③ 作为湖南到西北和东部沿海地区的必经之地，汉口及其周围地区在这一时期逐步受到哥老会的强烈影响。

最迟从19世纪60年代起，哥老会逐步卷入了华中各地一系列的地方起义中④，但看来是它卷入1883年汉口的起事密谋才最终促使官方定下了消灭它的政策。发生如此令人担忧的事件之后，在这年11月发布的严旨敦促下，湖北官府开始积极地压制哥老会。这一运动拖拖拉拉地延续了10年，到1890—1891年达到高潮——当时，在湖广总督张之洞的主持下，专门挑选了一支品官组成的队伍，在汉口展开了强有力的查究，并得到了南京的刘坤一及长江流域其他各省官府的合作。尽管这次运动并未能从根本上削弱哥老会的基础（1895年中日甲午战争之后，哥老会又进入了另一个发展高潮⑤），

① 参见戴魏光：《洪门史》（上海：1946），98页；刘奢遐：《汉流组织研究》（上海：1947），3页；朱琳：《洪门志》（上海：1946），12页。

② 参见蔡少卿：《哥老会的起源》，载《现代中国》第10卷第4期（1984），481~508页；刘易斯：《晚清哥老会丛考》，收入谢诺（Jean Chesneaux）主编：《中国的民众运动和秘密社会，1850—1950》（加利福尼亚州，斯坦福：1972），98~99页。

③ 有一个众所周知的故事（孙中山也曾讲过），说：1875年，左宗棠接到命令，要在汉口逮捕一位哥老会的大首领，可是，他发现他的士兵很快就会报告说那位大首领已经离开此地了。这个故事暗示哥老会领袖就是左宗棠手下的一个军官，甚至可能是左宗棠本人。参见《洪门史》，970~978页；片冈一忠：《新疆的哥老会》，收入《历史上的民众与文化：酒井忠夫先生古稀祝贺纪念论集》（东京：1982），845~858页。

④ 参见野口铁郎：《清末江西的红、白、黄教》，收入《历史上的民众与文化：酒井忠夫先生古稀祝贺纪念论集》，509页。

⑤ 参见朱琳：《洪门志》，18~21页；刘易斯：《中国革命的序曲：1891—1907年湖南省思想与制度的转变》，72页。

但却成功地捕获了数十名哥老会首领。

这十多年里官方严刑讯问得来的口供，给我们提供了这些年中哥老会活动的大量信息。① 事实上，所有捕获的头目都是在镇压太平军的湘军或淮军服役时加入哥老会的。在有乡贯记录的 24 个头目中，11 人来自湖北，10 人来自湖南，2 人来自四川，1 人来自贵州。② 然而，这些口供所反映出来的最引人注意的，则是这些人长期以来的流动性：从他们应募从军开始，到后来他们作为职业性的秘密社会组织者，一直在到处流动。

根据这些口供材料，我们可以尝试着重建 19 世纪 60 年代至 90 年代初期哥老会组织的历史脉络。最初的推动力量是地方性的民间个人努力，这种师徒联系不能提供高水平的跨地区的协调能力。一个未来的首领需要了解哥老会的仪式和有关知识，这通常是由其军队中的同伴在远离家乡打仗期间传授的。随着部队换防或复员，他会建立一个新堂口，并传授自己的徒弟，同时仍继续承认其旧同伴作自己的“大哥”。各堂口既有堂名（如明义堂），也有山名（如东坛山）；它可以固定在某一特定的地方（站堂、坐堂），也可以跟随堂主四处迁移（行堂），特别是当堂主一直在军队服役时，更是如此。各堂口松散地联系起来，组成网络；在官方档案中，把这种网络称为“党”或“路”，说他们合起来有数万之众，而且试图在诸如汉水流域那样大的地区内组织联合行动。已揭露出来的主要首领拥有大龙头、正龙头、副龙头的名号。然而，堂口的起源特别是其创立模式所带来的结果，导致了各堂口对地域性势力范围的争夺，而这种争夺阻碍了哥老会去实现更远大的雄心壮志。

因此，1891 年 7 月，一位名叫李洪的正龙头召集哥老会的高级头目们在

---

① 本节赖以叙述的口供，来源于如下资料：卞宝第光绪九年九月奏，收入《卞制军奏议》卷四，46～48 页；谭钧培光绪十二年六月奏，收入《谭中丞奏议》卷五，26～28 页；张之洞光绪十七年八月十九日、十二月七日奏，分别收入《张文襄公全集》卷三十 19～23 页及卷三十一 1～11 页；张之洞光绪十八年九月十四日奏，出“明清档案”。另请参阅刘坤一光绪十七年十二月十日、光绪十八年三月十八日、光绪十九年三月十七日奏，均收入《刘坤一遗集》（上海：1959）卷二，713～715、726～728、768～772 页。

② 11 个湖北人分别来自江夏、武昌、云梦（各 2 人）、汉阳、天门、孝感、大冶和潜江（各 1 人）。10 个湖南人分别来自湘乡（曾国藩的家乡，3 人）、长沙、耒阳、巴陵、安化、益阳、清泉和新田（各 1 人）。

安庆（属安徽省）开了一次会，力图以他自己为大元帅，在整个哥老会系统大致实现前所未有的中央集权化。新体制将长江沿岸及其支流的所有现有山堂归属总部设在沙市的“上游一支”或总部设在安庆的“下游一支”。两支各分为五旗，各自代表东、西、南、北、中五个主要方位。指定重要山堂的创建者和长期担任会中首领的人负责指挥每支和各旗。①

虽然李洪所拟定的哥老会上下游两支总部均未设在汉口，但根据知情观察者的报道，真正控制哥老会的中心及其大部分高级首领主要居住的地方，实际上就是汉口。② 哥老会首领和商人一样，显然非常了解这个城市作为交流中心的战略地位；它是能将哥老会成员最集中的沙市、汉水港口襄阳以及湖南湘江流域，与另一较小、然而更为重要的聚集区域（长江下游的安庆、芜湖、南京、镇江和宁波）联系起来的唯一地点。紧邻武汉周围的地区也拥有很多堂口，特别是在汉水上的沔阳、天门以及长江下游方向上的黄州、樊口。汉口本身拥有好几个山堂，这与其作为重要河港、众多兵勇驻屯地以及大量难民和复员士兵（游勇）接收地的特征是相适应的。最后一个特点也使汉口成为哥老会招募新成员的理想基地，很多新成员都是在汉口加入哥老会，尔后被派往其返回的湖广故乡某堂口的。例如，一位名叫郭生云的副龙头，虽然形式上是湖南华容县一个堂口的首领，但他刚被吸纳为新成员时，曾在汉口过了很长时间。③ 而且，因为汉口人口众多，流动性极强，从而给逃跑的哥老会首领（在 19 世纪 80 年代末、90 年代初的大规模搜捕中，就抓获不少从华中各地躲藏到这里的首领）以及煽动区域性或全国性反叛活动的阴谋策划者提供了隐匿之所。④

这些活动究竟是什么？其背后究竟隐藏着怎样的意识形态？一些当代学者强调哥老会起源于游民或难民的互助组织，认为在 19 世纪的大部分时间里，它都没有强烈的政治要求。实际上，直到 1883 年春天，《申报》驻汉口

① 关于此次重组的详情，参见张之洞：《张文襄公全集》卷三十一，1～11 页。随后才弄清楚李洪曾是河南候补知府、还是一位犯罪清军将领之子，请参阅《刘坤一遗集》卷二，768～772 页。

② 参见张之洞：《张文襄公全集》卷三十一，1～2、11 页；《益闻录》1891 年 10 月 24 日，11 月 25 日。

③ 参见张之洞：《张文襄公全集》卷三十二，28 页。

④ 参见《益闻录》1891 年 10 月 24 日，11 月 26 日。

记者仍然这样描述哥老会。[1] 然而，就在翌年，《北华捷报》的当地通讯员却称哥老会是汉口地下组织中“真正危险的团体”，并预言：“它不久将会发动像印度兵变那样的起义，将酿成非常严重的后果——比太平军叛乱还要糟糕得多。”[2]

哥老会是极端的本土主义者和传统主义者，比如，它们通过烧掉“外国的”电线杆来表达自己的情感。口供中提及的堂名或以儒家道德训诫为基础（如忠义堂），或从当地民间传说中选取象征符号（如金凤堂、双龙堂）。但有一个湖北山堂，早在19世纪80年代，就冠以“护国堂”的名号[3]，反映出哥老会早熟的民族主义。这一时期常见的情况是，表达爱国思想的方式是攻击基督教。至迟到19世纪70年代中期，汉口张贴的一份反教告示上署了哥老会的名字。[4] 哥老会参与许多反对洋人和洋货的恐怖行动；1891年在鄂东武穴发生的谋杀两名英国人的著名案件中，也许哥老会的成员是主要凶手。[5] 但是，与此前研究者的看法相反，我们认为在当年遍及长江流域的引人注目的排外骚乱浪潮中（见下文），哥老会所扮演的角色，只是机会主义的参加者，而不是煽动者。曾著文鼓动这场运动的湖南激进主义士绅周汉，绝不是哥老会的信徒，而是清王朝的坚定拥护者；周汉的官方保护人，前湖北巡抚谭钧培，更曾严厉有效地镇压哥老会。[6]

和日本德川幕府晚期的激进武士一样，哥老会首先把排外主义当做引导国内政治变革的手段。我倾向于赞同《北华捷报》记者德鲁蒙德（W. V.

---

① 参见《申报》光绪九年四月十三日；刘易斯：《晚清哥老会丛考》，收入谢诺主编：《中国的民众运动和秘密社会，1850—1950》，97页；蔡少卿：《哥老会的起源》，载《现代中国》第10卷第4期（1984），481、488页。

② 《北华捷报》1884年5月9日。

③ 参见张之洞：《张文襄公全集》卷三十一，3页。

④ 参见休斯（Hughes）致韦德（Wade），1876年8月22日，英国外交部档案，228/569。

⑤ 参见张之洞：《张文襄公全集》卷三十，12～19页；卷九十八，9～12页。

⑥ 参见杨格非1891年10月22日信，见《1891年中国的排外骚乱》（上海：1892），200～201页。普拉蒙德（Guy Puyraimond）在《哥老会和1891年排外事件》（收入谢诺主编：《中国的民众运动和秘密社会，1850—1950》，113～124页）一文中强烈主张哥老会应对此类骚乱负有直接责任。刘易斯《晚清哥老会丛考》一文的态度则要谨慎得多。我相信刘易斯要更正确一些。

Drumond)(他对哥老会事务非常精通)的看法:“哥老会认为,能够使他们达到目标的最好办法,乃是将现政府拖入对外战争。与外国发生战争,显然是他们起事的绝好机会。”① 至少在湖北,哥老会各堂口敬奉的主神是“洪世武祖”,显然指明王朝的创立人洪武皇帝,所以它们显然与主张“反清复明”的洪门存在共鸣。② 1891年,德鲁蒙德写道:

> (特别是在过去五年中)不安定的情绪已经形成,并在中国各地迅速扩展开来……我认为,这种不满情绪最初起源于一种无意识的、内心深处的感觉;如果在欧洲和美国,人们一定会把它看做并描绘成某一特定政治阶级的强烈不满……这种感觉至今并没有明白清晰地表达为消除不公正、促进社会变革或获得利益等等,但却已促使秘密社会众多的成员联合到一起。他们只有一点是共同的,即推翻现存的清王朝,建立一个纯粹的汉人王朝,这是他们最渴望达到的目标。③

为了这一目标,哥老会到处张贴反满标语,并给其成员配发作为其组织标志的“标布”。它也一直在各处藏有武器。张之洞意味深长地指出:大量武器被破获,反而刺激他们加紧锻造武器。④ 虽然早在19世纪60年代后期,哥老会即参加了几次华中地区的地方起义⑤,但直到1883年前后,他们进行的颠覆清朝的直接行动才急剧增加。它不仅深深裹入这年春天的汉口未遂起义,还在这年春天积极煽动汉水和长江流域的骚乱,并策划于当年冬在山东起事。⑥ 两年后,来自各地山堂的龙头会聚武昌,商讨在各地进一步制造一系列混乱。⑦

1891年,激烈程度达到顶点。这年春天,哥老会忽然在武汉腹地的朱家庙(天门县的一个市镇)、黄陂、黄州、孝感和麻城等地发动了数起骚乱。

---

① 《1891年中国的排外骚乱》,81页。

② 参见张之洞:《张文襄公全集》卷三十一,4页。另请参阅《洪门志》。

③ 《1891年中国的排外骚乱》,83~84页。

④ 参见张之洞:《张文襄公全集》卷三十,21页。

⑤ 参见野口铁郎:《清末江西的红、白、黄教》,收入《历史上的民众与文化:酒井忠夫先生古稀祝贺纪念论集》,509页。

⑥ 参见卞宝第光绪九年九月、十月奏,收入《卞制军奏议》卷四,46~48、61~63页。

⑦ 参见嘉托玛致欧克奈,1886年2月10日,英国外交部档案,228/831。

在湖南，他们成功地烧毁了溆浦县衙。同时，李洪与一些全国性领导人决定与一位叛变的海关雇员英国人美生（C. W. Mason）做一笔大生意：购买10磅炸药和37箱西式步枪。虽然这批武器大部分被英国官方中途截获，但仍有部分送到了哥老会在汉口的秘密武器库。① 哥老会决定利用这些武器，以及六月安庆会议形成的更集权化的组织系统，发动决定性的一击。十月十五日（11月16日），沙市和安庆同时爆发了全面起义，长江流域各地都发动了小规模起义，藏在武昌、黄冈县湖汉里等待时机的秘密水军乘时出动，沿江游弋，以响应起义。所有这些行动都打着反洋教的旗帜，但对于参与其中的哥老会来说，这不过是一层烟雾：哥老会的真正目标不是洋人（有时，在暴动之前，就把计划先泄露给了洋人）②，而是清王朝。幸运的是，张之洞在这年早秋时节适时地进行了查究，并通过电报，与长江流域各省官府共商对策，以阻止真正发生血腥的起义。张之洞果断地处死了近20名潜在的起义首领，并在汉口和武昌将其首级悬首示众，以安抚三镇“浮动”的民心。③ 哥老会受到镇压，进入衰退阶段，直到清王朝灭亡。

* * *

近来研究中华帝国晚期秘密组织的学者都强调秘密社会组织的“南北”区别：北方的秘密组织传统，一般称为“白莲教”；南方的兄弟会传统，则总称为“天地会”——一般会把哥老会包括在其中。人们往往认为两者之间的差别较之其共同的秘密特征更有意义。白莲教是千年信仰的民间佛教异端，相信法术能使他们不受武器伤害，其组织结构本质上是一种宗教传承的层级制；另一方面，天地会则崇敬正统儒家文化的圣人，习用剑法，不信符咒。④

---

① 参见张之洞：《张文襄公全集》卷三十一，2～3页；卷九十八，33～34页；刘坤一：《刘坤一遗集》卷二，769～770页；《1891年中国的排外骚乱》，61～65页；斯魏特（Alan Sweeten）：《美生军火走私案与1891年长江流域的反洋教骚乱：其外交环节》，载《汉学研究院近代史研究所公报》第4期（1974），843～880页。

② 参见普拉蒙德：《哥老会和1891年排外事件》，收入谢诺主编：《中国的民众运动和秘密社会，1850—1950》（加利福尼亚州，斯坦福：1972），116页。

③ 参见张之洞：《张文襄公全集》卷三十一，5页。

④ 参见谢诺：《19、20世纪中国的秘密社会》（安阿伯：1971）；陈荣发：《战时共产主义及其对手：强盗和秘密社会》，收入曼素恩主编：《远东研究中心论文选》第三集（1978—1979年），13～15页。

两个重要传统之间的分歧如此之大，以致使人们有时认为，其相互关系的典型方式是冲突而不是合作。

这里提供的证据并没有对此种分析的启发性作用提出挑战，只是表明，在具体实践过程中，一种组织类型与另一种组织类型之间的界线是模糊不清的。当然，互相合作是可能的，而且确实发生过。至少到19世纪60年代，有证据表明，哥老会和某些白莲教教派一起参加了华中地区的地方起义；而且，我们将看到，他们在1883年的"哥老会与斋匪质案"中，也是密切联系在一起的。① 这种结合的基础是反清，还有在白莲教中不太常见的复明思想。用德拉蒙德的话说，"驱逐鞑虏"，"是所有秘密社会都表赞同的目标之一"②。

此外，汉口使用的某些术语也表明，这种结合所达到的程度已超过出于战术便利起见而进行的简单联合。例如，有一个汉口哥老会山堂名叫"紫金山"，而另一个汉口青帮码头也使用同样的名称，"紫金码头"。另一个哥老会堂口叫"八卦山"，则可能与西北地区古老的白莲教教派八卦教有联系。第三个哥老会山堂叫"莲花山"，更显而易见是受到了民间佛教异端的影响。③

对此种重叠现象，可以有几种解释。汉口地区影响最大的民间宗教组织青莲教，在很大程度上将"南方"因素纳入了白莲教传统。④ 而根据最近的一项研究，哥老会自身，当嘉庆年间在川鄂边界地区萌芽时，就吸收了许多白莲教信徒，同时把哥老会结拜兄弟的组织原则传给了这一地区的民间教派。⑤ 因此，当太平天国运动后大批拥有哥老会成员的湘勇进驻汉江走廊（那里是白莲教活动的温床），镇压捻军或经过这里开赴陕甘地区时，南方传统与

---

① 参见野口铁郎：《清末江西的红、白、黄教》，收入《历史上的民众与文化：酒井忠夫先生古稀祝贺纪念论集》，507页；《益闻录》1886年7月3日。

② 《1891年中国的排外骚乱》，81、189～190页。

③ 参见谭钧培：《谭中丞奏稿》卷五，27页；张之洞：《张文襄公全集》卷三十一，5～6页。

④ 参见喻松青：《明清时代民间的宗教信仰和秘密结社》，收入《清史研究集》第一辑，120页；蔡少卿：《哥老会的起源》，载《现代中国》第10卷第4期（1984），491页。

⑤ 参见蔡少卿：《哥老会的起源》，载《现代中国》第10卷第4期，488页。

北方传统就发生了进一步融合。最重要的是，正如张之洞所形象比喻的那样，汉口本身就是一个大“溷”，在那里，各种浊流混在一起，互相羼杂。①

* * *

在有关长江中游辛亥革命的开创性研究中，周锡瑞把清代的秘密社会看做商业城市的产物，特别是在汉口，也是城市流氓无产者的代表性组织：

> 正如欧洲工业革命造就了无产阶级一样，在中国，“商业革命”（从明后期开始）造就了流氓无产者——向扩展中的城市运送货物和提供各种服务的船夫、搬运工和苦力等……这些人经常是在远离故乡的地方谋生，所以是一种“离开故土”的特殊阶层，特别需要组成某种团体，而且也只有秘密社会才能向他们提供保护。②

毫无疑问，周锡瑞已开始意识到大规模的、流动的前工业化下层阶级的出现，并认识到这个阶层主要集中在运输和服务型经济领域。可是，这一阶层的出现，与19世纪下半叶民间教派和秘密社会活动的不断强化之间，究竟存在着怎样的联系？

汉口便于隐姓埋名，也便于居中协调分散在各地的活动，所以，它对秘密或颠覆组织领袖有很大的吸引力。1818年《汉阳县志》就指出：“汉口五方杂处，出入便易，匪盗多匿其中。”80年后，当张之洞提出将汉口从汉阳县分出、独立建县的时候，采用的是同样的理由。③ 然而，我们这里考察的异端组织却几乎没有哪一个是汉口独特的。相反，从被捕首领们的口供可以看出，这些组织吸纳成员的区域既包括城市（既有偏远地区民间教派的总部所在地，也有不断移动的湘勇驻屯地），也包括乡村；而且，其活动舞台是区域性的或全国性的，虽然包括但却超越了作为河港城市的汉口。

虽然有理由认为，临时工和日益增加的城市下层阶级中的其他成员占据了汉口秘密社会成员相当大的比重，但他们绝不是全部。例如，哥老会即主要由军人和退伍军人组成，既包括相当品级的武官，也包括普通士兵。信仰

---

① 参见张之洞：《张文襄公全集》卷三十一，1页。

② 周锡瑞：《中国的改良与革命：辛亥革命在两湖》（加利福尼亚州，伯克利：1976），23页。另请参阅同书7、22页。

③ 参见1818年《汉阳县志》卷七，21页；张之洞：《南皮张宫保政书》（1901）卷十二，21页。

弥勒下世说的民间教派信徒中也同样包括富有的商人。例如，一位汉口干货商人，在汉口各主要市场有四家分号，全部给其教徒同伴作隐匿之地。① 另一方面，也没有证据表明汉口某一社会阶层的居民（包括下层阶级）在某一异端组织成员中占据非常大的比重。周锡瑞正确地指出，这些失去家园的游魂需要保护性组织和现成的社会联系；但汉口的证据却表明，至少就本地而言，这主要表现为建基于“帮”这种形式的劳工帮伙，既没有深奥的教派信仰，也没有超越地方的系统联系，实际上也没有任何秘密可言。

在汉口，这些异端组织与我们曾讨论过的其他边缘性因素究竟有多少重合交叉？最清晰的交汇领域是退伍兵勇与哥老会之间的重叠。兵勇是哥老会主要的吸纳对象，当时的报道也时常提到某些藏匿在汉口的退役兵勇是哥老会成员。② 可是，这些非常有价值的材料恰恰也反映出，并非所有兵勇都是哥老会成员；事实上，官府经常表示的担心也是这两个潜在的捣乱集团互相“勾结”，而不是两者已合而为一了。③ 至于难民和“游民”，虽然他们经常来自民间秘密教派的策源地——鄂东北、豫西南和汉水流域，但在官方和大众心目中，他们显然区别于民间宗教的信徒。而且，尽管汉口的民间教派和秘密社会成员也经常被怀疑从事某些较小的犯罪活动以作为谋生手段，但从意识形态角度也可以非常清楚地与“痞棍”或地痞区别开来。

在我们研究的时段里，大部分汉口人都非常讨厌颠覆性的民间教派和兄弟拜把。秘密教派信徒表现出来的对极端宗教的全身心奉献，与大多数当地人是背道而驰的——用一位新教传教士的话来说：无论如何，当地居民“都不怎么虔诚”。④ 虽然在清王朝统治的最后 10 年中，激起这些组织政治热情的“排满”思想获得了极大的社会基础——也许，早在 1900 年唐才常试图发动汉口起义时就已具备了这种基础，但在 19 世纪 90 年代初，“排满”思想在汉口常住居民中还没有多少追随者。当然，各经济阶层的店铺主人们都憎恶秘密教派，不仅由于他们发动叛乱带来的真正威胁，还因为他们引发了经久不息的关于起事的谣言（这些谣言会导致连续几周开不了市，而且带来

---

① 参见《益闻录》1883 年 10 月 17 日。

② 如《益闻录》1886 年 7 月 3 日。

③ 如《申报》光绪九年九月九日。

④ 参见威尔逊 1862 年 9 月 11 日信，见伦敦布道会档案，Box3. 1. B。

抢劫机会。而且，所有汉口居民都有充分理由憎恶民间教派的纵火习惯）。汉口害怕火灾，远过于害怕叛乱。看来，各社会阶层的大部分当地居民，都不喜欢和痛恨此类“无赖”群体的成员，因为他们是危险的、破坏性的和神秘的，一句话，他们是外来的。

三、排外主义

在19世纪下半叶，汉口在西方逐渐获得了一个排外活动中心的恶名。①对于当地人来说，这个恶名在很大程度上是冤枉的。从19世纪60年代到80年代，到达汉口的外国传教士、外交官和商人逐渐增多；他们留下了一系列证词，都诚恳地表示自己得到汉口居民的款待，甚至谈到居民经常表现出积极的善意。在这些报告中，反复不断提到的一个词就是“礼貌”。最典型的是，一位经验丰富的“中国通”、汉口领事麦华陀（Walter Medhurst）在信中说：“我发现，这里的人远比我曾经住过的其他中国城市要礼貌和善意。”②严肃的杨格非一向能恰如其分地捕捉所观察到的态度：“说当地人喜欢我们，也许有些过分……但如果说他们对我们没有恶意，应当没有问题了。”③ 使汉口蒙受敌视外国人之恶名的排外事件大都是那些到汉口来打短工的外来人制造的，而事实上经常见到的情况则是，常住居民向受到非本地人威胁的外国人提供庇护所和保护。④

这种行为模式的大量存在，反映出汉口人平常“四海为家”的心态培育了一种宽容的文化。更直白地说，这也是个自身利益的问题。在这个商业大

---

① 关于这一问题的讨论，参见迪安（Britten Dean）：《19世纪60年代的中英交涉：汉口英租界之建立》，载《哈佛亚洲研究学报》32卷（1972），92页。

② 麦华陀1866年3月3日信，英国外交部档案，17/456。还有许多其他的典型例证，如威廉姆斯1861年10月22日信，见美国驻汉口领事馆，“来自美国驻汉口领事馆的电讯”；考克斯的日记，1862年2月21日，圣公会档案，Box487；福斯特1873年1月3日信，伦敦布道会档案，Box4. 1. B；《一位新到者的汉口印象》，载《北华捷报》1887年6月3日。

③ 杨格非1869年12月31日信，见伦敦布道会档案，Box3. 3. C。

④ 有一个典型例证，请参见金格尔1861年11月18日信，英国外交部档案，228/313。

都市里，人们经常认定是中国文化特点之一的实用主义，表现出非同寻常的风采，大多数常住居民——甚至是那些经济地位较低的阶层，都很快认识到西方人的到来给汉口提供了切实的利益。早在汉口正式开埠之前，额尔金（Elgin）使团的随行记者就曾报道过，“我们与之交谈的店主和行人一般都毫无疑义地明确表示，希望开展贸易”，并渴望从此获利；1861年，英国领事曾谈到：“当地居民非常愿意租房给外国人。”① 市民对西式医药的迅速接受甚至扩展到通常愤恨洋人的兵勇。实际上，驻守汉口的团勇在与传教士打交道时，据说多少带一些不太情愿的尊重，因为“这些人很快发现，在我们的驻地有一所卫生站，在那里，他们可以得到治疗，而且是免费的。这样，就把他们敌视我们的真实想法，调和成一种带有尊重之意的接受了”②。

汉口对外国人的一致接受，与其周围乡村地区的排斥态度形成鲜明对比。有几份报道说：一些大胆的欧洲人因为野餐、打猎、骑马等娱乐活动，冒险闯入了附近乡村，都被受到惊吓或愤怒的乡下人粗暴地赶回汉口。③ 事实证明，即便是汉阳，以及对传统文化持更强烈保护态度的武昌，对于从汉口来的外国观光客来说，也是非常冷淡的和危险的。④ 在新教传教士留下的文献中，我们可以非常清晰地看到他们在汉口与在其他地方的不同经历：在汉口是得到宽容的接受，而在别的地方则是受到坚决拒绝。在大商业都市，传教士们可能会因为实际上没有几个皈依者而感到失望，但一般说来，他们总是可以吸引大群怀有好奇心的人群——他们“专心致志且恭敬地”倾听露天布道，“高兴地”接受分发的宣传品。几位传教士甚至高兴地注意到，在这一点上，汉口与其他开埠城市（包括上海）都有所不同。⑤ 虽然传教士们

---

① 《北华捷报》1859年1月8日；金格尔1861年4月17日信，英国外交部档案，228/313。

② 斯卡伯勒1865年5月27日信，圣公会档案，Box 487。

③ 例子可见《泰晤士报》1869年7月17日，《申报》光绪六年一月二十五日。

④ 参见麦华陀1865年11月24日、12月6日信，英国外交部档案，17/435；《字林西报》1875年12月24日；休斯1877年8月6日信；翁同爵光绪二年二月二十三日奏，出总理衙门档案，“湖北英人交涉”。

⑤ 参见杨格非（Griffith John）：《来自中国的声音》（伦敦：1907），90页；《泰晤士报》1868年12月6日；以及杨格非、拜瑞特、威尔逊、石里等人的报告，均见伦敦布道会档案。

在到达汉口之后不久，就在武昌安顿下来，但其经历却极不相同。他们发现很少有人自愿听讲，相反，却时常受到人群攻击性的拒绝，“夜晚走在街上时，总是挨石头”①。在偏僻地区，受到的对待更具敌意。1869 年，派到蔡店与金口的传教士因为无法开展工作，只有放弃；同年及 1875 年、1884 年，黄陂、潜江和德安的教堂相继被当地民众拆毁；传教士在各地均经常受到攻击，每一次都迫使他们逃往汉口这个更适宜的环境。实际上，黄陂县城距汉口还不足 30 英里，但尽管作了多次努力，直到 1898 年，传教士却始终无法在当地站稳脚跟。②

当然，汉口居民与外国人之间也发生过冲突事件，但是，19 世纪 80 年代以前，在汉口道台呈给总理衙门的报告以及英美驻汉口领事的通信等包罗广泛的资料中，所反映出来的此类冲突，却非常之少。最严重的冲突，是酗酒的西方水兵挑起的，最后导致了两名当地中国人被杀。但这样的事件相当少（1874 年，美国领事主持建立了一座“戒酒堂”，似乎成功地减少了这种面对面冲突的机会）。③ 1883 年之前，尚无汉口平民主动挑起事端的报道；直到这年 4 月，一位英国医生在龙王庙外被一帮痞棍叫住，挨了一顿暴打；正在巡逻的保甲人员救了他，并把攻击者羁押起来。④

然而，在此后十年中，同样的事件一件接一件地不断增加。英国领事克莱蒙德·艾伦（Clement Allen）把涉案人描述成“粗暴的……基本上是些苦

① 凯恩 1868 年 10 月 29 日信，英国外交部档案，228/456。另请参阅杨格非 1869 年 4 月 16 日信，见伦敦布道会档案，Box3. 3. C；布鲁沃 1877 年 11 月 29 日信，圣公会档案，Box491。

② 参见郭柏荫同治八年三月二十日片，李瀚章同治十二年十月二十日片，均出“总理衙门档案”；艾勒伯斯特 1876 年 2 月 7 日信，英国外交部档案，228/569；美国驻汉口领事馆，“来自美国驻汉口领事馆的电讯”，1875 年第二季度，“信件”；杨格非 1869 年 1 月 12 日信，伦敦布道会档案，Box3. 3. C；斯卡伯勒 1884 年 8 月 25 日信，圣公会档案，Box491；《字林西报》1869 年 8 月 9 日；希尔：《中国湖北：它的需要与要求》（约克：1881），2 页；希尔：《在华中的二十五年，1865—1890》（伦敦：1891），19 页。

③ 参见《申报》同治十三年十二月十五日；《湖北通志》卷五十三，27 页。至于有关少数冲突的报道，见《申报》同治十一年十一月二十四日、十二月十三日。关于美国领事对这种冲突稀少感到惊讶，见萨特（Salter）1866 年 4 月 11 日信，美国驻汉口领事馆，“来自美国驻汉口领事馆的电讯”。

④ 参见涂宗瀛光绪九年三月五日奏，出总理衙门档案，“湖北英人交涉”。

力、失去工作的船夫，以及各种各样的游手好闲之辈”①。这些事件的上升无疑与这一时期汉口的社会混乱越来越普遍有一些关联。然而，如果我们更深入细致地考察，就可以发现：对外国人的敌意逐渐增加，并非由于固有的犯罪倾向，也不是因为文化偏见，而是由于外国人的傲慢态度而引起的原始爱国主义的愤怒。在汉口（以及其他开埠口岸），主要的刺激因素是华人被逐出租界，特别是不能到英国人占领的风景秀丽的沿江地带去散步。19世纪80年代后期，租界巡捕对那些对租界表示出过多兴趣与好奇的华人或看上去好像试图强行闯入的华人，动辄施以鞭打或其他肉刑。② 1889年，倾向西方的《北华捷报》也勉强承认，正是那些租界守卫对履行职责的极度热情，导致了汉口华人对洋人的恶感日益增长。③ 因此，在一定程度上，对洋人的敌意取代了起初当地人表现出来的善意——但直到19世纪末，也很难说这种善意已完全被取代了。即用查尔顿·刘易斯（Charlton Lewis）的话确切地说，敌意“来源于了解，并非源于无知”④。

可是，在汉口有一种单独的、更具重要意义的敌视洋人的表现，事实上却明显来源于1861年汉口开埠。积极参加这种敌视行为的也都不是常住居民，而是两种短暂居留的群体：兵勇和来赶考的生员。换言之，19世纪80年代中期以前，汉口中外冲突事件的涉案双方并非汉口本地人与欧洲客人，而是那些已定居的移民与更易受意识形态驱使的外地人。

经常有这样的情况：当兵勇行军露营在汉口或其附近时，或者兵船停泊在汉口港时，就可以预见会发生攻击洋人的事件。19世纪60年代，几支桀骜不驯的乡勇部队多次喧闹着通过汉口的街道或租界区，打碎窗户，骚扰洋人，尽管许多当地中国人采取了积极努力，也未能阻止他们。地方官——在任何情况下均无力管束这些肆无忌惮的军队，他们所能做到的，不过是向西

---

① 艾伦1888年6月22日信，英国外交部档案，228/864。

② 1889年，越来越多的华人乞丐和难民涌入租界，从而促使英国领事提议在汉口华界通往租界的三个主要路口建立警卫室。应华商之要求——他们认为这样做将会阻碍他们与洋人的日常生意往来，汉口道台表示他不能同意这一计划。这一计划遂搁置下来。参见总理衙门档案，“湖北英人交涉”，裕禄光绪十四年十二月十九日片。

③ 参见《北华捷报》1889年7月20日，《益闻录》1889年7月17日。

④ 刘易斯：《中国革命的序曲：1891—1907年湖南省思想与制度的转变》，18页。

方外交官预警兵勇即将到来，并力劝外国人在兵勇驻扎本地区期间留在租界里。①

这种复杂的紧张状况，也许可以在长江水师提督彭玉麟身上找到集中体现。太平天国运动后，彭玉麟频繁地造访汉口，是备受汉口社会尊重的“大人物”。他是镇压太平军的英雄、所统湘勇的保护人和偶像，也是清廷的宠儿，但他却从未得到过汉口商人阶层的喜欢。湖北省和当地的官员对他也“怀恨在心”，因为他惯于揭露各种腐败行为，并不容分说地诋毁当地官员。外国人认为他是“一个狂热的惹是生非的人”，坚定地拥护中国固有传统（我们已看到他在龙舟节复兴中所发挥的作用），并狂热地反对国内和外国的异端。例如，他出版的文集就曾经在1870年“天津教案”中推波助澜，1884年中法战争中他任职广东时也曾领导对当地中国基督徒的“大肆镇压”。② 可以认为：彭玉麟对军队的保护及其对更具都会眼光的汉口人与官员的轻视，极大地助长了经过汉口的兵勇采取更激烈的仇外行动。

来省城参加科举考试的生员不仅要承受考试的巨大压力，还要为获得从家乡到省城的通行证而煞费苦心（经常是头一次到省城来）。他们不仅在武昌饱受外国人引起的惊恐，考完后渡江到汉口去游玩，更是亲眼目睹了汉口“野蛮的”洋人。结果经常是批评、攻击洋人。与兵勇不同的是，参加武举考试的武生要提高人们对保家卫国之责的认识。据说，汉口的店主们“不断受到那些粗野的、没有修养的、口袋里又有些钱的年轻人的骚扰与恐吓”③。即使那些参加科举考试的生员，也有很大的威胁，因为他们用各种文学形式具体表达了保护固有文化的态度，而在汉口这样的商业都市里，“保护文化”

---

① 参见金格尔1861年11月18日信，英国外交部档案，228/318；金格尔1862年4月3日信，收入英国议会下院：《英国议会公报》，1862年73卷第47号；麦华陀1866年2月5日信，英国外交部档案，17/456；《字林西报》1869年2月22日、11月20日。

② 参见《长江骚乱之动因：全景图》（汉口：1891），21～22页；孔宝荣：《中国与基督教》（马萨诸塞州，坎布里奇：1963），278～279页。邓嗣禹在所撰《彭玉麟传》中强调彭玉麟出名的清正廉洁，却忽视了他性格中生硬粗暴的方面。此文收入恒慕义（Arthur Hummell）主编：《清代名人传略》（华盛顿：1943），617～620页。但彭玉麟对所有异端和外国事物的明显仇视却并没有直接扩展到清朝统治者（满洲人）身上，当他在杭州半退休闲居时，曾经与不少满洲官员组成了诗文团体。

③ 布鲁沃1877年11月29日信，圣公会档案，Box491。

的想法确实是微不足道的。这两种生员通过他们的组织联系（同年之谊）以及声势浩大的宣传运动（往往受到某些煽动者和各种宣传家的影响），制造了更大的危险。例如，1873 年三年一度的省试期间，考场周围就到处张贴着“警惕汉口蛮夷杀童配药”的标语。①（看上去有些令人难以置信，1885 年省试期间，汉口圣公会模仿这种做法，通过本地基督徒，向上万名应试者分发了基督教宣传品！②）这种宣传鼓动造成的结果，是那些举止失宜的应试者预先就受到一些当时思想观念的熏陶。因此，1877 年武举考试期间，当传教士约翰·布鲁沃受到攻击并得到保甲长庇护时，“在外面，保长试图安抚袭击者，同时对他们说：‘他是一个传教士——你们为什么要打他呢？’然后，我听到他们大声嚷嚷：‘不要跟我们说他是传教士。就因为他们来攫取我们的土地。’”③

面对如此激烈的集体力量，武汉官方觉得自己对待这些生员应与对待兵勇一样宽宏大量。他们的标准做法是在考试期间尽力把外国人与应试生员隔离开来，并告诫后者行为举止要符合绅士的规范。这样做有时会适得其反：袭击布鲁沃事件的第二天，生员们对官府絮絮叨叨的指责感到十分不耐烦，又对武昌府衙门发动了一场围攻。④ 紧接着，1889 年又发生了一次事件：应试生员们渡江去汉口，但被拒绝进入租界，于是发生了骚乱，官府逮捕了一些人；汉口到处都出现了招贴：“告吾中华子民：文武百官皆懦弱无能，甘为英夷子孙！”⑤

与其他地区一样，武汉地区排外主义的组织联系乃是秘密社会和激进的士人网络。早在 1861 年，一个名叫“忠义会”、自称是“各省乡勇总会”的组织就在英国领事馆大门上贴了一份张贴，警告说：如果洋人胆敢来汉口，一定会有来无回。⑥ 在此后数十年中，我们已看到，正在扩展的哥老会越来

---

① 参见《字林西报》1873 年 10 月 2 日。

② 参见希尔 1885 年 10 月 22 日信，圣公会档案，Box491。

③ 布鲁沃 1877 年 11 月 29 日信，圣公会档案，Box491。

④ 参见布鲁沃 1877 年 11 月 29 日信，圣公会档案，Box491。另见《申报》光绪五年八月十三日；艾伦 1888 年 6 月 22 日信，英国外交部档案，228/864。

⑤ 《北华捷报》1889 年 7 月 13 日。另见艾伦 1889 年 7 月 6 日、10 日信，英国外交部档案，228/864。

⑥ 参见金格尔 1861 年 11 月 18 日信，英国外交部档案，228/313。

越多地承担起鼓动排外反清热情的任务。“天津教案”发生后，许多绝对不反清的士人也开始投入爱国宣传之中。1870年下半年及翌年，汉口各处张贴了数千张告示，辱骂洋人，并尖锐地批评曾国藩在处理天津教案中的“软弱”。根据当地的记载，这些告示并“没有得到汉口市民的关注和反应”，虽然他们发现“在官吏中间存在同情的读者”。① 最令人注意的是在通往汉口善堂的道路两旁的墙上发现了这些告示，而且在后来几年里，一些宣讲圣谕的当地士人（有偿工作）或其他进行道德说教的士人开始在夜讲会上朗读一些告示。② 显然，善堂管理人操办这些公开演讲——据说得到很好的关注，人们像过节似地去听，主要是为了劝诫城市下层阶级学习正统观念和良好行为。然而，在约20年后遍及长江流域的排外暴力浪潮中，圣谕宣讲③和善堂都发挥了某种中心作用，从而使我们揣测：在汉口，可能很久以来就出现了激进本土主义士人的群体，他们可能与武昌及乡村地区存在某种联系。如果说这种小团体确实存在的话，它也一直都不是地方社会的主导力量。

1891年长江流域的骚乱反映出华中地区对西方回应的第一阶段达到了一次宣泄的高潮。在10个月里，从南京到宜昌，十几个沿江城市发生了群众骚乱，其间有数百名中国教徒和两名英国人（在湖北武穴）被杀。我们已看到，这一运动还夹杂着哥老会发动的一系列反清起义——虽然表面上没有直接关联。随后展开的调查表明，这些骚乱得到正统儒家士人系统的支持与协调，后者有官方保护人作为坚实后盾，在长江流域各地散发了数万种猛烈反

---

① 参见拜瑞特1871年10月5日信，伦敦布道会档案，Box3. 3. E；《字林西报》1871年9月6日、12月30日。内阁学士宋晋在他致曾国藩的著名公开信中，曾引述这份告示。然对宋晋的这封公开信是否真实，仍有疑问。关于对这封信的讨论，可参见孔宝荣：《中国与基督教》，241～242页。

② 参见《申报》光绪七年十二月二十七日。

③ 1724年雍正皇帝圣谕：明确地禁绝基督教，连同民间教派中的佛教异端及其他异端信仰一起，因为它们破坏公共道德，损害对中国文化传统的尊重。在19世纪后期，这成为排外主义宣传的标准表达和合法资源。参见孔宝荣：《中国与基督教》，29页及全书各处；梅维恒（Victor H. Mair）：《康熙〈圣谕〉中的语言和思想》，收入姜士彬等主编：《中华帝国晚期的大众文化》（加利福尼亚州，伯克利：1975），357～358页。

对基督教的宣传品。① 其中最具煽动性的，是以注释圣谕的形式出现的册子，曾经由长沙宝善堂多次正式印刷出版，并作为正统宣讲材料分发。后来证明其作者是周汉，一位来自湖南宁乡县、住在长沙的出身名门望族的记名道台。骚乱过后，根据张之洞的建议，皇帝下诏剥夺了周汉的官品，并把他遣送回乡，交地方官监视居住。②

在这场给长江沿岸其他各主要口岸均带来多方面影响的骚乱中，汉口并没有受太多波及，这主要是因为大部分当地人长期以来的善意、英国炮舰的威慑以及张之洞的果断行动（骚乱高潮期内即展开对哥老会的调查）。但并不是没有人试图煽动这种骚乱。这年6月，有一伙人开始在汉口到处散发周汉煽动性小册子的复制品，它们是在黄陂印刷并运进汉口来的。黄陂县与汉口毗邻，并为汉口提供了大量的劳动力；它拥有一批士绅精英，他们从不认同汉口城市风格的都会主义态度。黄陂县六家士绅所有的当铺联合起来，从长沙购进了一套周汉著作的雕版，印制了数千份，然后免费分发了出去（据说，他们还训练县城里的孩子们一边唱着“鬼教该死”的歌，一边在大街上走过）。汉口的西方领事要求总督张之洞予以干涉，关闭了这几家当铺，逮捕并惩罚了其老板。③

在夏季宜昌发生骚乱之后，张之洞公布了一项政策：官府将检查武汉的外国布道团，以使当地人确信他们没有进行针对中国人的凶残活动（也让他自己的官府确信，民间秘密教派没有利用它作为避难所）。9月7日，汉口道台进行了第一次也是最后一次这样的检查，大张旗鼓地造访了汉口天主教孤

---

① 参见《1891年中国的排外骚乱》，1、248页及全书各处。关于武穴教案，参见张之洞光绪十七年八月十九日奏，见《张文襄公全集》卷三十，12～19页。关于这次骚乱全面情况的最好的第二手资料，是韦尔利（Edmund S. Wehrle）：《英国、中国和1891—1900年间的反教会骚乱》（明尼阿波利斯：1966）。虽然韦尔利使用的材料几乎与我全然不同，但我们却形成了相同的结论，即在1891年，有两种不同但间接联系在一起的运动：一种由哥老会领导、旨在推翻清王朝；一种由忠君的湖南士人领导，只是单纯地直接反对洋人和中国教徒。但是，如同其他不熟悉张之洞此年中奏疏的作者一样，韦尔利也没有注意到哥老会实际上计划于当年秋在安庆和其他地方发动起义。

② 参见《1891年中国的排外骚乱》，200～201、260～264页。《长江骚乱之动因：全景图》收录了周汉所撰的这本广泛流传的小册子，并译成了英文。

③ 参见《益闻录》1891年10月17日、11月7日；杨格非1891年9月24日信，收入《1891年中国的排外骚乱》，185～193页；《长江骚乱之动因：全景图》，3页。

儿院。虽然双方仍沉浸在紧张氛围之中，但他公布的教会行为清白的证明，显然在消除当地华洋关系的潜在危机方面发挥了扭转局面的作用。①

从20世纪的情况来看，我们可以说，士人、乡勇和秘密社会在汉口排外活动中的汇合，乃是必然之势。在我们研究的最后几年中，汉口劳动阶级至少有一些成员（搬运工、船夫等）加入到这些群体中，于是一个真正的革命力量也就形成了，而且他们对外国势力的反对事实上也转化成反对清王朝或反对专制制度的运动了。但直到1895年，这一组合中仍然没有包括商人、店主、小贩、手工业者以及大多数劳动者——换言之，大多数有安稳职业的城市常住人口还没有加入其中。而当大部分人均加入其中时，运动的性质将会转化为民族主义运动，就像1905年抵制美货运动所表现出来的那样。但那将是不同的道路。

早在1880年，英国驻汉口领事艾勒伯斯特就已认识到了这一点。当时，人们都在兴奋地为预料中的中俄边界战争作准备。他写道：

> 值得注意的乃是战争似乎即将到来时，汉口官府与民众的态度都非常兴奋。普遍地渴望战争；而且，外国人所接触到的当地人都对战争的结局表示出极大的信心。但是，在这座只有一艘英国炮舰作为防卫的深入中国内地600英里的前沿基地，并没有出现对英国人、美国人或俄国人的任何侮辱行为，仍照常做生意。②

换言之，大多数汉口人之所以转向民族主义，并非因为此前有重要的恐外排外经历。

四、结语：市民与外来者

市民与外来者（或“得到允许的居住者”）之间的区别是中世纪欧洲市镇与城市的基本特征。虽然随着欧洲进入现代早期，这种区别变得越来越模糊，但并没有全然消失；而且，在以后的快速工业化、城市贫困人口增长特别是公共福利系统的扩展过程中，实际上这种区别又增加了特别的内涵。虽

---

① 参见《长江骚乱之动因：全景图》，18页；《益闻录》1891年9月19日。

② 英国外交部档案，《英国驻华总领事商业报告，1881》，30页。

然这种区别显然比较适合在那些较小的、更有自我抑制能力的市镇存在，但晚至18世纪，在一些商业大都市里，仍然可以见到这种区别的存在：在法兰克福那样的欧洲中部城市，表现为法律条文的规定；而在更具都会主义特色的巴黎和伦敦，则主要是一种感觉上的区别。① 这种区别的关键在于（无论是否有法律规定），一种人清楚地属于这座城市，拥有社会成员的权利和义务；另一种人则在地理上不来自本地，或不具备归属本城的特征证明（种族的、宗教的或职业方面的）。

虽然没有特别的词汇来描述，但现代早期的汉口却同样存在着那种感觉上的区别。与欧洲城市不同，中国城市无法用给予或拒授选举权以区别市民和外来者。也没有只有地产所有人才能成为完全合格社会成员的限制；一般说来，地产可以不受限制地自由转让。然而，汉口人仍然非常清楚地知道谁是汉口人，谁不是。

在一个人口空间流动频繁、客居精英占据主导地位而且一直持续不断地从周围乡村迁入移民的城市里，成为社会成员的标准不可能只是居住时间的长短。财富不过是决定性的因素之一——这一点与欧洲市镇大不相同，在那里，富有的长距离贸易商和中产阶级的犹太人常常被排斥在市民之外，与乞丐、妓女同列；在汉口，大部分外来者往往是穷人。但如果一个穷人或刚来不久的人能有“恒业”，或者有土著的本地市民给他作“保人”，他也可能很容易地被接纳为汉口人。如果没有这些，他就仍然是外来者。

实际上，外来者逐渐分化出两种类型：一种是所谓“无赖”或流浪者，诸如难民或退伍兵勇；一种是“痞棍”或黑社会成员，他们虽然并不一定但大多没有稳定的生计，在汉口也没有本地社会联系，而是靠自己的信仰、行动，或者以控制城市社会的道德标准所不认同的生活方式，在这里立足、生存。这些公认的道德标准至少是如下五个方面因素不完全混合起来的：

---

① 参见沃克（Mack Walker）：《德意志家园：社区、州与大地产》（纽约州，伊萨卡：1971），73～88页；拉夫：《秩序井然的警察国家：德俄法制社会和制度的变迁，1600—1800》（康涅狄格州，纽黑文：1983），89～91、167～168页；索利戴：《冲突中的社区：17世纪和18世纪前期的法兰克福社会》（新罕布什尔州，汉诺威：1974），53～61、198～230页；考伯：《警察和人民：法国大众的抗议，1789—1820》（牛津：1970），28～30页。

（1）尊重儒家社会关系的结构，特别是家庭结构；（2）心甘情愿地对社会整体利益作出让步和妥协；（3）尊重“道德经济”，它将为“民生”提供最低限度的保证；（4）遵守公认的商业交易行为准则；（5）服从城市环境中一个良好市民的行为规范，比如尽可能采取措施，以预防火灾。尽管在实践中这些原则频繁地受到破坏，而且不同社会地位的城市群体对待、遵守这些原则的表现形式也多种多样，但这一切均未能彻底否定它们得到大众公认这个事实。

这样，本章所讨论的这些带有明确激进信仰的个人和群体就必然归属于外来者之列。对于这些外来人来说汉口是一处充满暴力和喜欢争斗的地方。但这并不意味着汉口人易于接受预先鼓吹暴力的意识形态。在此，让我们借用一个广为人知的社会理论家的语言，“人民内部矛盾”和“敌我矛盾”之间是有差别的。

第四部分

控　制

第8章
控制力量

根据清帝国的基本制度，城市的内部和外部安全由两种类型的官吏负责——不管是汉口这样没有官府设置的“镇”，还是武昌、汉阳那样得到正式认可的“城”。一方面，是保甲系统的保甲长——保甲就是居民家庭按十进位方式编组成的层级制单元；另一方面，则是帝国军事系统，特别是绿营。前者是非职业性的，由当地居民充当，对下向本保甲居民负责，对上向官府负责。后者是领薪饷的职业军队，只是向帝国政府负责。两者都不是专门在城市设置或专门负责城市治安的，也不是专门设计来应对复杂的大城市人口之社会安全需要的。

然而，汉口与在其他城市一样，在应对诸如我们曾描述过的各种现实的和可以预见的对公共秩序的威胁的过程中，为了填补这方面的空缺，人们设计出各种各样未经统筹安排的处理办法。一种应对办法只是在实践中对保甲制度和帝国军队做些简单的修修补补。这种策略并不成功，它最后被证明不能担负起控制那些混乱城市秩序的任务。随后，这些任务就留给了城市社会，其中，主要是由城市精英（治安功能对他们特别重要）根据他们的利益需要，设计出了应对安排。汉口社会在这方面的努力取得了一定程度的成功，其长期努力的结果对汉口和清王朝来说，都是非常引人注目（如19世纪60年代自建的汉口城墙）和成效显著的。

一、驻防清军

有七营绿营军负责防守汉口及其姐妹城市组成的武汉三镇，其中的五营组成“武昌城守”部队，其余的两营组成汉阳协。① 这些军队是清帝国军事

---

① 所有驻防湖北的满洲八旗军队都没有保卫文官衙门的职责，所以驻扎在长江上游、远离省城的荆州城。

防卫体系必不可少的组成部分，它们在武汉的作用，按照正式的官方规定，是镇压诸如白莲教起义、太平天国运动及捻军起事之类的“乱祸”。在执行这些任务的过程中，他们并不特别负责城市本身的防卫，所以我们在第七章中几乎没有看到他们的踪影。1659年绿营军规章甚至明确规定绿营不得强行介入城市内部的日常治安，而把这一任务留给地方文官衙门及其代理机构，特别是保甲系统的相关人员。然而，正如楢木野宣所指出的那样，到18世纪初，这种禁令实际上已被废除，驻屯地方的军事官员逐步与其文官同僚们一起，对预防盗匪和其他非政治性的犯罪共同负责。① 在汉口这样的大都市，情况确乎如此。

在随后的岁月里，驻屯在汉口的帝国军队与文官一起共同担负起汉口的治安。虽然官府和一些官员都日益认识到汉口的重大发展，但从未认真努力地重新评估汉口的地位或重新考虑整体政策。早在18世纪，官府就相信最好能将大约600名汉阳协官兵从汉阳城分调到各市镇去。所以，1729年和1738年，向汉口增派了总共281名官兵，由一名守备、一名千总和两名把总负责指挥。其正式职责是警戒港口安全，监督漕船，但官方也承认，之所以将他们调往汉口，部分原因是由于在“出入便宜”的掩护下，一些“叛匪”隐匿在汉口。1815年，又增设了一名“水师额外外委”，负责巡察流入汉口的那些较小河道。②

太平天国运动后，在上述汉口防卫力量之上又增加了一些临时措置。1863年，将汉阳都司移驻汉口，其职责范围则明确扩展到包括岸上和港口的安全。两年后，汉口又增加了左右司把总各一员和四名额外外委，其中左右司把总各负责一条流入汉口的河流，每名额外外委各负责一个坊。同时，大约增加了200名士兵。凡此，都是常规性的清军（官兵），其官员一般都是按官僚制度任命的，尽管把总与额外外委往往没有任命书，只是由来自汉阳或毗邻的黄陂、江夏等县的男丁充任的。③

---

① 参见楢木野宣：《清代城乡的公共安全》，载《史潮》第49号（1953年），35～48页。

② 参见1818年《汉阳县志》卷七，7页；1867年《汉阳县志》卷十二、5页，卷十三，3～4页；范锴：《汉口丛谈》卷一，13页；林则徐：《林则徐集·日记》（北京：1962），235页；张之洞：《南皮张宫保政书》卷八，10～11页。

③ 参见1867年《汉阳县志》卷十三，5页；卷十四，5～12页；1884年《汉阳县识》卷二，7～8页；1920年《夏口县志》卷四，38～47页。

虽然增加这些部队仍不足以使汉口拥有适当的防卫力量，但实际上太平天国运动后汉口的官兵数量却明显地逐步增加，这主要是湘军及其后继组织的乡勇。1856 年，胡林翼在向皇帝奏报新复武汉三镇时，提到大约有 8 000 名步兵和 2 000 名水勇在这里驻扎和训练。① 12 年后，长江水师创办，并把汉口作为其主要基地之一。19 世纪 70 年代后期，当长江水师受命裁减时，湖广总督李瀚章成功地将部分拟裁撤的水勇改为步兵，并指定他们防卫汉口。②

在 19 世纪 80 年代最高峰时，湖北省总共拥有 22 个营的常设乡勇，再加上另外还有经常经过这一地区而暂时驻屯的大批部队③，因此，如果说发生什么事情的话，汉口应当是能得到很好保护的。可是，到 19 世纪 90 年代初，财政压力促使官方裁撤了大部分乡勇，22 个营只剩下 6 个营。3 个营的总部设在武汉，其中一个营驻在汉口。当地官员抱怨说：这些兵勇经常被派往其他地方执行任务（去保护蒲圻的制茶厂、大冶的铁矿以及全省各地的煤矿等），根本不敷保卫城市之用。④

虽然这些乡勇的来源与指挥系统均是外省的，他们从未被认为是“本地军队”，但其经费却全部出自湖北财政。其经费支持列入湖北省军需总局的预算，而军需总局的收入几乎全部来自商税，特别是在汉口征收的厘金和盐税。⑤ 这些收入偶尔会得到一些个人捐款而有所增加，比如，有一位商人，在 19 世纪 60 年代合计捐献了 10 000 余两。⑥ 因此，乡勇经常受命压制汉口城市内部的混乱局面、逮捕罪犯以及在诸如有大量难民涌入的日常性危机时出面维持治安，也就毫不奇怪了。⑦ 至于 1868 年按汉口四坊每坊各置一名的

---

① 参见胡林翼咸丰六年十二月三日奏，收入《胡文忠公遗集》(1866) 卷十四，3~4 页。

② 参见李瀚章光绪三年三月四日奏，收入《合肥李勤恪公政书》(1900) 卷七。

③ 例如，1878 年，大约有 5 000 名湘勇驻屯在后湖附近，准备开赴陕西，去“安抚”那里的饥荒。参见《申报》光绪四年五月十九日。

④ 参见张之洞光绪十七年八月十九日奏，收入《张文襄公全集》卷三十，20 页；张之洞光绪十九年奏，收入《南皮张宫保政书》卷八，11 页。

⑤ 参见官文咸丰十一年五月二十日奏，出台北“故宫”博物院：“清宫档案”；曾国荃同治五年八月月奏，收入《湖北通志》卷五十，27 页。

⑥ 参见 1867 年《汉阳县志》卷十五，28 页。

⑦ 例证可见《申报》光绪九年十二月二十七日，《益闻录》1888 年 1 月 21 日。

什长，更是受命监督城市街道的巡逻。这样，负责治安就越来越明确成为许多汉口军事人员的主要职责了。

19世纪70年代中期，驻屯汉口的乡勇受命在城市主要街道上每隔一段距离建一座“卡房”。每座卡房配备12名卡兵或卡勇，他们日夜定时巡逻其所辖区域。有关当地犯罪情形的报道说明，这些巡逻队有权查究并逮捕日常犯罪活动和政治煽动活动中的犯罪嫌疑人。① 虽然名义上向当地文官衙门负责，后者也希望向他们转交嫌疑犯，但到这时候，乡勇已明显转变成一种区域性宪兵，一种负责维护城市内部法律和秩序的高级地方军事力量。

可是，在太平天国运动后的中国，军队对王朝的不忠，是恶名远扬的。这些岁月里，地方军队和帝国军队对汉口的稳定所发挥的作用，正如我们已经看到的，也许是消极作用大于积极作用。1882年10月武昌城守营的兵变，最清楚不过地反映了这一点。

事变的起因微不足道：一位名叫杨得魁的把总想在武昌钱庄兑换一点钱，与钱庄伙计就兑换率发生了争执。② 江夏知县蔡炳荣偶然经过钱庄门口，听到了吵闹声，草率地命令在大街上将杨把总鞭打了一通。这里有一个问题：蔡知县何以会采取如此草率的过激行为？有人说他是为了讨钱庄老板（有影响的候补道台，程钧憣）的欢心；但更可能他只是把杨得魁误作一个地痞了——当时杨并未穿制服，而他对这些地痞一向持有根深蒂固的憎恶（我们已看到，此前蔡炳荣任职汉口时，曾经坚决有力地支持维护城市法规和秩序，压制那些明显的麻烦制造者）。事后，受了委屈的杨把总向武昌城守营守备风昌提出申诉，希望为他的行为做主；而守备也向湖广总督涂宗瀛呈报了正式的陈情书。

几天后，蔡知县坐着轿子在武昌城内巡视，经过市区内正在进行地方军队考选的校军场。据说，他的随从力劝他走另一条路，但他拒绝了。可以想到，

① 参见《申报》光绪四年六月六日、九月一日和十二月二十一日。

② 关于1882年武昌兵变最全面的资料，是彭玉麟光绪八年十一月二十八日奏疏中有关这次事件的调查报告，见《彭刚直公奏稿》卷三，55～60页。其他资料包括艾勒伯斯特1882年10月25日、30日信，英国外交部档案，228/700；英国外交部档案，《英国驻华总领事商业报告，1883》，85页；恩鲍特哈特（Camille Imbault Huart）：《中国武昌府的兵变》，载《亚洲学报》8卷第3期（1884年1月），89～94页。

他的经过引发了数百名考生的骚乱，蔡炳荣及其随行人员都挨了一顿暴打，直到军官赶到现场控制秩序，才得以脱身。愤怒的蔡炳荣请求总督涂宗瀛下令逮捕杨把总和武昌守备营的四名参将——他们当时正负责军队考选。这项请求得到批准。不久之后，一个未经证实的传言说总督已下令处死被捕的这几名罪犯，从而促使城守营的大约 1 500 名官兵公然集合起来，行进到凤昌的守备衙门去，要求他代为求情；可是，到了那里之后，他们发现他们的指挥官已被吓得从后门逃跑了。他们冲到监狱，放出了其同伴，然后行进到湖北提督樊国太的衙门；樊国太最后成功地说服了他们，让他们平静下来，并回到了军营。

不管怎样看，事件最后的结局对于兵勇来说是大获全胜。经过几位武昌著名精英人物和省城驻军高级官员的共同调解，城守营同意交出四位参将，并接受总督涂宗瀛的公开惩治；而后者又发布命令，彻底宽免其罪责。知县蔡炳荣被撤职，并要求他尽快离开本地区。长江水师提督彭玉麟（我们在前面已看到他曾经煽动排外骚乱、支持龙舟赛、蔑视两湖文职官员）受命调查此案。毫无疑问，他完全开脱了军队方面，而将事件的全部责任推给了行为过激的知县蔡炳荣。

可是，外国观察者则痛惜文官机构向叛乱者屈服，并最终丧失了对武装力量的控制。一位法国居民哀叹军营成了一个“大魔窟”，很多“从故乡逃走的各种罪犯均藏匿其中”。然而，他也同样以更富同情的态度谈到引发此种骚乱的根本原因之一，乃是文职官员与武官之间相互猜疑的气氛越来越浓重，暗示近来在李鸿章主持下创建更现代化的、训练更好的中国新式军队的努力，已经让诸如武汉驻军之类湘勇系统的军队产生了极大的疏离感。① 清廷按惯例接受了湖南人彭玉麟所解释的表面原因，但很快就发现，有理由为它在湖北对待军队的温和姿态而感到后悔了。1883 年 10 月的一份上谕就痛惜地说：“湖北自操防营滋事后，刁风日长，兵蹇将骄。武汉五方杂处，拜会结盟，无县不有……加以水灾突至，闻饥民聚集省垣，游勇会匪，混迹抢掠。”②

---

① 参见恩鲍特哈特：《中国武昌府的兵变》，载《亚洲学报》8 卷第 3 期，89 ~ 90 页。

② 光绪九年九月二十日上谕，引自卞宝第与彭祖贤光绪九年十月奏疏，收入《卞制军奏议》卷四，61 ~ 64 页（译者注：此谕日期当为光绪九年九月九日，收入中国第一历史档案馆编：《光绪宣统两朝上谕档》［广西师大出版社 1995 年影印本］第九册，289 页。二十日当为卞宝第奉到此上谕之期）。

这自然会吸引人们在1882年10月的事件与恰好29年后的另一次“武昌兵变”（即“武昌首义”——译者）之间画一条平行的或直接联系的线，但这里不适合讨论这个问题。在这里，最重要的是，事实上，虽然事件并非发生在汉口而是在江对岸的武昌，但武汉三镇显然都明确地表现出驻防军队所带来的危机与压力。更具体地说，这是武汉三镇摆脱反叛者的直接代价。

总之，为了汉口的内部和外部安全，清朝官僚系统做出了一些努力。然而，这些努力并非行之有效，也许官员们也从没指望这些措施能行之有效。光绪前期，驻守和巡逻汉口的外地军队数量足以应付潜在的威胁，而当地人则有充分的理由认为，这些军队所带来的威胁与安全相差不多。汉口公共安全事务的绝大部分，仍有待于汉口人自己承担起责任来。

二、自卫：城市团勇和汉口城墙

汉口在太平天国时期的遭遇清楚地表明，在外部威胁面前，清朝廷无力负担起保卫汉口的责任。因此，太平天国后，汉口人以前所未有的热情承担起发展城市自卫力量的责任。这一运动最引人注目的标志就是完成于1864年的汉口新城墙。稍微次要一点但后来显得更重要的，则是此种防卫力量中人为力量逐渐累积起来，最后建立了城市支持的民团。当初促使建立这种民团武装的动因是保卫城市使其不受外来入侵者的侵扰，后来，它不可避免地在维护城市内部安全方面也发挥越来越大的实际作用。

1856年，汉口士人胡兆春在为其朋友的恩主胡林翼准备的一篇文章中辨析了几种类型的“勇”。① 第一种是所谓“游勇”，指那些自私自利的叛逆武装，那时，他们已经成为祸乱华中乡村地区的重要力量。第二种是所谓“官勇”，即胡林翼指挥的湘军之类的地区性武装。胡兆春指出：这些领取官方薪饷的军队，对于他们受命保护的地方来说，却是陌生人；而且在这方面，

---

① 19世纪中文文献中使用的“勇”字（其形容词意义是“勇敢的”），含义非常模糊不清。为了更准确地表达，在本书中，当用它来指称非本地军队时，我通常把它译作“brave”，包括那些驻屯汉口的“勇营”；当用它来指称本地组织的“团练”武装时，我一般译作“militia”。我们将看到，在某些文献中，这个词还可以指另一种雇用来负责内部保卫的保镖；在这种情况下，我把它译作“constable”。

从地方角度来看，它与帝国军队并没有区别。胡兆春提到的第三种类型是他真正感兴趣的“乡勇”，它在当地居民中征募，其经费来源与指挥均由当地社会自己组织的“团练局”负责。① 这第三种类型的“勇”，正是胡兆春试图在汉口加以制度化的东西。

19世纪后半叶之前，只有在某些非常紧急的危机时期，地方社会才会在得到官方许可的前提下，主动建立民团。在汉口，最早的事例是在1796年白莲教起义期间。据说，孝感陷落之后，汉口商业精英中间“军心”振奋。一位名叫汪辟襄的盐商组织了一支民团，为此，他个人捐献了大约1 500担米。另外的大笔捐献则来自两淮盐商的“匣费”和当地徽州会馆管理的建设基金，他们向南京两淮盐运使报告说，这些年，他们捐献给汉口保卫事务的经费，合计达30余万两。这一支特殊的民团武装并未在战争中一试身手，而且，在直接威胁消失之后就被解散了；它的重要意义乃在于，它是第一个由当地社会组织的机构，明确属于“汉口自治城市”的机构，而不是以汉阳县或某些城市内的亚社区群体作为其组织主体的机构。因此，事实证明，战争是促使城市社区意识发展的一个重要动因。②

第二次短暂的军事化，发生在1841年至1842年间，这次是官府主动在武汉三镇范围内发起的。当时，英国海军在《南京条约》签订前即沿长江向上渗透，在鄂南又爆发了国内叛乱；驻守湖北的常规部队有几千人被调往江南，另有几千人在湖广总督裕泰带领下，前去镇压叛乱。于是，湖北巡抚赵炳言采取了他所谓的“非常之举”，组织起一支约2 150人的民团，并下令暂时用汉口商船武装他们。③ 这支武装力量，也从未受命保卫汉口。

太平天国运动期间，官方曾几次努力施加影响，设立一个指挥机构，以全面掌握武汉地区那些民间自发组织的民团，并试图将汉口征募的民团与那

---

① 参见胡兆春：《募勇论》，见《尊闻堂文集》卷一，6～7页。

② 参见信山嘉庆七年五月十八日奏，出“清宫档案”；1818年《汉阳县志》卷二十五，46页；1867年《汉阳县志》卷二十（下），26页：《汉口紫阳书院志略》卷八，23～25页；佐伯富：《中国史研究》第二卷（京都：1971），290页。关于匣费基金管理与审计的旷日持久的争论，参见罗威廉：《汉口：一个中国城市的商业和社会，1796—1889》，第3章。

③ 参见赵炳言道光二十二年一月二日奏，见“清宫档案”；《裕庄毅公年谱》，54～56页。

些以周围乡村为基地的民团联合起来。为此，1852 年 8 月，在武昌的湖北藩司衙门设立了一个“防堵总局”。汉口竹木行会支持这一努力，捐献了 2 000 个木制盾牌供团勇使用。然而，1853 年初，随着太平军胜利带来的冲击，这一全局性的机构也就消失了。①

1855 年初胡林翼率领其久经训练的庞大的清军进入这一地区之后，逐步合并了几支已经在这里进行了一段时间游击战的当地团练组织。其中最重要的一支是丁鹿鸣创办的，他是汉阳人，曾做过京官。丁鹿鸣一开始从他的姻亲所在的市镇杨店起家，以当地乡村精英捐献的粮食为基础，建立起团练组织，然后逐步联合了一些较小的地方民团。他把自己相当强大的军队交给胡林翼支配，胡则将其名义上的指挥权交给了汉阳知县吴季训。1855 年，这支部队在汉口后湖地区与太平军的交战中取得了一次决定性的胜利。然后，它继续进军汉口，相继在硚口桥、万寿宫和大水巷展开血战，最后成功地将太平军赶出了汉口。汉口在最后一次被太平军攻陷之前，一直由这支在当地生员李淳指挥下忠于清王朝的军队有效地控制着。② 在太平天国运动的最后几年中，汉口一直掌握在官方手中，但其防卫实际上是由汉口自己的民团负责的。这支民团武装是在盐商熊建勋的倡导下征募的，由社会负担其供应费用。19 世纪五十年代末和六十年代初，随着商人和其他居民陆续回到汉口，熊建勋继续征募团勇，按街区编组团练，汉口四坊的每一个坊联合组成一个层级制的“大团”，而由熊建勋本人负责全城民团的总指挥。③ 至此，在当地意识中，人们已经稳定地确立起“城市自治体”是一种强有力的地方防卫单元的信念。汉口进入恢复重建阶段后，单纯由地方主导编练民团，已积累了一些不太多却非常积极有效的经验。

对于全城整体安全的关注，以及汉口人决心自己承担起安全责任的勇气日趋高涨，于 1862—1864 年间修筑汉口城墙之时达到高潮。尽管汉口作为汉

① 参见陈徽言：《武昌纪事》，收入《太平天国资料丛刊》（上海：1953），583 页；张亮基咸丰三年六月二十二日奏，收入《张大司马奏稿》卷四，19 页。

② 参见 1867 年《汉阳县志》卷十三，16 页；卷十八，64 ~ 66 页；卷十九，15 ~ 17 页；卷十九，29 ~ 32 页；官文咸丰七年三月二十七日奏，出“清宫档案”；胡林翼咸丰七年三月二十七日奏，收入《胡文忠公遗书》卷四十九，6 ~ 7 页。

③ 参见 1920 年《夏口县志》卷十五，18 页。

阳城的商业郊区逐步发展起来，作为没有行政功能或常驻地方官员的市镇，也逐渐获得了官府的承认，但明清统治者一直没有给予它行政地位的显著标志。① 汉口城墙是汉口居民为自己修筑的，既不是标志性的，也不是正式的，而是一种注重实用的地方防卫设施。它是对清朝官方无力防守汉口使其免于太平军的破坏，以及当地居民普遍认为清王朝有负自己的忠诚而感到失望，所作出的直接反应。以后，官府就再也不能一遇到威胁，就以汉口"无法防守"为理由而弃之不顾了。

促使在这时修筑汉口城墙的动因来自诸多方面。虽然太平军与捻军的威胁还没有完全消失，但武汉三镇毕竟已重新平息下来有六年了。在这一段时间里，本地防御工程普遍得到加固。比如，1860—1861 年间，维修省城城墙，并加高了约 5 英尺。② 汉口开埠以及直接对外贸易的发端，在提高城市安全和强化地方防卫方面，也发挥了一些作用。完全没有材料证明西方人曾在创议修筑新城墙中发挥过作用，也没有为此项工程提供财政援助。可是，当地中国人和官府显然很重视西方人的安全以及他们所代表的贸易，为此，才会在规划城墙时就把尚未开发的、只有稀稀拉拉居民的英国租界区包括在城墙范围之内（为此，不仅城墙额外增加了长度，并因此增加了巨额费用，而且将英租界包括进来之后，地方社会不得不花钱将已于 1861 年卖给英国投机商的部分土地再买回来，为此中国人最后支付了高出其原卖价 5% 的钱③）。国内区域间贸易逐步恢复，再加上对外贸的期望，使这时修筑城墙看起来非常合乎人情民意，也相当切实可行。

然而，修建城墙更直接的契机，则是 1862 年的大混乱——面对即将来临的太平军进攻，大部分刚刚返回的汉口人又再一次四处逃亡。这年初，当地士绅领袖胡兆春致信湖北巡抚严树森，提请新任巡抚在后湖北岸部署步兵和水军，进行抵抗，将可以保卫汉口。信中暗示，严树森杰出的前任、最近去

---

① 20 世纪 20 年代，一部地方史著作中曾推测明末汉口可能至少有部分城墙，因为在一份叙述张献忠攻陷汉口的材料中，提到他突破了部分防卫墙。可是，现存文献不能证明汉口确实存在这一较早的城墙。参见蔡乙青：《闲话汉口》，载《新生月刊》卷五，第 8 期，38 页。

② 参见沃尔西里：《1860 年与中国的战争纪事》（伦敦：1862；特拉华州，威尔明顿：1972），390 页。

③ 参见总理衙门档案，"湖北汉口英国租地案"。

世的胡林翼曾试图这样做。① 结果，正如我们在第七章已提到的，严树森和湖广总督发布了一个公告，声称一旦太平军发动进攻的话，官军将只保卫武昌，这使汉口人最坏的担心得到了证实。这一蔑视性的侮辱，以及由此引发的当地商业的毁灭性破坏，最终促使汉口商业精英下定了将这些事务掌握在自己手中的决心。

具有讽刺意味的是，正是官文自己于1862年召集当地精英和官员开了一次会议，由他们表决通过修筑城墙的动议，并制定了初步规划。虽然官文在自己的文章中声称修筑城墙出于他的提议，但时人都不同意把这一荣誉归于他。② 毫无疑问，官文热情地赞成此种汉口自卫的努力（当地人对他一贯的重商态度表示感激，其总督收入中也早已有一定稳定的份额是来自汉口商税），而且在说服清廷同意这一计划方面发挥了关键作用。可是，这一计划的最初动议显然来自别的方面。一些县志资料强调修筑城墙的动议最初而且主要是由汉口"舆论"提出并促成的，并特别点明不仅是地方精英，也包括普通民众（刍荛民），都强烈要求尽快修筑。③ 当然，公共舆论中主要声音之一，就是胡兆春的意见。

汉口人为自己修筑的城墙是中国最坚固的城墙之一，城基密密麻麻地打下木桩，然后砌以红砂岩石块。虽然实际上它只是保护了汉口面向内陆的那一边（汉口城区的形状是三角形的，另外两条边分别濒临汉水和长江），其长度依然超过2.5英里——与环绕省城的城墙周长差不多，是汉阳城墙周长的三倍。城墙之所以如此之长，形状又不规则，是因为要避开众多的沼泽和池塘。城墙西半段紧贴着老玉带河，东段则离开市区，向外摆动了一定距离，不仅包进了预定的租界区，还包括了一大块菜地和干涸的沼泽地。城墙非常宽阔，几年后，一些非法侵入的人可以在上面搭建窝棚。其外面有护城河环绕，大约置有15座炮台。城墙开有八个门：其中四个是正式的城门，各以汉口的四个坊命名；四个门是非正式的便门。还有几处水门和闸口，其重

---

① 参见胡兆春：《胡氏遗书》，收入《尊闻堂文集》卷七，3页。

② 参见官文同治三年奏，见蔡乙青《闲话汉口》（《新生月刊》卷六，第1、2期合刊，79页）以及官文自己撰写的《汉口堡垣记》（1867年《汉阳县志》卷二十七，108~109页）均对这篇奏疏作了摘引。

③ 参见1867年《汉阳县志》卷二十七，108页；1884年《汉阳县识》卷二，2页。

要作用乃是使汉口土垱口与通往黄陂、孝感的诸多小河之间可以通航。①

城墙建设委托给一个专门设立的堡工局，汉口道台郑兰和汉阳知府钟谦钧名义上负责监督。可是，在直接呈报朝廷得到批准之后，当地士绅胡兆春被任命为堡工局总办。当然，胡兆春早就因他父子两代为地方商人子弟办学而为地方商界所知，大家对他在抵抗太平军中所发挥的积极作用，特别是对他正在进行的胡林翼所创设的新商税体制的管理工作，均耳熟能详。因此，人们对精明能干的胡兆春都普遍表示支持，认为他正直诚实，做事有效率，能够有效地协调增加国家收入、解决目前的急切需要与恢复阶段里商人们敏感、有限的财政能力之间的平衡关系。堡工局的其他领导人包括盐商兼民团团总熊建勋，以及刘璘——一位来自江夏县的客商，太平天国运动后汉口长期的社会活动积极分子，19世纪末汉口军事化过程中主要的代表性人物（详见第九章）。②

堡工局负责通盘考虑城墙的位置，在兴建过程中极力避免不必要地触动坟地。对于许多确信无法避开的坟地，堡工局安排挖出棺材，小心地重新埋葬在他处；据传闻，从事这项工作的工人吓得浑身发抖，所以，1863年10月，胡兆春在甘露寺为他们举办了一场免罪法事，汉阳知府和知县都亲自参加了法事活动。城墙预计要经过的房地产被征用，其主人或者获得现金补偿，或者通过“换地约”的方式，在堡工局为此目的专门获得的其他地方得到另一块地产，以作为补偿。雇用工人，购买材料，选择吉日破土开工。不到两年，即1864年末，工程竣工。③

这项工程的总费用，高达25万，全部由汉口人和当地商业经济来负担。堡工局曾提出过一个预算估计，胡兆春召集了一次“全镇绅商”的全体会

---

① 参见胡兆春：《胡氏遗书》，收入《尊闻堂文集》卷八，9～10页；1884年《汉阳县识》卷二，2页；蔡乙青：《闲话汉口》，载《新生月刊》卷六，第1、2期合刊，79页；《申报》光绪五年十月二十六日；金达凯：《武汉城镇的演变》，载《湖北文献》第5期（1967年10月），66页。

② 参见1867年《汉阳县志》卷六，3～4页；卷二十七，19页；1920年《夏口县志》卷十五，18、27页；胡兆春：《胡氏遗书》之《道生堂》，26页；罗威廉：《汉口：一个中国城市的商业和社会，1796—1889》，第6章。

③ 参见胡兆春：《尊闻堂文集》卷八，9～10页；总理衙门档案，“湖北汉口英国租地案”。

议，细致地商讨筹集经费的办法。在实际开工之前，通过向汉口全体业主征收财产税筹集到10万两工程款。余下的15万两是随后筹集到的，主要是商人的捐款和向输往海外的茶叶每百斤征收0.067两的特别捐。① 这种社会筹集资金的办法并非前所未有——比如，它与蓝厚理（Harry Lamley）所描述的约50年前台湾新竹城的筹资方式就基本一致②，然而，如此轻易而没有摩擦地筹集到如此巨大的款项，却不能不归因于胡兆春的管理技巧和号召能力，汉口总体上的商业繁荣，以及民众对这一工程的真心支持。实际上，官文在就城墙完工呈给皇帝的奏疏中就说道："舆论翕然"，汉口人"众志"均同。③

很快就发生了让汉口人足以自我祝贺的事情。城墙竣工不久，一大股捻军就进至汉阳县，看到汉口新的防御工程，未发一枪就离开了。更重要的是，城墙成功地达到了一个目标，即让人们感到这里具备投资的基本条件，安全、保险：预防1862年那样因战争威胁原因而引发的商业停顿，鼓励汉口商业不断恢复繁荣。汉口对西方商人以及中国商人的吸引力不断增强，这在1867年捻军威胁之后《北华捷报》所作出的反应中表现出来："我们满意地获悉，当叛军再次逼近时，租界和当地城市都得到了比以前好得多的保护。训练有素的部队负责防守城墙，当地精英们觉得比从前只能依靠他们自己的武装保卫城市更有信心了。"④

《北华捷报》记者提到的"训练有素的部队"是一支新型的常备自卫武装，其总部"汉口防勇公廨"就建在邻近循礼门的城墙上。⑤ 这支部队虽然名义上受汉口驻屯绿营军将领的正式指挥，但它实际上是从当地人中招募的，其经费也全部来自地方"捐"。具体地说，在汉口发售的湖南茶叶每百斤要抽0.028两的地方特别捐。当时，湖北出产的茶叶每百斤要抽0.067两，

① 参见张之洞光绪十七年三月十八日奏，收入《张文襄公全集》卷三十，9页；1920年《夏口县志》卷二十七，108～109页。

② 参见蓝厚理（Harry Lamley）：《城市的形成：修筑台湾三个有城墙的城市的发轫和动力》，收入施坚雅主编：《中华帝国晚期的城市》（加利福尼亚州，斯坦福：1977），186～192页。

③ 参见蔡乙青：《闲话汉口》，载《新生月刊》卷六，第1、2期合刊，79页。

④ 《北华捷报》1867年6月5日。

⑤ 参见1884年《汉阳县识》卷二，7页。

起初是用作城墙建设经费，1864年后即改充城墙守卫经费。19世纪70年代末，随着外部威胁开始减少，这两种特别捐都减了一半；1886年，全部停止征收湖南茶叶的特别捐。① 毫无疑问，之所以这样做，部分原因是对茶业商人因利润下降不断游说所作出的回应，但显然也是因为汉口于1883年配备了新式防卫武器，从而有了新的依靠，才有可能采取这种行动的。

孔飞力（Philip Kuhn）在他有关19世纪军事组织的经典著作《中华帝国晚期的叛乱及其敌人》一书中，描述了在整个19世纪，官僚政治对精英领导的军事化的抵制是如何被逐步消解的过程。1980年，孔飞力重新思考其论点时，加大了对19世纪前期精英能动性的考虑，但仍然重申他原先有关太平天国运动是一个关键转折点的观点："原来国家不能容忍的地方精英的放肆行为，在镇压叛乱的背景下，却成为担当地方权力所必不可少的行动了。"② 虽然孔飞力的研究并没有关注这一进程在大城市中的特性，但我们发现，汉口社会逐步军事化的进程，与孔飞力揭示的整体性时间表是吻合的。虽然可以将城市民团的前身上溯到白莲教起义期间，但在本质上非官方性城市民团的扩展与常规化过程中，19世纪中期影响巨大的太平天国运动仍然是一个分水岭。

长期以来，官方对此种地方在安全事务方面的主动一直持反对态度，其未能言明的原因主要是担心它会导致地方武装自治，特别是一个拥有巨大财富和经济实力的城市也倾向于这样做的时候担心尤大。在中世纪欧洲，行会领导的城市市民武装，理所当然地被看做摆脱封建君主控制的至关重要的因素；而且，至少在马克斯·韦伯看来，正是由于中国拒绝给予城市自卫权，才阻碍了同样进程的发展。③ 可是，在19世纪的70—80年代，清王朝显然放松了警惕，而且事实上鼓励汉口的军事化进程。我们将看到，在清王朝统治的最后30年中，这一进程持续加速进行。

另一个与此相关的担心是政府害怕失去征税和掌控税收的决定权。孔飞力指出，即便是团练武装热心的支持者胡林翼、曾国藩等人也非常警惕此类

---

① 参见张之洞：《张文襄公全集》卷三十，8~9页。

② 孔飞力：《中华帝国晚期的叛乱及其敌人：军事化与社会结构》（马萨诸塞州，坎布里奇：1981），"前言"，4页。

③ 参见韦伯：《城市》（纽约：1958），119~120页。

组织侵入财政领域。[1] 在汉口，为了支持新城墙的修筑、维护与运作而征收的茶贸易特捐，是最早出现的为了城市防卫而征收的税（即使在这种情况下，它的名目也不叫“税”，而称作“捐”）。然而，19 世纪为了支持城市防卫而举办的商业和公众募捐，明显地有一种强迫感，即受到社会和经济的压力，民众不得不捐；而 19 世纪 60 年代强制推行的全面革新，不仅是地方安全税收常规化过程中的一个步骤，也标志着城市社会进入了财政领域。

官府的最后一个担心并不是害怕地方社会无力控制民团武装，而是军事化可能会危及地方社会的稳固与维护。换言之，掌握在精英手中的武装力量，在某些情况下，可能会被当做一个阶级的工具，而不是为整个社会的利益服务；在某一特定条件下，它可能令人难以接受。正是出于这种担心（明显建立在阶级基础上的军事武装，势必引发社会内部的冲突，从而无法在抵抗外来侵略事务中达到预期目标），在明朝末年，官府甚至许多精英本身，即使是在万分危急的时刻，也不愿意承认其作用。[2] 在平定太平军之役中曾广泛依靠地方民团（包括汉口民团）的胡林翼，反复强调民团唯一的出路是不受精英自身利益的污染，主张把它置于原有的保甲制度下加以控制——保甲制度被认为是超越阶级的。[3] 一直到 19 世纪 80 年代中期，汉口的军事化进程并未采取这种路线。

社会军事化发展方向的一个关键性标志，是在一定程度上，原本建立起来用于保证外部安全的武装力量，逐渐转变为镇压内部不同意见和内部混乱的工具了。这种情况在许多近代早期的欧洲城市中相当普遍。比如，伦敦的“民兵团”，是 17 世纪后期为了代替在城市防卫中越来越不可靠的常规部队而建立的；当 1675 年、1689 年和 1697 年他们被用于镇压城市织工骚乱时，在其功能方面经历了一场引发激烈争论的变革。[4] 在建立之初，汉口团练就受命搜检城市人口中的“奸宄”之徒，以保卫城市。[5] 从 19 世纪 70 年代起，

---

① 参见孔飞力：《中华帝国晚期的叛乱及其敌人：军事化与社会结构》，88 ~ 92 页。

② 参见邓尔麟：《嘉定义民：17 世纪中国的儒教领袖和社会变迁》（康涅狄格州，纽黑文：1981），227 ~ 228 页。

③ 参见胡林翼：《胡文忠公遗集》（1866）卷十四，4 ~ 5 页。

④ 参见毕拉福：《公共秩序和大众骚乱，1660—1714》（牛津：1938），145 ~ 151 页。

⑤ 参见胡兆春：《尊闻堂文集》卷一，6 页。

汉口民团越来越频繁地受命去帮助逮捕刑事罪犯。① 当然，在这方面，不过是仿效了王朝正规军队的做法——长期以来，王朝就给严格意义下的军队增加了治安功能。然而直到 1883 年，汉口精英领导的地方民团都成功地抵制住了将其用于保护财产和城市社会秩序方面的各种企图。

三、保甲

与整个清帝国一样，在汉口保甲中，得到认可的社会内部治安制度，是保甲制。虽然萧公权的研究结论认为，17 世纪清王朝所颁布的一系列法令实际上已使保甲制形同虚设②，但是在汉口，仍有非常多的证据表明，在整个清朝统治时期，保甲是维护公共秩序和安全的一种积极、有效而且为大众所知的工具。但这并不是说，保甲制度的各组成部分都是行之有效的；也不能说保甲的运转与新儒家鼓吹者和极为务实的清初统治者的设想丝毫不差。具体地说，虽然在我们的研究时段里，保甲中的“连坐”一节发挥作用较小，但是这种个人负责的原则与保甲长统领的邻里组织结合起来，发挥着积极的作用。

根据地方文献，清朝初年即推行了保甲制；但实际上，直到 18 世纪初，即 1708 年康熙皇帝有关保甲细则的诏旨发布之后，汉口才真正开始认真地努力建立起控制居民的全面制度。③ 此后，每个皇帝都会周期性的发布保甲方面的诏书，至少在形式上，各地随后都会对保甲制作一番整顿和革新。在汉阳县，非常详细的保甲规章一直保留到清朝末年，现存的最早文本则是 1813 年的。

与其他地方一样，汉口保甲有一个不可思议的宏伟目标，即将所有户口都编进十进位编制的组织里，每家互相担保，保甲长依次递升，按照层级制编组。按照 1813 年的规章，这些组织中最大的一级是保，大约有 1 000 户，当地把其负责首长称为“保正”或“地保”；汉口有 85 名保长。这种编组起

① 参见《申报》光绪五年十月二十六日。

② 参见萧公权：《乡土中国：19 世纪的专制统治》（西雅图：1960），297 页。

③ 参见《汉阳府志》卷十二，2 页。关于 1708 年诏书的摘要和讨论，参见徐炳宪：《清代知县职掌之研究》（台北：1974），214 ~ 215 页。

码要求挨家挨户地登记户口，记录每个居民的姓名、家庭、职业以及“籍隶”。① 保甲登记的目的之一，用 1876 年一位汉口评论人的话说，是为了“行厘剔莠民之善政。”汉阳县人口普查资料就是以 1711 年、1813 年和 1888 年的保甲登记为基础编制的。一次保甲登记结束之后，“寄居年久者和单身汉”可以期望被接受进保甲组织，“如遇户内住有来历不明之人，访实之后，即会同地保驱逐出境。设有容隐，一律科罪”②。

然而，要达到这个目标，汉口从一开始就遇到了远比其他大部分地方更大的困难，因为其人口的流动性非常之大。即使不考虑那些乡下难民、退伍兵勇以及其他难以掌握人口等问题，两种类型的群体也持续不断地给保甲制的推行带来很大的困扰：一是行商及其伙计们，二是港口的船户。1813 年，对前者的管理作出了明确的详细规定：

> 汉阳汉镇各庵庙饭歇店留寓客民者，遵用前谕循环簿登填缴查，其各乡村著落保甲留心稽查，不得容留匪顽。
>
> 汉阳汉镇所住土著及外来住家开张行栈、店铺，各户毋论绅士，俱应一体编查。所有时来时去商民，责以填牌换册，难免纷烦滋扰。此次编排保甲，原为稽查奸宄。凡大商巨贾，各投正经行栈，素常认识，自可保无他虑。惟外省外邑流民匪类，或力趁糊口，或鼠窃狗盗，所在皆有。伊等无非落寓偏僻小饭店及沿江沿河篷厂。责成皆管保甲随地留心体察禀报，毋稍徇纵骚扰。③

在这份较早的文献中，我们已看到在观念上对两种非常住居民（合法的寓居者和无所事事的“外来者”）有着清楚的区别；而保甲既要控制或驱逐后者，却不能给前者带来太多的麻烦，要完成这一任务是何等的困难。④

---

① 保甲登记与户籍登记显然有别。后者主要是为了个人身份的界定而不是为了地方控制。虽然旅居汉口的侨寓人口与本地人之间有很大差别，但所有人在居留汉口期间都希望编入保甲单元。参见罗威廉：《汉口：一个中国城市的商业和社会，1796—1889》，233 ~ 243 页。

② 《申报》光绪二年三月二十一日。

③ 1818 年《汉阳县志》卷十二，17 页。

④ 然而，这里提到棚户区，正说明在那个时候，这种控制手段本身已不能预防城市下层阶级的不断涌现。

对于所有流动群体，官方的策略是强化连保体制。例如，1813年保甲章程就规定，“客商”须结成五人或十人一组的互保组织。① 但早在1818年，《汉阳县志》就抱怨说，试图将这些人口均纳入一种集体互保体系之中，事实上乃是不可能之事，因为“贸迁之人，僦屋而居，朝移暮易”②。1876年，一位本地记者表达了同样的观点：

> 外来寄寓之民，赁屋而居，视同传舍。今日宅于居仁坊，明日则徙于由义坊矣，后日又迁于循礼与大智矣。地保清查未及周到，而民已转徙者已三四次。虽亦从而清查之，亦何可得哉？③

船户的情况更为复杂。在有可能的地方，船户均被置于城市正规保甲设施的控制之下（许多地方豪强被任为“水保正”或“水首”）。可是，在很多情况下，地方官员非常了解试图用这种办法填补控制体系中现存的空缺，一般是失败的。④ 这些制度不会比保甲制度本身更为有效。

可是，这些短期居留的户口既从未成功地融进汉口的保甲系统，似乎也从未像在汉口较长居住的人口那样编进稳定的十进制互保单元。首先，我没有见到过曾提及确实存在着可以认为是出自这种户口组织单元的牌头或甲头的资料。（1847年，密迪乐[Thomas Taylor Meadows]曾注意到，在广东，这些牌甲长的存在，乃至更高等级的保长在城市中有效地发挥作用，都不过是一种法律上的预设。⑤）所有地方资料之所以提到记录居民信息的门牌和十家牌，都是因为它们实际上已基本不存在了，才特别提出以引起注意的。⑥

汉口的户口控制之所以失败，其原因包括官府的忽视、居民的抵制、流动性高以及人口的迅速增加。毫无疑问，在19世纪，城市保甲登记而得出的户口数，远远低于这个城市实际拥有的户口数，即使是这种保甲登记的户口

---

① 参见1818年《汉阳县志》卷十二，10页。

② 1818年《汉阳县志》卷十二，10页。

③ 《申报》光绪二年三月二十一日。

④ 参见讷尔经额与周之琦道光十七年二月三日奏，出“清宫档案”。

⑤ 参见密迪乐(Thomas Taylor Meadows)：《中国政府、民众与语言散记》(伦敦：1847)，120~121页。

⑥ 参见《申报》光绪九年五月十四日。

统计得到公认最热心的维护与支持的情况下，也是如此。[1] 进而言之，保甲登记的户口统计相对于城市范围内使用人口统计学方法所导致的误差有过之而无不及。

虽然汉口保甲作为集体控制制度从未发挥过有效作用，但它却从不缺少支持者。地方精英的代言人，如1818年和1867年《汉阳县志》编纂者，真诚地全面肯定保甲制，即虽然他们同时也承认它过去的实施是失败的，就像1876年《申报》当地记者所做的那样。地方官员也许要有保留得多，但某些相信社会自我管理的官员也会周期性地试图积极恢复这一制度。林则徐就是其中之一；还包括光绪前期几任主张法治的汉阳知县——我们即将讨论他们的活动。然而，毋庸怀疑，汉口保甲制度一个稳定的重要特征是：它最少集体性，也最没有自愿性；但在十进制户口编组衰落的同时，当初设想为这些组织领头人的保正却一直得以稳定地保留下来，并在城市生活中发挥着积极的、实际上是不可缺少的作用。

显然，保正之所以保留下来，是由于他的职责基础实际上已经从户口单元（十进制的户口编组组织）转变为地域单元了。这方面的证据之一就是保甲登记的户口数据本身提供的。按1813年的户口数据（见表2—1），居仁坊与由义坊共设21个保正，平均一个保正领3 652户；相比之下，循礼坊与大智坊共有64个保正，平均一个保正所领户数要少得多，只有816户。[2] 显然，没有采取措施让保正与十进制的户口编组保持一致。在地方文献中，越来越倾向于使用“地保”（“地”附带着空间范围）而不再是“保正”来指称这些首领，也许正反映出其职责基础已转变为地域性单元。[3] 在某些情况下，从19世纪保正或地保的活动中——巡逻街区，监督门户开闭等，可以清楚地反映出，其责任范围是城市空间的一个固定地块。

---

① 保甲登记的户口数，1711年汉口有99 381户，1813年有129 182户，1888年有180 980户。参见1818年《汉阳县志》卷十二，9、19页；1920年《夏口县志》卷三，1页；罗威廉：《汉口：一个中国城市的商业和社会，1796—1889》，第1章。

② 参见1818年《汉阳县志》卷十二，19页。

③ 关于地保的独立起源及其与保甲之间的混乱关系，参见《申报》光绪五年七月一日；佐伯富：《清代的乡约和地保》，载《东方学》28号（1964年7月），91～100页；罗威廉：《地保札记》，载《清史问题》第3卷第8期（1977年10月），79～85页。

汉口保正或地保的职责范围相当广泛。首先，他们要保护街区的安宁，而且有许多当时出版的文献资料有力地证明，他们非常勤勉认真地履行着这一职责。我们注意到，新闻报章对汉口地保很满意——他们警惕地巡逻所辖街区，报告并调查偷盗和暴力犯罪，逮捕被怀疑干坏事的人。① 此外，地保还受官府指派，给罪犯戴枷并令其站在犯罪现场示众，在衙门讯问罪犯时作为见证人，或者作为法律要求的见证人受到传唤。② 在常规性的反鸦片走私或盐走私运动中，保正也经常被征募为官府代理人；例如，在一次据说取得很好成效的行动中，汉口保正就曾登上盐船检查其违法夹带的私货。③ 他们还在官府长期以来努力反对假冒伪劣、划分防火区与保护交通规章的活动中，发挥着积极作用。④

但是，汉口保正只是在非常有限的范围内才作为官方压制力量代理人而发挥作用。一个显著的事例是在1878年复兴龙舟赛而引发的骚乱期间，官府发现，在试图阻止建造龙舟的问题上，保正根本就没有任何作用。保正虽然不一定就是朱熹所设想的“本生”耆老，但他们内心对恢复龙舟赛的激情，以及认为龙舟赛是邻里行为的看法，与街坊邻居们是完全一致的。⑤

实际上，正是因为与街坊邻居们融为一体，保正才有其价值。保正的基本作用是在大部分情况下提供“安全”；他是所在街区的“知情人”，也是唯一可以权威性地谈论有关环境和事态的人。因此，他在司法事务中的责任远远超出法律的规定。在呈送给总理衙门的有关汉口当地案件的报告中（通常是由于有洋人或洋人雇用的中国人介入其中，才向总理衙门报告的），留下了大量的有关保正受命作为本街区的专门见证人提供口供或笔供的证据。在

① 有很多这样的事例，参见《申报》光绪二年四月二日，光绪四年六月二十六日、七月十九日。

② 参见李瀚章光绪五年三月二十一日片，卞宝第光绪十年十月五日片，均出总理衙门档案，“湖北英人交涉”。

③ 参见卢绅、杨怿曾道光十一年奏，见王云五主编：《道咸同光四朝奏议》卷1，232~235页。亦可参阅裕泰、赵炳言道光二十一年十二月二十三日奏和道光二十二年十二月二十三日奏，均见“清宫档案”。

④ 参见《申报》光绪三年四月二十三日；《汉口紫阳书院志略》卷八，57、62~63页；《汉口山陕西会馆志》卷一，10页。

⑤ 参见《申报》光绪四年五月二十五日。

刑事案件中，他可能被讯问嫌疑犯或被窃财物的下落；而在民事纠纷中，则希望他提供有关当时路过行人、商业合同毁约的背景、街区钱庄所发银票的担保人和抵押财产等方面的详细情况。① 人们也希望保正能运用他对自己街坊邻居的了解，发挥调解人的作用；所以，1885 年，一个当地店铺的伙计受雇主冤枉偷盗而自杀，保正因为未能预防而受到官府的笞刑。②

熟知街坊邻居，也使保正发挥着地方公证人的作用。他担保个人的身份。比如，19 世纪 40 年代，密迪乐在广东看到，当保正管辖的居民到衙门提出诉讼时，保正首先必须去“证明诉讼人是他自己所宣称的那个人。为此，给保正颁发了一方木制的印章，如果没有地保盖章，衙门不会受理居民提出的诉状或呈控”③。他还要为所辖范围内所有的地产交易提供见证。只要发生一宗地产交易，当地保正就要去探查地界，记录丈量结果，查验地权凭证。发生地产所有权的法律纠纷时，也会找保正，他提供的证词在大多数情况下会决定争议地产的归属。此外，保正还经常受命“看守”依法没收或查封的财产，也往往被授权负责这些财产的处置。例如，1875 年，汉口道台查封了一个破产商人家庭的动产，把它交给当地街区的保正照管，以等候债权人前来挑选。④

保甲长在汉口税收过程中的作用不太清楚。根据 1747 年《汉阳府志》的记载，当时，汉口保甲长介入了某种商税的征收中⑤；但 19 世纪大量的报刊记载均未提供保正继续发挥此种财政作用的线索。税收的中介权力可能已从保正转移到其他职能机构了：牙行、商业行会，最后是各种特设的税局——太平天国运动后，这种局在汉口迅速增加起来。可是，在地产税的征

① 参见同治六年一月二十九日、七年十二月十五日、十一年五月四日、十三年十月二十日和光绪八年八月一日的报告，均出总理衙门档案，“湖北英人交涉”。

② 参见伦敦布道会档案，《汉口伦敦布道会医院的报告，1883—1885》（汉口：1885），11 页。

③ 密迪乐：《中国政府、民众与语言散记》，117 页。

④ 参见同治十三年十月二十日、光绪元年十一月十三日、光绪三年十月二十八日、光绪五年四月十四日片，均出总理衙门档案，“湖北英人交涉”；1884 年《汉阳县识》，“公款簿”，5 页；嘉托玛 1886 年 5 月 4 日信，英国外交部档案，228/831；海关总税务司：《中国的救生艇及其他》，载“海关系列专刊”第 18 号（上海：1893），“中文附件”，31～33 页。

⑤ 参见《汉阳府志》卷十二，2 页。

收方面，保正却越来越发挥着重要作用。有一个这样的事例：第三章曾讨论过的惜字局，其经费来源是省里征收的街区店铺捐；正是街区保正受命负责确定每个店铺可能交纳多少捐税。① 显然，这给他提供了真正的权力资源。

汉口保甲活动最后一个值得讨论的领域是配合社会福利与其他公益事业的开展。例如，1839 年救生船规章就特别规定保正要负责辨认被打捞出的尸体，知告其近亲，并适当地移交死者随身物品。② 保正还在善堂的慈善活动中提供帮助，比如申报发现的尸体以便安葬，或确定本街区特别贫困的家庭。③ 随着 19 世纪汉口慈善活动的逐步加强，街区保正的工作量也逐渐加大了。

显然，至迟到清中期，汉口社会已依靠保甲长运作许多服务活动。那么，他们是有权力且必不可少的街区工作人员吗？他们又是如何选任的？当然，理论上，保甲长是兼职的，是由每一个保甲户的户长轮流充当的志愿职位。然而，在这种保甲组织的实体逐渐解体的同时，保甲长的职责却在逐步增加，这就势必会导致将某些经验老到的人相对长期地留在保甲长的位置上。18 世纪中期，就已经有报道说，同一个人经常充任按规定应每年轮换的职位，有时为了使地方文献记录与有关规定保持一致，只得改换姓名，所以，“从前恶迹，一笔勾销”④。一些当代学者发现，在保甲长所承担的重要责任与其较低的社会地位之间存在着明显的矛盾，并特别指出，由于法律禁止士绅担任这一显然至少要能识文断字的职位，从而导致了制度上的缺陷。⑤ 在汉口，为了解决这一问题，逐步形成了一个唯利是图的保甲长职业阶层，他们本质上有一致的群体特征和共同利益。

遗憾的是，没有直接资料告诉我们这些人来自社会的哪一部分。1879 年，《申报》主笔抱怨说，全国各地城市均以充任保甲长为苦，故任其职者多是无业游民或其他形式的“无赖之人”。⑥ 汉口是否确实如此，我们不能

---

① 参见《申报》光绪三年六月十六日。

② 参见海关总税务司：《中国的救生艇及其他》，“中文附件”，31～33 页。

③ 参见 1884 年《汉阳县识》卷二，22 页。

④ 1747 年《汉阳府志》卷十二，2 页。

⑤ 请特别参阅萧公权：《乡土中国：19 世纪的专制统治》，70～82 页。

⑥ 参见《申报》光绪五年七月一日。

确定。然而，一些零星散见的材料说明保甲长的职位经常是世袭的。我在呈给总理衙门的报告中见到过九位提及姓名的保正，其中四位姓苏，一个汉口不怎么常见的姓。四个苏姓人中有三个分别名叫正祥、永顺和永祥，“祥”和“永”各见了两次。① 如果这些是按照“辈分”起名的兄弟或堂兄弟（看上去很可能是这样的），那么，苏家可能就是在汉口以充任保甲长为家族职业的。而这几个苏姓保正同时在汉口两个不相连的城区充当保正的，这一事实似乎进一步说明，在一个人出身的街区与其担任保甲长的街区之间不一定存在着必然联系。

保甲长又是如何指派的呢？在一部有关 19 世纪 40 年代广东城市的著作中，密迪乐指出：

> 当地保的职位空缺，或是死亡，或是年老退休，街区各家户长就会到庙里聚会，推选一个人填补留下的空缺。事先一般会张贴告示，宣告某地需要一个地保，有意候选的人必须在某一特定日子里举行选举时亲自到选举现场……（事实上，是一些）有权有势的人在做决定。

得到全体会议认可之后，决定的人选被呈送到县衙，县衙一般总是予以照准。② 我们有充足的理由相信，汉口实际上也采用同样的程序；真正的问题乃在于，究竟谁是密迪乐提到的“有权有势的人”呢？

当然，这一问题是与一个较大的问题联系在一起的，即谁是汉口保甲长背后的支持者，以及何以在这一关键性街区职位上的人普遍发生腐败现象？近年来，一些学者认为，太平天国运动后，帝国部分地区的保甲长实际上是由穷凶极恶的衙门胥吏指派的，并向他们负责。③ 汉口有一些这方面的证据（当然，在汉口，衙门胥吏也要对无数反社会的违法行为负责），比如上文所引 1876 年一位《申报》驻当地记者所愤怒声讨的情况。这位记者的看法显然反映了地方精英的意见，他坚持认为，汉口保甲活动已堕落为胥吏及其走

---

① 参见同治三年五月二十四日，六年一月二十九日，八年七月五日，九年三月五日，十三年十月二十日，光绪三年十月二十八日，五年三月二十一日，七年十一月八日，八年八月一日片，均出总理衙门档案，“湖北英人交涉”。

② 参见密迪乐：《中国政府、民众与语言散记》，119 ~ 120 页。

③ 参见科大卫：《晚清江苏省的田赋征收》，载《清史问题》第 3 卷第 6 期（1976 年 10 月），56 页。

卒掠夺居民的工具；为解决这一问题，需要从“地方绅耆或寄居年久而徇谨老成”之人中挑选、任命保甲长，而最合适的人选则是士绅。①

可是，这些议论所表现出来的反胥吏偏见（这是许多帝国晚期的改革者共同的看法，他们把胥吏简单地看做官僚集团日益加强对地方权利的侵蚀的最重要的表现方面），不应当使我们忽视这一事实，即在汉口社会中，存在着其他力量，也同样热衷于赢取保甲长的效忠与欢心。例如，1747年《汉阳府志》就罗列了人们习见的汉口保甲腐败的四个方面：（1）在法律事务中提供假证据（“民间鼠牙雀角，投环溺水，彼证此质，张狐载鬼”）；（2）“卖富差贫”；（3）“隐匿商税”；（4）“包藏奸宄”。② 当然，我们可以想象到，在这些事项背后，不同的利益群体——下层士绅的“讼棍”、有钱人家、商人以及犯罪的黑社会，都在争相获得保甲长的“服务”。

19世纪下半叶，保甲长的腐败行为引起了全国范围内的讨论。城市精英的报纸《申报》至少有三次，1879年、1880年和1882年，在头版社论中感叹他们经常受到召唤，去报道保甲长的罪行，特别是大城市的保甲长。③ 这些年中，有关汉口保甲长腐败的具体报道也并不少，诸如捏造地产税额，掩护赌博和卖淫，煽动雇工控诉雇主（也许是最可恶的），等等。④ 正如1847年《汉阳府志》编纂者早已敏锐指出的那样，在汉口这样人口繁密的城市区域里，保甲长的犯罪之所以特别频繁，正是保甲长职责不断增加、其复杂性不可逆转地日益增长的直接结果。

尽管如此，来自汉口的证据仍表明，总体上，至少当地保甲长还绝不是那种受雇用的恶棍阶层——这种恶棍与更高位置的社会力量结盟，欺凌、掠夺其街坊邻居。一个简单的事实是，有关保甲长罪行的报道（虽然只是被发现的那些），仍远远赶不上有关他们忠实地履行其公共职责的故事多。面对这种近乎不可超越的优势，即使是1876年《申报》的革新派记者，也不能

---

① 参见《申报》光绪二年三月二十一日。

② 参见1847年《汉阳府志》卷十二，2页。

③ 参见《申报》光绪五年七月一日、六年十一月三日和八年十一月五日。

④ 参见《申报》光绪八年十一月十八日；艾勒伯斯特（Alabaster）1885年8月8日信，英国外交部档案，228/797；艾伦（Allen）1888年6月1日信，英国外交部档案，228/864。

不稍微提一下大部分汉口保甲长实在的良好表现。在许多情况下，受到上等市民们指责抱怨的行为——比如，保正善意地对当地的赌博睁一只眼闭一只眼，正是由于保甲长们准确地考虑到其普通街坊邻居们的愿望而采取的。毕竟是这些普通的街坊邻居，在背后支持他们的。除了通过出具证明文件而得到一些特别收入外，保甲长的报酬均来自街区基金，通常就是由保甲长自己挨家挨户收上来的。① 我们马上就会看到在为街坊服务的过程中一位保正是多么有创意。

最后一个值得关注的问题，是汉口保甲长在街区层面之上的组织结构。按照1813年保甲章程之规定，各保保正要向按坊分设的各坊坊正负责，而各坊坊正则轮流向管辖该坊的巡检报告。然则，从那时起，当地官府已经敏感地意识到，汉口的控制方式应与适应于汉阳其他地区的控制方式有所不同。可是，为了尽可能消除书吏的贪渎舞弊，加强当地社区对保甲事务的控制，1876年《申报》上主张革新的作者建议，取消这两种官僚衙门（指各坊坊正和巡检——译者）对城市保甲长系统的管辖权，而将此种权力转交给在汉口新设立的保甲局。这一建议是否引起争论，未见记载，但显然当地官府当时并未顺应这一要求。毫无疑问，这种拒绝，与长期以来清政府一直害怕地方精英过多介入正式的地方控制机器，有着密切关联。虽然由于不得不允许精英在反对太平军的军事化过程中发挥关键性作用，清王朝的这种反对态度早已软化了，但保甲仍然被看做不能被精英大肆染指的。例如，尽管将团练与保甲合并起来置于地方精英的统领之下，已表现出明显的制度性优势，但即使是积极提倡精英领导军事化的胡林翼，在他1861年去世之前为湖北省草拟的团练章程中，也仍然谨小慎微地回避允许精英控制保甲。②

这种情形，显然是光绪初年帝国大部分地区共同的情况。然而，就在此前后，似乎发生了一次转折。19世纪80年代前期，有报道说，在长江下游地区的几个商业城市中，开始出现了由士绅运作的城市保甲局。③ 在汉口，

---

① 参见《申报》光绪三年十一月二十一日、四年十一月七日。另请参阅密迪乐：《中国政府、民众与语言散记》，119页。

② 参见孔飞力：《中华帝国晚期的叛乱及其敌人：军事化与社会结构》，213页；胡林翼咸丰六年十二月三日奏，收入《胡文忠公遗书》（1866）卷十四，4~5页。

③ 参见《申报》光绪八年十月十一日。

这种变化是 1883 年的著名事件所引发的。

四、1876—1883 年间内部安全之强化

1883 年之前几年间，汉口即已开始不断强化户口控制，并着手建立公共安全系统。正式推动这些事业发展的，乃是当地官府在汉口发动的一连串大肆宣扬的治安运动，但所有这一切都是本地市民负责实施的。这些运动是对事实上和人们感觉上犯罪活动猛增，地痞流氓、黑社会和其他外来因素不断增加所作出的反应。它也是这一时期中国社会的根本性变化所带来的结果：大量人口离开了其固有的社会地位，从而导致了全国各城市下层阶级的迅速增加。产生这种现象，有诸多长期积累起来的原因，但最直接的原因则是清军和乡勇的大量裁废，以及 1877—1878 年间毁灭性的华北饥荒所引起的波动。

除了制度规定的内部控制工具——保甲制，以及实际上是其重要补充的军队巡逻，在整个 19 世纪，官府和当地社会又采取了多种其他方式，以保证汉口的安全。在官府方面，是在治安与司法力量中佐以密探和线人（19 世纪 30 年代，林则徐在他主持的各种清除运动中，就曾广泛利用密探和线人）。① 迟至 19 世纪 40 年代，汉口在正式的安全设施之外，就经常性地在冬季里特别增设一名“查夜委员”。街区自身则设置了“更夫”和“栅栏夫”。太平天国运动前，更夫系统的维持主要靠盐业行会或徽州会馆之类的精英组织的资助，但在像 1831 年或 1841 年长江大洪水那样短期危机期间，本地街区也会雇用他们，因为人们普遍害怕发生抢掠。同样，19 世纪前期，汉口“良好”街区的支巷口一般用栅门封住——通常在前巷口有一个主门（头门），后巷口有一个供紧急出入的“太平门”。看守头门的栅栏夫的报酬，是由巷内各家各户均摊的。②

与汉口其他事情一样，实际上，安全制度也不得不从太平军占领期间的

---

① 参见林则徐：《林则徐集 · 公牍》（北京：1963），19 页；嘉托玛 1886 年 2 月 10 日、5 月 4 日信，英国外交部档案，228/831。

② 参见叶调元：《汉口竹枝词》卷一，3 页；卷二，8 页；卷六，15 页；信山嘉庆七年五月十八日奏，见“清宫档案”。

彻底破坏中重新建立。19 世纪 60 年代和 70 年代初期，重新建立的保甲系统和大量存在的军队，显然足以应付正在源源不断地回归汉口的市民需要了。1876 年早春，最先出现了某些不稳定的迹象：当时，新任汉阳知县蔡炳荣声言发现了“叛孽”，犯罪活动也大量增加（特别是在光天化日之下，五显庙附近的钱庄就受到了抢劫）；他下令当地保甲长进行一次新的汉口户口编查。每家每户都要重新详细地登记其家庭成员、姓名、性别、故乡及户籍所在地。那些无法提供证据证明其本籍在何处的人口都被认定为“无赖”、“游民”，要受到逮捕或驱逐。这年秋天，蔡炳荣又在汉阳城推行了同样的活动，重点集中在汉阳城东门外的商业区，谣传说那里隐匿着一些潜藏的民间秘密教派的教徒。我们注意到，蔡炳荣非常热心地亲自部署这些保卫公共秩序的事务，但可能并非只有他一个人在他发起的这场运动中发挥作用：面向商人的报纸《申报》于这年 4 月刊登了一封未署名的信件，信中赞扬知县的精神，却指责他做得还不够，因为他同时并未要求恢复原有的十家互保制度，以严厉控制那些令常住居民感到担忧的新来者。①

1877 年至 1878 年冬季，蔡炳荣试图采取这一非常措施，多次重申要各家都得悬挂说明其所属保甲之“十家牌”的正式规定。更有具体意义的是，蔡炳荣指出，这一年冬季到处充斥着犯罪，要求汉口各街区雇用一名“勇”，协助已有的保甲长在冬夜里巡逻本街区，要特别警惕那些闲逛的人或游民。②

可是，直到继蔡炳荣担任汉阳知县的林瑞枝莅任之后，新的治安行动才真正开始。在汉口同知张藕芳（作者误作“张钦加”，今径改——译者）的紧密支持下，林瑞枝誓言要把汉口的行政管理和安全问题作为其知县任期内要解决的首要问题。他首先从搜捕所有有名的痞棍开始，讯问他们，并对其中明显犯有罪行者予以严惩。他强制实行宵禁，禁止“叫化与乞丐”在街头成群露宿，以免“良莠混杂，官府无以辨识”。他在汉口新设了两个公共安全官署（公廨）：一个位于沈家庙，负责管辖汉口上游部分；一个位于四官殿，控制汉口下游部分。《申报》对林知县的这些强硬措施深表赞同，报道说，汉口家家户户都对他大颂赞歌。③

---

① 参见《申报》光绪二年三月二十一日、八月十七日。

② 参见《申报》光绪三年十一月二十一日。

③ 参见《申报》光绪四年八月二十一日、十一月十七日。

林知县计划对此前已建立起来的市区栅门和使用清军巡逻的制度加强直接控制。1878年秋，他与汉阳同知张藕芳一起，亲临汉口街巷，作了一次全面考察，以寻找太平军占领之前设立的栅门遗址；在发现栅门遗址的地方，将由官府提供资金修复，或者由官府提供部分资金予以重建。① 到这年11月初，大部分修复重建工作均已完成，而且，新的栅门已纳入一个广泛的安全体系之中。张藕芳以告保甲长的正式布告宣布了这一安全体系。这个布告保留下来了，在这里很有必要全文征引：

> 谕汉镇各防保甲人街知悉：照得汉镇各街道栅栏，现奉本道宪发款估修，经本分府督同仁义、礼智两巡司传饬，一律修整齐备。应自十月分为始，由该保甲率同更夫逐街逐段常川看守，严加启闭，以资防范。其僻街小道幽静之处，人踪稀少，最易藏奸，定于每晚十一点钟即行闭栅上锁。至大街市面，往来人多，定于每晚十二点钟后一律关锁。倘遇有紧要事件，问明行人来历，随时启闭。
>
> 更夫不得远离违误。倘街道辽阔，栅栏较多之处，原派更夫照料难周，即由该保甲酌量添雇，帮同逻守。庶栅栏不致虚设，盗贼无可潜踪。自示之后，如遇查夜经过，栅栏并未关锁，无人看守启闭，定提核该更保，从重究惩，决不宽贷。②

此后数年中，当地报道经常描述这一制度运行得非常成功——更夫在附近巡逻，大声地报时，按规定时间开闭街门。③

根据上述描述，这些活动似乎都是当地官僚系统主动发起的，也许可以说是官府压制了当地社会。但这种看法显然与实际情况十分不符。毫无疑问，蔡炳荣、林瑞枝和汉阳同知张藕芳都有责任也有权力强制建立社会秩序，当时人对此也都能接受；而且，在努力鼓励人们遵守相关规定方面，这三位官员均把这种强化安全的措施当做自己个人的事业。然而，从精英分子的报纸《申报》对这些措施罕见地给予报道就可以见出，官方的行为也是对公共舆论思潮（至少是精英们的舆论）的回应——公共舆论倾向于在汉口形

① 参见《申报》光绪四年九月一日、二十三日。

② 《申报》光绪四年十一月十七日。

③ 例如：《申报》光绪五年十月一日，《益闻录》1885年12月5日。

成强有力的公共安全体系。而且，事实上，所有这些项目的实施及其大部分经费支持，都依靠当地社会，特别是城市居民。

例如，更夫的报酬即来自其所守卫街区的店铺主。我们知道，“这些做更夫的都是穷困潦倒的人家，赖打更为生”。许多更夫只在冬季受雇几个月，这正与市场关闭、港口冰封以及难民压力大而造成的高失业率季节相一致。每年十月初一，更夫拿着一张红卡片和信封，到他要守卫街巷的头一家店铺里，那家店铺主人在卡片上画押，把自己捐的份钱放进信封里，然后沿街传下去，最后，更夫到最末一家店里去收回信封。①

有些城市街区有能力在本地区发挥领头作用。例如，我们在第四章曾谈到，1878 年，在一场毁灭性的大火之后，纬子街居民为了给防火设施规章施加影响，成立了一个正式的街坊组织。纬子街中段有一所乡勇巡逻队的哨卡，在大火中也被烧毁了。因此，街坊组织就呈请知县林瑞枝，按照他们新的设施规章的规范，重建那座哨卡。知县赞扬他们的这一目标，但表示官府无力提供这项建设项目的资金。于是，街区居民们通过公决对店铺出租加征 5% 的临时捐税，以资助哨卡的重建。街坊组织的管理人汇总了一份店铺租金的登记册，将 5% 的特别捐平均分摊到店铺所有人和承租人身上。这项工程很快就完成了。《申报》把这件事作为城市街区在安全事务方面自力更生的典范，给予了高度评价，并建议将这种筹资方式扩大应用于支付雇用负责当地安全的人员的报酬方面。②

1880 年夏，李钠继林瑞枝之后担任汉阳知县，又一轮公共治安运动开展了起来。与其前任一样，李知县一上任即搜查并审问那些有名的痞棍；将那些未被正式定罪的痞棍的名字罗列在布告上，张贴在全城各处，以使市民可以警惕这些人日后可能卷入的非法活动。李知县重申悬挂十家牌的要求（并不比此前的蔡知县和林知县更有成效），要求加强保甲长的监督巡视。他还在各主要街道上新增修了一些哨卡，并正式将安全事务的管理划分为若干个“团”。③

1880—1881 年冬季，在李知县和新任汉口同知张藕芳的指挥下，汉口

① 参见《申报》光绪五年十二月四日。

② 参见《申报》光绪四年十二月十一日。

③ 参见《申报》光绪六年七月二十六日、七年十一月三日。

“冬防”首次成为官方领导的制度化措施。冬季对公共安全及其他城市服务设施的需求总是最大的，而且，我们已看到，即便是在太平天国运动前，冬季也往往要另外增加治安措施。光绪前期，大部分汉口冬防设施均渐次落实到位。这一新事业的具体模式或者以北京模式最为典型：在那里，1878 年开始使用“冬防”这个词，用来指称城市岁尾的大众福利及安全措施。大约从 1869 年起，首都北京之外各城市中由街坊组织负责的消防队已奉准可以携带武器，并协助控制地方。然而，作为对因华北饥荒而引起的大规模社会混乱所作出的反应，城市官府和获得武官品级、被承认拥有准官方身份的街区领导人一起，强化并正式整顿了消防队的夜间巡逻。在北京，一年一度的冬防一直持续进行到 20 世纪 40 年代。①

在汉口，并非消防队而是团勇构成了冬防武装的核心，至少在初期是这样。从阴历十月初一到次年正月初一，在三个月的冬防期间，各团哨卡都由十人一组的守卫队连续不停地轮流守卫着，位于沈家庙与四官殿的两个安全公廨派出的巡逻分队则来回巡视，以应援各团哨卡。这些巡逻队的活动也可能与保甲长、更夫、栅栏夫互相协调、配合。鸦片烟馆和其他娱乐场所要在晚上九点准时关闭，天明才能重新开放。旅馆酒店受命要上报住宿者的姓名，并拒绝有嫌疑的外来人留宿。所有这些措施，均与汉口街区粥厂的运营相互配合，一般认为，粥厂之类的社会福利是这些公共安全活动的必要补充。②

1881—1882 年冬和 1882—1883 年冬，均预定有大批退伍兵勇要到达汉口，这促使湖北巡抚彭祖贤亲自关注汉口冬防事宜。彭祖贤自己视察了省城武昌保甲设施的修复情况，命令汉口同知张藕芳在汉口也同样办理。张藕芳视察之后，把几个玩忽职守的更夫和栅栏夫抓到同知衙门里，施以笞刑。③

最后，1882 年 11 月，又增加了最后一项设施：必不可少的街道照明系统。与其他城市一样，一般说来，官府也总是把汉口夜晚的照明问题简单地

---

① 参见今堀诚二：《北平市民的自治组织》（东京：1947），149～154 页；斯特兰德（David G. Strand）：《北京人力车：20 世纪 20 年代中国的市民与政治》（即将出版），第 12 章。

② 参见《申报》光绪六年九月八日、七年十一月十三日。

③ 参见《申报》光绪七年九月十八日、八年十月二十四日。

留给各家各户或行会之类的组织自己去想办法解决，而他们只是设法照亮与自己房产安全有直接联系的狭小范围就不错了。武汉三镇从太平军手中收复时，官府曾经沿武昌城墙和汉阳龟山上悬挂过灯笼，以解决武汉地区的照明问题，但这一措施无疑是出于军事考虑，而不是为了公共安全或其他民众福祉。① 19世纪60年代后期，冬季汉口港经常发生抢劫事件，也不是官府而是民间管理的汉口救生局作出了反应——负责在沿江岸的重要地点安置夜晚照明的松节油灯。② 1882年采取的照明措施，在这方面几乎没有什么不同，都是把责任与经费问题交给民间社会去解决。但在其他方面，它确实有一些激进的革新。

在正式宣布本年冬防开始时，地方官府要求汉口各"牌"（十户）要共同维持一个灯笼（牌灯），在冬夜里由更夫点亮、照管。本牌十户人家轮流负责提供一盏油（要够通宵照明之用），并负责与保甲长协商熄灯的时间。虽然这种措施是否导致了十家互保组织的复兴非常值得怀疑，但在保甲长的领导下，照明事务的办理情况令官府和大众都感到很满意。实际上，一份详细报道说明，其效果超过了每一个人的期望。官府的要求只是竹灯笼或纸灯笼。可是，黄陂街的几位保正一起商量，决定采用效果更好的技术：他们指出，竹灯笼不能很好地经受风雨，所以，说服其街坊，采用了外国制造的铁质煤气灯。每名保正均向其所辖民户收取了经费，然后各自购买并安装了一盏街灯。这一实验非常成功，正街和大夹街沿街业主很快就起而仿效。③ 在这里，我们看到，"传统的"、非精英领导的城市街区社会对于革新、技术引进以及"公共领域"的扩展，有着惊人的接受能力。

此项工作，以及《申报》连篇累牍地报道的强化汉口公共安全方面的改革措施，都有力说明，19世纪70年代后期和80年代前期所发生的一系列事件，完全可以看做"社会主导下"（虽然也有官府的鼓励）对日益复杂化及问题越来越多的城市生活所作出的反应。黄陂街与苇子街居民们的集体努力，不过是这里引证的最著名的事例而已，也支持《申报》反复强调的一个

---

① 参见罗伯逊（William Robson）：《杨格非：汉口传教事业的奠基人》（纽约：未著出版日期），54页。

② 参见凯恩1869年10月5日信，英国外交部档案，17/534。

③ 参见《申报》光绪八年十二月十八日。

论点，即强化公共安全的措施得到了汉口居民的广泛支持。可是，我们还必须继续追问：一个强硬的安全机器的形成，究竟在怎样的程度上，反映或引起了城市社会关系特征的变化？当时人也很可能会探究同样的问题。1883年事件也许会提供某些答案。

五、结语：没有警察的治安

在汉口涉及广泛的城市公共安全体系的形成过程中，19世纪只是其第一个阶段而已。尽管官府对这一进程给予了热切的关注，并采取了一些促进措施，但其根本性的主导因素却来自城市社会本身——即来自精英的推进，也来自更广泛的街区组织基础。这一进程之发展趋势和时间性的背后，究竟隐藏着怎样的逻辑关联？

这一安全体系之所以形成得如此之晚，有几个原因。首先，虽然存在着保甲制的假象，也有许多可以断定契合“东方专制主义”理论的特征，但帝制晚期的中国并不是真正的“警察社会”——尽管清王朝多少可以说是“专制”国家。中国没有德国那样的“治安法规”传统，在德国，自16世纪以来，就持续不断地努力对国民的思想、习惯与行为进行深入细致的干预，以奠定地方社会和平、有效以及最重要的是有序运转的基础。相反，中国与大部分西欧地区一样，官方与社会都倾向于以更宽容的态度对待日常的犯罪和暴力活动。① 与西方一样，清朝官府也迟迟未能认识到新型的、日益发展的、越来越复杂化的大都市的独特的安全需要——这一问题又与官府非常不全面的“城市”观念混在一起。最后，在中国，这也不可避免地会与这样一种强烈的文化取向有着密切关系，即总是通过妥协、折中、调解以及说服等社会方式以保持秩序，对此，我们已经在汉口看到了许多实例。

---

① 关于中欧的情况，请参阅拉夫：《秩序井然的警察国家：德俄法制社会和制度的变迁，1600—1800》（康涅狄格州，纽黑文：1983）。而关于西欧的情形，则请参阅毕拉福：《公共秩序和大众骚乱，1660—1714》（牛津：1938），132、155～156页；考伯：《警察和人民：法国大众的抗议，1789—1820》（牛津：1970），18～20页；索维：《文明社会的秩序要求》，收入保顿主编：《论治安：六篇社会学论文》（纽约：1967），19页。

导致变化的动因，中国与西方一样，看来都是因为意识到新的社会环境不仅会危及法律与秩序，而且会危及整个社会政治制度本身的维系。在汉口，这一过程开始于光绪前期的10年间（1875—1884年），当时，人们已察觉到，城市下层阶级的增加导致了普遍混乱局面的加剧，特别是人们将这些现象直观地界定为外来者威胁社会秩序的结果。其后果则是极大地强化了全体汉口居民对安全活动的参与。例如，1891年10月，汉口全体居民，无论“士民”，均参加了挨家挨户搜查哥老会成员的活动中。这种情况，在20年前，是非常罕见的，但到1891年，却几乎是司空见惯的了。①

除了安全力量的简单扩展及其管辖权限的扩大，一些质的变化也许可以认为是向现代城市治安力量演变的重要步骤。首先，是负责安全的人员逐渐趋向专业化。在本项研究涉及的时段之前（即18世纪末以前——译者），汉口保甲的职事人员已经部分完成了从街区居民各户义务轮充向由专业人员充任的逐步转化；而到19世纪，又增加了雇用的街区更夫与栅栏夫，从而将这一进程继续向前推进了一步。第二个性质方面的变化则是逐渐将控制公共安全的核心落实在全城层面上。中国与西欧一样，这一方面的发展也相当晚。②19世纪后半叶之前，汉口的公共安全力量分别处在城市层面之上或城市层面之下——一方面，是帝国军事力量；另一方面，则是城市各个街区。太平天国运动后，在创建城市常备武装力量和进行“冬防”的过程中，城市开始作为一个统一单元承担起这些责任。第三个性质方面的变化与上一个变化有着密切关联，可以称为“官僚化”，即建立了在全城范围内征募、训练、编制、配置与轮值的“治安力量”。全面官僚化的城市警察是1900年在帝国首都北京最早出现的，而且是在外国军队的占领之后（指1900年“八国联军”占领北京——译者）以及意义重大的外国（日本）影响下才出现的。1902年，

① 参见《益闻录》1891年10月17日。

② 例如，在巴黎，1667年，城市内部安全是由皇家大臣（内务大臣）负责的；1791年后，则由穿制服的国家宪兵负责。真正可以确认为城市治安力量的警察，则是直到1829年才出现的“市镇巡官”（Sergeants de Ville）。参见威廉姆斯：《巴黎的警察，1718—1789》（路易斯安那州，巴吞鲁日：1979），24～25页；贝利（David Bayley）：《欧洲的警察与政治发展》，收入泰利主编：《西欧民族国家的形成》（新泽西州，普林斯顿：1975），345页。

武汉三镇仿效北京模式，也建立了新式城市警察。① 可是，我们即将在下一章看到，1883 年汉口安全危机之后采取的善后措施，早已显示出促使城市治安功能走向官僚化的本土化倾向，正如这些措施也促使城市统一体作为更有效的治安单元进一步发挥作用一样。

也许我们还是要问：为什么这些变化正发生于这一阶段？在西方，官僚化的警察力量在不同社会中形成于不同时期。大部分情况是形成于工业化之后——工业化进程往往带来扭曲的社会断层（当然，汉口的工业化发生于这里描述的事件之后，几乎是与 1902 年完全官僚化警察力量的创建相同时）。然而，正如贝利（David Bayley）所揭示的那样，在西方，治安功能的官僚化也并不必然都要与一系列的经济变化相伴而生。② 贝利的研究表明，关键并不是工业化本身，而是更严重的阶级分化往往伴随于其后，但事实上，这种阶级分化也可能发生在工业化之前。

换言之，治安功能的官僚化倾向，源于人们越来越认识到：精英主导的社会控制体系越来越赤裸裸地为本阶层利益服务，从而越来越不能达到其控制社会的目标，不是改善而是加剧了社会紧张状况。在此之后提出的解决办法之一，或许就是促进一个非个人性的、非特定阶层的“公共领域”的发展，让它有权参与并控制强化公共安全的活动。③ 在汉口，具有重要意义的阶级特征的形成，“公共领域”的迅速扩展，以及包罗广泛的公共安全体系的建立，均发生于大致相同的时间范围内——19 世纪的最后几十年里，不能说全部是偶然的。

---

① 参见海关总税务司：《十年报告，1902—1911》（上海：1912），353 页。关于北京警察建立的详细讨论，请参阅斯特兰德：《北京人力车：20 世纪 20 年代中国的市民与政治》，第 5 章。

② 参见贝利：《欧洲的警察与政治发展》，见泰利主编：《西欧民族国家的形成》，328 ~ 379 页。

③ 参见索维：《文明社会的秩序要求》，收入保顿主编：《论治安：六篇社会学论文》，10 页；另请参阅哈贝马斯：《公共领域——一个百科全书的词条》，载《新德国批评》第 1 卷第 3 期，45 ~ 55 页。

第9章
危机与应对

1883年4月底，一批来自湖北产茶县蒲圻的茶箱工人来到汉口。这本是一件很普通的事——汉口茶市即将开市，各种各样以不同方式依靠茶市为生的人总是在这时纷纷涌进汉口，使城市人口膨胀起来。可这批人有些不同。他们的外表有些说不清楚的“野性”；而且，糟糕的是，他们开始在大街小巷里穿梭来往，到处散布大屠杀即将来临的可怕谣言。这些谣言的内容各不相同，其中最常听到的是说，一个名叫李长寿的哥老会龙头正准备带领一万军兵，突袭汉口，并决定血洗汉口，以报复官府最近逮捕并杀害他的父亲。于是，许多城市居民开始谨慎小心地准备逃往乡下。过了大约10天，叛乱的谣言日甚一日，到5月2日，汉口的商业贸易明显地萧条下来，许多商人都关闭店铺、逃往乡下。这天傍晚，因为逃走的居民实在太多，迫使惊慌失措的地方官府决定关闭城门。

翌日，全城陷入大恐慌。所有生意都停顿下来，甚至包括供给汉口生活物资的重要批发市场和货栈——“所有生意”，只是除了当铺，那里的生意可是非常火暴，人们纷纷将值钱的东西拿来换取便于携带的现金和金银。据说，总计有数万汉口居民逃走。人们争先恐后地涌向江边，争着雇船或登船，人群中不时爆发争吵和推搡乃至打斗，导致不少人丧生，迫使官府宣布关闭码头。汉口的两位巡检、汉口道台，甚至湖北巡抚彭祖贤都亲自来到汉口各处，以努力抚慰百姓，表示要相信官府有能力维护安全。傍晚，官方召集当地士绅领袖到沈家庙开会，共同筹划维护公共秩序的办法。汉口驻军受命全面加强了警戒，另外又从武昌调来500名官兵渡江增援汉口的巡逻，驻防湖北要地荆州的满洲八旗驻防营也奉命抽调约1 250人沿江而下。到5月3日夜晚，英国领事报告说，“汉口华界大街小巷，到处都是官兵。”

这天深夜，一支正在蔡家巷搜查妓院的巡逻队意外地发现了一位邓五爷，他情绪激动而愚蠢自负地声称自己就是将要发动起事的首领之一。巡逻队最初的怀疑很快就消散了，因为邓五爷向巡逻队的把总提供了位于附近大通街的一个武器藏匿点，从而证明了自己的身份，并表示可以交出别的武器藏匿点及其反叛同伙的藏身之所。很快就破获了许多密谋者的藏身地，不仅是在汉口的，也有在武昌的——至此为止，武昌似乎还没有受到骚乱的波及。于是，官府据以确定，这实际上是一场民间秘密教派发动的起事，有数千名参加者，预定在第二天，也就是5月4日，于武汉三镇同时发动。既然已被遭到破获，起事乃未能真正发动。不过，官方颁布了戒严令，关闭鸦片烟馆和妓院，原定即将举办的府试延期举办，禁止演戏，不准出售火油及其他引火物；当地尼姑庵被查封，尼姑被遣送回家或卖给有钱人家做妾；对嫌疑分子的搜捕一直持续了数周乃至数月。最后，有近两百名嫌疑犯被处死。①

如此快捷而有效的对策，实际上留下了一系列问题，即究竟存在多大的威胁，促使官府采取这些行动？这一系列事件确如已有描述所反映的那样，是重要的未遂反清叛乱（甚或是革命）吗？抑或不过是一场较小的地方骚乱而草木皆兵的当地官府反应过激？或者，最引人兴趣的猜测，它也许仅仅是非官方的城市精英为了夺取更大的地方权力而故意制造的一个借口？迄今为止，所有历史研究，甚至包括县志或府志，均从未提及这次事件——但这一事实也许并不能证明这类事件本身没有重要意义，而是由于中国官方记载对此历来就不予重视，不愿意将它们留给后世历史学者。然而，当获悉这一起事密谋时，朝廷确实是极度惊恐。知悉其详情后，朝廷上谕中用“巨患”这个词（意思是清王朝的崩溃）来指其可能导致的后果，并反复警告说，如果不尽快将有关的责任案犯缉拿归案、进行审判，势必会动摇“国家根本”。②

---

① 这里关于此次事件的概述是根据许多材料综合而成的，包括涂宗瀛和彭祖贤光绪九年四月十日奏，出《大清德宗景皇帝实录》（奉天：1937）卷一六二，8～9页；祥亨和穆克德布光绪九年四月二十六日奏，出台北“故宫”博物院：“清宫档案”；《申报》光绪九年四月三日、四月六日；《益闻录》1883年5月12日；《北华捷报》1883年5月11日、18日和6月1日；艾勒伯斯特1883年5月3日、4日、5日、7日信，英国外交部档案，17/934；希尔1883年5月7日、6月17日信，圣公会档案，Box491。

② 参见如光绪九年四月二十七日、五月二十六日上谕，见《大清德宗景皇帝实录》卷一六二，18页；卷一六三，17～18页。

当地目击者留下的记载因其评估标准不同而有显著差别。例如，英国驻汉口领事艾勒伯斯特就此事留下了逐日信件，他对这个密谋的严重性表示怀疑，并最后总结说："据我所知，所有生意都被这个没有什么根据的恐慌吓跑了。"① 另一方面，中文报道却一直坚持完全信任官方的说法，即起事不仅是真实的，而且按其计划，还是协调一致的全国性秘密教派反叛运动的首次暴动。英文的《北华捷报》则采取了一种更为谨慎的态度。《北华捷报》驻汉口记者最初报道这一事件时采用了艾勒伯斯特所表达的不耐烦的怀疑态度；但随着对事态的了解，他的报道语调逐渐变化，慢慢相信它是真实的了；而且，恐慌过去一个月后，他写道："我们注意到，并不是没有广泛的、精心筹划的推翻现政府的活动。"② 从现在我们可以见到的大量有价值的材料看，他的判断应当是正确的。

这次密谋本身的组织规模，及其受到镇压的方式，对于清王朝及整个帝国体制来说，都将产生十分重要的影响。从地方史较狭小的视角来观察，1883 年事件非常清晰地显露出城市内部社会关系的特征，甚至可以说，它是前工业化时期社会关系演变过程中一个重要的分水岭。

一、反叛者、动因和时机

1883 年 5 月反叛企图的背后是哪些社会群体？反叛者是本城居民还是外来者？是有家有产的市民还是处于社会边缘的各种人群？他们的不满在怎样程度上关系到现代早期中国城市生活的基本状况？

无须惊奇，汉口居民对反叛者的敌视直接集中在地方社会内部两个边缘群体身上，即不法兵勇和地痞，人们认为，他们深深卷入了起事企图当中。兵勇之所以受到怀疑，不仅因为汉口长期以来一直饱受乱兵散勇的掠夺侵扰，更因为 1882 年 10 月的武昌兵变的余悸未息。英国领事艾勒伯斯特理所当然地将 10 月兵变与 5 月恐慌切实地联系在一起。他在谈到当地的文官与武将之间长期不和之后，又接着指出："当地中国人看到朝廷对自己军队的公

① 英国外交部档案，《英国驻华总领事商业报告，1883》，85 页。

② 《北华捷报》1883 年 6 月 1 日。

开叛乱与暴动也只能无可奈何地睁只眼闭只眼，自然会产生一种不安全感；同样，也可以理解，部分清朝官吏会决定，通过展示其警惕性与力量以恢复其威望。”① 然而，令所有对此深信不疑的人感到吃惊的是，在整个危机期间，驻扎在武汉的兵勇表现堪称模范，而且根据捕获密谋者的口供，只有很少几个常驻武汉的兵勇是反叛者的同党。显然，此前武昌兵营里的集体哗变已经得到了妥当解决，其参与者在现有秩序框架内获得了较好待遇；而且，在大部分情况下，军队觉得，那些试图准备挑战现行秩序本身的活动，对他们没有什么吸引力。

然而，那些散兵游勇直接带给汉口人的恐惧，就完全不同于本城驻军所带来的恐慌了。每隔一段时间，就会有一批船队把兵勇运抵，并（希图）遣送其回故乡以重新安置。凑巧，有三支裁撤的乡勇正好在预定起事的那个非常日子（即5月4日——译者）到达汉口，没有人会对这种巧合视而不见。然而，被捕反叛首领的口供均未提及即将到达的乡勇中有他们的同党，虽然反叛首领们对以往乡勇到来总是会带来社会破坏的了解，这次乡勇的到达，可能在他们确定起事时间的问题上发挥了一定作用。根据破获的密谋详情，当地官府设法阻止在危机日遣散乡勇的计划。他们首先提出了一个可供选择的设想，即改在湘北岳州遣散乡勇；但是，迅速实施的戒严成功地恢复了汉口的秩序，鼓励他们重新考虑这个安排，并最后同意在5月第二周内仍于汉口遣散乡勇。没有因此而发生严重后果。②

第二种被普遍怀疑卷入密谋活动的边缘群体是城市地痞，20年来，他们已形成为一种社会力量，并成为当地关注的目标。可是，虽然随后的调查发现有几个地痞介入了密谋活动，但其数量却非常之少。主要有关证据不过再一次证明，地痞根本上就没有意识形态的特点；他们作为叛乱发起人所造成的恐慌，远远赶不上他们作为一个机会主义者所带来的恐慌——他们曾利用危机引发的连锁反应，进行抢劫活动。例如，在1883年事件中，地痞显然犯

---

① 英国外交部档案，《英国驻华总领事商业报告，1883》，86页。清廷也同样将1882年兵变与1883年密谋联系在一起，参见光绪九年九月二十日上谕，转引自卞宝第光绪九年十月奏，收入《卞制军奏议》卷四，61页。

② 参见《北华捷报》1883年5月11日；艾勒伯斯特1883年5月2日、3日、4日、5日、12日信，英国外交部档案，17/934。

有罪行，他们到处散布即将发生灾祸的谣言，以期引发大众恐慌，制造抢劫机会；而且，在善后阶段，他们有时还会装扮成民团或官兵，强行进入店铺抢劫。① 正如在现代早期的欧洲城市里一样，边缘性和不稳定的社会群体早已注定要成为某些社会破坏事件的嫌疑犯——理查德·考伯曾经把这些人称作“正是要找的人”；然而，重要的是，事实上在具有高度意识形态内涵的活动中，城市上层市民总是怀疑这些人是首要嫌疑犯，却得不到证实。②

确实，大多数5月事件的参加者都是收入较低、社会地位卑微的人。《北华捷报》曾这样概括说：“这次事件显然是由几乎清一色的下层阶级发动的，主要是工匠、手艺人、干粗活的人、船夫和士兵。”③ 另一些材料则表明，深深裹入其中的职业群体还包括木匠、铁匠、裁缝、店员、水手以及流动小贩。④ 可是，在判断1883年密谋事件乃是“下层阶级”的运动之前，必须注意到，几乎所有参加者都有适当的稳定职业——其中许多人是熟练工，或可以期望有合适的工作机会提供给他们。在这座城市里，从来就不缺乏长期不充分就业的边缘群体，更不用说那些濒临饿死、完全没有工作机会的乡下难民了，这样一些职业群体很难让人联想起他们是社会的渣滓。更有甚者，仔细研究一下那些被作为密谋首领而处死的人的职业情况，就可以发现，许多人的社会经济状况即使不是“家业丰实”，也是“足可度日”。反叛者的总指挥之一邓玉亭，拥有驻汉口乡勇部队文职吏员的官衔；那位出卖起事密谋的邓五爷，则是一名候补武官。其他首领人物包括一名候补文官，一名书店掌柜，一名竹器店老板，一名干货店老板，以及“一名汉口多家重要中药铺的股东”。还有一位叛乱首领不是汉口居民，但被描述为一位重要的汉口房地产主。⑤

因此，我们可以将这次城市起义的参与者分成三个层次：（1）领导层，

① 参见《申报》光绪九年四月三日、二十八日。

② 关于欧洲的情况，参见威廉姆斯：《巴黎的警察，1718—1789》（路易斯安那州，巴吞鲁日：1979），190～200页；考伯：《警察和人民：法国大众的抗议，1789—1820》（牛津：1970），28～30页。

③ 《北华捷报》1883年5月18日。

④ 参见《申报》光绪九年四月六日；卞宝第光绪九年九月奏，收入《卞制军奏议》卷四，46～50页。

⑤ 参见《申报》光绪九年四月六日、九月十九日，《北华捷报》1883年5月18日、6月1日，《益闻录》1883年5月23日、10月17日。

大部分是本即拥有较好商业或职业状况的人；（2）叛乱的普通参加者，主要由贫穷但仍然有稳定职业的工匠、手艺人、店员、干粗活的人，以及“某些”边缘群体；（3）较大的异类群体（包括兵勇和地痞）并未直接卷入密谋，但他们极有可能向这些更自觉的反叛所引发的社会混乱提供同情性的或趁火打劫式的支持。

这里，看来有必要引述乔治·路德在其有关18世纪伦敦和巴黎城市起义的研究中所提出的论点。路德认为，法国的“无套裤汉”和英国的“暴徒”群体并不是主要由城市游民组成的，也并非当时官方试图界定他们的“危险阶级”。相反，他们往往是有固定工作的工人组成的多元化职业联盟。他认为，这一时期，流氓无产者和边缘群体实际上已经逐步构成为城市人口的重要组成部分，而且，其个体成员虽然也参加了城市社会运动，但这种参与一般说来是自发的，没有具体的目标，他们本身也很少成为运动的核心。路德进一步指出，即便是那些参加“巴士底风暴（the Storming of the Bastille）”和“威尔克斯与戈登反天主教暴乱（the Wilkes and Gordon riots）”等运动的工人，如果不是有城市“中等阶级”提供了组织性领导的话，也无法发展到成功地组成暂时性联盟的地步。① 在这些方面，1883年汉口的起事密谋，均可与之相比较，其相似之点非常惊人。

然而，如果我们考察运动的其他方面，就没有这么多的相似之处了。与许多研究现代早期欧洲的其他学者一样，路德也强调经济上的不平与愤怒在城市民众抗议运动中的根本性作用，即使是对那些表面看来明显另有其他动因的事件，也是如此。比如，他非常令人信服地将法国大革命期间巴黎民众表面上的政治暴力活动与面包价格的不断上涨联系在一起。同样，埃里克·霍布斯鲍姆和汤普森也把欧洲的“千年运动”主要看做一种意识形态的遮蔽，其实质则是经济冲突。② 相反，在汉口，我认为，1883年密谋真正的根

---

① 参见路德：《18世纪的巴黎和伦敦：民众反抗研究》（纽约：1973），19～20、28～30、80～81页。

② 参见霍布斯鲍姆：《原初反叛：19—20世纪社会运动的初始结构研究》（纽约：1965），第4～6章；汤普森：《英国工人阶级的形成》（伦敦：1963），49页。当然，霍布斯鲍姆的观点与汤普森的并不相同，后者只是勉勉强强地把这种千年运动看做“前政治性”被统治阶级的原始表现形态，而前者则把它看做一种更普遍的、表达其经济欲求的文化方式。

本动机是政治与宗教的，下面我们关于这次密谋的细致讨论将更明确地说明这一点。

可是，这决不意味着经济因素没有发挥作用。实际上，在此之前一段时间里，有很多经济因素构成了这次事件的必要背景。全汉昇、刘广京、郝延平均充分细致地证明，1883 年是中国经济一个严重的危机时刻。许多背景汇合在一起，同时发挥着作用，这包括：世界白银市场衰退影响了中国的货币体系；一系列的自然灾害，包括华北、湖南、江西的干旱以及长江大水；一些矿业公司和其他新型自强洋务企业发行了过多债券，引发了恶果；更直接的则是，人们普遍预测，与法国的战争将会带来毁灭性破坏，从而加剧了紧张局面。这年 1 月，上海一家大型丝绸公司经营失败，在几周内引发了上海 50 多家主要批发行倒闭，其结果是当年 90% 的上海钱庄破产。虽然这些金融危机大多发生在沿海——那里年轻的中国企业家阶层几乎因此彻底垮掉，但全国信贷市场均受到破坏，向内地购买商品的支付能力也大打折扣，从而使所有商品化的地区均受到强烈震动。① 来自汉口的报道指出，1883 年对当地商业来说，是损失惨重的一个，市场异常萧条，许多钱庄倒闭。②

与之相伴而生的是当地粮食价格飞速上涨。因为湖南大旱，1882 年湖北本省的收成也很不好，汉口米市的批发价很快就从 1882 年底的每担米 1.7 两银子上升到春节后的 2.1 两银子。③ 根据王业健制作的价格表，1882 年至 1883 年间武汉地区的零售价格上涨了 31%，是太平天国运动后涨幅最大的一年。④ 同一时期，食油之类其他基本食物的价格几乎翻了一倍。⑤ 这种情况又反映在汉口粥厂的运营方面。1881—1882 年冬季，事实上根本就没有要求

---

① 参见全汉昇：《从徐润地产生意之失败看 1883 年的经济危机》；刘广京：《中国工业化初期的信用机构：1883 年徐润破产案的背景与影响》，均收入侯继明和于宗先主编：《现代中国经济史》（台北：1979），493 ~ 498、499 ~ 510 页；郝延平：《19 世纪中国的商业革命：中西贸易资本主义的兴起》（加利福尼亚，伯克利：1986），323 ~ 334 页。

② 参见《申报》光绪九年十二月一日。

③ 参见《申报》光绪十年二月二日。

④ 参见王业健：《中国粮食价格的时空模式，1740—1910》，提交给“中国经济史的时空趋势与周期”学术讨论会的论文（意大利，贝拉焦：1984）。

⑤ 参见《申报》光绪十年二月二日。

开放粥厂，因为当地粮食市场一直很稳定。但到了 1882—1883 年冬季，飞速上涨的粮食价格和从汉水流域大量涌入的难民，迫使汉口粥厂尽最大能力运营，再加上通常向此类机构提供经费的商人在这一年受到严重打击，（无力进一步提供经费支持），从而迫使粥厂管理人于 1883 年早春即转而向地方官府求助，要求给予紧急援助。①

最后，还有一个纯粹地方性的经济因素也加剧了 1883 年春天的紧张状态，即汉口茶业公所的反西方的联合拒售茶叶事件，已是山雨欲来风满楼。虽然这一事件直到 5 月 12 日才正式公开化（《汉口：一个中国城市的商业和社会，1796—1889》第 6 章已有讨论），那时起事密谋已经失败，汉口已宣布戒严。但实际上，自 1882 年以来，汉口人人都知道，在这个重要行业里，将要发生某种形式的大分裂。为了坚持有利于这一行业长期利益的原则，必然要付出一些短期的代价；虽然那些大茶商能轻易地承担起由此而带来的压力，但那些小商人和依靠茶业谋生的无数劳动者（当然也包括我们提到的那些反叛的茶箱工）可就很少有这样的能力了。至少有一位记者曾提到谋划中的起事与即将举行的联合抵制事件之间可能存在联系②，而且，两个事件显然在很多方面互相映衬。在一定意义上，对于两起事件的发起人来说，它们都是救治经济弊病的手段，只不过商人们选择使用市场机制以努力救治时弊，而民间秘密宗教的信徒则选择重建整个社会秩序而已。

然而，尽管毫无疑问出现了经济危机，但并没有证据表明这种经济危机与汉口的密谋之间存在着直接的因果关系。英国领事艾勒伯斯特，对当时当地的情形有着非常透彻而全面的了解，实际上，他对存在着真正威胁表示怀疑的事实根据，就是没有足以引发秘密社会起事的极端经济压力——他的观察结论是："虽然周围乡村有水旱灾害引起的种种不幸，但目前（汉口）不存在巨大压力。"③ 至此为止，社会负责的粥厂、善堂和其他福利机构，以及官府依惯例采取的分发食物、控制难民涌入等紧急反应措施，均已相当成熟，足以控制较 1883 年春季更严重的短期经济危机；而且，事实上，一年来

---

① 参见《申报》光绪八年十二月八日，九年十一月二十四日、十二月二十七日。

② 参见《申报》光绪九年四月十四日。

③ 英国外交部档案，《英国驻华总领事商业报告，1883》，86 页；另参见艾勒伯斯特 1883 年 9 月 12 日信，英国外交部档案，228/700。

也没有非意识形态的常规性粮食骚动见于记载，反映出精英负责的救济机器足以胜任其使命。所有这些证据均表明：毫无疑问，虽然经济因素在给起事企图提供“机会”方面发挥了某些作用（对于当前经济弊病的自觉，几乎是自然而然地影响到密谋首领们对起事时间的确定），但在提供起事“动因”方面，经济因素只能被认为是发挥了非常间接的作用。

似乎完全不存在那种从狭隘的阶级利益出发的经济不满。不仅密谋者本身来自不同的经济境况，而且存留下来的反叛分子的供词也没有提供涉及直接针对汉口经济精英的敌对行为的具体证据。当然，这也很难说，这一事件就完全没有阶级的因素——我们即将看到，对这一事件的反应，显然是立足以各自社会经济境况的，但阶级斗争的意识并没有作为一种清晰明白乃至根本性的动因而发挥作用。虽然现代早期中国城市的社会变化非常迅速，但19世纪80年代前期，在正处于变化过程中的群体意识里，职业、行业、族群和居住街区构成的纵向社会分划，相对于（社会经济地位的）横向分划，仍然占据着压倒性的优势地位。

在密谋分子的动机里，对西方列强入侵的仇恨也没有发挥什么作用，这一点非常引人注意。思想偏执的汉口西方人社区立即抓住了这一事实。传教士戴维·希尔在这年5月7日写道：尽管谋划中的起事“似乎是一场政治活动”，但并没有“排外的迹象”。几天后，《北华捷报》指出：“在骚动过程中，自始至终都未听到反对外国人的声音……从我收集到的情况看，显然没有理由认为他们有任何企图骚扰我们的打算。”①

特别是外国传教机构，往往成为狂热民族主义排外运动理所当然的攻击目标，可是，（用希尔的话说）反叛分子们“似乎完全没把他们算进来”。在这一事件中，洋教没有成为反叛者预定的攻击目标，这是一个引人注目、耐人寻味的转变；而汉口的中国基督徒及其西方保护者确实也发现，普通民众公开怀疑他们实际上就是起事密谋的同谋犯。法国领事邀请湖广总督涂宗瀛和湖北巡抚彭祖贤亲自到教团驻地视察，只有当这两位官员两次发布开脱教会责任的布告之后（同时将有关谣传归咎于企图趁火打劫的地痞），民众对

① 希尔1883年5月7日信，圣公会档案，Box491；《北华捷报》1883年5月18日。

教会的怀疑才逐步消释。（民众的这些怀疑）部分原因是出于他们本能地相信天主教是各种邪恶力量的化身，另一部分原因则是因为法国在越南的侵略行为得到广泛宣传、从而引发了民众反法情绪的高涨。更重要的是，这里的证据不仅表明在信奉救世主义的佛教异端教派和宣传福音书的基督教之间存在着密切的亲和力（事实上，汉口圣公会就发现了足够证据，说明一位中国教徒是此次秘密教派密谋活动的共犯，所以将他逐出了教会），也说明任何宗教的狂热信仰者均会受到总体上更为世俗化的汉口人的普遍怀疑。①

因此，备受西方谴责、认为非常令人担心的兵勇和其他边缘群体虽然与此次事件有松散的联系，但他们实际上并未进入对密谋实际负责的核心圈之内。在那些被发现参与密谋的种种基层群体之间，确实存在着共同的意识形态基础，那就是狂热的大汉族主义；1883 年汉口的密谋本质上是一场特别受到反满思潮鼓动的反清叛乱。反叛者可以利用当前的经济困境，但叛乱实际上是一场政治叛乱。在如此之早的时间里，已经在反清旗帜下汇聚成如此广泛的反叛同盟，这样的事实说明必须修改传统观点所认为的，直到中日甲午战争以后，伴随着现代大众民族主义的首次觉醒，民众反满运动才又复苏起来。②

这样，我们可以将这些民众运动的参加者按照其动机区分为三个同心圆式的层次：处在核心位置的群体，是那些试图发动起义彻底清除腐朽旧世界、信奉弥勒佛下生救世的白莲教信徒；其次是在共同的反满思想基础上，与他们结盟、参加到运动中来的哥老会和散兵游勇；最外围跟着跑的同伙（用当地中国记者的话说，是“趁火打劫者”③），则是那些只冀图趁机谋取

① 参见《益闻录》1883 年 6 月 6 日；斯卡伯勒 1883 年 5 月 21 日信，希尔 1883 年 6 月 17 日信，均出圣公会档案，Box491。参阅裴士单（Daniel Bays）：《基督教与中国传统秘密宗教》，载《清史问题》第 4 卷第 7 期（1982 年），47～48 页。

② 虽然外文报刊明确将反满界定为这次密谋活动的基本动机（参见《北华捷报》1883 年 5 月 25 日），在一些中国官员的秘密通信中也承认这一点，但中心报纸《申报》却完全未提及这一动机，它甚至相当彻底地掩盖了这次起事密谋的真相。显然，对此类犯忌的事项，存在着一种故意或被迫回避的处理方式，而这种处理方式又进而遮蔽了历史学者去认识 19、20 世纪之交公开肆无忌惮的政治报刊出现之前之反满运动的真相。

③ 《益闻录》1884 年 9 月 17 日。

直接物质利益的各色人等。

二、密谋

1883年5月发生在武汉三镇的一系列事件，无可辩驳地说明，至迟从光绪前期开始，就已确实存在着致力于推翻清王朝统治的、大规模的、强有力的、相对稳定的全国性组织。这一组织包括来自不同地区、不同经济背景和不同意识形态信仰的男女，他们的共同点乃在于随时准备着为推翻清王朝而奉献出生命。这些事件也表明，清王朝对其进行了最血腥的镇压。从1883年到1886年，越来越多受到反叛牵连的人被逮捕，遭到严刑拷打、吐出口供之后，未经审判就被草率地处死了。虽然一些西方人对这些通过严刑拷打得到的口供的可信性表示嘲笑，而且表面上看来这样产生的嫌疑犯也确实是层出不穷，但这些口供所提供的对这次密谋及其背后组织的细致描述，确实也揭示出某些真实情况。

汉口的起事密谋是一个在白莲教传统内运转的秘密教派系统提出的计划。密谋分子拥护白莲教传统的核心信仰，包括信奉“无生老母”，相信太平盛世即将来临，而他们发动的反叛则将引导他们进入“来生”；与此相对应，他们认为父权制家庭和地方社会等现存社会制度均已不可救药地走向死亡之路，也不尊重正统的和民间的儒家礼仪（一位被捕的反叛者坚定不移地宣称：“并不奉神道!”①）；而且，最引人注目的是，他们都热情地奉斋吃素。对1883年负责的这支秘密教派，在当时资料中，分别被当做灯花教、青莲教和红教，拥有不同名目，但最常见的则是简单地称为“斋匪”。这种模糊不定既无足惊异，也丝毫不成问题，因为白莲教系统本身的结构就是非常松散的，而且经常（往往是故意地）混淆其各支派的名称，它们并非通过教派的名称而是通过师徒联系的个人网络来切实有效地确定某一固有组织属于其教派系统的。

1883年起事密谋的策划者是一位名叫王觉一的人，他是山东青州人，一个在全国具有重要影响的民间教派首领。王觉一的一生扑朔迷离，他死后成

---

① 卞宝第光绪九年九月奏，收入《卞制军奏议》卷四，46~48页。

为许多传奇的主题，而且到20世纪，逐步被尊为一贯道的第15代祖师。虽然王觉一在世时并没有使用一贯道的名称（按照其内部的历史，一贯道的名称最初是王觉一的继承人、第16代祖师刘清虚使用的），但一般认为，正是他给这个教派赋予了独特的现代神学思想，并建立了组织系统。① 他也是一位多产的宗教宝卷的作者，至少有两种宝卷留存下来。② 这些著述显示出王觉一以一种激进的方式融合了道儒释三教，他宣称道儒释三教均信奉同样的基本理念，即把“道”看做超然的“初元”（在一贯道经典中，另有一部宝卷，其中把耶稣当做古代的第四个大圣人——民间秘密宗教之所以成为令人憎恶的对象，就是因为它本质上信奉多神主义，如果这种观念在19世纪80年代已经存在的话，那么将非常有助于解释反叛分子令人奇怪地不怎么仇视汉口的基督教团）。按照王觉一的说法，真正的“道”自古以来就受到大众迷信的不断遮蔽而迷失了，只有通过他自己的启发才能重现本相。

据近来宋光宇在台北收集的口头传说，王觉一出身于一个贫寒家庭，是一个孤儿。20岁时，他漂泊到山西，拜秘密教门首领姚鹤天为师——后来，姚鹤天被一贯道尊为第14代祖师。此后，他在四川度过了几年，到处宣扬其师的宗教主张；1877年，姚死后（据一贯道的传说，他是在汉口被清朝官府捕获杀害的，但我在当地文献中迄未发现证据证明此事），王觉一继任这个教派的首领，并回到其故乡山东。③ 虽然这份个人历史不过是一个传说故事，看上去也不太真实可信，但他仍有助于解释王觉一何以在随后会有能力掌握一个遍及全国各地的秘密宗教网络。

一贯道本身的历史知识体系对1883年的汉口事件只字未提，实际上没有提到王觉一的任何政治主张与活动。然而，1883年的报刊资料，则把他描述

---

① 参见李世瑜：《现代华北秘密宗教》（台北：1975），35～36、55页；格罗泰（Willem Grootaers）：《现代秘密社会，一贯道：一份文献索引》，见《民间传说研究》第5卷（1946），316～352页；窪德忠：《论一贯道》，载《东洋文化研究纪要》1953年第4期，173～249页。非常感谢韩书瑞提醒我注意这些资料。

② 这两种宝卷分别是《子曰解》和《一贯探源》。格罗泰1946年曾看到过这两种书，并在所撰《现代秘密社会，一贯道》中摘引了其主要内容。格罗泰认为，这两种宝卷的真实性及王觉一是其作者是绝无疑义的。

③ 参见宋光宇：《祖师之死：关于一贯道首领的争论》，未发表的手稿，承作者同意引用。

成一个狂热的“复明”主义者，自己要做皇帝的野心也昭然若揭。有一个报告讲了一个故事，说他出生时实际上姓“朱”，与明朝皇族同姓；他的两个手掌心生来即各有一个“日”字与“月”字，合起来正好组成一个“明”字。① 尊奉王觉一为“太老师”的这个民间秘密教派网络非常之大，遍及长江流域和华北大部，均与王觉一一样，致力于推翻清王朝的斗争。

长期以来，王觉一一直在耐心细致地建设这个组织，谋划改朝换代的斗争，单在汉口一地，就进行了近七年。1883 年正月，他出发巡游长江流域，以便进一步巩固其组织力量，并为 5 月份的起事确定时间表、分配各自的任务（清廷通过两江总督左宗棠的密折，警惕地注意着这些活动，知道正在发生某些事情，但未能探知密谋的详情）。王觉一首先巡游了江苏沿海，然后去南京、汉口、沙市，最后到四川。3 月份停留汉口期间，他住在港口的船上，但在一位商人、有时也兼作拳师的张聋子的店铺里处理有关事务。伴随王觉一的有他 27 岁的儿子继太(或作“继泰”、“济太”——译者)和他的一位重要徒弟刘至刚；他自己继续到上游巡游之后，把这两个人都留在汉口指导、监督当地的起事计划。4 月 24 日，反叛者们又一次在孙聋子店里碰头，并将起事的日期定在 10 天后，即 5 月 4 日。②

被王觉一选作武汉地区反叛现场总指挥的是邓玉亭，一位来自汉水流域汉川县的 29 岁的本地人，因为他孔武有力，为人强悍，而且他在征召、动员各种不同来源的潜在反叛群体方面有非凡的能力。原来在故乡汉川县时，邓玉亭曾做过讼师和保镖，所以，他设法通过官方关系获得了一个汉口驻军文职吏员的头衔，以保证自己的安全。邓玉亭拉进这次密谋活动的下属有很多，包括他的兄弟邓尚林，他长期以来的亲信陈宝卿、周朗亭，一位来自黄陂的僧人熊老八，一位来自嘉鱼县的武昌书贩熊定国，以及孙木匠领头的蒲圻茶箱工。③

然而，迄今为止邓玉亭最引人注目的成就则是他成功地与几个当地哥老

---

① 参见《益闻录》1883 年 6 月 23 日。

② 参见《大清德宗景皇帝实录》卷一六二，2 页；祥亨和穆克德布光绪九年四月二十六日奏，出台北“故宫”博物院：“清宫档案”；卞宝第光绪九年九月奏，见《卞制军奏议》卷四，46 ~ 48 页；希尔 1883 年 6 月 17 日信，圣公会档案，Box491。

③ 参见《益闻录》1883 年 5 月 16 日、23 日，1886 年 7 月 31 日、9 月 15 日；卞宝第光绪九年九月奏，收入《卞制军奏议》卷四，49 ~ 50 页；谭钧培光绪十二年六月奏，收入《谭中丞奏稿》卷五，26 ~ 28 页。

会堂口建立了联系。在第七章中，我们曾谈到太平天国运动后华中地区的白莲教与哥老会之类非宗教性组织已形成合流之势，而且互相影响；毫无疑问，因为王觉一赞成以白莲教教义融合各教宗旨，必然会极大地推进这一相互影响进而合流的进程。王觉一尊敬中国古代的圣贤，他誓言要使真正的儒家学说重现于今日；凡此，都必然会引起狂热的民族主义者哥老会首领的热烈共鸣。然而，最重要的乃是他的政治目标——驱除鞑虏，恢复中华，对兄弟会组织有着非常广泛的吸引力。我们已看到，在 19 世纪 70 年代一系列地方性起事中，以这种共同目标为基础，各种信奉千年盛世说的秘密教派就与哥老会结成了战术性同盟。在筹划雄心更大的 1883 年反叛时，王觉一及其副手们更是特别注意巩固他们与哥老会堂口的联系，因为后者在武汉地区掌握更多的人手，并在三镇驻军中拥有相当多的信徒。事实上，八年后，湖广总督张之洞回顾 1883 年事件时，把这一事件看做哥老会从一个基本上属于自助性质的组织，演变为全面致力于反清的革命力量的转折点。①

1883 年 1 月，来自华中各地的哥老会首领汇聚湖南平江县的市镇金浦，开了一次重要会议；随后又在岳州、龙阳等地召开了一些较小的地方性会议，显然都是为了商讨给予王觉一计划中的起事以怎样的支持。② 可是，因为 19 世纪 80 年代前期的哥老会是一个比民间秘密教派更为松散的组织，所以起事计划者试图打造的反叛联盟实际上只能逐步去做，一个对一个地联络各堂口的龙头。例如，一位名叫赵云山的哥老会龙头（职业是来自嘉鱼县的小贩）在其口供中供称：这年 4 月，他应王继太之邀，来到武昌黄鹤楼下的江堤旁，被引接入教门，拜王觉一为师，宣誓效忠师父；然后受命再招收 100 名徒弟，听候邓玉亭之命，响应起事。③ 另一位名叫邓贵亭的哥老会首领，原是来自湖南湘乡县的退伍湘勇，他自己在汉口建立了一个堂口，则由邓玉亭直接去接洽联络，并把整个堂口全部编入了叛军。④ 在湖北东部的黄梅县，哥老会大龙头名叫于添保，将与白莲教相近似的教义宗旨精心地灌输到自己的哥老会组织中，从而在自己势力范围内建立了一个“教门”（取名

---

① 张之洞光绪十七年十二月七日奏，收入《张文襄公全集》卷三十一，9 页。

② 参见《大清德宗景皇帝实录》卷一六三，5 页。

③ 参见卞宝第光绪十年七月奏，收入《卞制军奏议》卷五，95～96 页。

④ 参见《益闻录》1886 年 9 月 15 日；谭钧培：《谭中丞奏稿》卷五，26～28 页。

“红灯教”），以为即将发动的起事作准备。于添保本人虽然在3月即被官府捕获并处死，但他的许多同伴却幸存下来并参加了5月事件。① 参与策划这一运动的其他哥老会首领还包括李长寿（我们还记得，他就是恐慌期间谣言所传将为其被官府杀害的父亲报仇的人）和陈国端——这是一个值得特别注意的人物，因为他声称自己是太平天国的东王杨秀清收养的孤儿。②

据可靠资料，到5月初，反叛者能够完全掌握的兵力，加起来大约有4000人，其中大约一半藏在武汉三镇，另一半藏在蔡店及其他周围市镇。也许是为了希望能保证其非凡的灵活性，反叛者将他们的军队命名为“飞德骑”。在预定的起事日之前，谋叛者都通过传统的服丧标志来互相辨识，即在他们的辫子上缠一缕白线。主要由我们提到的茶箱工来打头阵，其任务是散布谣言，制造突如其来的恐慌。最后，5月4日晚上10点，武汉三镇最著名的标志性建筑，从武昌蛇山之巅俯瞰江汉汇合的黄鹤楼，将会燃起大火。一见这个信号，藏身各处的反叛者将一跃而起，戴上五彩头巾，举起写有“替天行道”的战旗③，杀死当地官员，抢劫官府仓库和军械库；到那时，他们的队伍预计会因支持者自发加入而壮大起来，然后，就开始征服全国。他们仿效在其之前的明朝和太平天国，计划首先进军南京，预定把那里定为新帝国的首都。

武汉三镇的起事是一场遍及全国各地的一系列起事的中心，这些起事有的根本未及发动，大部分发动起来的也很快就失败了。然而，这些事件汇合起来，却引起了清王朝极大的恐慌，其反应异常激烈。在湖北，在5月事件之前有与之相关的德安与汉川骚动，与之同时的有沙市与黄梅暴动，在此后则有包括襄阳兵变在内、遍及汉水流域各县的骚乱浪潮以及蕲水县乡村的暴力冲突。④ 王觉一及其汉口密谋还进一步与其他更远地方的起事联系在一起，

---

① 参见《益闻录》1883年5月19日；《大清德宗景皇帝实录》卷一六二，8～9页。

② 参见《益闻录》1883年6月23日；艾勒伯斯特1883年5月7日信，英国外交部档案，17/934。

③ 参见《益闻录》1883年5月16日。

④ 参见《大清德宗景皇帝实录》卷一六二，8～9页；祥亨和穆克德布光绪九年四月二十六日奏，出台北“故宫”博物院：“清宫档案”；卞宝第光绪九年十月和光绪十年三月奏，收入《卞制军奏议》卷四、61～63页，卷七、7～9页；《申报》光绪九年六月二十五日；希尔1883年5月7日信，圣公会档案，Box491。

包括苏北江淮城市化地带和山东曹州、江南常州等地的一系列骚动。①

看到武汉起事中途夭折，反叛首领们纷纷四处逃散，从而成为此后几年间官府不断加强追捕的目标。起事的现场总指挥邓玉亭逃回其家乡汉川，但翌年春，其宗族的族长畏惧清朝官府残忍的反攻措施（可能也看中了500串钱悬赏邓玉亭脑袋的赏金），把他绑着，推推搡搡地送到了省里的衙门。熊定国、章聋子和孙木匠大约在几个月内，赵云山在1884年，邓贵亭和邓尚林在三年后，相继被捕获。王觉一的儿子王继太于1884年7月在浙江被捕。但直到1886年，王觉一及其亲密助手刘至刚却一直未能抓获，这让朝廷觉得很失望。② 关于王觉一最后命运的报道有很大差异。值得注意的是曾国荃曾声称他于几年后在华北被捕并被处死；而民间传说则说他一直住在四川的峨眉山，在那里，他逐步成为义和团运动的精神领袖之一；一贯道内部历史正式的记载又说他于1884年4月在天津附近的杨柳青镇寿终正寝。③ 我怀疑最后一种说法可能最接近真实。至于刘至刚，很可能就是后来的刘清虚，一贯道的历史说，他于1884年继王觉一之后成为这支教派的第十六代祖师，并担任教首一直到20世纪初。

三、参与者的地域来源及城市在危急时刻的反应

弄清这场运动的主要线索及汉口密谋背后的涉案人之后，就可以明白，1883年5月计划中的起事，从里到外，自始至终，均不是旨在抗议城市生活环境的“城市骚乱”；也不能把它看做乡村因为意识到城市代表着经济交换、食品供应领域的剥削力量而发动的对城市的攻击，或类似的乡村对城市的反抗。汉口（以及武昌）被选定为这次起事的地点，带有很大的偶然性，虽然

① 参见《大清德宗景皇帝实录》卷一六二，18页；卞宝第光绪九年九月奏，收入《卞制军奏议》卷四，46～48页；《申报》光绪九年四月十三日；《益闻录》1883—1884年间有关长江下游地区的各种报道。

② 参见《益闻录》1883年5月16日、23日，1886年7月31日、9月15日；卞宝第光绪九年九月奏，收入《卞制军奏议》卷四，49～50页；谭钧培光绪十二年六月奏，收入《谭中丞奏稿》卷五，26～28页。

③ 参见李世瑜：《现代华北秘密宗教》，36页；漥德忠：《论一贯道》，载《东洋文化研究纪要》1953年第4期，187页。

并非完全出人意料。1883 年的起事密谋之所以精心选择武汉三镇作为进攻目标，与太平军及其他反叛军队从外部对它发动突然袭击的理由大致相同，即考虑到它在征服整个帝国过程中的战略意义、引人垂涎的财富，以及拥有征募反叛分子的巨大潜力。而对于像 1883 年那样、策划在城市内部发动反叛的密谋者来说，汉口还提供了另一个有利因素，即便于隐姓埋名地从事秘密活动，这一点恐怕是当时中国其他城市所无法比拟的。而且，在 1883 年，武汉三镇在这些常见的吸引力之外，进一步加上了正在发生的经济萧条、乡下难民大量涌入、遣散兵勇即将到达，以及最近刚刚显示出来的驻防兵勇的不满。然而，汉口生活中的这些具体条件显然并未激化矛盾，导致反叛的突然发生，甚至未促成反叛；1883 年反叛爆发的原因及其目标，都是全国性的，而不是地方性的。

虽然密谋分子中有不少人相对长期地居住在汉口，但大多数人并非如此。这场运动的最高领导人来自山东，一些次要领导人来自湖南、河南和四川。而且，参与密谋的许多秘密宗教教徒以及大部分哥老会兄弟的个人历史都表明，他们每人都曾经在全国各地广泛流动；而许多领导人实际上都是在他们逃避躲藏的非常遥远的地方被捕获的，这一事实更有力地说明了其流动性之大。然而，大多数普通反叛分子，则来自以汉口为中心、半径 100 英里范围内的湖北各县，包括位于通往湖南交通线上的蒲圻、嘉鱼，汉水下游地区的汉川、钟祥，以及鄂北和鄂东北的云梦、黄安。无须惊奇，最具代表性的，则来自汉口北面、与汉口直接毗邻的两个县，黄陂与孝感——几十年来，它们向汉口提供了大量劳动力，使汉口下层阶级的人数迅速膨胀起来。联系汉口与两县水上交通网络的要津，汉口土垱口附近，长期以来一直是有名的危险与狂暴之区，在那里发现了许多藏匿的 1883 年密谋分子。① 如果我们将已知参与者的地方来源绘在华中地区的地图上，就可以发现，密谋分子都是沿着进入汉口的自然交通路线被吸纳的，而且表现出随着与汉口距离的加大，参与者依次递减的规律。换言之，尽管这场运动本质上不是汉口市民的运动，而且一些参与者（特别是领导层）来自距离汉口非常遥远的地方，但参与者与距离之间的逆相关性（指与汉口距离越大，参与者越少——译

① 参见《申报》光绪九年四月六日。

者)，对于试图阐释零售商品流通的经济地理学家和中心地理论家来说，一点也不会感到惊奇。实际上，反叛者的层级分划与我们考察的汉口社会整体的结构层级表现出一种非常美妙的对应关系：大多数人口来自附近地区，而精英则来自更远的地方。

与密谋参与者的情形相比较，未参与其中的汉口人所作出的反应显然更因其地方来源不同而发生系统的变化，至于其出生地距汉口的距离，也与其在这个城市中的经济福利水平、经济地位有着一定关联。所有当时的观察者都一致指出：5月3日前即逃离汉口的劳工阶级与其后离开的(如果确实需要，也是在这一天离开的）人群之间存在着明显的差别。外国观察者从职业构成（工匠、零售店掌柜等大都是5月3日前逃离的，而批发商、牙商等大都是5月3日后离开的)、所营生意在城市内部的位置（位于旁街侧巷者属于前者，位于通衢大道者却属于后者）或社会地位（普通大众属于前者，“较好”或“有名望的阶级”则属于后者）等等方面描述此种差别。而当地中国观察者则进一步刻意地将这种差别的一方界定为湖北“本省人”，另一方则是外省客居的大商人（客帮行店)。①

湖北人逃离得更迅速显然有很多理由。正是孕育大多数普通反叛分子的附近几个县，也同时向汉口供给了大量平民人口；这一事实启发《北华捷报》记者得出这样的结论：“无需怀疑，绝大多数人都得到参与这一密谋的朋友的警告，让他们离开。”在提到汉口众多的劳动工人均来自“周围地区”之后，他进一步指出：“暴动一旦发生，这里将受到抢掠，并被烧毁，许多现有居民都将被殃及，只要侥幸生存逃回老家就不错了。然后，他们会留在老家坐观事态发展，准备站到势力最强的那一方去。”② 他认为，这些老家在附近乡村的人们，可以在老家找到避难所，因此，他们对汉口的命运可以说是漠不关心。虽然我觉得这位记者太刻薄了些，但他对这种功利主义政治态度的批评，确实是切中要害。

另一方面，占据汉口中心地位（不仅是空间上的中心位置，也是经济与

---

① 参见《申报》光绪九年四月三日；《北华捷报》1883年5月11日；艾勒伯斯特1883年5月3日、4日信，英国外交部档案，17/934。

② 《北华捷报》1883年5月18日。

社会的中心地位）的牙商和批发商，虽然其家乡距离汉口非常遥远，但却与其寓居的城市维持着最长久的密切联系。毫无疑问，这在根本是因为他们在城市命运和社会秩序的总体维护方面拥有巨大的经济利益。然而，这一群体中有许多人也渴望发挥儒家式社会领导作用的欲求，在这一过程中也有一定作用——这种作用，已经在我们考察过的、正常状况下各种公益机构的形成过程中得到了证明。

在由起事企图引发的平叛努力方面，我们也可以观察到与此相对应的、同样的系统模式。面对反叛，当地官府立即求助于其在地方事务方面最易获得支持的、强有力的、也是心甘情愿的盟友：监督汉口在中国区域间贸易中作用的各大行会。5 月 3 日晚，官府在汉口市中心区的沈家庙召开了一次会议，邀请汉口“八大行”的领导集体参加——“八大行”是由汉口主要批发行会组成的半正式联盟，控制米、盐、茶等贸易行业。这次会议决定：动员汉口所有的 48 个“水局”，每人都配上刀剑等武器，责成他们逐街巡逻。① 我们曾经讨论过，水局或由行会直接或由行会商人支持的善堂提供经费并管理，其日常运营由绅董负责，而绅董本人往往是退休的商人或商人的子孙。正是这个由各大行业商人和绅董组成的核心群体，构成了城市社会反叛乱努力的中坚力量。围绕这一核心力量形成了一个较广泛的联盟，这才能够在未来最困难的几周乃至数月里保持了秩序和稳定。

四、反叛乱动员的机制

除了驻防绿营和乡勇——其可靠性往往很令人怀疑，1883 年危机期间的城市控制实际上落到了三种类型社会主导的安全力量身上：消防队（水局）、复兴的保甲系统的保甲长，以及大为扩展的地方民团系统“团练”。

5 月初恐慌发生后的最初几天里，主要由消防队（水局）负责维护汉口日常秩序，以便让正规军的巡逻队腾出手来，集中力量搜捕反叛分子。实际上，在整个 5 月份，水局一直在发挥汉口主要治安工具的作用。例如，我们

① 参见《申报》光绪九年四月三日。

见到这样的事例：在一些大规模遭遇战中，武装的消防队成功地战胜了大股地痞团伙。① 直到5月下旬，原有的48个消防队中有大约38个仍在履行其夜间巡逻的责任，每夜19个消防队，轮流值勤。② 可是，到了6月初，安全巡逻的持续需求促使官府和市民领袖们希望将这种负担转移到别的机构身上，以使消防队能集中于防火、消防这一固有的常规任务方面。③ 在整个夏秋季节，按照汉口全城戒严的要求，每夜仍有5支消防队值勤，清理部分市区，并随时扑灭大火——其中许多火灾，据信是秘密教派的残余分子制造的。④

如果按照平均每支消防队有6至10个人计算，那么，就有300至400名消防队员受命作为汉口主要的安全力量去保卫城市。总的说来，这些人均来自日益增长的城市不熟练劳动者和流氓无产者阶层：与现代早期的许多其他公益事业与公共安全设施的创新一样，设置消防队，在一定程度上是为了向那些长期没有充分工作的人提供工作机会，并以此保证他们对官府的忠诚。至少部分由于相信他们的忠诚，人们鼓励消防队在此种危机情况下发挥作用——人们相信，因为商业精英们通过水头和绅董向他们发薪饷给他们，比起正规军来说，消防队可能会更少受到秘密宗教或哥老会的影响，所以可以保证其忠诚。而且，还使用发放特殊报酬的方式以试图保证消防队的持续忠诚。例如，在5月3日的沈家庙会议上，就依靠各行会的捐献，设立了一项特殊基金，以便为消防队在此危机阶段的尽职尽责，在其正常薪给之外，每人增加120钱的饷钱。⑤ 6月5日，当大部分消防队员正式免除安全巡逻之责时，水局绅董们在沈家庙大开盛宴，犒劳所有参与巡逻的队员，酬谢他们模范的服务以及对平定反叛事业所作出的贡献。湖北巡抚彭祖贤出席宴会以示重视，并亲自给每一位消防队员发放了奖金。⑥

1883年危机标志着汉口消防队首次（见于记录的）作为警察力量而发挥作用。虽然在这一个月以后，消防队员都解除了武装，但我们从北京及其他

---

① 参见《申报》光绪九年四月二十八日。

② 参见《申报》光绪九年四月十四日。

③ 参见《申报》光绪九年五月三日。

④ 参见《申报》光绪九年八月五日、九月四日，光绪九年九月九日、九月二十七日。

⑤ 参见《申报》光绪九年四月三日。

⑥ 参见《申报》光绪九年五月十四日。

城市的情况获悉，保持这种力量的武装警察作用，是非常有吸引力的。① 如果说汉口避免了消防队继续发挥武装警察功能的话，那只不过是因为很快就设计出继承消防队的、更有效的治安力量。这些制度拥有不少优点：本质上它们是超官方的，但同时又有充分的官僚化，以避免成为受精英雇用的、单纯保护精英利益的力量。② 按照当时人的说法，它们既不是“官”的，也不是“私”的，而是“公”的，也就是“公共的”或“共同的”。

1. 保甲。我们可以想象得到，1883 年初清廷获悉王觉一正在开展活动时，所作出的反应一如故往：首先，告诫地区官员，强化保甲控制。当湖广总督涂宗瀛和湖北巡抚彭祖贤不得不向皇帝报告汉口起事密谋时——这两个位置这时可不那么让人羡慕（很可能涂宗瀛为此丢了自己的乌纱帽，他于 7 月以患病为由致仕），他们立即为未能对强制推行保甲而受到了严惩。③ 正如本书第八章所述，在过去几十年里，汉口全面的公共安全体系实际上一直在不断发展，但传统的保甲机构在其中发挥的作用很小。当 1883 年密谋事件发生时，半职业化的街区保正显然发挥了很大效用，但保甲制度中的户口登记与互保机制却几乎彻底瘫痪了。因此，《申报》驻当地通讯员的评论也许是恰如其分的，“恐有保甲之名，无保甲之实”④。

这就是 5 月间汉口同知张藕芳所面临的形势——他受命作为戒严期间汉口的军政长官，也许是汉口历史上最有权力的官员。张藕芳以保甲制度中最稳固的因素保正为基础，采取了一系列积极措施，建立了一个强有力的社会控制体系——这一控制体系虽然有很好的集权化，但仍然是由街区自己提供经费并运营的。为了适应汉口之类城市地区较高的特殊需要，张藕芳精心设计的新制度包括了让城市精英发挥更大作用的具体内容。⑤

---

① 参见今堀诚二：《北平市民的自治组织》（东京：1947）。

② 关于欧洲城市中“要求将治安功能官僚化”的论述，参见索维：《文明社会的秩序要求》，收入保顿（David J. Bordua）主编：《论治安：六篇社会学论文》（纽约：1967），10 页。

③ 参见《大清德宗景皇帝实录》卷一六二，2、8 ~ 9 页；卷一六三，16 ~ 17 页。

④ 《申报》光绪九年五月十四日。

⑤ 有关保甲制度之全面检修和运营的描述，参见《申报》光绪九年四月十四日、二十一日，五月三日、十二日、二十一日，九月十九日；《北华捷报》1883 年 5 月 18 日，6 月 1 日。

在基层组织层面上，必须首先指出的是，张藕芳并未作任何努力以恢复十家互保制度——虽然这被保甲初创者看做保甲制度的核心，毫无疑问，这是因为他已认识到这根本不适应城市社会的实际。可是，他却费了很大努力，让居民遵守悬挂门牌的规定，并力图全面准确地查验户口（验户册）。各保保正要负责对其辖区内的所有居民进行全面彻底而精确的检查，将信息上报其直接上级，并按时更新有关资料。每家户牌都要定期与官府保存的户籍册核对。尽管这一任务十分繁重，但据报道，到 6 月初，已富有成效地汇编成了户籍册。

虽然这一制度的主要意图是防止诸如 5 月密谋的参与者那样危害治安的外来人渗透进城市，但汉口各阶层居民均普遍明显地感觉到它所带来的监督压力。中文报刊报道了几起事件的始末，不仅说明民众对这一制度的反抗程度以及这一制度的推行者不达目的誓不罢休的决心，也反映出在此前岁月里进行的户口登记是多么的半心半意与没有实际效果。比如，一位户长多次拒绝向其所在街区的保正提供自己的居住情况，结果被判处笞刑两百。另一个受到惩罚的人是因为发现其实际居住情况与门牌上标识的情况不符。① 正是在贯彻执行户籍制的几周内，破获了好几个藏匿的秘密教派重要首领，人们相信，这是推行户籍制度的结果。

然而，比强化基层组织的控制更有意义的，则是张藕芳倡导的汉口保甲指挥机构方面的革新。张藕芳将保甲系统的全面控制权，从汉口的两个巡检衙门那里拿开（多年来，地方人士一直声讨巡检司署是衙门胥吏营私舞弊的渊薮），移交给地方自治性质的保甲局，这是近 10 年来，当地改革派精英一直鼓吹要求设立的机构之一。按照朝廷特别上谕的规定，在戒严期间，张藕芳亲自担任新设立的保甲局行政领导之责，但非常显然，从一开始就打算待危机过去之后，即马上将管理权移交给一个城市精英组成的委员会。意味深长的是，保甲局总部并未设在张藕芳的同知衙门或其他帝国官员的衙门里，而是设在民间的沈家庙中。

在城市自治性质的保甲局与街区保甲长两个层面中间，张藕芳又把汉口划分为五个新的保甲区，每个保甲区都在一个著名的当地庙宇中设立行政管

---

① 参见《申报》光绪九年五月三日、七月二十二日。

理中心（包括沈家庙，它位于五个保甲区的地理中心）。虽然在划分新的保甲区界线时，有些也因循了原有的坊界，但值得注意的是，张藕芳并未简单沿用原有保甲系统的四坊结构。而且，每一保甲区均被置于一名特别任命的“委员”控制之下，这名委员被授予了训诫保甲长和普遍民户的非常广泛的权力。虽然没有见到何人曾被选作这种“委员”的具体记载，但张藕芳规定他们应是“素有才智、足以服众之人”，说明他们应当来自城市精英，几乎理所当然地均来自绅商或绅董阶层。简言之，汉口精英终于实现了长期以来的梦想，即在古老而又新兴的皇朝地方控制体系（保甲系统）中占据支配、负责地位。

张藕芳在汉口强制推行的保甲制改革，特别考虑到适应城市的需要。每个保正均按照汉口特有的地缘单元“团”重新配置，并通过具有特殊城市意义的渠道逐级上报，直到顶端的保甲局——其权力范围实际上限于城区。汉口的保甲改革很快就被湖北省其他地区所仿效，而且仿效者并非同是城市；至迟到 1888 年，已经形成了全省范围的新式总保甲局，即湖北保甲总局。①孔飞力在谈到紧随汉口的改革之后、长江对岸的武昌府进行的保甲重新编组时写道：“所有正式责任均毫不含糊地委托给了士绅。这种制度……不仅在保、甲这两个较低层面上依靠普通平民，而且由‘里绅’负责监督他们，在其上每乡又另设有‘总绅’。”② 显然，尽管城市与乡村地区重新分划保甲事务责任的后果不尽相同，但均有着十分深远的影响。

2. 团练。恢复保甲，实际上仍然是一种消极控制的措施，所以张藕芳试图在汉口建立一种积极的、可供巡逻之用的武装。因此，大约在 5 月中旬，他呈请省里的上级允准在汉口建立一支新型的城市民团。③ 我们已经看到，自从太平军占领以来，汉口曾多次尝试过创立一支城市自治性质的团练力量。可是，张藕芳打算创立的团练，却在很多方面（与此前的团练）有很大

---

① 参见《申报》光绪九年五月十四日、六月九日，《益闻录》1888 年 12 月 12 日。

② 孔飞力：《中华帝国晚期的叛乱及其敌人：军事化与社会结构》（马萨诸塞州，坎布里奇：1981），213 页。孔飞力所使用的资料（我未得查阅），是李有棻的《武郡保甲事宜摘要》（1887）。

③ 关于汉口新团练制度的主要材料，参见《申报》光绪九年五月三日、十二日、十四日，七月二十一日、二十二日、二十五日。

不同。它将公开由商人负责管理，并同时兼管新式保甲；最重要的是，将直截了当地指明其作用首先是保障内部安全，而不是抵御外来的攻击。得到上级批准之后，6月1日，张藕芳在沈家庙召开了第二次重要会议，并成功地作出了一个十分重要的决策，即在五天之内开始运作他的团练（这一速度，几乎是理所当然地表明，这一新团练的商人支持者早就等待着将这一计划的实施掌控在自己手中，也许实际上就是他们自身向张藕芳提出这一计划的）。6月5日，全体新招募的团勇均到郊外一座大庙前集中，领取刀剑盔甲，并正式接替消防队的巡逻之责。

总共募集了2 000名团勇，另外再加上300名预备队。他们被分编成五个营，每营400人；各营的指挥部（团练局）也分设在各保甲区总部所在的庙宇里。各营分别称为“某字营”，因为每营都用不同颜色的旗帜作标志，旗子上醒目地写着它受命负责的城市坊名的一个字。团勇每五天轮一次夜间巡逻，每次夜巡又将400名团勇按50人一旗分成若干旗。由驻防汉口的常备军简要地介绍巡逻步骤和军事技术，并从常备军引进了具体的行为规章，包括要注意武器保管与养护、禁止在巡逻时喝酒和赌博，等等。

正如其区域总部设在同一庙宇所反映的那样，团练与保甲系统之间存在着密切的协作关系。比如，巡逻队在处理各街区内部的犯罪指控时，按照规定，要接受本区保甲“委员”的指挥。全城团练与保甲的控制权均属于设在沈家庙的、一体化的汉口保甲团防局。汉口同知张藕芳正式兼任保甲团防局的“总理”，但另外挑选了一名民间的“正直无私者”充任具体负责的“总领”。究竟是何人担任“总领”，未见确切记载；但从地方志中刘璘传记的评论，似乎可以推断很可能就是刘璘（他是江夏县人，多年来一直在汉口经商，人们都称他作“老璘”。刘璘是一位典型的汉口绅商，其子刘选青更是这种绅商合一的典型代表），他于1890年中进士，不久又与别人一起共同发起创办了汉口总商会（我们在第五章中曾谈到过刘选青，他在1894年汉口“摊民”斗争中充当了地方精英调解人）。刘氏父子在地方公益事业与慈善事业中均长期担任领导职责，由刘璘出任团防局总领，无疑最恰当不过了。①

汉口新式城市团练的基础乃是商人社团，这在其资助方式上清晰地反映

---

① 参见1920年《夏口县志》卷十五，27页。

出来。6 月 1 日沈家庙会议通过决议，要求参与其中的每 10 家店铺共同分摊一名团勇的费用，并由其中的一家派出一名长期雇员充当团勇。伊懋可在讨论上海商团（创建于 1906 年）时指出：促使清朝官府放弃其长期以来对此种组织持反对态度的原因之一，实际上就是这种人员征募方式。伊懋可说："这种城市武装的士兵都是当地商行的年轻雇员。他们显然很值得尊重，所以帝国官府允许他们携带武器。"① 在汉口，可能最初也是这样设想的，但 1883 年团练组织章程明确规定，允许每十家店铺"代雇"一人以代替其原有雇员充当团勇，只是要求雇用的团勇年龄适当、身体强壮。因为汉口存在着大量未充分就业的劳动大军，所以肯定事实上绝大多数团勇都是从这种边缘人口中征募的。

当然，这不仅向官府、也向城市居民提出了一个问题。早在 19 世纪 50 年代，当汉口首次考虑建立一支城市团练以抵御外来入侵时，当地耆老胡兆春就警告说，应提防"市井无赖"充任团勇所带来的危险。② 可是，在 1883 年，迫在眉睫的严重危机以及自信有足够能力控制团勇的信心，最终克服了此种疑虑。当然，参与雇用团勇的商户仍然需要负有一定的责任，他们应当在每家的门牌上写明所代雇团勇的姓名，并为其行为负责。事实上，地方资料没有足以说明汉口新团练的运作在哪些方面不太规范的证据。

如何挑选汉口商户参与负责民团，又一次显示出非凡的意义。在第二章中，我们曾谈到，在汉口四条大街（从江岸面向内陆，依次是河街、正街、中街和后街）之间，存在着一种大致可见的（如果不是非常清晰的话）商业意义的层次分划。正街坐落着许多重要批发货栈和代理商行，占据主导地位的是外省行会以及某些大型店铺。河街和中街则坐落着湖北人和外省人开设的一些次要商铺，但几乎没有货栈或大商店。后街主要是居民区。值得注意的是，6 月 1 日在沈家庙召开的会议，只有正街的店铺老板们参加，结果提出的动议也只是要求巡逻正街。至于那些次要街道安全措施的筹划，在这些街道两旁店铺老板们的态度明朗之前，一直故意留而未决。③ 然而，到6 月 5

---

① 伊懋可：《上海的行政管理，1905—1914》，收入伊懋可与施坚雅主编：《两个世界之间的中国城市》（加利福尼亚州，斯坦福：1974），255 页。

② 参见胡兆春：《尊闻堂文集》卷一，6～7 页。

③ 参见《申报》光绪九年五月三日。

日这一制度开始运作时，河街与中街沿街较小商号也已被说服支持这一计划。所以，团练计划实际上得到了正街、河街与中街三条商业街道及其相邻巷子的支持，也是向它们提供安全服务的。至于后街及其“小户”居民，则留待他们自行设法办理。① 到8月份，当这一制度之实施已成可久之势时，才达成一种妥协性安排，即所有“小户”阶层的小生意人，将根据其财产与需要的比例，承担相应较小的团勇负担，并参加到全城安全体系之中来。②

1883年夏秋季节，汉口由商人负责的新团练与恢复生机的保甲制一起，通力合作，很好地维护了城市的安宁。10月，在这一新制度之上又采取了一个最后的步骤，从而使十年来强化公共安全措施的努力（作为对感觉中日趋增长的犯罪率的回应）达到了顶点。以张藕芳的名义发布了一份告各街巷“商民”的布告，要求“自行”征集资金，以修复封闭街巷的街门，并雇用栅栏夫和更夫。各巷“公举”“年高练达公正之士商”监督资金之筹集及街巷层面安全机制之运作，预防诸种反叛因素之渗入。进而将几个相邻的街巷，以某一善堂为中心，组成一个更高一级的单元，“团”——这时，善堂已散布于每一个街区，而且与汉口一年一度的“冬防”机制建立了有效联系。各团内部所有街门建设及各种安全措施的落实，均委托给善堂绅董负责监管。③ 这样，地方治安权力遂比以往更稳固地掌握在街区和城市精英特别是商业精英的手中了。

五、总结和余论

对于清王朝和汉口地方社会来说，1883年的起事密谋究竟会带来多大的威胁，是无法预料的；而且，虽然官府与社会均有能力与决心采取一致行动，平息即将爆发的反叛，但对他们来说，威胁并未消失。6月间代替涂宗瀛担任湖广总督的平叛专家卞宝第（他在扫荡反叛残余势力方面，确实取得

---

① 参见《申报》光绪九年五月十二日。

② 参见《申报》光绪九年七月二十一日。

③ 参见《申报》光绪九年九月十九日；希尔1883年6月17日信，圣公会档案，Box491。

了巨大的成功），就曾经对那些被抓获的反叛分子在严刑之下仍然敢于表现出挑战态度，并坚信其同教兄弟将很快在汉口发动一次成功的反叛为他们报仇，而深表惊异。① 这年下半年直到翌年，城内建筑物的墙上时常出现将要发动革命性攻击的招贴，大街小巷随时可以听到还会发生反叛的谣言。② 一方面强调还存在威胁，一方面展示皇恩浩荡（这年10月，总督卞宝第下令在汉口市场上投放了大量官米），官府不断采取措施，以维护汉口来之不易的宁静。这年夏初，汉口传教士戴维·希尔在写给伦敦总会的信中，这样描述此时的情形：

> 目前，中国的这个心脏正处在巨大的动荡之中……一场从这个城市发动的、可能会广泛蔓延的反政府起义，虽因密谋泄露，而在千钧一发之际得以消弭，但却在全省引发了巨大震荡……可以断言，这些所谓"白莲教"的信徒遍及十八行省……他们明确表示要推翻现存的清王朝。尽管现在它已被消灭于未形之前，而且官方采取了诸多镇压措施，但按其常规揣测，还一定会再度爆发……由此，你可以看到，邪恶的无政府主义思想在东方和在西方一样，都有着广泛影响。③

实际上，在此之后，千年运动很快就停止了，在激进秘密组织的重组过程中，它再也未发生很大作用。到1891年，汉口又一次成为反清运动的神经中枢；我们已看到，在这次运动中发挥领导作用的，乃是更世俗化、以民族主义为第一要旨的哥老会了。

至于城市社会本身，显然，经过1883年的运动，它所吸引的居民几乎来自各个社会阶层，而不是只在"某一个"社会阶层中扩展了影响。绝大多数汉口人既未献身于"斋教"超脱世俗的宗教信仰之中，也未致力于足以导致激进政治活动的反满运动（至少在19世纪80年代是这样）。光绪前期汉口

---

① 参见卞宝第光绪九年九月奏，见《卞制军奏议》卷四，49～50页。

② 参见《申报》光绪九年八月十九日；《益闻录》1883年9月19日、10月17日、11月21日，1884年9月17日。

③ 希尔1883年6月17日信，圣公会档案，Box491。希尔曾就此表示出一种略带忧虑的期望："我们希望目前的动荡局面，是进入永恒天国的序幕和引桥——通过它，吾等圣公会兄弟的心灵得到更严酷的考验与锻炼，同时，它也会阻止处在天国边缘的其他人。"

建立的城市社会显然把反朝廷的叛乱者看做外来人。这一城市社会的特点，乃是人们普遍认识到，必要的公共秩序需求与个人对经济利益的追求，两者是一致的——对于大部分居民来说，对经济利益的追求，首先促使他们在城市里重新安置下来。形成这种共同认识的群体，跨越了各经济基层，包括地位较低的小店老板、自己经营的手艺人、大部分薪金劳动者，甚至许多城市边缘人口——当然，值得注意的是，这些边缘人口往往被特别指定作为公共安全机构的雇用成员。

这并不意味着在要求秩序的共识下，所有人都有同样强烈的需求。社会学家艾伦·索维将现代文明社会中对秩序的需求层次概括为：最初是由那些在社会经济方面均较为成功的城市人口的“中心”部分提出来的——这一部分人口对维持现状给予了最大的财政支持，只有通过规范化和强制性手段，才能不断扩展赞成此种需求的社会群体，最后将那些不怎么成功的“外围”群体也包括进来。[①] 实际上，汉口不断努力强化社会稳定性的反叛乱动员的进程，为此种模式的运作提供了一个轮廓清晰的案例。在汉口，“中心群体”就是控制地区间贸易之商业资本的绅商群体，这一群体几乎全部来自遥远的中国其他地区，但在社会身份方面，却出人意料地均认为其社会经济利益与汉口的命运是一致的。正是代表这一“中心群体”的行会领导人在5月3日沈家庙会议上首先与当地官府合作，并毫不犹豫地交出消防力量，指挥他们维护城市的法律与秩序。到6月1日第二次沈家庙会议时，组成了稍微广泛一些的联合，包括了汉口正街上所有的批发商人。当然，正是这个群体，直到预定发动反叛起事的前一天，仍然坚持留在汉口，像平常一样做生意，从而表明他们会承担起维护地方稳定的责任。6月、7月、8月三个月中，那些较小规模的商户、最后是其他城市居民，持续不断地受到吸引，先后加入到公共安全系统中来。

然而，正是在1883年危机之时形成这种共同意识，也正突显了城市社会内部存在着不平等、紧张和潜在的分裂迹象。首先，无论是城市社会，还是拥有共同意识的群体，都不是充分兼容并包的，均未包括“所有”城市居

---

① 参见索维：《文明社会的秩序要求》，收入保顿主编：《论治安：六篇社会学论文》（纽约：1967），10页。

民，更不用说将那些持有激进政治主张的人排除在外了。事态的发展进一步强化了这一事实：为了镇压意识形态运动而在地方官府支持下创立的、社会负责的汉口新型安全机器，很快就被精英管理者改变成对付日常生活中频见的城市人口内部外来者的工具了——从1883年夏秋季节开始，商团就在“搜获”上流社会最痛恨的仇敌“地痞”方面，投入了前所未有的力量，并获得了成功。① 即便是在得到普遍认可的社团内部，不断扩展的同心圆式的反叛乱动员模式也无可掩饰地显露出城市社会经济层级体系的分化迹象。当然，与此同时，通过允许精英以新方式更全面地进入社会控制领域，社团也进一步巩固了它在城市社会内部的强制力量。

从清朝官方的立场上看，城市反叛乱动员的整个过程就是一场危险的赌博。首先，这种社会负责的公共安全机构的创立，以及在此之前已经达到高度制度化与全城系统化的各种社会负责的公益与福利事业，使汉口在外面形式上和实质上都形成了高度的城市自治。并非官衙的沈家庙看起来越来越像是一个自治城市的“市政厅”。更重要的是，同意精英掌握准军事力量，不仅要冒激化阶级矛盾的危险，还把王朝的安危交给了对精英们政治可靠性的乐观估计上了。明显具有内部控制功能的常设商团之创立，在精英军事化的持续进程中（孔飞力对这一进程作了很好的描述），代表着一个非常关键的步骤，但它绝不是最后一个步骤。例如，1891年12月，汉口“八大行”的商董们得到地方官府的授权，筹集一笔资金，创立一支有100只船的水师，装备汉口团练，让它巡逻汉口及其周围地区的江河水道。② 20世纪初，汉口消防队（水局）再一次武装起来（这一次是以常备武装的形式），改称“保安会”，而且并入了整体的公共安全系统。③ 最后，1911年4月，组建了一个拥有更为广泛权力的、制度化的汉口各团联合会，由每一重要商行提供一名团勇，其总部则设在徽州会馆。④ 同年晚些时候，汉口各团联合会成为武

---

① 参见《申报》光绪九年八月九日。

② 参见《益闻录》1891年12月9日。

③ 参见《汉口小志·义举志》，2页。

④ 参见1920年《夏口县志》卷五，18页；皮明庥：《武昌首义中的武汉商会和商团》，载《历史研究》1982年第1期，63页。这时，徽州会馆已经吸收了几个较小的群体，改组成安徽会馆了。

昌首义的一支重要军事力量。①

1883年汉口反叛者所带来的威胁，虽然其目标仅仅是反对清王朝，却促使清政府与地方社会达成了近乎完美的利益结合。当然，这种结合不会持续很久。在随后30年中，反叛者的反满和政治革命意识（只是共和主义思想取代了千年思潮），与其精英对手的社会基础和组织能力，两者之间必将发生新的交汇融合。而这种交汇融合一旦发生，清王朝这个老朽政权，就成为孤家寡人了。

① 参见汉口各团联合会：《汉口各团联合会援助民军纪事》，收入湖北革命档案馆：《武昌起义档案资料选编》（一）（武汉：1981），245～266页。

结　语

上述各章，尝试着提供了一幅所谓“现代早期”汉口城市社会的全景，时段是从16世纪后期远距离商业的长足发展开始，到19世纪最后10年工厂工业出现之前，并且试图把这些认识扩展到对全国城市的一般性认识。① 一个潜在的前提条件乃是这一时期的许多中国城市与同一阶段的西方城市一样拥有许多相同特征，这说明可以将两者看做可供比较的社会单元。当然，可比性并不意味着同一性。实际上，现代早期的中国城市在整个系统上“曾经”是不同于欧洲城市的，这一事实提醒我们两个文明之间存在着某些重要差别。其中最引人注目的差异，亦即本卷最关注的核心问题，乃是中国城市所孕育的大众抗议与集体暴力事件相对要少一些。在工业化之前，汉口主要的社会动乱（特别显著的是太平军的征服和1883年民间秘密教派的起事企图）本质上都是在城市之外孕育形成的。与戴维·斯特兰德所研究的20世纪20年代的北京一样，汉口充满着数不清的个人间冲突和激烈的群体竞争，但它却“没有产生大规模的反叛，也不曾孕育深仇大恨。”②

是什么原因使得汉口在经历巨大经济、人口与文化变迁的19世纪仍能保持相对的社会平静？我们曾指出，这决不能归因于部分城市人口生性消极被动或憎恶暴力，也并非因为缺乏组织技巧或中国文化体系本身就没有斗争和骚乱的传统，更不能归因于帝国政府的压制力量。相反，关键在于存在着

① 当然，汉口在某些方面是独特的中国城市，在许多方面甚至是独一无二的。然而，我曾读过的许多史料，以及其他学者有价值的研究成果之不断出版，均使我确信：这个城市拥有许多与长江及其支流的港口城市（上海、九江、沙市、重庆、湘潭、洪江及老河口）以及全国各地其他重要商业城市共同的社会特征。

② 斯特兰德：《世仇、争斗与内讧：20世纪20年代北京的政治集团》，载《现代中国》第2卷第4期（1985年10月），433页。

一种行之有效的调适与自我抑制机制、妥协折中的习惯，以及高度制度化的城市社团。所有这一切，并不是按照官方指令完成的（官府对于城市自治层面上的社会团结，实际上一直持一种互相矛盾的态度），而是地方社会自身，特别是并不排他的城市精英集团的主动倡导下做到的。

当然，社区（或“共同体”）也是儒家价值体系经常强调的一个主要方面，但正如许多学者早已指出的那样，正是在现代早期阶段，它才越来越引起更多的关注。① 作为社会激进思潮之核心的地方社区理想的出现与发展，是与官僚体制效用之降低相对应的。地方社会理想出现与发展的第一次浪潮是在17世纪上半叶，那是一个社会经济领域充满活力而王朝崩溃的时代；第二次浪潮是在19世纪，当时清王朝在人口压力、生态恶化、财政破产、国内叛乱和外国威胁等多重压迫下，日趋衰弱，一步一步地走向崩溃。本书所考察的历史说明：至少在汉口，19世纪社区能动主义（community activism）的形成与发展，在其最初阶段，即19世纪二三十年代，受到了复兴的“经世”（通常译作“statecraft”，这里也许译作“social management”更合适些）与“封建”（地方自治）政治思想的影响；而在太平天国运动后的19世纪六七十年代，对固有文化传统的自我怀疑、社会失序以及对复兴儒家传统的回应，又进一步促进了社区能动主义的发展。

确凿的证据均表明，在19世纪的大部分时间里，汉口全城范围内的社区联系一直在不断加强。出现这样的结果，部分是对频繁而普遍的洪水与火灾威胁（由于这一时期江河堤防系统不断破坏，而城市又持续扩展，其空间形态日趋复杂，水灾与火灾乃更趋频繁、严重）、来自外部的军事威胁（从19世纪初的白莲教起义开始；值得注意的是，1850年以后，情形越来越严重）以及越聚越多的生活在本市的“外来者”引起的麻烦所作出的反应。

---

① 关于作为一种社会理想的“社团”之形成，有很多成果可供参考：韩德玲：《从戚继光、吕坤看社团的定义》，收入孔宝荣（Paul A. Cohen）、石约翰（John Schrecker）主编：《19世纪中国的改良》（马萨诸塞州，坎布里奇：1976），18~25页；曼素恩（Susan Mann Jones）：《宁波地区的商业投资、商业化与社会变迁》，收入《19世纪中国的改良》，41~48页；兰金：《中国浙江省社会精英的能动主义与政治变革，1865—1911》（加利福尼亚州，斯坦福：1986）；沟口雄三：《中国“公”、“私”概念的演变》，载《史渊》，第669期（1980），19~38页；窦季良：《同乡组织之研究》（重庆：1946）。

“里人”、“街市人”及“镇人”等词语的使用及其包含的语义，在面临太平军进攻时受到官方遗弃所引发的痛苦，以及在龙舟赛之类盛大的表演中感受到的地方自豪感，都说明人们在情感上确实能感知到社团的存在。汉口有特殊的地方性度量衡，可以明确区分的汉口方言，以及大量的方言词汇；还有自建的城墙，1862 年建立的纪念太平军战争殉难者的忠烈祠，凡此，都进一步强化、巩固了社区的认同感。① 然而，地方社区的力量还不足以独自或以它为主维系某种“市民社会”（gemeinschaft）的结合或某种均质性的文化。事实上，被看做社区认同之典型表现方式的龙舟赛，也是异质的、竞争性的，本身即是不同群体间的冲突，这说明，许多社会科学著作把“咱们感觉”（咱们是同一社区的人）看做社区结合的有力方式，是强调太过了。最重要的是，汉口城市社区是在循序渐进地建立机构（虽然并非是预先设计的）的过程中自然而然地形成并发展起来的。在这一过程中，行会联盟、善堂与消防网络、“冬防”以及 1883 年的城市团练等组织与工作项目越来越制度化和系统化。

与创立此种制度性基础结构相适应，长期以来，地方社会一直重视通过协商、调解、互相妥协以维护社会和谐。在这一方面，可以举出的事例有：地方官府细致耐心地听取有关诉讼双方的陈词，努力进行诉前调解；向地方社会最卑微的成员提供帮助与救济；想方设法调整粪夫和水夫的经行路线，以便粪夫、水夫和街区居民都能接受；在发生重大冲突的情况下，当地耆老自发地站出来充当调解人（如 1801 年盐商苏见龙调停米骚动，1894 年刘选青调解摊贩斗争）；在 1873 年清理港口与开挖渠道项目中，对居民利益有了广泛的让步。

19 世纪汉口的城市社区对其成员利益很少有明确的界定，但它确实是以“社会共识”（social consensus）为基础的——这种社会共识灵活圆融、兼容并包，人们也积极地追求并不断达成新的社会共识。这种社会共识不仅要求承认儒家的社会等级和家庭观，坚守商业行为的道德底线和邻里亲善，也要

① 关于各种各样的汉口节日仪式，参见叶调元：《汉口竹枝词》卷五。叶调元还列举了许多汉口人讲话的地方口语，通常会在注中向非本地人提供释义。关于汉口方言，请参阅帕克（E. H. Parker）：《汉口方言》，载《中国评论》3 卷第 5 期（1875 年），308 页。

非常关心“民生”。这种社会共识既建基于儒家社会和谐的理想，并得到精英出于自身利益的理解与认同，汉口独特的“都会性”也强化了这种共识，从而使它成为包括几乎全部人口（不管他来自何方，在汉口居住了多久，也不管他的职业与经济阶层）的共同理念。鸦片贩子、妓院老鸨和传统文人，打短工的、乞丐和富甲一方的商人、店铺老板，都会认同这些社会共识。最后，就只有那些积极逃避或拒绝承认这种社会共识的群体，即痞棍、秘密教派信徒之类城市异端文化分子，未被包括在（或笼络进）城市社区之内了。

当然，“共识（consensus）”是一个非常危险的概念。激进的和自由主义的历史学者反复强调指出：将“共识”概念及其属性应用于历史“情境”，可能会导致过多地将精英的行为界定为“共识”，或忽视真正的大众与“共识”的隔阂。① 而且，诚如葛兰西（Gramsic）所指出的那样：即使在某一特定历史时空下，确实存在着某些“共识”，那么，它的意义也不会比部分精英成功地运用“文化霸权”（culture hegemony）的意义更大——精英们控制了话语权，以致那些从属群体被迫“参与维护一种‘象征性共识’，即便这种‘象征性共识’是为了合法地控制他们”②。

显然，文化霸权的分析模式——特别是经过汤普森具体阐释的文化霸权模式，对于解释19世纪汉口的历史发展非常有用；实际上，它在这里运用，比汤普森本人用它来分析骚乱频生的18世纪英国城市，可能还要更适合些。在中国，对于地方社区和社会和谐来说，最主要的乃是精英的文化价值观念。在一定意义上，普通大众接受这种文化价值观的过程，完全可以看做享有特权的经济精英在文化上强制推行其文化观的过程。同样，我们也可以毫不困难地把龙舟赛这种自发的“平民文化”传统，看做城市劳动阶级不屈不挠地守护并不断发展的、反抗社会上层之文化控制的潜在方式之一。

不可否认，在汉口，“共识”的理想是刻意创造并精心运营的。城市精

---

① 参见汤普森：《18世纪英国社会：没有阶级的阶级斗争?》，载《社会史》第3卷（1978），133～165页；海厄姆（John Higham）：《超越共识：作为道德批评家的历史学家》，收入氏著《美国史学论著：现代学术论集》（布鲁明顿：1979），138～156页。

② 利尔斯（T. J. Jackson Lears）：《文化霸权的概念：问题与可能性》，载《美国历史评论》90卷第3期（1985年6月），573页。

英们持续不断地鼓吹运用其游说能力，偶尔也使用强迫手段，以维护某种社区意识。在应对1883年反叛威胁过程中，形成的围绕一个中心不断扩展的同心圆式的平叛动员模式，最清楚不过地反映出这一点。然而，也同样清楚的是：无论是一般性“共识”的形成过程中，还是具体的1883年反叛乱动员，都可能会得到广泛的支持，精英阶层真心诚意地予以支持，城市大众中也牢固地存在一个基本共识，即需要保护现存的社会体制（需要强调指出的是，有关文化霸权的讨论，并不意味着否认存在着真正的“共识”；相反，讨论文化霸权的前提条件，就是首先承认存在着这种“共识”，然后再试图解释此种共识的产生及其“再生产”问题）。正如斯特兰德所注意到的：“共识、冲突与重建秩序，不过是同一连续过程的不同部分而已。”①

同样的道德矛盾，也同样缠绕着精英们在提供社区服务方面的家长式的善心与慈善活动，对此，本书已作了充分讨论。在西方，长期以来，人们对慈善活动均持赞许态度，实际上，它也被看做西方“进步”的特征之一。②因此，19世纪在中国城市中的外国观察者总是敦促当地精英采取更积极的社会干涉主义姿态，而受到西方影响的中国人本身也赞成把这一方面看做“进步”的标志。③可是，正如许多批评者所指出的那样，精英们的家长式的善心与慈善活动也有其灰暗的一面。今堀诚二在考察了中国城乡慈善事业的发展历程之后指出：精英们经常通过地方社区（共同体）创办各种组织，而这些组织实际上又是掠夺地方剩余资源、维护主从关系的工具。④汤普森以同样的批评态度而略微温和一些说：家长式的社会慈善活动不过是精英们用来

① 斯特兰德：《世仇、争斗与内讧：20世纪20年代北京的政治集团》，载《现代中国》第2卷第4期，433页。另请参阅斯特兰德：《北京人力车：20世纪20年代中国的市民与政治》，第12章；贺兹：《1850—1911年间的香港地区：市镇与乡村的组织机构与领导阶层》（康涅狄格州，海姆顿：1977），118页；索维（Allan Silver）：《文明社会的秩序要求》，收入保顿（David J. Bordua）主编：《论治安：六篇社会学论文》（纽约：1967），13页，

② 与此相关的经典性论著有巴克：《西欧公益事业的发展，1660—1930》（牛津：1944）。

③ 在这方面，较早的最好证据可算《申报》的言论。关于其成熟的例证，可参见景耀月：《中国慈善事业的灵魂：关于互助的研究》（纽约：1912）；他同时将这种进步提升为本土“民主”的根源。

④ 参见今堀诚二：《中国的社会构造》（东京：1953），14~20、286~292页。

维护其由他们来确定何者为适当之社会行为的垄断权的一种手段，他们通过虚张声势的慷慨好施，去猎取社会的尊重与顺众，追求不朽声名。①

当然，对于19世纪的汉口来说，这两种批评都有一定的事实依据；无视这些事实，既不明智，也有违实事求是的原则。然而，虽然有不少案例证实，在公共资金的管理方面，确有贪污腐败之可能，但毫无疑问，大多数公共项目管理者个人的发财致富，仍保持在文化上可以接受的限度内，也就是说，人们不会清晰地"感觉到"他是在盘剥、掠夺。而且，虽然社区服务和慈善事业理所当然地部分意图是为了再次表明精英们所要求的社会优越性而作出的姿态——这毕竟是那些模范的"善人"传记（在汉口及其他地方的地方志中，这些传记都占了相当大的比重）背后主要的动机之一，但我们所见到的总体趋势却是，慈善活动稳步持续地向制度化的法人团体活动演化，其日益增加的各种附属机构与设施也逐步发展为一种非个人化的"公共领域"（a depersonalized "public sphere"），捐赠人与受益人之间越来越没有直接联系，而不再是强化他们的不平等以及后者对前者的依赖关系。最重要的是，无论精英们努力创办城市社区并将其制度化到底是好事还是坏事，一个简单的事实乃是：这些努力大部分都是成功的。

我相信，如果将这些成功与19世纪最后10年及20世纪初几十年间城市社区所发生的社会阶级的裂变相比较，就可以对此种成功的程度得出清晰的认识。在很大程度上，这种社会裂变既是快速工业化所带来的产物，也是晚清"新政"所引发混乱的必然结果（虽然这一点尚有待证实）。② 而本书提出的证据则表明，这种社会裂变也是社会变迁的长期趋势，特别是我们已描述过的精英能动主义的发展，达到一定程度的结果。

与西方一样，社区解体的过程并不是以城市精英不再充当社会领导角色为标志的，相反，精英们更热心、更真诚地追求他们的社会"进步"，为此

---

① 参见汤普森：《18世纪英国社会：没有阶级的阶级斗争?》，载《社会史》第3卷，133~165页；《贵族社会，平民文化》，载《社会史学报》第7卷第4期（1974年夏），382~405页。

② 这是周锡瑞在《中国的改良与革命：辛亥革命在两湖》（加利福尼亚州，伯克利：1976）一书中的主要论题，他非常富有启发意义地将这些新的社会进步的设计者称为"城市改革派精英"。

不惜牺牲社会和谐与中庸之道。在欧洲启蒙运动中，通过改革派思想精英的努力，崇尚进步的观念开始扎下根来，与之相对应的，就是贬低那种更温顺、要求稳定的社会价值观念。① 这一事实，也许有助于解释何以现代早期西方城市中的骚乱相对于中国城市而言比较多的原因。在汉口，崇尚进步，可以上溯至19世纪后期数十年间，那时，社会进化论也同时传入，更使社会进步成为当时备受关注、迫在眉睫的问题。② 例如，我们曾谈到过，19世纪70年代的港口工程中，强调协调各方利益；而在20世纪初的后湖防洪工程中，则奉行严厉的行政命令法则，毫无通融协商之余地，这两者之间形成鲜明对照。我们也曾讨论过花在教育机构方面（越来越被看做“公共事业”）的费用，是如何由直接受益者分摊，逐渐转变为由普通大众承担的财产税和消费税的。更生动的例证则是我们也曾经见到过的：原来无条件的特殊福利分配，逐步掺入（尽管不是全部取代）了恩赐式的“社会再教育计划”，即所谓的“贫民习艺所”。

这种价值观念的转变也表现在城市生活的其他方面。我们曾谈到，在19世纪、20世纪之交，城市土地利用较之从前越来越彻底地“理性化”（rationalization），其结果是只有大的商号留下而其他的则被挤出了日渐昂贵的城市中心地区。在劳动冲突方面——它越来越成为最严重的城市社会冲突方式，城市社区正在发生的裂变，具体表现为不再拥有以前那样的协调机制，即由地方耆宿帮助解决纠纷。同样，由于行业内的管理者与劳动者之间越来越相互敌视、对抗，而不是像从前那样在不同行业间相互对抗，行业内部的

---

① 关于这一论题，经典性的论著是贝里（J. B. Bury）：《进步之观念：起源与发展》（伦敦：1921）。不久前，意格斯（Georg G. Iggers）对这部论著作了一个不太热情的评论，见所撰《对〈进步之观念〉的批评性再评价》，载《美国历史评论》71卷第1期（1965年10月），1～17页。关于西方因此而出现的诸多社会政策因素，请参阅拉夫：《秩序井然的警察国家：德俄法制社会和制度的变迁，1600—1800》（康涅狄格州，纽黑文：1983），252～253页。

② 社会进化论在中国明确出现，大约是在1895年前后，但在此前，就有许多蛛丝马迹说明它早已存在。参见史华慈（Benjamin Schwartz）：《寻找富强之路：严复与西方》（马萨诸塞州，坎布里奇：1964），第三、四章；蒲赛（James Reeve Pusey）：《中国与达尔文》（坎布里奇：1983）。关于革命理论和精英主义的社会改良思想的不同影响，理查德·霍夫施塔特（Richard Hofstadter）曾作过饶有趣味的比较考察，见《美国思想中的社会进化论》（费城：1944）。

团结逐渐瓦解（汉口染房的情况，最清晰地反映了这个过程）。地方官府实际上也越来越多地站在资产者的立场上处理劳动纠纷，而法律也由平衡各方利益、维护社会和谐的工具，逐步转变为主要保护财产权的工具。

最有意义、也最为模糊、因而也最值得讨论的，乃是公共安全与社会控制领域的变化进程。在清王朝统治的最后100年中，汉口由社会自我维持治安的机器一直稳步发展，不断强化：逐步培育出消防队（水局）、更夫、保甲长之类各种各样的制度性设施；在应对19世纪70年代可以察觉到的犯罪高潮过程中，组织了独立的行会—街区负责的巡逻队；在应对1883年秘密教派起事密谋的过程中，原本非正式的城市团练逐步完成了系统化、制度化；利用挨家挨户搜捕哥老会成员和对付抢劫之机，于19世纪80年代初进入汉口周围乡村地区；最后，在辛亥革命前夜联合组成了武装的汉口团练总局。到19世纪末，这些力量已形成为"保安会"，然则，他们究竟要保卫何人之安全呢？概括性的回答是：只要社区"共识"仍得到适当维系，这些力量就可以用来强制推行这种"共识"，其大部分强制能力均将集中在可以辨识的"外来势力"之上；当城市社区开始分裂成若干部分，那么，安全力量就将变成为赤裸裸地为精英阶层服务的工具——在任何情况下，精英阶层都是城市武装力量的主要支持者。

城市团练与国家的关系，也同样越来越暧昧不明。一位汉口海关的税务司曾试图解释汉口何以会在辛亥革命中采取那种令人吃惊的反清立场，他认为其原因在于，事实上，"汉口的人口构成中，本地人还没有来自附近或遥远故乡、得到允许在本城居住的人多。汉口居民既多种多样，又一直在不断发展；他们理所当然地经常对抗官府，因为官府往往阻碍他们的发展"①。这位税务司确实感觉敏锐，观察入微。毫无疑问，他所指出的城市多元性确是汉口的重要特征，而且这一特征在辛亥革命的准备活动中也发挥了重要作用。然而，本书的研究表明，汉口人对待清朝官方的态度，绝非从来就是敌对的。我们已看到，虽然地方官府放弃了大部分地方活动的主动权，将它们交给地方社会自身，但它仍保留了对这些活动的监督权，而且一旦接到请求，它还会在一定范围内提供城市社会本身无法提供的协调与统筹。可是，

① 斯奈登（A. Snyden），见海关总税务司：《十年报告，1902—1911》，339页。

随着这些社会服务功能或明或暗地不断归入非官方的“公共领域”（“公”的而不是“官”的）之中，清政府越来越显得无足轻重了。

在这里，我并不想放任自己对导致辛亥革命期间汉口革命激进主义的原因作全面分析。[①] 可是，我想大胆地提出一个与本书论题直接相关的假说。就已有历史事实而言，我们给予高度重视的地方社区的解体，实际上被一个偶然出现的新因素抢了先机，即清王朝先崩溃了。清王朝虽然并非没有自己明确的利益取向，但它把自己抛到了追求“进步”的城市精英之后，于是就造成了精英本身及城市普通大众的双重敌视——前者看到清政府“阻碍他们的发展”（用汉口海关税务司的话来说），后者则把大部分用于社会进步而带来的负担加重归咎于清廷。在此之后，像1883年那样官方和社团利益自发地结成联盟，就越来越不可能了。1900年，当平民的哥老会与精英报纸《汉报》一起牵连进唐才常的革命密谋之中时，联盟的基础已经发生了转换。到1911年，形成了一个新的但非常脆弱的城市共识，那就是都主张推翻摇摇欲坠的清王朝；然而，这一共识还未能将城市社会凝聚在一起，他们共同的敌人就消失了。

---

① 有关辛亥革命在汉口的最优秀的英文论著仍然是周锡瑞的《中国的改良与革命：辛亥革命在两湖》，尽管近年来出版了很多研究更详细的中文论著。参见皮明庥：《武昌首义中的武汉商会和商团》，载《历史研究》1982年第1期，57~71页；《武汉近百年史》（武汉：1986），第五章；湖北革命档案馆：《武昌起义档案资料选编》（武汉：1981），特别是其第一卷，91~98、245~268页。

主要参考文献

Abe Takeo. *Shindaishi no kenkyū* (Studies in Ch'ing history). Tokyo, 1971

安部健夫. 清代史研究. 东京：1971

Aborigine. "On the Mode of Raising and Administering Public Subscriptions in China," *Notes and Queries*, 9 (Sept, 1869), pp. 135～37

安伯利奇. 中国公共捐款之筹集与管理的方法. 见：札记与疑问，1869 (9)：135～147

Aijmer, Göran. *The Dragon Boat Festival on the Hupeh-Hunan Plain in Central China.* Stockholm, 1964

艾杰姆. 华中两湖平原的龙舟节. 斯德哥尔摩：1964

Annales de la propagation de la foi, 10－25 (1837－53)

传信年鉴. 10—25 卷 (1837—1853)

An-ch'ing pang-hui, Han-k'ou fen-hui. *Pen-pang li-shih* (History of our pang), Hankow, 1942

安清帮会汉口分会. 本帮历史. 汉口：1942

The Anti-Foreign Riots in China in 1891. Shanghai, 1892

1891 年中国的排外骚乱. 上海：1892

Appadurai, Arjun, and Carol A. Breckenridge. "The South Indian Temple: Authority, Honour, and Redistribution," *Contributions to Indian Sociology* n. s. 10, no. 2 (1976), pp. 187～211

阿帕杜莱，布莱肯利格. 南印度寺庙：权威、荣誉与再分配. 见：印度社会学文献，10，1976 (2)：187～211

Ayers, William. *Chang Chih-tung and Educational Reform in China.* Cambridge, Mass., 1971

艾尔斯. 张之洞和中国教育改良. 马萨诸塞州，坎布里奇：1971

Barker, Ernest. *The Development of Public Services in Western Europe, 1660－1930*. Oxford, 1944

巴克. 西欧公益事业的发展，1660—1930. 牛津：1944

Bayley, David H. "The Police and Political Development in Europe," in Charles Tilly, ed., *The Formation of National States in Western Europe* (Princeton, N. J., 1975), pp. 328～79

贝利. 欧洲的警察与政治发展. 见：泰利主编. 西欧民族国家的形成. 新泽西州，普林斯顿：1975. 328～379

Bays, Daniel. "Christianity and the Chinese Sectarian Tradition," *Ch'ing-shih wen-t'i*, 4. no. 7 (1982), pp. 33～55

裴士单. 基督教和中国的异端教派传统. 见：清史问题，4，1982（7）：33～55

Beloff, Max. *Public Order and Popular Disturbances, 1660－1714*. Oxford, 1938

毕拉福. 公共秩序和大众骚乱，1660—1714. 牛津：1938

Bishop, Mrs. J. F. *The Yangtze Valley and Beyond*. London, 1899

毕晓普. 长江河谷及其远方. 伦敦：1899

Blakiston, Thomas W. *Five Months on the Yangtze*. London, 1862

布莱克斯顿. 在长江上的五个月. 伦敦：1862

Bowers, Alexander. "The Yang-tze-kiang and the New Treaty Ports," *The Chinese and Japanese Repository*, 1 (1864), pp. 269～70

鲍尔斯. 扬子江与新开通商口岸. 见：中国与日本杂纂. 1，1864：269～270

Britton, Roswell S. *The Chinese Periodical Press, 1800－1912*. Taipei, 1966

布瑞顿. 中国的期刊杂志，1800—1912. 台北：1966

Bryson, Mrs. *John Kenneth Mackenzie, Medical Missionary to China*. San Francisco, 1977; orig. ed. London, 1891

布利逊. 约翰 · 肯尼思 · 麦肯齐与英国国教在中国的传播. 旧金山：1977；伦敦初版：1891

Buck, David D. "Educational Modernization in Tsinan, 1899－1937," in

Mark Elvin and G. William Skinner, eds., *The Chinese City Between Two Worlds* (Stanford, Calif., 1974), pp. 171 ~ 212

鲍德威. 济南的教育现代化，1899—1937. 见：伊懋可，施坚雅主编. 两个世界之间的中国城市. 加利福尼亚州，斯坦福：1974. 171 ~ 212

——, "Imperially-Inspired Philanthropy in the Ch'ing: The Case of Granaries in the Eighteenth Century," *Bulletin of the Institute of Modern History*, Academia Sinica, 11 (1982), pp. 225 ~ 50

中国政府鼓励的慈善事业：18 世纪的仓储. 见："中央研究院"近代史研究所集刊, 11, 1982: 225 ~ 250

Bury, J. B. *The Idea of Progress: An Inquiry into its Origin and Growth*. London, 1921

贝里. 进步之观念：起源与发展. 伦敦: 1921

Buttimer, Anne. "Social Space in Interdisciplinary Perspective," *The Geographical Review*, 59 (1969), pp. 417 ~ 26

巴特蒙. 跨学科视野下的社会空间. 见：地理学评论, 59, 1959: 417 ~ 426

Cai Shaoqing. "On the Origins of the Gelaohui," *Modern China*, 10, no. 4 (Oct. 1984), pp. 481 ~ 508

蔡少卿. 哥老会的起源. 见：现代中国. 4, 1984 (10): 481 ~ 508

The Cause of the Riots in the Yangtze Valley: A "Complete Picture Gallery." Hankow, 1891

长江流域骚乱之动因：全景图. 汉口: 1891

The Celestial Empire, 11 Jan. 1877

天朝. 1877. 1. 11

Cha Shen-hsing. *Ching-yeh-t'ang shih-chi* (Collected poems from the Ching-yeh studio), n. d

查慎行. 敬业堂诗集. 未著出版日期

Chance, John K. "The Colonial Latin American City: Preindustrial or Capitalist?," *Urban Anthropology*, 4, no. 3 (1975), pp. 211 ~ 28

詹斯. 拉丁美洲殖民城市：前工业化还是资本主义?. 见：城市人类学, 4, 1975 (3): 218 ~ 228

Chang Chih-tung. *Chang wen-hsiang-kung ch'üan-chi* (Complete works of Chang Chih-tung). Taipei, 1970; orig. ed. 1937

张之洞. 张文襄公全集. 台北：1970；初版，1937

——, *Nan-p'i Chang kung-pao cheng-shu* (Political correspondence of Chang Chih-tung). 1901

南皮张宫保政书. 1901

Chang, Chung-li. *The Income of the Chinese Gentry*. Seattle, 1962

张仲礼. 中国绅士的收入. 西雅图：1962

Chang Hai-p'eng and T'ang Li-hsing. "Lun Hui-shang 'Ku erh hao ju' te t'e-se" (On the Hui-chou merchants' peculiar combination of commerce and classical scholarship), *Chung-kuo shih yen-chiu*, 1984, no. 4, pp. 57 ~ 70

张海鹏，唐力行. 论徽商"贾而好儒"的特色. 见：中国史研究，1984 (4)：57 ~ 70

Chang Hsueh-ch'eng. *Chang shih i-shu* (Surviving works of Chang Hsueh-ch'eng). 1922

章学诚. 章氏遗书. 1922

Chang Liang-chi. *Chang ta-ssu-ma tsou-kao* (Draft memorials of Chang Liang-chi). 1891

张亮基. 张大司马奏稿. 1891

Chang P'eng-fei, ed. *Han-kou mao-i chih* (Commercial gazetteer of Hankow), 1918

张鹏飞编. 汉口贸易志. 1918

Chang Shou-po. *Tsui-chin Han-k'ou kung-shang-yeh i-pien* (Handbook of current industry and commerce in Hankow). 1911

张寿波. 袖珍汉口工商业一瞥. 1911

Chang Yao-sun. "Ch'u-k'ou chi-lueh" (Brief account of the pillaging of Hupeh), in Taiping Historical Museum, comp., *T'ai-p'ing t'ien-kuo shih-liao ts'ung-pien chien-chi* (Compilation of sources on the Taiping Heavenly Kingdom; Shanghai, 1961), vol. 1., pp. 71 ~ 80

张曜孙. 楚寇纪略. 见：太平天国历史博物馆. 太平天国史料丛编简辑（一）. 上海：1961. 71 ~ 80

Chang, Ying-hwa. "*The Internal Structure of Chinese Cities, 1920s and 1930s: An Ecological Approach.*" Ph. D. diss., Princeton University, 1982

张殷华（音）. 20 世纪二三十年代中国城市的内部结构：一种生态趋向. 博士学位论文，普林斯顿大学：1982

Ch'ang-chiang jih-pao (Yangtze River daily), occasional articles on Wuhan local history, 1960−1980

长江日报. 有关武汉地方史的散见文章，1960—1980

Ch'en Hui-yen. "Wu-ch'ang chi-shih" (A record of events at Wuchang), in *T'ai-p'ing t'ien-kuo tzu-liao ts'ung-k'an* (Collected sources on the Taiping Heavenly Kingdom; Shanghai, 1953), pp. 577 ~606

陈徽言. 武昌纪事. 见：太平天国资料丛刊. 上海：1953. 577 ~606

Ch'en Hung-mou. *P'ei-yuan-t'ang ou-ts'un kao* (Draft writings from the P'ei-yuan studio), 1866

陈宏谋. 培远堂偶存稿. 1866

Ch'en Po-chuang. *P'ing-Han yen-hsien nung-tsun ching-chi tiao-ch'a* (An investigation of the rural economy along the Peking-Han-kow Railroad, Shanghai, 1936

陈伯闯. 平汉铁路沿线农村经济调查. 上海：1936

Ch'eng, I-fan. "Kung as an Ethos in Late Nineteenth-Century China: The Case of Wang Hsieh-ch'ien (1842−1918)," in Paul A. Cohen and John Schrecker eds. *Reform in Nineteenth-Century China* (Cambridge, Mass., 1976), pp. 170 ~ 80

程一帆. 19 世纪晚期"公"的精神：王先谦案（1842—1918）. 见：孔宝荣（柯文）、石约翰主编. 19 世纪中国的改良. 马萨诸塞州，坎布里奇：1976. 170 ~ 180

Chevalier, Louis. *Laboring Classes and Dangerous Classes in Paris During the first Half of the Nineteenth Century.* Princeton, N. J., 1973

夏维里尔. 19 世纪上半叶巴黎的劳工阶层与危险阶层. 新泽西州，普林斯顿：1973

Chiang Wei-ming, ed. *Ch'uan-Hu-Shen Pai-lien-chiao ch'i-i tzu-liao* (Materials on the White Lotus Rebellion in Szechwan, Hupeh, and Shensi). Chengtu, 1980

蒋维明. 川湖陕白莲教起义资料. 成都：1980

Chin Ta-k'ai. "Wu-hah ch'eng-chen te yen-pien" (The evolution of the Wu-han cities), *Hu-pei wen-hsien*, 5(Oct. 1967), pp. 62 ~ 67

金达凯. 武汉城镇的演变. 见：湖北文献, 5, 1967: 62 ~ 67

Chinese Academy of Social Sciences, Ch'ing History Division. *Ch'ing chung-ch'i wu-sheng Pai-lien-chiao ch'i-i tzu-liao* (Mate-rials on the White Lotus Rebellion in five provinces in the mid-Ch'ing). Soochow, 1981

中国社会科学院清史室. 清中期五省白莲教起义资料. 苏州（误，当作南京——译者）：1981

Ch'ing Palace Archives, National Palace Museum, Taipei

清宫档案. 台北"故宫"博物院

Chu Lin. *Hung-men chih* (Gazetteer of the Great Gate society). Shanghai, 1946

朱琳. 洪门志. 上海：1946

Chu, T. H. *Tea Trade in Central China-Shanghai*, 1936

T. H. 朱. 华中的茶叶贸易. 上海：1936

Ch'ü, T'ung-tsu. *Local Government in China Under the Ch'ing*. Cambridge, Mass., 1962

瞿同祖. 清代地方政府. 马萨诸塞州，坎布里奇：1962

Ch'üan Han-sheng. *Chung-kuo hang-hui chih-tu shih* (History of the guild system in China). Shanghai, 1933

全汉昇. 中国行会制度史. 上海：1933

——, "The Economic Crisis of 1883 as Seen in the Failure of Hsü Jun's Real Estate Business in Shanghai," in Chi-ming Hou and Tzong-shian Yu, eds., *Modern Chinese Economic History* (Taipei, 1979), pp. 493 ~ 98

从徐润上海地产生意之失败看 1883 年的经济危机. 见：侯继明与于宗先主编. 现代中国经济史. 台北：1979. 493 ~ 498

——, and Richard Kraus. Mid-Ch'ing Rice Markets and Trade: A Study in Price History, Cambridge, Mass., 1975

与克劳斯合著. 清中叶的米市场与贸易：价格变动的研究. 马萨诸塞州，坎布里奇：1975

Cobb, Richard. *The Police and the People: French Popular Protest, 1759–1820*. Oxford, 1970

考伯. 警察和人民：法国大众的抗议，1789—1820. 牛津：1970

Cohen, Paul A. *China and Christianity*. Cambridge, Mass., 1963

孔宝荣（柯文）. 中国与基督教. 马萨诸塞州：坎布里奇，1963

Cornaby, W. Arthur. *Rambles in Central China*. London, 1896

考纳比. 华中漫游. 伦敦：1896

Coser, Lewis A. *The Functions of Social Conflict*. New York, 1956

科斯. 社会冲突的功能. 纽约：1956

Crissman, Lawrence W. "The Segmentary Structure of Urban Overseas Chinese Communities," *Man*, 2, no. 2 (1967), pp. 185 ~ 204

克瑞斯曼. 中国海外城市社区的组织结构. 见：人类学，2，1967（2）：185 ~ 204

Customs Gazette, 1871–1874

海关公报. 1871—1874

Dawley, Alan. *Class and Community: The Industrial Revolution in Lynn*. Cambridge, Mass., 1976

道雷. 阶级与社区：工业革命在里昂. 马萨诸塞州，坎布里奇：1976

Dean, Britten. "Sino-British Diplomacy in the 1860's: The Establishment the British Concession at Hankow," *Harvard Journal of Asiatic Studies*, 32 (1972), pp. 71 ~ 97

迪安. 19 世纪 60 年代的中英交涉：汉口英租界之建立. 见：哈佛亚洲研究学报，32，1972：71 ~ 97

Dennerline, Jerry. *The Chia-ting Loyalists: Confucian Leadershipand and Social Change in Seventeenth-Century China*. New Haven, Conn., 1981

邓尔麟. 嘉定义民：17 世纪中国的儒教领袖和社会变迁. 康涅狄格州：纽黑文，1981

De Vries, Jan. *European Urbanization, 1500–1800*, Cambridge, Mass., 1984

德弗里斯. 欧洲的城市化，1500—1800. 马萨诸塞州，坎布里奇：1984

DuPlessis, Robert, and Martha Howell. "Reconsidering the Early Modern

Urban Economy: The Cases of Leiden and Lille," *Past and Present*, 94 (Feb. 1982), pp. 49 ~ 84

达普勒斯，豪威尔. 现代早期城市经济再探：莱顿与里尔的个案考察. 见：过去与现在，94，1982：49 ~ 84

Durkheim, Emile. *The Division of Labor in Society*. New York, 1933

涂尔干. 论社会劳动分工. 纽约：1933

——, The *Elementary Forms of the Religious Life*. London, 1976

宗教生活的构成要素. 伦敦：1976

——, *The Rules of Sociological Method*. New York, 1966

社会学方法的准则. 纽约：1966

Eberhard, Wolfram. *The Local Cultures of South and East China*. Leiden, 1962

埃伯哈德. 华南与华东的地方文化. 莱顿：1962

——, *Social Mobility in Traditional China*. Leiden, 1962

传统中国的社会流动. 莱顿：1962

Edkins, Joseph. *The Revenue and Taxation of the Chinese Empire*. Shanghai, 1899

埃德金斯. 中华帝国的财政与税收. 上海：1899

Elgin, Lord. *Letters and Journals of James, Eighth Earl of Elgin*. Ed. Theodore Walrond. London, 1872

额尔金. 詹姆斯·额尔金伯爵八世的通信与日记. 沃尔朗编. 伦敦：1872

Elvin, Mark. "The Administration of Shanghai, 1905 – 1914," in Mark Elvin and G. William Skinner, eds., *The Chinese City Between Two Worlds* (Stanford, Calif., 1974), pp. 239 ~ 62

伊懋可. 上海的行政管理，1905—1914. 见：伊懋可与施坚雅主编. 两个世界之间的中国城市. 加利福尼亚州，斯坦福：1974. 239 ~ 262

——, "*The Gentry Democracy in Chinese Shanghai, 1905–14*," in Jack Gray, ed., Modern China's Search for a Political Form (London, 1969), pp. 41 ~ 65

中国上海的绅士民主政治，1905—1914. 见：盖瑞主编. 中国近代政治结构研究. 伦敦：1969. 41 ~ 65

——, "Market Towns and Waterways: The County of Shanghai from 1480 to

1910," in G. William Skinner, ed., *The City in Late Imperial China* (Stanford, Calif., 1977), pp. 441 ~ 74

市镇与水道：1480—1910 年间的上海县. 见：施坚雅主编. 中华帝国晚期的城市. 加利福尼亚州，斯坦福：1977. 441 ~ 474

——, *The Pattern of the Chinese Past*, Stanford, Calif., 1973

中国历史的模式. 加利福尼亚州，斯坦福：1973

——, "Skills and Resources in Late Traditional China," in Dwight Perkins, ed., *China's Modern Economy in Historical Perspective* (Stanford, Calif., 1975), pp. 85 ~ 114

传统中国后期的技术与资源. 见：珀金斯主编. 历史视野下的中国现代经济. 加利福尼亚州，斯坦福：1975. 85 ~ 114

Esherick, Joseph W. *Reform and Revolution in China: The 1911 Revolution in Hunan and Hubei.* Berkeley, Calif., 1976

周锡瑞. 中国的改良与革命：辛亥革命在两湖. 加利福尼亚州，伯克利：1976

Fan Chih-ch'ing. "Ming-mo nung-min ta ch'i-i yü Han-k'ou chen te fa-chan" (The late Ming peasant rebellions and the development of Hankow), *Chung-kuo nung-min chan-cheng shih yen-chiu chi-k'an*, 4 (1985), pp. 156 ~ 63

范植清. 明末农民大起义与汉口镇的发展. 见：中国农民战争史研究集刊, 4, 1985 (4)：156 ~ 163

——, "Ya-p'ien chan-cheng ch'ien Han-k'ou-chen shang-yeh tzu-pen te fa-chan" (The development of commercial capital in pre-Opium War Hankow), *Chung-nan min-tsu hsueh-yuan hsueh-pao*, 1982, no. 2, pp. 50 ~ 56

鸦片战争前汉口镇商业资本的发展. 见：中南民族学院学报. 1982 (2)：50 ~ 56

Fan K'ai. *Han-k'ou ts'ung-t'an* (Hankow compendium), 1822; repr. Taipei, 1974

范锴. 汉口丛谈. 1822；台北重印：1974

Faure, David. "The Rural Economy of Kiangsu Province, 1870 – 1911," *Journal of the Institute of Chinese Studies*, Hong Kong, 9, no. 2 (1978), pp. 365 ~ 471

科大卫. 江苏省乡村经济，1870—1911. 见：中国研究学报（香港），9，1978（2）：365～471

——，“Land Tax Collection in Kiangsu Province in the late Ch'ing Period,” *Ch'ing-shih wen-t'i*, 3, no. 6（Dec. 1976），pp. 49～75

晚清江苏省的田赋征收. 见：清史问题，3，1976(6)：49～75

Fei Hsiao-t'ung. *Hsiang-t'u Chung-kuo*(Rural China). Shanghai，1948

费孝通. 乡土中国. 上海：1948

Feng T'ien-yü, Chou Chi-ming, and Wang Yun-nien. “Hsin-hai ko-ming ch'ien te Wu-Han min-tsu tzu-ch'an chieh-chi”（The national bourgeosie in Wuhan prior to the 1911 Revolution），*Chiang-Han lun-t'an*，1981，no. 3，pp. 73～82

冯天瑜，周积明，王永年. 辛亥革命前的武汉民族资产阶级. 见：江汉论坛，1981（3）：73～82

Feuchtwang, Stephen. “School-Temple and City God,” in G. William Skinner, ed.，*The City in Late Imperial China*（Stanford, Calif.，1977），pp. 581～608

福伊希特旺. 学宫与城隍. 见：施坚雅主编. 中华帝国晚期的城市. 加利福尼亚州，斯坦福：1977：581～608

Foster, Mr. Arnold. *In the Valley of the Yangtze.* London，1899

福斯特. 长江流域. 伦敦：1899

Fu I-ling. *Ming-Ch'ing shih-tai shang-jen chi shang-yeh tzu-pen*（Merchants and commercial capital during the Ming and Ch'ing dynasties）. Peking，1956

傅衣凌. 明清时代商人及商业资本. 北京：1956

Fujii Hiroshi. “Shin'an shōnin no kenkyū”（A study of the Hsinan merchants），*Tōyō gakuhō*，36（1953－1954），no. 1，pp. 1～44；no. 2，pp. 32～60；no. 3，PP. 65～118；no. 4，pp. 115～45

藤井宏. 新安商人研究. 见：东洋学报，36（1），1～44；36（2），32～60；36（3），65～118；36（4），115～145

Fuma Susumu. “Shindai Shōkō ikueitō no keiei jittai to chiho shakai”（Local society and the actual management of the Sungkiang orphanage in the Ch'ing period），*Tōyōshi kenkyū*，45，no. 3(Dec. 1986)，pp. 55～89

夫马进. 清代松江育婴堂的经营实态与地方社会. 见：东洋史研究，45（3），1986：55～89

——, “Zenkai, zentō no shuppatsu” (The origins of shan-hui and shan-t'ang), in Ono Kazuko, ed., *Min-Shin jidai no seiji to shakai* (Politics and society in the Ming and Ch'ing periods; Kyoto, 1983), pp. 189 ~ 232

善会善堂的起源. 见: 小野和子主编. 明清时代的政治与社会. 京都: 1983. 189 ~ 232

Geertz, Clifford. *Agricultural Involution: The Processes of Ecological Change in Indonesia*. Berkeley, Calif., 1963

吉尔兹. 农业变迁: 印度尼西亚生态变迁的进程. 加利福尼亚州, 伯克利: 1963

Gill, William. *The-River of Golden Sand*. London, 1883

吉尔. 金沙江. 伦敦: 1883

Great Britain, Foreign Office. Archives. Public Record Office, London

英国外交部. 伦敦: 公共档案馆, 档案

——, Commercial Reports by Her Majesty's Consuls in China, Nos. 1 - 6 (1880-1885)

英国驻华总领事商业报告. 1-6, 1880—1885

Great Britain, House of Commons. *British Parliamentary Papers*, 1861 - 1866

英国议会下院. 英国议会公报. 1861—1866

Green, Henrietta. *Henrietta Green, a Memoir*. Ashford, Eng. 1891

格林. 格林回忆录. 英国, 阿什福德: 1891

Grootaers. Willem. “Une socété secrète moderne, I-Koan-Tao, bibliographie annotde,” *Folklore Studies*, 5 (1946), pp. 316 ~ 52

格鲁泰. 现代秘密社会, 一贯道: 一份文献索引. 见: 民间传说研究, 5, 1946: 316 ~ 352

Habermas, Jürgen. “The Public Sphere—An Encyclopedia Article,” *New German Critique*, I, no. 3 (fall 1974), pp. 45 ~ 55

哈贝马斯. 公共领域——一个百科全书的词条. 见:新德国批评, 1, 1974 (3): 45 ~ 55

Handlin, Joanna. *Action in Late Ming Thought: The Reorientation of Lü K'un and Other Scholar-Officials*. Cambridge, Mass., 1983

韩德玲. 晚明思想中的“行”：吕坤与其他官绅之再检讨. 马萨诸塞州，坎布里奇：1983

——, “Definitions of Community by Ch’i Chi-kuang and Lü K’un,” in Paul A. Cohen and John Schrecker, eds. *Reform in Nineteenth-Century China* (Cambridge, Mass., 1976), pp. 18～25

从戚继光、吕坤看社区的定义. 见：孔宝荣与石约翰主编. 19世纪中国的改良. 马萨诸塞州，坎布里奇：1976. 18～25

Han-k’ou hsiao-chih (Brief gazetteer of Hankow). Ed. Hsu Huan-t’ou. 1914

汉口小志. 徐焕斗主编. 1914

Han-k’ou Shan-Shen-hsi hui-kuan chih (Gazetteer of the Shansi–Shensi Hui-kuan of Hankow). 1896

汉口山陕西会馆志. 1896

Han-k’ou Tzu-yang shu-yuan chih-lueh (Brief gazetteer of the Tzu-yang Academy of Hankow). Ed. Tung Kuei-tu. 1806

汉口紫阳书院志略. 董桂敷主编，1806

Hankow Benevolent Hall Alliance. *Ko shan-t’ ang ch’ uang-li yen-ko chi shih-yeh ch’ ing-k’ uang* (History and activities of the various benevolent halls). Han-kow, 1945

汉口慈善会. 各善堂创立沿革暨事业情况. 汉口：1945

Hankow Militia Alliance. “Han-k’ou ko-t’uan lien-ho-hui hsieh-chü min-chün chi-shih” (Record of assistance rendered to the People’s Army by the Hankow Militia Alliance,” in Hupeh Revolutionary Records Office, *Wu-ch’ang ch’i-i tang-an tzu-liao hsuan-pien* (Archival materials on the Wuchang Uprising; Wuhan, 1981), vol. I, pp. 245～66

汉口各团联合会. 汉口各团联合会援助民军纪事. 见：湖北革命档案馆. 武昌起义档案资料选编（一）. 武汉：1981. 245～266

Han-pao, selected issues 1893–1898

汉报. 论文选，1893—1898

Han-shang hsiao-wen chi (Collected poems of the Leisure Moments Society of Hankow). Ed. Huan Ying-ch’ing. 1911

汉上消闲集，宦应清编集. 1911

Han-yang fu-chih(Gazetteer ot Hanyang pretecture). 1747

汉阳府志. 1747

"Han-yang fu yü-t'u" (Map of Hanyang prefecture). 1901

汉阳府舆图. 1901

Han-yang hsien-chih(Gazetteer of Hanyang county). 1809

汉阳县志. 1809

Han-yang hsien-chih(Gazetteer of Hanyang county). 1818

汉阳县志. 1818

Han-yang hsien-chih(Gazetteer of Hanyang county). 1867

汉阳县志. 1867.

Han-yang hsien-shih(Unofficial gazetteer of Hanyang county), 1884

汉阳县识. 1884

"Han-yang hsien yü-t'u" (Map of Hanyang county). 1901

汉阳县舆图. 1901

Hah-yang hui-kuan t'i-ming pien-lu(Record of tablets in the Hanyang hui-kuan at Peking). Ca. 1803

汉阳会馆题名碑录. 1803

Hao, Yen-p'ing. *The Commercial Revolution in Nineteenth-Century China: The Rise of Sino-Western Mercantile Capitalism.* Berkeley, Calif., 1986

郝延平. 19 世纪中国的商业革命：中西贸易资本主义的兴起. 加利福尼亚州，伯克利：1986

Hauser, Philip M. "Urbanization: An Overview," in Philip M. Hauser and Leo F. Schnore, eds., *The Study of Urbanization* (New York, 1965)

霍斯. 城市化概论. 见：霍斯与施耐利主编. 城市化研究. 纽约：1965

Hayes, James. *The Hong Kong Region, 1850—1911: Institutions and Leadership in Town and Countryside.* Hamden, Conn. 1977

贺兹. 1850—1911 年间的香港地区：市镇与乡村的组织机构与领导阶层. 康涅狄格州，海姆顿：1977

Hellier, Jane Elizabeth. *Life of David Hill.* London, n. d.

贺麟. 希尔的一生. 伦敦：无出版日期

Hershatter, Gail. *The Workers of Tianjin, 1900—1949.* Stanford, Calif., 1986

贺萧. 天津的工人，1900—1949. 加利福尼亚州，斯坦福：1986

Higham, John. "Beyond Consensus: The Historian as Moral Critic," in John Higham, *Writing American History: Essays on Modern Scholarship* (Bloomington, Ind., 1979), pp. 138 ~ 56

海厄姆. 超越共识：作为道德批评家的历史学家. 见：海厄姆. 美国史学论著：现代学术论集. 布鲁明顿：1979. 138 ~ 156

Hill, David. Hoopeh, *China: Its Claims and Call.* York, 1881

希尔. 中国湖北：它的需要与要求. 约克：1881

——, *Twenty-Five Years in Central China, 1865–1890.* London, 1891

在华中的二十五年，1865—1890. 伦敦：1891

Hilton, George W. *The Truck System.* Cambridge, Eng., 1960

希尔顿. 实物工资制. 英国，剑桥：1960

Hilton, Rodney H. "Capitalism–What's in a Name?", *Past and Present*, I (Feb. 1952), pp. 32 ~ 43

希尔顿. 资本主义——它是什么?. 见：过去与现在，1，1952：32 ~ 43

Himmelfarb, Gertrude. *The Idea of Poverty: England in the Early Industrial Age.* New York, 1983

赫姆法伯. 贫穷的观念：早期工业化时期的英格兰. 纽约：1983

Ho Ch'ang-ling, ed. *Huang-ch'ao ching-shih wen-pien* (Statecraft compendium). 1826

贺长龄编. 皇朝经世文编. 1826

Ho, Ping-ti. *The Ladder of Success in Imperial China: Aspects of Social Mobility.* New York, 1962

何炳棣. 中华帝国成功的阶梯：1368—1911 年的社会流动（明清社会史论）. 纽约：1962

Hobsbawm, Eric. *Primitive Rebels: Studies in Archaic Forms of Social Movements in the 19th and 20th Centuries.* New York, 1965

霍布斯鲍姆. 原初反叛：19—20 世纪社会运动的初始结构研究. 纽约，1965

Hofheinz, Roy, Jr., "The Ecology of Chinese Communist Success: Rural Influence Patterns, 1923 – 1945," in A. Doak Barnett, ed., *Chinese Communist*

Politics in Action (Seattle, 1969), pp. 3 ~ 77

霍夫海因茨. 中国共产党胜利的生态学考察：农村影响模式，1923—1945. 见：巴纳特主编. 中国共产党政策的实施. 西雅图：1969. 3 ~ 77

Hohenberg, Paul, and Lynn Hollen Lees. *The Making of Urban Europe, 1000−1950*. Cambridge, Mass., 1985

霍亨伯格，利斯. 都市化欧洲的形成，1000—1950. 马萨诸塞州，坎布里奇：1985

Hozumi Fumio. "Ryūmin kō" (An investigation of "vagabonds"), *Keizai ronsō*, 75, no. I (1955), pp. 1 ~ 20, and 75, no. 6 (1955), pp. 1 ~ 15

冈崎文夫. 流民考. 见：经济论丛，75，1955 (1)：1 ~ 20；75 (6)，1955：1 ~ 15

Hsia-k'ou hsien-chih (Gazetteer of Hsia-k'ou county). 1920

夏口县志. 1920

Hsiang Ta, ed. T'ai-p'ing t'ien-kuo (The Taiping Heavenly Kingdom). Peking, 1952

向达主编. 太平天国. 北京：1952

Hsiao, Kung-chuan. *Rural China: Imperial Control in the Nineteenth Century*. Seattle, 1960

萧公权. 乡土中国：19 世纪的专制统治. 西雅图：1960

Hsiao Sheng-yuan. "Yueh-fei chi-lueh" (Brief account of the Cantonese bandits), in Taiping Historical Museum, comp., *T'ai-p'ing t'ien-kuo shih-liao ts'ung-pien chien-chi* (Compihlaion of sources on the Taiping Heavenly Kingdom; Shanghai, 1961), vol. I., pp. 19 ~ 60

萧盛远. 粤匪纪略. 见：太平天国历史博物馆. 太平天国史料丛编简辑(一). 上海：1961. 28 ~ 31

Hsiao Yao-nan. *Hu-pei ti-fang chi-yao* (Outline of river control works in Hupeh). 1924

萧耀南. 湖北堤防纪要. 1924

Hsien-chuang-i-kung nien-p'u (Chronological biography of Yü-t'ai). Ca. 1865

裕庄毅公年谱. 1865

Hsu Ping-hsien. *Ch'ing-tai chih-hsien chih-ch'ang chih yen-chiu* (A study of the powers of the county magistrate in the Ch'ing period). Taipei, 1974

徐炳宪. 清代知县职掌之研究. 台北：1974

Hsu Ta-ling. *Ch'ing-tai hsuan-na chih-tu*(The system of sales of degrees and official ranks in the Ch'ing period). *Yen-ching hsueh-pao*, special number 22 (1950)

许大龄. 清代捐纳制度. 见：燕京学报，1950（22）

Hu Chao-ch'un. *Hu-shih i-shu*(Surviving works of Hu Chao-ch'un). Ca. 1915

胡兆春. 胡氏遗书. 1915

Hu Lin-i. *Hu wen-chung-kung i-chi*(Complete works of Hu Lini). 1866; repr. Taipei, 1972

胡林翼. 胡文忠公遗集. 1866；台北：1972 年重印

——, *Hu wen-chung-kung i-chi* (Complete works of Hu Lini). 1875

胡文忠公遗集. 1875

Huc, M. *A Journey through the Chinese Empire.* New York, 1859

胡克. 中华帝国旅行记. 纽约：1859

Hung-shan-miao Lo-shih tsung-p'u (Genealogy of the Lo clan of Hung-shan-miao). 1918

洪山庙罗氏宗谱. 1918

Hupeh Revolutionary Records Office. *Wu-ch'ang ch'i-i tang-an tzu-liao hsuan-pien* (Archival materials on the Wuchang Uprising). Wuhan, 1981

湖北革命档案馆. 武昌起义档案资料选编. 武汉：1981

Hu-pei chieh-i lu (List of Hupeh martyrs). 1870

湖北节义录. 1870

"Hu-pei Han-k'ou-chen chieh-tao t'u" (Street map of Hankow). 1877

湖北汉口镇街道图. 1877

Hu-pei t'ung-chih (Consolidated gazetteer of Hupeh). 1920.

湖北通志. 1920

"Hu-pei t'ung-chih chih-yü" (Collected materials for a prospective Hupeh provincial gazetteer). Comp. Hung Liang-p'in. Manuscript, ca. 1885

湖北通志志余. 稿本. 1885

Iemuro Shiseo. "Shindai shasō seido kenkyū josetsu" (A study of the Ch' ing community granary system), *Mindaishi kenkyū*, 11 (1983), pp. 7 ~ 23

伊原弘介. 清代社仓制度研究. 见: 明代史研究, 11: 7 ~ 23

Imahori Seiji. *Chūgoku no shakai kōzō* (Chinese social structure). Tokyo, 1953

今堀诚二. 中国的社会构造. 东京: 1953

——. "yaaniman no girudo" (Journeyman's guilds), in Imahori Seiji, *Tōyō shakai keizaishi josetsu* (Essays in East Asian socio-economic history; Tokyo, 1964), pp. 122 ~ 90

"友"的行会. 见: 东亚社会经济史论丛. 东京, 1964: 122 ~ 190

——. *Peipin shimin no jiji kōsei* (The self-governing organizations of the people of Peiping). Tokyo, 1947

北平市民的自治组织. 东京: 1947

——, "Shindai ni okeru goka no kindaika no hasu" (The modernization of business partnerships in the Ch'ing period), *Tōyōshi kenkyū*, 17, no. 1 (1956), pp. 1 ~ 49

清代合伙的现代化倾向——以"东"、"伙"分化形态为重点. 见: 东洋史研究, 17, 1956 (1): 1 ~ 49

——, "Shindai no jutei seido" (The apprenticeship system in the Ch'ing period), in Imahori Seiji, *Chūgoku jindaishi kenkyū josetsu* (Studies in modern Chinese history; Tokyo, 1968), pp. 133 ~ 52

清代的学徒制度. 见: 今堀诚二. 中国近代史研究. 东京: 1968. 133 ~ 152

Imbault-Huart, Camille. "Une revolte des troupes chinoises ɑ̀ Vou-tch'ang fou," *Journal Asiatique*, 8, no. 3 (Jan. 1884), pp. 89 ~ 94

恩鲍特哈特. 中国武昌府的兵变. 见: 亚洲学报, 8, 1884 (3): 89 ~ 94

Inspectorate General of Customs. *Chinese Life-boats*, *Etc.* Special Series No. 18. Shanghai, 1893

海关总税务司. 中国的救生艇及其他. 见: 海关系列专刊 (18). 上海: 1893

——, *Decennial Reports*, *1882–1891*. Shanghai, 1892

十年报告, 1882—1891. 上海: 1893

——, *Decennial Reports, 1892-1901*. Shanghai, 1902

十年报告，1882—1901. 上海：1902

——, *Decennial Reports, 1902-1911*. Shanghai, 1912

十年报告，1902—1911. 上海：1812

——, *Reports on the Haikwan Banking System and Local Currency at the Treaty Ports*. Office Series No. 13. Shanghai, 1878

关于通商口岸海关金融制度和地方货币的报告. 见：海关系列专刊（13）. 上海：1878

——, *Reports on Trade at the Ports in China Open by Treaty to the Foreign Trade*. Shanghai, 1865-1889

中国通商口岸对外贸易报告. 上海：1865—1889

——, *Salt, Production and Taxation*. Office Series No. 81. Shanghai, 1906

食盐生产与税收. 见：海关系列专刊（81）. 上海：1906

——, *Silk*, Special Series no. 3. Shanghai, 1881

丝. 见：海关系列专刊（3）. 上海：1881

——, *Tea, 1888*. Special Series no. II. Shanghai, 1889

茶，1888年. 见：海关系列专刊（11）. 上海：1889

Japan. Ministry of Agriculture and Commerce. *Kankō bōki suisan seihan zusetsu* (Illustrated catalogue of marine products traded at Hankow). Tokyo, 1887

日本通产省编. 汉口通商汇纂. 东京：1887

Jen, Yu-wen. *The Taiping Revolutionary Movement*. New Haven, Conn., 1973

金宇文（音）. 太平天国运动. 康涅狄格州，纽黑文：1973

Jing Su and Lo Lun. *Landlord and Labor in Late Imperial China: Case Studies from Shandong*. Ed. Endymion Wilkinson. Cambridge, Mass., 1978

景苏，罗仑. 中华帝国晚期的地主和劳动者：以山东省为例（即. 清代山东经营地主的社会性质）. 马萨诸塞州，坎布里奇：1978

John, Griffith. *A Voice from China*. London, 1907

杨格非. 来自中国的声音. 伦敦：1907

Johnson, David, Andrew J. Nathan, and Evelyn S. Rawski, eds. *Popular Culture in Late Imperial China*. Berkeley, Calif., 1975

姜士彬，黎安友，罗友枝主编．中华帝国晚期的大众文化．加利福尼亚州，伯克利：1975

Johnson，Paul E. *A Shopkeeper's Millennium：Society and Revivals in Rochester，New York，1815–1837*. New York，1978

约翰逊．一个店主的太平盛世：纽约州罗切斯特市的社会与复兴，1815—1837．纽约：1978

Jones，Emrys. *Towns and Cities.* London，1966

琼斯．城镇与城市．伦敦：1966

Jones，Susan Mann. "Merchant Investment，Commercialization，and Social Change in the Ningpo Area，" in Paul A. Cohen and John Schrecker，eds.，*Reform in Nineteenth-Century China*（Cambridge，Mass.，1976），pp. 41 ~48

曼素恩．宁波地区的商业投资、商业化与社会变迁．见：孔宝荣与石约翰主编．19 世纪中国的改良．马萨诸塞州，坎布里奇：1976．41 ~48

Jordan，W. K. *The Charities of London，1480 – 1660：The Aspirations and Achievements of the Urban Society.* New York，1974

乔丹．伦敦的慈善机构：城市社会的希望和成就，1480—1660．纽约：1974

Kankō kokurisha，comp. *Kankō annai*（Guide to Hankow）．1916

汉口特别区．汉口指南．1916

Kaplan，Steven L. *Provisioning Paris：Merchants and Millers in the Grai，and Flour Trade during the Eighteenth Century.* Ithaca，N. Y.，1984

加普兰．巴黎的粮食供应：18 世纪谷物与面粉贸易中的商人与磨坊主．纽约州，伊萨卡：1984

Kapp，Robert A. "Chungking as a Center of Warlord Power，" in Mark Elvin and G. William Skinner，eds.，*The Chinese City Between Two Worlds*（Stanford，Calif.，1974），pp. 143 ~70

卡帕．作为军阀权力中心的重庆．见：伊懋可与施坚雅主编．两个世界之间的中国城市．加利福尼亚州，斯坦福：1974．143 ~170

Kataoka Kazutada. "Shinkyō no Karōkai"（The Ko-lao-hui in Sinkiang），*in Rekishi ni okeru minshu to bunka：Sakai Tadao sensei koki shūgaku kinen ronshū*（Historical people and their culture：essays in honor of Sakai Tadao；Tokyo，

1982），pp. 845～58

片冈一忠．新疆的哥老会．见：历史上的民众与文化：酒井忠夫先生古稀祝贺纪念论集．东京：1982．845～858

Kawakatsu Mamoru. "Chfigoku kinoci toshi no shakai kozo"（The social structure of modern Chinese cities），*Shichō*，n. s. 6（1979），pp. 65～90

川胜守．中国近代都市的社会构造．见：史潮，6，1979：65～90

Kelley，David E. "Temples and Tribute Fleers：The Luo Sect and Boatmen's Associations in the Eighteen. th Century，" *Modern China*，8，no. 3（July 1982），pp. 361～91

凯利．庙宇与漕帮：罗教与18世纪的船夫组织．见：现代中国，8，1982（3）：361～369

Ko Kung-chen. *Chung-kuo pao-hsueh shih*（History of journalism in China）. Taipei，1963

戈公振．中国报学史．台北：1963

Ku Yen-wu. *Ku yen-wu wen*（Writings of Ku Yen-wu）. Shanghai，1934

顾炎武．顾炎武文．上海：1934

Kuang-hsu Hu-pei yü-t'i chih（Atlas of Hupeh in the Kuang-hsu reign）. 1894

光绪湖北舆地志．1894

Kubo Noritada. "Ikkandō ni tsuite"（On the I-kuan-tao），*Tōyō bunka kenkyūjokiyō*，1953，no. 4，pp. 173～249

漥德忠．论一贯道．见：东洋文化研究纪要，1953（4）：173～249

Kuhn，Philip A. "Local Self-Government under the Republic：Problems of Control，Autonomy，and Mobilization，" in Frederic Wakeman，Jr.，and Carolyn Grant，eds.，*Conflict and Control in Late Imperial China*（Berkeley，Calif.，1976），pp. 257～98

孔飞力．民国时期的地方自治：控制、自治和民众动员．见：魏斐德与格兰特主编．中华帝国晚期的冲突与控制．加利福尼亚州，伯克利：1976．257～298

——，*Rebellion and Its Enemies in Late Imperial China：Militarization and Social Structure*. Cambridge，Mass.，1981

中华帝国晚期的叛乱及其敌人：军事化与社会结构．马萨诸塞州，坎布

里奇：1981

Kuo I-sheng. “Lun hsin-hsing shih-min teng-chi tsai T'ai-p'ing t'ien-kuo ko-ming chung te tsu-yung”（The role of the newly risen urban classes in the Taiping revolution），*Li-shih yen-chiu*，1956，no. 3，pp. 1～25

郭毅生. 论新兴市民等级在太平天国革命中的作用. 见：历史研究，1956（3）：1～25

Lamley，Harry. “The Formation of Cities：Initiative and Motivation in Building Three Walled Cities in Taiwan，” in G. William Skinner，ed.，*The City in Late Imperial China*（Stanford，Calif.，1977），pp. 155～210

蓝厚理. 城市的形成：修筑台湾三个有城墙的城市的发轫和动力. 见：施坚雅主编. 中华帝国晚期的城市. 加利福尼亚州，斯坦福：1977. 155～210

Lane-Poole，Stanley. *Sir Harry Parkes in China*. London，1901

伦勃尔. 哈利·帕克在中国. 伦敦：1901

Lapidus，Ira M. *Muslim Cities in the Later Middle Ages*. Cambridge，Mass.，1967

拉皮杜斯. 中世纪晚期的穆斯林城市. 马萨诸塞州，坎布里奇：1967

Lears，T. J. Jackson. “The Concept of Cultural Hegemony：Problems and Possibilities，” *American Historical Review*，90，no. 3（June 1985），pp. 567～93

利尔斯. 文化霸权的概念：问题与可能性. 见：美国历史评论. 90（3），1985：567～593

Lei Hai-tsung. “Wu-ping te wen-hua”（A-military culture），*She-hui k'e-hsueh*，1，no. 4（July 1936），pp. 1005～30

雷海宗. 无兵的文化. 见：社会科学，1，1936（4）：1005～1030

Lerner，Daniel. *The Passing of Traditional Society：Modernizing the Middle East*. Glencoe，Ill.，1958

勒纳. 传统社会的消逝：中东的现代化. 伊利诺伊州，格伦科：1958

Lettres édifiantes et curieuses，érites des missions étrangères. Vols. 9－13. Lyon，1819

耶稣会士书简集（9—13）. 里昂：1819

Leung，Angela Kiche. “L'accueil des enfants abandonnés dans la Chine du Bas-Yangtze aux XVIIe et XVIIIe sièles，” *Études chinoises*，4，no. 1（Spring

1985)，pp. 15 ~ 54

梁其姿. 17、18 世纪长江下游地区的育婴堂. 见：中国研究，4，1985（1）：15 ~ 54

Lewis，Charlton M. *Prologue to the Chinese Revolution*：*The Transformation of Ideas and Institutions in Hunan Province*，*1891 – 1907*. Cambridge，Mass.，1976

刘易斯. 中国革命的序曲：1891—1907 年湖南省思想与制度的转变. 马萨诸塞州，坎布里奇：1976

——，"Some Notes on the Ko-lao-hui in Late Ch'ing China，" in Jean Chesneaux，ed.，*Popular Movements and Secret Societies in China*，*1840 – 1950* (Stanford，Calif.，1972)，pp. 97 ~ 112

晚清哥老会丛考. 见：谢诺主编. 中国的民众运动和秘密社会，1850—1950. 加利福尼亚州，斯坦福：1972. 97 ~ 112

Li Han-chang. *Ho-fei Li chin-k'o-kung cheng-shu* (Political correspondence of Li Han-chang). 1900

李瀚章. 合肥李勤恪公政书. 1900

Li Hua. "Shih-lun Ch'ing-tai ch'ien-ch'i te shih-min tou-cheng" (Preliminary essay on urbanites' struggles in the early Ch'ing)，*Wen-shih-che*，10 (1957)，pp. 54 ~ 62

李华. 试论清代前期的市民斗争. 见：文史哲，1957（10）：54 ~ 62

Li Shao-ling. *Wu-han chin-hsi t'an* (Wuhan，past and present). Wuhan，1957

黎少岑. 武汉今昔谈. 武汉：1957

Li Shih-yü. *Hsien-tai Huai-pei mi-mi tsung-chiao* (Secret religious sects in modern North China). Taipei，1975

李世瑜. 现代华北秘密宗教. 台北：1975

Liang Ch'i-tzu (Angela Leung). "Ming-mo Ch'ing-ch'u min-chien tzu-shan huo-tung te hsing-ch'i" (The rise of the popular philanthropy movement in the late Ming and early Ch'ing)，*Shih-huo yueh-k'an*，15，no. 7–8 (Jan. 1986)，pp. 304 ~ 31

梁其姿. 明末清初民间慈善活动的兴起. 见：食货月刊，15，1986（7—8）：304 ~ 331

Lieberthal, Kenneth G. *Revolution and Tradition in Tientsin, 1949－1953*. Stanford, Calif. , 1980

李侃如. 天津的革命与传统，1949—1953. 加利福尼亚州，斯坦福：1980

Lin Tse-hsu. *Lin Tse-hsu chi：jih-chi*(Collected works of Lin Tse-hsu：diary). Peking, 1962

林则徐. 林则徐集·日记. 北京：1962

——. *Lin Tse-hsu chi：kung-tu*(Collected works of Lin Tse-hsu：official proclamations). Peking, 1963

林则徐集·公牍. 北京：1963

——. *Lin wen-chung-kung cheng-shu*(Political correspondence of Lin Tse-hsu). Taipei, 1965

林文忠公政书. 台北：1965

Link, E. Perry, *Mandarin Ducks and Butterflies：Popular Fiction in Early Twentieth-Century Chinese Cities. Berkeley*, Calif. , 1981

林培瑞. 鸳鸯蝴蝶派：20 世纪初中国城市的通俗小说. 加利福尼亚州，伯克利：1981

Littrup, Leif. *Subbureaucratic Government in Ming Times：A Study of Shandong Province in the Sixteenth Century*. Oslo, 1981

利特拉普. 明代的基层政权：16 世纪山东省的个案考察. 奥斯陆：1981

Liu K'un-i. *Liu K'un-i i-chi*(Surviving works of Lin K'un-i). Shanghai, 1959

刘坤一. 刘坤一遗集. 上海：1959

Liu, Kwang-Ching. "Credit Facilities in China's Early Industrialization：The Background and Implications of Hsü Jun's Bankruptcy in 1883," in Chi-ming Hou and Tzong-shian Yu, eds. , *Modern Chinese Economic History* (Taipei, 1979), pp. 499 ~ 509

刘广京. 中国工业化初期的信用机构：1883 年徐润破产案的背景与影响. 见：侯继明、于宗先主编. 现代中国经济史，台北：1979. 499 ~ 510

Liu-shih tsung-p'u(Genealogy of the Lin clan). 1932

刘氏宗谱. 1932

Liu Yen. "Ming-mo ch'eng-shih ching-chi fa-chan hsia te ch'u-ch'i shih-min yun-tung" (Early urbanites' movements during the late Ming economic development), *Li-shih yen-chiu*, 1955, no. 6, pp. 29 ~ 59

刘炎. 明末城市经济发展下的初期市民运动. 见：历史研究，1955（6）：29 ~ 59

Liu Ying-hsia. *Han-liu tzu-chih yen-chiu* (A study of the descendants of the Han organization). Shanghai, 1947

刘膺遐. 汉流组织研究. 上海：1947

Liu Yun-sheng. "*Han-k'ou k'u-li chuang-k'uang*" (The coolie situation in Hankow), *Hsin ch'ing-nien*, I Sept. 1920, pp. 121 ~ 22

刘云生. 汉口苦力状况. 见：新青年，1，1920（9）：121 ~ 122

Liu Yung-ch'eng. "Lun Ch'ing-tai ch'ien-ch'i nung-yeh ku-yung lao-tung tehsing-chih" (On the nature of agrarian hired labor in the early Ch'ing), *Ch'ing-shih yen-chiu chi*, 1(1980), pp. 91 ~ 112

刘永成. 论清代前期农业雇佣劳动的性质. 见：清史研究集，1，1980：91 ~ 112

London Missionary Society. Archives. School of Oriental and African Studies, London

伦敦布道会. 档案. 伦敦：亚非学院

——, *First Report of the Hankow Hospital, in Connection with the London Missionary Society*. Hankow, 1868

汉口医院之首次报告，致伦敦总会. 汉口：1868

——, *Report of the London Mission Hospital at Hankow*. Hankow, reports for 1877–1878, 1882–1883, 1883–1885, and 1887–1888

汉口伦敦布道会医院的报告. 汉口：就 1877—1878、1882—1883、1883—1885、1887—1888 年的报告

Lum, Raymond D. "Aid for Indigent Widows in Nineteenth-Century Canton." Paper presented at the Association for Asian Studies annual meeting, Washington, D. C., 1984

拉姆. 19 世纪广东对贫穷寡妇的资助. 提交给亚洲研究年会的论文. 华盛顿：1984

Lyman, Stanford M. "Conflict and the Web of Group Affiliations in San Francisco's Chinatown, 1850–1910," *Pacific Historical Review*, 43 (1974), pp. 473 ~ 99

莱曼. 旧金山唐人街的冲突和群团联系网络，1850—1910. 见：太平洋历史评论. 43，1973：473～499

MacFarlane, Alan. *Reconstructing Historical Communities.* Cambridge, Eng., 1977

麦克法兰. 重建历史社区. 英国，剑桥：1977

D. J. MacGowan. "Chinese Guilds," *Journal of the North China Branch of the Royal Asiatic Society*, 21, no. 3 (1886), pp. 133～92

麦戈文. 中国行会. 见：皇家亚洲学会华北分会学报，21，1886（3）：133～192

MacIver, Robert, and Charles H. Page. *Society: An Introductory Analysis.* New York, 1949

麦基弗，佩基. 社会：一项初步分析. 纽约：1949

Margary, Augustus Raymond. *Notes of a Journey from Hankow to Ta-Li-Fu.* Shanghai, 1875

马嘉理. 从汉口到大理的旅行笔记. 上海：1875

Meadows, Thomas Taylor. *Desultory Notes on the Government and People of China, and on the Chinese Language.* London, 1847

密迪乐. 中国政府、民众与语言散记. 伦敦：1847

Medhurst, Walter H. *Curiosities of Street Literature in China.* Shanghai, 1871

麦华陀. 中国街头文学轶事. 上海：1871

Methodist Missionary Society (Wesleyan Missionary Society). Archives. School of Oriental and African Studies, London

圣公会（卫斯理公会）. 档案. 伦敦：亚非学院

——, *The Five Annual Reports of the Hankow Medical Mission Hospital.* Shanghai, 1870

汉口圣公会医院五次年度报告. 上海：1870

——, *Seventh Report of the Hankow Medical Mission Hospital.* Shanghai, 1872

汉口圣公会医院第七次报告. 上海：1872

Ming-Ch'ing Archives (Number One Historical Archives). Peking

明清档案（中国第一历史档案馆）. 北京

"Chu-p'i tsou-che, nei-cheng"（Palace memorials, internal bureaucratic matters）
"朱批奏折·内政"
"Chu-p'i tsou-che, nung-min yun-tung"（Palace memorials, peasant movements）
"朱批奏折·农民运动"
"Chu-p'i tsou-che, ts'ai-cheng"（Palace memorials, fiscal administration）
"朱批奏折·财政"
"Hsing-k'o t'i-pen"（Routine memorials, Board of Punishments）
"刑科题本"
"Kung-k'o t'i-pen"（Routine memorials, Board of Works）
"工科题本"
"Sui-shou teng-chi"（Records of imperial correspondence）
"岁收登记"
Miyazaki Ichisada. China's Examination Hell. New Haven, Conn., 1981
宫崎市定. 中国文字狱. 康涅狄格州，纽黑文：1981
Mizoguchi Yūzō, "Chūgokn ni okeru kō, shi gainen no tenkai"（The evolution of the concepts "public" and "private" in China）, *Shisō*, 669（1980）, pp. 19 ~ 38
沟口雄三. 中国"公"、"私"概念的演变. 见：史渊，669，1980：19 ~ 38
Mizuno Kokichi. Kankō（Hankow）. Tokyo, 1907
水野幸吉. 汉口. 东京：1907
Morita Akira. "Kyūshōbune ni tsuite: Shindai ni okeru shakai jigyo no hitokusari"（On lifeboats: a case of social enterprise in the Ch'ing period）, *Shigaku kenkyū*, 66（1957）, pp. 1 ~ 12
森田明. 关于救生船：清代社会救济事业的一个事例. 见：史学研究，66，1957：1 ~ 12
——, *Shindai suirishi kenkyū*（Studies on the history of water conservancy in the Ch'ing period）. Tokyo, 1974
清代水利史研究. 东京：1974
——, "Shindai kako kessha no seikaku ni tsuite"（On the nature of boat-

mens associations in the Ch'ing period), *Tōyōshi kenkyū*, 13, no. 5 (Jan. 1955), pp. 18 ~ 30

清代水手结社的性质. 见：东洋史研究，13，1955（5）：18 ~ 30

Mote, F. W. "A Millennium of Chinese Urban History: Form, Time, and Space Concepts in Soochow," *Rice University Studies*, 59, no. 4 (Fall 1973), pp. 35 ~ 65

牟复礼. 一个中国城市的千年史：苏州的形态及其时空观念. 莱斯大学学报，59，1973（4）：35 ~ 65

——, "The Transformation of Nanking, 1350-1400," in G. William Skinner, ed., *The City in Late Imperial China* (Stanford, Calif., 1977), pp. 101 ~ 54

南京的变迁，1350—1400. 见：施坚雅主编. 中华帝国晚期的城市. 加利福尼亚州，斯坦福：1977. 101 ~ 154

Nakayama Mio. "On the Fluctuations of the Price of Rice in the Chiang-nan Region during the First Half of the Ch'ing Period (1644-1795)," *Memoirs of the Research Department of the Tōyō Bunko*, 37 (1979), pp. 55 ~ 90

中山美绪. 清代前期江南米价的波动. 见：东洋文库研究部论文集. 37，1979：55 ~ 90

Naquin, Susan. *Millenarian Rebellion in China: The Eight Trigrams Uprising of 1813*. New Haven, Conn., 1976

韩书瑞. 中国千禧年信徒的叛乱：1813 年八卦教起义. 康涅狄格州，纽黑文：1976

——, *Shantung Rebellion: The Wang Lun Rebellion of 1774*. New Haven, Conn., 1981

山东的叛乱：1774 年王伦起义. 康涅狄格州，纽黑文：1981

——, and Evelyn S. Rawski. *Chinese Society in the Eighteenth Century*. New Haven, Conn., 1987

与罗友枝合著. 18 世纪的中国社会. 康涅狄格州，纽黑文：1987

Narakino Shimesu. "Shindai ni okeru joshi gōson no jian iji ni tsuite" (Public security in city and village in the Ch'ing period), *Shichō*, 49 (1953), pp. 35 ~ 48

楢木野宣. 清代城乡的公共安全. 见：史潮，49，1953：35 ~ 48

Nishin bōeki kenkyūjo. *Shinkoku tsūshō sōran* (Guide to Chinese commerce).

Shanghai, 1892

日清贸易研究所. 清国商事指南. 上海：1892

Noguchi Tetsuro. "Shinmatsu Kōsei no Gu-Byaku-Kokyō" (The Red, White, and Yellow Sects in Late Ch'ing Kiangsi), in *Rekishi ni okeru minshu to bunka: Sakai Tadao sensei koki shūkgaku kinen ronshū* (Historical people and their culture: Essays in honor of Sakai Tadao; Tokyo, 1982), pp. 505 ~ 28

野口铁郎. 清末江西的红、白、黄教. 见：历史上的民众与文化：酒井忠夫先生古稀祝贺纪念论集. 东京：1982. 505 ~ 528

North-China Daily News, Shanghai, 1869－1879

字林西报. 上海：1869—1879

North-China Herald, Shanghai, 1858－1895

北华捷报. 上海：1858—1895

Ocko, Jonathan. *Bureaucratic Reform in Provincial China: Ting Jih-ch'ang in Restoration Kiangsu, 1867－1870*. Cambridge, Mass., 1983

欧中坦. 中国省级官僚制度的革新：江苏光复中的丁日昌，1867—1870. 马萨诸塞州，坎布里奇：1983

Oliphant, Laurence. *Narrative of the Earl of Elgin's Mission to China and Japan in the Years 1857, '58, '59*. New York, 1860

奥利芬特. 1857—1859 年额尔金伯爵出使中国、日本纪行. 纽约：1860

Overmyer, Daniel. *Folk Buddhist Religion: Dissenting Sects in Late Traditional China*. Cambridge, Mass., 1976

奥维迈耶. 民间秘密宗教：传统中国后期的异端教派. 马萨诸塞州，坎布里奇：1976

Owen, David. *English Philanthropy, 1660－1960*, Cambridge, Mass., 1964

欧文. 英国的慈善事业，1660—1960. 马萨诸塞州，坎布里奇：1964

Oxenham, E. L. "History of Han Yang and Hankow," *China Review*, I, no. 6 (1873), pp. 283 ~ 84

奥根汉姆. 汉阳与汉口的历史. 见：中国评论，1，1873（6）：283 ~ 284

——, *On the Inundations of the Yangtze-Kiang*. London, 1875

扬子江的水灾. 伦敦：1875

P'an Hsin-tsao. *Wu-han-shih chien-chih yen-ko* (The founding and history of

Wuhan). Wuhan, 1956

潘新藻. 武汉市建制沿革. 武汉: 1956

Pannell, Clifton. *T'ai-chung, T'ai-wan: Structure and Function.* Chicago, 1973

潘内尔. 台湾台中市: 结构和功能. 芝加哥: 1973

Pao Shih-ch'en. *An-wu ssu-chung*(Four works by Pao Shih-ch'en). 1846

包世臣. 安吴四种. 1846

Park, Robert. "Human Ecology," *American Journal of Sociology*, 42, no. 1 (July 1936), pp. 1 ~ 15

帕克. 人类生态学. 见: 美国社会学研究, 42, 1936 (1): 1 ~ 15

Parker, E. H. "The Hankow Dialect," *The China Review*, 3, no. 5 (1875), p. 308

帕克. 汉口方言. 见: 中国评论, 3, 1875 (5): 308

P'eng Tse-i. *Chung-kuo chin-tai shou-kung-yeh shih tzu-liao, 1840 - 1949* (Materials on the history of modern Chinese handicrafts, 1840 - 1949). Peking, 1957

彭泽益. 中国近代手工业史资料, 1840—1949. 北京: 1957

——, "Shih-chiu shih-chi hou-ch'i Chung-kuo ch'eng-shih shou-kung-yeh shang-yeh hang-hui te ch'ung-chien ho tso-yung" (The reestablishment and functions of Chinese urban handicraft and commercial guilds in the second half of the nineteenth century), *Li-shih yen-chiu*, 1965, no. I, pp. 71 ~ 102

19 世纪后期中国城市手工业商业行会的重建和作用. 见: 历史研究, 1965 (1): 71 ~ 102

P'eng Yü-lin. *P'eng kang-chih-kung tsou-kao* (Draft memorials of P'eng Yü-lin). 1891

彭玉麟. 彭刚直公奏稿. 1891

Percival, William Spencer. *The Land of the Dragon: My Boating and Shooting Excursions to the Gorges of the Upper Yangtze.* London, 1889

柏西文. 龙的土地: 轻舟过三峡. 伦敦: 1889

Perdue, Peter C. "Insiders and Outsiders: The Xiangtan Riot of 1819 and Collective Action in Hunan," *Modern China*, 12, no. 2 (Apr. 1986), pp. 166 ~ 201

濮德培. 土客之争：1819 年的湘潭暴动与集体行动. 见：现代中国，12，1986（2）：166 ~ 201

P'i Ming-hsiu. "Wu-ch'ang shou-i chung te Wu-Han shang-hui ho shang-t'uan" (The merchant associations and merchant militia of Wuchang and Hankow during the Wuchang Uprising), *Li-shih yen-chiu*, 1982, no. 1, pp. 57 ~ 71

皮明庥. 武昌首义中的武汉商会和商团. 见：历史研究，1982（1）：57 ~ 71

——, *Wu-han chin-pai-nien shih* (History of Wuhan in the past century). Wuhan, 1986

武汉近百年史. 武汉：1986

——, and K'ung Hsien-k'ai. "T'ai-p'ing-chün shou-k'o Wu-ch'ang hou te chan-lueh chueh-ts'e" (Strategic decisions of the Taiping army after their first capture of Wuchang), *Chiang-Han lun-t'an*, 1981, no. 2, pp. 68 ~ 72

与孔宪凯合著. 太平军首克武昌后的战略抉择. 见：江汉论坛，1981（2），66 ~ 78

Pien Pao-ti. *Pien chih-chan tsou-i* (Memorials of Pien Pao-ti). 1894

卞宝第. 卞制军奏议. 1894

Pirenne, Henri. *Medieval Cities: Their Origins and the Revival of Trade.* Princeton, N. J., 1969

皮雷纳. 中世纪城市：其起源与贸易复兴. 新泽西州，普林斯顿：1969

Puyraimond, Guy. "The Ko-lao-hui and the Anti-Foreign Incidents of 1891," in Jean Chesneaux, ed., *Popular Movements and Secret Societies in China, 1840–1950* (Stanford, Calif., 1972), pp. 113 ~ 24

普拉蒙德. 哥老会和 1891 年排外事件. 见：谢诺主编. 中国的民众运动和秘密社会，1840—1950. 加利福尼亚州，斯坦福：1972. 113 ~ 124

Raeff, Marc. *The Well-Ordered Police State: Social and Institutional Change through Law in the Germanies and Russia, 1600–1800.* New Haven, Conn., 1983

拉夫. 秩序井然的警察国家：德俄法制社会和制度的变迁，1600—1800. 康涅狄格州，纽黑文：1983

Rankin, Mary Backus. *Elite Activism and Political Transformation in China: Zhejiang Province, 1865–1911.* Stanford, Calif., 1986

兰金. 中国浙江省社会精英的能动主义与政治变革，1865—1911. 加利

福尼亚州，斯坦福：1986

——，"Rural-Urban Continuities: Leading Families of Two Chekiang Market Towns," *Ch'ing-shih wen-t'i*, 3, no. 7 (Nov. 1977), pp. 67 ~ 104

城乡连续体：浙江市镇的两个望族．见：清史问题，3，1977（7）：67 ~ 104

Rawski, Evelyn Sakakida. *Education and Popular Literacy in Ch'ing China.* Ann Arbor, Mich., 1979

罗友枝．清代的教育和通俗文学．密歇根州，安阿伯：1979

Redfield, Robert. "The Cultural Role of Cities," in his *Papers of Robert Redfield* (Chicago, 1962)

雷德菲尔德．城市的文化作用．见：罗伯特·雷德菲尔德论文集．芝加哥：1962

Rhoads, Edward. "Merchant Associations in Canton, 1895 - 1911," in Mark Elvin and G. William Skinner, eds., *The Chinese City Between Two Worlds* (Stanford, Calif., 1974), pp. 97 ~ 118

路康乐．广州的商会：1895—1911．见：伊懋可与施坚雅主编．两个世界之间的中国城市．加利福尼亚州，斯坦福：1974．97 ~ 118

Robson, William. *Griffith John, Founder of the Hankow Mission.* New York, n. d.

罗伯逊．杨格非：汉口传教事业的奠基人．纽约：未著出版日期

Ropp, Paul S. *Dissent in Early Modern China: Ju-lin Wai-shih and Ch'ing Social Criticism.* Ann Arbor, Mich., 1981

罗溥洛．中国早期现代化的异议：《儒林外史》和清代的社会批判．密歇根州，安阿伯：1981

Rowe, William T. "A Note on Ti-pao," *Ch'ing-shih wen-t'i*, 3, no. 8 (Dec. 1977), pp. 79 ~ 85

罗威廉．地保札记．见：清史问题，3，1977（8）：79 ~ 85

——, *Hankow: Commerce and Society in a Chinese City, 1796-1889.* Stanford, Calif., 1984

汉口：一个中国城市的商业和社会，1796—1889．加利福尼亚州，斯坦福：1984

Roxby, Percy M. "Wu-Han: The Heart of China," *Scottish Geographical Magazine*, 32 (1916), pp. 266 ~ 79

罗塞比. 武汉：中国的心脏. 见：苏格兰地理杂志, 32, 1916: 266 ~ 279

Rozman, Gilbert. *Urban Networks in Ch'ing China and Tokugawa Japan*. Princeton, N. J., 1973

罗兹曼. 中国清代和日本德川时期的城市网络. 新泽西州，普林斯顿：173

Rudé, George. *Paris and London in the Eighteenth Century: Studies in Popular Protest*. New York, 1973

路德. 18 世纪的巴黎和伦敦：民众反抗研究. 纽约：1973

Rudner, David. "Religious Gifting and Inland Commerce in Seventeenth-Century South India," *Journal of Asian Studies*, 46, no. 2 (May 1987), pp. 361 ~ 79

罗德纳. 17 世纪南印度的宗教捐献和国内商业. 见：亚洲研究学报, 46, 1987 (2): 361 ~ 379

Saeki Tomi. *Chūgokushi kenkyū* (Studies in Chinese history). Vol. 2. Kyoto, 1971

佐伯富. 中国史研究（2）. 京都: 1971

——, "Shindai Dōsei-chō ni okeru kyōyū no teppai mondai" (The problem of demobilized braves in the T'ung-chih reign of the Ch'ing), in *Chūgokushi kenkyū*, vol. 2, pp. 392 ~ 405

清代同治期的乡勇撤废问题. 见：中国史研究（2）: 392 ~ 405

——, "Shindai ni okeru Sansei shōnin" (The Shansi merchants in the Ch'ing period), *Shirin*, 60, no. I (Jan. 1977), pp. 1 ~ 14

清代的山西商人. 见：史林, 60, 1977 (1): 1 ~ 14

——, "Shindai no kyōaku-chihō ni tsuite" (On *hsiang-yueh* and *ti-pao* in the Ch'ing period), *Tōhōgaku*, 28 (July 1964), pp. 91 ~ 100

清代的乡约和地保. 见：东方学, 28, 1964: 91 ~ 100

Scargill, D. I. *The Form of Cities*. New York, 1979

斯卡吉尔. 城市结构. 纽约: 1979

Schneider, Lawrence. *A Madman of Ch'u: The Chinese Myth of Loyalty and Dissent*. Berkeley, Calif., 1980

施奈德. 楚狂：忠诚与异见的神话. 加利福尼亚州，伯克利：1980

Schoppa, R. Keith. *Chinese Elites and Political Change: Zhejiang Province in the Early Twentieth Century*. Cambridge, Mass., 1982

肖邦齐. 中国精英与政治变迁：20 世纪前期的浙江省. 马萨诸塞州，坎布里奇：1982

Sennett, Richard. *The Fall of Public Man*. New York, 1977

塞尼特. 酒店老板之死. 纽约：1977

Sewell, William H., Jr. *Structure and Mobility: The Men and Women of Marseille, 1820–1870*. Cambridge, Eng., 1985

瑟维尔. 结构与流动：马塞的男人与女人们，1820—1870. 英国，剑桥：1985

——, *Work and Revolution in France: The Language of Labor from the Old Regime to 1848*. Cambridge, Eng., 1980

法国的劳动与革命：从旧制度到 1848 年的劳动语言. 英国，剑桥：1980

Shen-pao, Shanghai, 1872–1888; repr. Taipei, 1964

申报. 上海：1872—1888；台北：1964 年重印

Shiba Yoshinobu. "Chūgoku toshi o meguru kenkyū gaikyō-hōseishi ochūshin ni" (A survey of studies on Chinese cities, with emphasis on legal history), *Hōseishi kenkyū*, 23 (1974), pp. 185 ~ 206

斯波义信. 中国城市的研究概况——以法制史为中心. 见：法制史研究，23，1974：185 ~ 206

——, "Ningpo and Its Hinterland," in G. William Skinner, ed., *The City in Late Imperial China* (Stanford, Calif., 1977), pp. 391 ~ 440

宁波及其腹地. 见：施坚雅主编. 中华帝国晚期的城市. 加利福尼亚州，斯坦福：1977. 391 ~ 440

Shigeta Atsushi. "Shindai Kishu shōnin no ichimen" (One perspective on the Hui-chou merchants in the Ch'ing period), *Jimbun kenkyū*, 19, no. 8 (1968), pp. 587 ~ 626

重田德. 清代徽州商人的一个侧面. 见：日本研究，19，1968（8）：587 ~ 626

——, "Shinsho ni okeru Konan beishi cho ilo ikkōsatsu" (An investigation of Hunan rice markets in the early Ch'ing), *Tōyō bunka kenkūyjo kiyō*, 10 (Nov. 1956), pp. 427 ~ 98

关于清初湖南米市场的一点考察. 见：东洋文化研究纪要，10，1956：427 ~ 498

Silver, Allan, "The Demand for Order in Civil Society," in David J. Bordua, *The Police: Six Sociological Essays* (New York, 1967)

索维. 文明社会的秩序要求. 见：保顿主编. 论治安：六篇社会学论文. 纽约：1967

Simmel, Georg. *Conflict and the Web of Group-Affiliations*. New York, 1955

辛梅尔. 冲突与群团联系网络. 纽约：1955

——, "Large Cities and Mental Life," in Pitirim A. Sorokin, Carl C. Zimmerman, and Charles J. Galvin, eds., *A Systematic Sourcebook in Rural Sociology* (New York, 1930), vol. I, pp. 242 ~ 47

大城市与精神生活. 见：索罗金，齐默曼，高尔宾主编. 乡村社会学资料汇编（1）. 纽约：1930. 242 ~ 247

Sjoberg, Gideon. *The Preindustrial City*. New York, 1960

斯杰伯格. 前工业化城市. 纽约：1960

Skinner, G. William, ed. *The City in Late Imperial China*. Stanford, Calif., 1977

施坚雅主编. 中华帝国晚期的城市. 加利福尼亚州，斯坦福：1977

Smith, F. Porter. *The Rivers of China*. Hankow, 1869

史密斯. 中国的江河. 汉口：1869

Smith, Joanna F. Handlin (Joanna Handlin). "Benevolent Societies: The Reshaping of Charity During the Late Ming and Early Ch'ing," *Journal of Asian Studies*, 46, no. 2 (May 1987), pp. 309 ~ 37

韩德玲. 慈善会：明末清初慈善团体的改造. 见：亚洲研究学报，46，1987（2）：309 ~ 337

Soliday, Gerald Lyman. *A Community in Conflict: Frankfurt Society in the Seventeenth and Early Eighteenth Centuries*. Hanover, N. H., 1974

索利戴. 冲突中的社区：17 世纪和 18 世纪前期的法兰克福社会. 新罕布什尔州，汉诺威：1974

Spence, Jonathan. "Opium Smoking in Ch'ing China," in Frederic Wakeman, Jr., and Carolyn Grant, eds., *Conflict and Control in Late Imperial China* (Berkeley, Calif., 1976), pp. 143 ~ 73

史景迁. 清代鸦片的吸食. 见：魏斐德与格兰特主编. 中华帝国晚期的冲突与控制. 加利福尼亚州，伯克利：1976. 143 ~ 173

Stacey, Margaret. "The Myth of Community Studies," *British Journal of Sociology*, 20 (1969), pp. 134 ~ 47

斯塔西. 社区研究的神话. 见：英国社会学研究，20，1969：134 ~ 147

Stern, Walter. *The Porters of London*. London, 1960

斯泰恩. 伦敦的搬运工. 伦敦：1960

Strand, David G. "Feuds, Fights, and Factions: Group Politics in 1920s Beijing," *Modern China*, Ⅱ, no. 4 (Oct. 1985), pp. 411 ~ 35

斯特兰德. 世仇、争斗与内讧：20 世纪 20 年代北京的政治集团. 见：现代中国，2，1985 (4)：411 ~ 435

——, *Rickshaw Bei'jing: City People and Politics in 1920s China*. Berkeley, Calif., forthcoming.

北京人力车：20 世纪 20 年代中国的市民与政治. 加利福尼亚，伯克利：即将出版

Su Yun-feng. *Chang Chih-tung yü Hu-pei chiao-yü kai-ke* (Chang Chih-tung and educational reform in Hupeh). Taipei, 1976

苏云峰. 张之洞与湖北教育改革. 台北：1976

——, *Chung-kuo hsien-tai-hua ch'u-yü yen-chiu: Hu-pei sheng 1860－1916* (Modernization in China, 1860－1916: A Regional study of social, political, and economic change in Hupeh Province). Taipei, 1981

中国现代化区域研究：湖北省，1860—1916. 台北：1981

Sun Ching-chih. *Economic Geography of Central China*. Washington, D. C., 1960

孙敬之. 华中经济地理. 华盛顿：1960

Sung, Kwang-yu. "The Death of the Patriarchs: A Study on the Controversy About the Leadership of the I-Kuan-tao." Manuscript

宋光宇. 祖师之死：关于一贯道首领的争论. 手稿

Sutton, Willis A., Jr., and Jiri Kojala. "The Concept of Community," *Rural Sociology*, 25 (June 1960), pp. 197 ~ 203

萨顿，考加拉. 社区的概念. 见：乡村社会学, 25, 1960: 197 ~ 203

Suzuki Tōmō. "Shinmatsu Kō Seku no chakan ni tsuite" (On teahouses in Late Ch' ing Kiangnan and Chekiang), in *Rekishi ni okeru minshu to bunka: Sakai Takao sensei koki shūgaku kinen ronshō* (Historical people and their culture: Essays in honor of Sakai Tadao; Tokyo, 1982), pp. 529 ~ 40

铃木智夫. 清末江浙的茶馆. 见：历史上的民众与文化：酒井忠夫先生古稀祝贺纪念论集. 东京：1982. 529 ~ 540

Sweeten, Alan R. "The Mason Gunrunning Case and the 1891 Yangtze Valley Antimissionary Disturbances: A Diplomatic Link," *Bulletin of the Institute of Modern History, Academia Sinica*, 4 (1974), pp. 843 ~ 80

斯魏特. 美生军火走私案与 1891 年长江流域的反洋教骚乱：其外交环节. 见：汉学研究院近代史研究所公报, 1974 (4): 843 ~ 880

Ta-Ch'ing Jen-tsung Jui-huang-ti shih-lu (Veritable records of the Chia-ch'ing reign of the Ch'ing Empire). Mukden, 1937

大清仁宗睿皇帝实录. 奉天：1937

Ta-Ch'ing lü-li tseng-hsiu t'ung-tsuan chi-ch'eng (Statutes of the Ch'ing Empire, revised and annotated). 1899

大清律例增修统纂集成. 1899

Ta-Ch'ing Te-tsung Ching-huang-ti shih-lu (Veritable records of the Kuang-hsu reign of the Ch'ing Empire). Mukden, 1937

大清德宗景皇帝实录. 奉天：1937

Tai Kuei-kuang. *Hung-men shih* (History of the Great Gate society). Shanghai, 1946

戴魏光. 洪门史. 上海：1946

T'an Chün-p'ei. *T'an chung-cheng tsou-kao* (Draft memorials of T'an Chün-p'ei). 1902

谭钧培. 谭中丞奏稿. 1902

Tanaka Masatoshi. "Popular Uprisings, Rent Resistance, and Bondservant Rebellions in the Late Ming," in Linda Grove and Christian Daniels, eds., *State and*

Society in China (Tokyo, 1985), pp. 165 ~ 214

田中正俊. 明末大众起义、抗租和奴变. 见：格利夫、丹尼斯主编. 中国政府与社会. 东京：1985. 165 ~ 214

Teng, Ssu-yü. "P'eng Yü-lin," in Arthur Hummell, ed., *Eminent Chinese of the Ch'ing Period* (Washington, D. C., 1943), pp. 617 ~ 20

邓嗣禹. 彭玉麟传. 见：恒慕义主编. 清代名人传略. 华盛顿：1943. 617 ~ 620

Teng T'o. *Lun Chung-kuo li-shih chi-ko wen-t'i* (On several problems in Chinese history). 2d ed., Peking, 1979

邓拓. 论中国历史几个问题（第二版）. 北京：1979

Thompson, E. P. "Eighteenth-Century English Society: Class Struggle without Class?," *Social History*, 3 (1978), pp. 133 ~ 65

汤普森. 18 世纪英国社会：没有阶级的阶级斗争?. 见：社会史，3，1978：133 ~ 165

——, *The Making of the English Working Class*. London, 1963

英国工人阶级的形成. 伦敦：1963

——, "Patrician Society, Plebeian Culture," *Journal of Social History*, 7, no. 4 (Summer 1974), pp. 382 ~ 405

贵族社会，平民文化. 见：社会史学报，7，1974（4）：382 ~ 405

Thompson, *R. W. Griffith John, the Story of Fifty Years in China*. New York, 1908

汤普森. 杨格非在华五十年. 纽约：1908

Tilly, Charles. "Food Supply and Public Order in Modern Europe," in Charles Tilly, ed., *The Formation of National States in Western Europe* (Princeton, N. J., 1975), pp. 380 ~ 455

泰利. 现代欧洲的粮食供应和公共秩序. 见泰利主编. 西欧民族国家的形成. 新泽西州，普林斯顿：1975. 380 ~ 455

——, Louise Tilly, and Richard Tilly. *The Rebellious Century, 1830—1930*. Cambridge, Mass., 1975

与路易斯·泰利、理查德·泰利合著. 造反的世纪，1830—1930. 马萨诸塞州，坎布里奇：1975

The Times, London, 1855－89

泰晤士报. 伦敦：1855—1889

Tōa dōbunkai. *Shina keizai zensho* (Complete handbook of the Chinese economy). Osaka, 1908－1909

东亚同文会. 支那经济全书. 大阪：1908—1909

Tōa dōbunkai chōsa hensambu. *Shina kaikojo shi* (Guide to the open ports of China). Shanghai, 1924

东亚同文会调查编纂部. 支那开埠志. 上海：1924

Tönnies, Ferdinand. *Community and Society*. East Lansing, Mich., 1957

托尼斯. 社区与社会. 密歇根州，东兰辛：1957

Topley, Marjorie. "The Great Way of Former Heaven: A Group of Chinese Secret Religious Sects," *Bulletin of the School of Oriental and African Studies*, 26 (1963), pp. 362～92

陶普利. 先天大道：中国秘密宗教的宗派组织. 见：亚非学院研究报告，26，1963：362～392

Tou Chi-liang. *T'ung-hsiang tsu-chih chih yen-chiu* (A study of local origin organizations). Chungking, 1946

窦季良. 同乡组织之研究. 重庆：1946

Ts'ai I-ch'ing (Ts'ai Fu-ch'ing). "Hsien-hua Han-k'ou" (Leisurely chats about Hankow), series of twelve articles, *Hsin-sheng yueh-k'an*, vol. 5, no. 5, through vol. 6, no. 6 (dates unknown)

蔡乙青（蔡辅卿）. 闲话汉口. 共12篇文章，见：新生月刊，5（5）—6（6）

Ts'ao Tsung-ju. "T'ai-p'ing-chün ts'ai-k'o Wu-ch'ang chih shih-liao" (A source on the Taiping recapture of Wuchang), *Tōyōshi kenkyū*, 4, no. 3 (1939), pp. 238～42

曹聰駒. 太平军再寇武昌事略. 见：东洋史研究，4，1939（3）：238～242

Tseng Kuo-chüan. *Tseng chung-hsiang-kung tsou-i* (Memorials of Tseng Kuo-chüan). 1903

曾国荃. 曾忠襄公奏议. 1903

Tsu, Yu-yue. *The Spirit of Chinese Philanthropy: A Study in Mutual Aid.* New York, 1912

景耀月. 中国慈善事业的灵魂：关于互助的研究. 纽约：1912

Tsungli yamen. Archives. Institute of Modern History, Academia Sinica, Taipei

总理衙门档案. 台北："中央研究院"近代史研究所

"Hu-pei Che-chiang Fent-t'ien Fa-Ying-Mei-O chiao-pu" (Negotiations with the French, British, Americans, and Russians in Hupeh, Chekiang, and Feng-tien), A—7—3

"湖北、浙江、奉天法英美俄交簿"

"Hu-pei chiao-she O-jen i-wei-chieh ko-an" (Resolved and unresolved cases of negotiations with Russians in Hupeh), A—7—5

"湖北交涉俄人已未结各案"

"Hu-pei Han-k'ou O-shang pei-p'ien" (The defrauding of a Russian merchant at Hankow, Hupeh), A—7—5

"湖北汉口俄商被骗"

"Hu-pei Han-k'ou Ying-kuo tsu-ti an" (Cases regarding property leased by Britain in Hankow, Hupeh), A—9—1

"湖北汉口英国租地案"

"Hu-pei Ying-jen chiao-she" (Negotiations with British subjects in Hupeh), A—9—1

"湖北英人交涉"

Tu Li. "Ya-p'ien chan-cheng ch'ien Shang-hai hang-hui hsing-chih chih shan-pien" (Changes in the character of Shanghai guilds before the Opium War). Paper presented to the Conference on the Sprouts of Chinese Capitalism, Nanking, May. 1981

杜黎. 鸦片战争前上海行会性质之嬗变. 提交给"中国资本主义萌芽讨论会"的论文，南京：1981，5

Tung-hua lu (The Tung-hua record), 1894

东华录. 1894

Ueda Makoto. "Minmatsu-Shinsho Kōnan no toshi no ' burai' o meguru shakai kankai"（The social relations of "villains" in late Ming and early Ch'ing cities of Kiangnan）, *Shigaku zasshi*, 90, no. 11（1979）, pp. 1619～53

上田信. 明末清初江南城市中"无赖"的社会关系. 见：史学杂志, 90, 1979（11）. 1619～1653

United States Consulate at Hankow. *Despatches from United States Consuls in Hankow, 1861-1906*. File Microcopies of Records in the National Archives, No. 107, Washington, D. C., 1947

美国驻汉口领事馆. 来自美国驻汉口领事馆的电讯. 1861—1906. 美国国家档案馆缩微胶卷资料，第107号. 华盛顿：1947

——, Post Records. U. S. National Archives, Washington, D. C.

公文快报. 华盛顿，美国国家档案馆

Vance, James E., Jr. "Land Assignment in the Precapitalist, Capitalist, and Postcapitalist City," *Economic Geography*, 47（1971）, pp. 101～20

万斯. 前资本主义、资本主义以及后资本主义城市的土地分配. 见：经济地理, 47, 1971：101～120

von Glahn, Richard. "Community and Welfare：Zhu Xi's Community Granary in Theory and Practice." Paper presented to the Workshop on Sung Dynasty Statecraft in Thought and Action, Scottsdale, Ariz., Jan. 1986

万志安. 社区与福利：朱熹的社仓理论和实践. 提交给"宋代国家管理思想与实践"研究计划的论文. 亚利桑那州，斯科特斯代尔：1986

Walker, Mack. *German Home Towns：Community, State, and General Estate, 1648-1871*. Ithaca, N. Y., 1971

沃克. 德意志家园：社区、州与大地产. 纽约州，伊萨卡：1971

Wang Feng-sheng. *Ch'u-pei Chiang-Han hsuan-fang pei-lan*（Survey of Yangtze and Han River conservancy works in Hupeh）. 1832

王凤生. 楚北江汉宣防备览. 1832

Wang K'un. "Tun-pi sui-wen lu"（Record of what I heard）, in Hsiang Ta, ed., *T'ai-p'ing T'ien-kuo*（The Taiping Heavenly Kingdom; Peking, 1952）, vol. 4, pp. 365～68

汪堃. 盾鼻随闻录. 见：向达主编. 太平天国（4）. 北京：1952：365～368

Wang Pao-hsin. *Chi Han-k'ou ts'ung-t'an*（Continuation of the Hankow compendium). 1916; repr. Wuchang, 1932

王葆心. 续汉口丛谈. 1916; 武汉: 1932 重印

Wang Yeh-chien. "Spatial and Temporal Patterns of Grain Prices in China, 1740-1910." Paper presented to the Conference on Spatial and Temporal Trends and Cycles in Chinese Economic History, 980 ~ 1980, Bellagio, Italy, 1984

王业健. 中国粮食价格的时空模式, 1740—1910. 提交给"中国经济史的时空趋势与周期"学术讨论会的论文. 意大利, 贝拉焦: 1984

Wang Yün-wu, ed. *Tao-Hsien-T'ung-Kuang ssu-ch'ao tsou-i* (Memorials from the Tao-kuang, Hsien-feng, T'ung-chih, and Kuang-hsfi reigns). Taipei, n. d.

王云五主编. 道咸同光四朝奏议. 台北: 未著出版日期

Watson, James L. "The Protection of Privilege: Self-Defense Corps and Local Politics on the South China Coast, 1850-1978." Manuscript

沃森. 特权保护: 华南沿海地区的自卫联盟和地方政治, 1850—1978. 手稿

Weber, Max. *The City*. New York, 1958

韦伯. 城市. 纽约: 1958

——, *From Max Weber: Essays in Sociology*. Ed. H. H. Gerth and C. Wright Mills. New York, 1958

马克斯·韦伯社会学论文集. 盖斯与利特选编. 纽约: 1958

——, *The Religion of China*. New York, 1951

中国宗教. 纽约: 1951

Wehrle, Edmund S. *Britain, China, and the Antimissionary Riots of 1891-1900*. Minneapolis, 1966

韦尔利. 英国、中国和1891—1900年间的反教会骚乱. 明尼阿波利斯: 1966

Wei Yuan. "Hu-kuang shui-li lun" (On water conservancy in Hupeh), in Wei Yuan, *Ku-wei-t'ang nei-wai chi* (Collected works of Wei Yuan; 1878), ch. 6

魏源. 湖广水利论. 见: 魏源. 古微堂内外集. 卷六

Weinstein, Jay A. Madras: *An Analysis of Urban Ecological Structure in India*. Beverly Hills, Calif., 1974

温斯坦. 马德拉斯: 印度城市生态结构分析. 加利福尼亚州, 贝弗利希尔

斯：1971

Whyte, Martin King, and William L. Parish. *Urban Life in Contemporary China*. Chicago, 1984

怀特和帕里什．当代中国的城市生活．芝加哥：1984

Will, Pierre-Etienne. *Bureaucratie et famine en Chine au 18e siècle*. Paris, 1980

魏丕信．18 世纪中国的官僚制度与荒政．巴黎：1980

——, "Un cycle hydraulique en Chine: La province du Hubei du XVIe au XIXe sièles," *Bulletin de l'École Francaise d'Extrême Orient*, 68 (1980), pp. 261 ~ 87

中国的一个水利循环周期：以 16—19 世纪湖北省为例．见：法兰西远东学院学报，68，1980：261 ~ 287

Williams, Alan. The Police of Paris, 1718-1789. Baton Rouge, La., 1979

威廉姆斯．巴黎的警察，1718—1789．路易斯安那州，巴吞鲁日：1979

Wirth, Louis. "Urbanism as a Way of Life," *American Journal of Sociology*, 44 (1938), pp. 1 ~ 24

沃斯．作为一种生活方式的都市生活．见：美国社会学研究，44，1938：1 ~ 24

Wolseley, Garnet J. *Narrative of the War with China in 1860*. London, 1862; repr. Wilmington, Del., 1972

沃尔西里．1860 年与中国的战争纪事．伦敦：1862；特拉华州，威尔明顿：1972

Wong, R. Bin. "Food Riots in the Qing Dynasty," *Journal of Asian Studies*, 41, no. 4 (Aug. 1982), pp. 767 ~ 88

王国斌．清朝的粮食骚乱．见：亚洲研究学报，41，1982（4）：767 ~ 788

——, and Peter C. Perdue. "Famine's Foes in Ch'ing China," *Harvard Journal of Asiatic Studies*, 43, no. I (June 1983), pp. 291 ~ 332

与濮德培合著．清代灾荒之敌．哈佛亚洲研究学报，43，1983（1）：291 ~ 332

Wrigley, E. A. "A Simple Model of London's Importance in Changing English Society and Economy, 1650-1750," *Past and Present*, 37 (July 1967), pp. 46 ~ 70

里格利. 伦敦在变动的英国社会经济中的重要性，1670—1750. 见:过去与现在，37，1967：46～70

“Wu-Han cn’eng-chen ho-t’u”（Combined map of the Wu-Han cities）. 1890；repr. Wuhan，1980

武汉城镇合图. 1890；武汉：1980

Wuhan Municipal Archives，Wuhan. Miscellaneous documents

各种混杂在一起的文件. 武汉：武汉市档案馆

Wuhan Municipal Commercial and Industrial Alliance. “Han-yang Ying-wu-chou chu-mu shih-Ch’ang shih-lueh”（Brief history of the bamboo and timber trade at Hanyang’s Parrot Island）. Manuscript，1964

武汉市工商联合会. 汉阳鹦鹉洲竹木市场史略. 手稿. 1964

——，“Wu-han pai-huo-yeh te su-yuan”（Origins of Wuhan’s department store trade）. Manuscript，n. d.

武汉百货业的溯源. 手稿. 未著日期

——，“Wu-han p’iao-hao chih-t’an”（A discussion of Shansi banks in Wu-han）. Manuscript，1961

武汉票号浅谈. 手稿. 1961

——，“Wu-han-shih Wang-yü-hsia shih-p’in-ch’ang yen-ko”（History of the Wang-yü-hsia food processing plant of Wuhan）. Manuscript，1959

武汉市汪玉霞食品厂沿革. 手稿. 1959

——，“Wu-han tien-tang-yeh lueh-t’an”（A discussion of the pawnbroking business of Wuhan）. Manuscript，1962

武汉典当业略谈. 手稿. 1962

——，“Wu-han yao-ts’ai hang-yeh li-shih yen-ko”（History of the medicinal herbs trade of Wuhan）. Manuscript，n. d.

武汉药材行业历史沿革. 手稿. 未著日期

——，“Wu-han Yeh-k’ai-t’ai yao-tien chien-shih”（Short history of the Yeh-k’ai-t’ai medicine store of Wuhan）. Manuscript，n. d.

武汉叶开泰药店简史. 手稿. 未著日期

Wuhan Progressive Education Institute. Wu-han ti-fang li-shih chiao-ts’ai（Teaching materials on Wuhan local history）. Wuhan，1968

武汉市教育局. 武汉地方历史教材. 武汉：1968

Yang, C. K. Religion in Chinese Society. Berkeley, Calif., 1961

杨庆堃. 中国社会中的宗教. 加利福尼亚州，伯克利：1961

, "Some Statistical Patterns of Mass Action in Nineteenth-Century China," in Frederic Wakeman, Jr., and Carolyn Grant, eds., *Conflict and Control in Late Imperial China* (Berkeley, Calif., 1976), pp. 174～210

19 世纪中国大众活动的几种统计模式. 见：魏斐德与格兰特主编. 中华帝国晚期的冲突与控制. 加利福尼亚州，伯克利：1976. 174～210

——, "Some Thoughts on the Study of Chinese Urban Communities." Paper presented to the Seminar on Problems of Micro-Organization in Chinese Society, Jan. 1963

中国城市社区研究的一些思考. 提交给"中国社会细胞组织问题研讨会"的论文. 1963

Yang, Lien-sheng. "Economic Aspects of Public Works in Imperial China," in Lien-sheng Yang, *Excursions in Sinology* (Cambridge, Mass., 1969), pp. 191～248

杨联陞. 从经济角度看帝制中国的公共工程. 见：汉学散策. 马萨诸塞州，坎布里奇：1969. 191～248

——, "K'o-chü shih-tai te ch'u-k'ao yü-fei wen-t'i" (The problem of travel expenses for examination candidates), *Qing-hua Hsueh-pao*, n. s. 2, no. 2 (1961), pp. 116～30

科举时代的赴考旅费问题. 见：清华学报，2，1961 (2)：116～130

——, "Ming Local Administration," in Charles O. Hucker, *Chinese Government in Ming Times: Seven Studies* (New York, 1969), pp. 1～22

明代地方政府. 见：贺凯主编. 明代中国政府. 纽约：1969. 1～22

——, *Money and Credit in China*. Cambridge, Mass., 1952

中国的货币和信贷简史. 马萨诸塞州，坎布里奇：1952

Yang Ssu-ch'ang. "The Dragon Boat Races in Wu-ling, Hunan," trans. Chao Wei-pang, *Folklore Studies*, 2 (1943), pp. 1～18

杨嗣昌. 武陵赛舟记（赵伟邦所译英文本）. 见：民俗研究，2，1943：1～18

Yeh-shih tsung-p'u (Genealogy of the Yeh clan). 1873

叶氏宗谱. 1873

Yeh Tiao-yuan. *Han-k'ou chu-chih tz'u* (Songs of the bamboo branches of Hankow). 1850

叶调元. 汉口竹枝词. 1850

Yen Ssu-sheng. *Ch'u meng-shan-fang ch'üan-chi* (Collected writings from the mountain retreat of Ch'u). n. d.

晏斯盛. 楚蒙山房全集. 未著出版日期

Ying-wu-chou hsiao-chih (Brief gazetteer of Parrot Island). Ed. Hu Feng-tan. 1873

胡凤丹编纂. 鹦鹉洲小志. 1873

Yokoyama Suguru. *Chūgokn kindaika no keizai kōzō* (The economic structure of China's modernization). Tokyo, 1972

横山英. 中国近代化的经济结构. 东京: 1972

Yü Sung-ch'ing. "Ming-Ch'ing shih-tai min-chien te tsung-chiao hsin-yang ho pi-mi she-hui" (Popular religious beliefs and secret societies in the Ming-Ch'ing period), *Ch'ing-shih yen-chin chi* (Studies in Ch'ing history; Peking, 1980), vol. 1, pp. 113 ~ 53

喻松青. 明清时代民间的宗教信仰和秘密结社. 见: 清史研究集. 1, 北京: 1980. 113 ~ 153

Zelin, Madeleine. *The Magistrate's Tael: Rationalizing Fiscal Reform in Eighteenth-Century Ch'ing China*. Berkeley, Calif., 1984

曾小萍. 州县官的银两: 18 世纪中国的合理化财政改革. 加利福尼亚州, 伯克利: 1984

译后记

本书第一、二章由罗杜芳译出初稿，鲁西奇校改定稿；其中第一章译文曾以《19世纪汉口的市民》为题刊于冯天瑜、陈锋主编《武汉早期现代化进程研究》（武汉：武汉大学出版社，2002），其时因时间仓促，校改不精，颇多舛误，当以本书译文为据。其余各部分均由鲁西奇译出。限于条件，原文所引用之中文文献未能全部查对回译（主要是台北“故宫”博物院所藏“清宫档案”）；个别表达，总觉与原文意思未能完全吻合；迄今尚未意识到之误译、错译所在或有，敬请读者不吝赐教。

萧致治、马钊先生认真细致地审校了全部译稿，特别是马钊先生，做了很多妥恰的修改；陈勤奋、周荣、陈新立诸君阅读了全部或部分译稿，提出了不少宝贵的意见；徐浩、王立新、常伯工先生也都审读了全部或部分译稿，并为译稿之出版做了大量工作。在此，向各位先生表示衷心的感谢。

2007年12月21日

HANKOW, Conflict and Community in a Chinese City, 1796 – 1895/William T. Rowe.

Translated and Published by arrangement with Stanford University Press.

图书在版编目（CIP）数据

汉口：一个中国城市的冲突和社区：1796—1895/（美）罗威廉著；鲁西奇，罗杜芳译. —北京：中国人民大学出版社，2016.9

（海外中国研究文库）

ISBN 978-7-300-23262-1

Ⅰ. ①汉… Ⅱ. ①罗…②鲁…③罗… Ⅲ. 城市史-武汉市-1796—1895 Ⅳ. ①K296.31

中国版本图书馆 CIP 数据核字（2016）第 185734 号

海外中国研究文库

汉口：一个中国城市的冲突和社区（1796—1895）

［美］罗威廉 著

鲁西奇 罗杜芳 译

马 钊 萧致治 审校

Hankou：Yi Ge Zhongguo Chengshi de Chongtu he Shequ

出版发行	中国人民大学出版社		
社 址	北京中关村大街 31 号	**邮政编码**	100080
电 话	010－62511242（总编室）		010－62511770（质管部）
	010－82501766（邮购部）		010－62514148（门市部）
	010－62515195（发行公司）		010－62515275（盗版举报）
网 址	http://www.crup.com.cn		
	http://www.ttrnet.com（人大教研网）		
经 销	新华书店		
印 刷	涿州市星河印刷有限公司		
规 格	160 mm×230 mm 16 开本	**版 次**	2016 年 9 月第 1 版
印 张	27.75 插页 2	**印 次**	2024 年 7 月第 3 次印刷
字 数	440 000	**定 价**	76.00 元